ちくま学芸文庫

資本論 第一巻 上

カール・マルクス
今村仁司　三島憲一
鈴木 直 訳

筑摩書房

KARL MARX

Das Kapital

Kritik der politischen Ökonomie

Erster Band

1867

目次　上

第一巻　資本の生産過程

目次　下

第一巻　資本の生産過程（続）

凡例

一　以下の翻訳は次の原著を底本とする。
Karl Marx-Friedrich Engels Werke, Band 23, Institut für Marxismus-Leninismus beim ZK der SED, Dietz Verlag, Berlin, 1962.

二　原文のイタリック体は原則として傍点で表記した。ただし、見出しや日付等、とくに強調の意味のないものについては傍点を省略した。

三　外国語の引用文については、原則として原文の掲載を省略した。

四　本文に付された丸括弧内の算用数字はマルクス、エンゲルスによる原註を示す。

五　（＊）はディーツ版編者による註を、〔＊〕は訳者による註を示す。ただし、短い訳者註については文中に〔　〕を付して挿入したものもある。

六　註は原則として、各段落の後に割り付けした。ただし、短い段落が続く場合などは、適宜まとめて掲載した。

七　原著の編者註は、該当ページ欄外に置かれた脚注と、通し番号を付して巻末にまとめられた巻末註に別れているが、本訳書では、いずれも（＊）を付して、各段落の後に割り付けした。ただし巻末註については〔編者巻末註〕と付記して註番号を添えた。いずれの編者註についても、本文の理解に必要と思われるものに限定して訳出した。

八　本文中に〔　〕を付して挿入された部分は、内容理解のための訳者による補足を示す。

資本論　経済学批判

勇敢、忠実にして高貴なる
プロレタリアートの先駆け
忘れえぬわが友
ヴィルヘルム・ヴォルフ
に捧ぐ

一八〇九年六月二一日、タルナウに生まれ
一八六四年五月九日、亡命地マンチェスターに没す

第一版序文

この著作は、一八五九年に刊行した旧著『経済学批判』の続編であり、ここにわたしはその第一巻を読者の高覧に供する。出発点となった先の著作とこの続編とのあいだには長い休止期間がおかれたが、これは何年にも及ぶ病いのためにわたしが再三にわたって執筆を中断せざるをえなかったことによる。

旧著の内容は、この第一巻の第一章に要約されている。これをおこなったのは、単に関連づけや補完のためだけではない。記述がよりよいものになっている。旧著では示唆するにとどめた多くの点が、ここでは事情の許すかぎり、より踏みこんで説明されている。逆に旧著で詳しく述べていたことで、本書では簡単に触れるにとどめた事柄もある。価値理論と貨幣理論の歴史に関する節は、本書ではもちろんすべて削除した。しかし旧著の読者ならば、第一章の註のなかにそうした理論史についての新たな資料があげられていることに気づかれるだろう。

なにごとも最初が難しい、ということわざはすべての学問にあてはまる。だから本書の場合でも、第一章、とくに商品の分析をあつかった節が一番分かりにくいだろう。なかでも価値実体と価値量の分析に関する部分については、できるだけ一般向けに書きあらためた。[(1)] 貨幣形態をその完成した姿とする価値形態は、きわめて内実に乏しく単純なものだ。にもかかわらず、人類の知性は二〇〇〇年以上も前から、この価値形態の根本を解明しようとしては失敗を繰り返してきた。しかも他方では、それよりはるかに内容豊かで複雑な諸形態の分析には、少なくともある程度は成功してきた。それはいったいなぜなのか？それは、できあがった身体を研究するほうが、身体細胞を研究するよりも容易だからだ。しかも、経済的諸形態の分析には顕微鏡も化学的試薬も役に立たない。抽象能力が、この二つの代わりをしなければならない。労働生産物の商品形態、あるいは商品の価値形態は、ブルジョワ社会にとっては経済上の細胞形態にあたる。不案内な人には、こうした分析が重箱の隅をつつくような作業に思えるかもしれない。また事実、重箱の隅をつついている。ただしそれは、顕微鏡解剖学が対象を精密に腑分けするのと同じ理由からだ。

（1） F・ラッサールは、シュルツェ＝デーリッチュを論駁した文書で、こうしたテーマに関するわたしの論述の「知的エッセンス」を紹介すると称して説明を試みている。ところが、その文書の一節にすら重大な誤解が含まれている始末で、いよいよ筆者としては一般向けの説明が必要なことを痛感するにいたった。ちなみに、ラッサールが経済関係の著作で用いているあらゆる一般的理論的諸命題、たとえば資本の歴史的性格、生産関係と生産様式との関係などについての諸命題は、わたしが創作した用語にいたるまで、ほとんど一字一句、わたしの著作から、しかも典拠を示さずに転用したものだ。おそらく彼のこうしたやり方は、プロパガンダを考慮したものだったろう。彼の細かな議論や命題の利用法などは、わたしとはまったく無関係であり、もちろんとりあうつもりはない。

したがって価値形態を扱った節を除けば、本書が難解さのゆえに非難されるいわれはないだろう。とはいえもちろん、わたしは何か新しいことを学び、また自分でものを考える意志を持っている読者を念頭に置いている。

物理学者は、自然過程が最も典型的な形をとり、攪乱的な影響が最小限に押さえられる場所で、自然過程を観察する。あるいは可能であれば、自然過程の純粋な進行が保証される条件のもとで実験をおこなう。わたしが本書で探究しようとしているのは資本主義的生産様式、およびそれに対応する生産関係と交易関係だ。その古典的舞台は今日にいたるまでイギリスであり、これがわたしの理論展開の主要例としてイギリスが用いられている理由にほかならない。しかしドイツの読者がこれを読んで、イギリスの工業労働者や農業労働者がおかれている状態に、パリサイ人《びと》のように眉をひそめ、あるいは楽天的に、ドイツでは状況はまだこれほどひどくはない、などと胸をなでおろすようなことがあれば、わたしはその人に向かってこう叫ばねばならない。「ここで語られているのは君のことだ!」(De te fabula narratur!)〔ホラティウス『諷刺詩』第一巻、諷刺一〕と。

資本主義的生産の自然法則から発生する社会的対立には、高い発展段階に達したものもあれば、より低い段階にとどまっているものもある。本書が問題にしているのは、その発展段階の程度そのものではない。問題はその法則自体であり、有無を言わさぬ必然性をもって作用し、自己貫徹していくこれらの傾向だ。産業がより高度に発達した国は、より低い発展段階にある国に、その国の未来像をかいま見せているにすぎない。

しかし、このことはいったん措《お》くとしよう。資本主義的生産がドイツで完全に根づいている場所、たとえば本来の意味で工場と呼べる場所をとれば、ドイツの状況は、工場法という重石が存在していないだけに、イギリスよりはるかに劣悪だ。また工場以外のあらゆる部門では、すべての西ヨーロッパ大陸諸国と同様、資本主義的生産の発展のみならず、発展の欠如がわれわれを苦しめている。そこではまだ、旧態依然とした生産様式が時代逆行的な社会政治状況をともなって生き延びている。そして、そこから生じる多くの苦境が代々受け継がれ、近代的な苦境と並んでわれわれを抑圧している。われわれは生者に苦しめられているだけではなく、死者にも苦しめられている。死者が生者をつかんで離さない！(Le mort saisit le vif!)〔フランス相続法の法諺〕。

イギリスの社会統計に比べると、ドイツおよび他の西ヨーロッパ大陸諸国の社会統計はお粗末きわまりない。それでもなお、その背後にメドゥーサ〔蛇の髪を持ち、見るものを石にしたというギリシア神話の女怪〕の頭を予感させてくれる程度にはヴェールを剝いでいる。もしドイツの政府や議会が、イギリスと同様に経済状況調査のための定期的な調査委員会を発足させ、その委員会にイギリスと同じく真実究明のための強大な権限を与えるならば、そしてさらに、この目的のためにイギリスのような工場監督官、「公衆衛生」担当の医務報告官、女工や幼年工の搾取や居住状態、栄養状態などについて調べる調査委員といった、専門的かつ非党派的で容赦ない人々が任命されるならば、われわれは自分たちが置かれている状況に愕然とすることだろう。ペルセウス〔メドゥーサの首を落とした英雄〕は怪物退治のために隠れ頭巾を必要としたが、われわれは怪物の存在を否認することができるように、隠れ頭巾をおろし、目と耳をふさいでいる。

これについて思い違いをしてはならない。一八世紀のアメリカ独立戦争〔一七七五—八三〕はヨーロッパの中産階級に戦闘開始の鐘を打ち鳴らした。その同じ鐘を、今度は一九世紀のアメリカ南北戦争〔一八六一—六五〕が、ヨーロッパの労働者階級のために打ち鳴らしたのだ。イギリスではその変革過程が手にとるように感じられる。それがある頂点に達した時、その余波はヨーロッパ大陸にうち寄せずにはおかない。そこではその変革過程が、労働者階級自身の台頭の度合に応じて、時にはより残忍な形で、時にはより人道的な形で波及していくだろう。したがって、より高邁な動機は抜きにしても、労働者階級の台頭を阻んでいる障害物のうちで法的に取り除けるものはすべて撤去するようにと、ほかならぬ現在の支配階級自身の利益が彼らに命じているのだ。わたしが本書で、とくにイギリス工場立法の歴史、内容、成果についてこれほど多くのページを割いて論じた理由は、まさにここにある。一つの国民は他の国民から学ぶべきであり、また学ぶことができる。たしかに一つの社会は、その社会の運動をつかさどる自然法則を知ったからといって――そして近代社会の経済的運動法則を明らかにすることこそ、この著作の究極目的なのだが――、自然な発展段階を飛び越えたり、それに無効宣告を下したりすることはできない。しかしそれによって陣痛の期間を短縮し、痛みを緩和することはできる。

生じうる誤解を避けるために一言しておく。たしかにわたしは、資本家や土地所有者の姿をけっしてバラ色の光で描くことはない。しかし、わたしが人格を問題にするのは唯一、それが経済的カテゴリーの人格化されたものであり、ある階級関係および利害の担い手である場合に限られる。わたしの立場は、経済的社会構成の発展を一つの自然史的過程としてとらえようとするものであり、他のいかなる立場と比べても、諸関係の責任を個人に負わせようとする発想からは遠いところにある。いかに個人が主観的には諸関係を超えた存在だと感じていても、社会的には彼こそが諸関係によって作られた被造物であり続ける。

こと経済学の分野に関するかぎり、自由な学問研究がでくわす敵は、他のどの分野にもいるような敵だけではない。経済学が扱う素材は独特の性格を持っており、人間の胸に宿る最も激しい、最も狭量な、最も憎悪に満ちた情熱を、すなわち私的利益という復讐の女神を目覚めさせる。たとえばイギリスの高教会〔中世教会との連続性を強調するアングリカン・チャーチの一派〕であれば、自分たちの貨幣収入の三九分の一が侵害されるくらいなら、三九カ条からなる彼らの使徒信条のうち三八カ条が侵害されたほうがまだましだと思うだろう。相続された所有関係を批判する重罪にくらべれば、今日では無神論さえ微罪（culpa levis）にすぎない。しかし他方では、誤解の余地なき進歩もまた見られる。たとえば数週間前に発表された青書『英国海外派遣員通信――産業問題および労働組合について』を参照されたい。イギリス王室の海外代表たちはそっけない言葉でこう書いている。ドイツ、フランス、一言で言えばヨーロッパ大陸のいずれの文明国においても、イギリスと同様に、資本と労働との既存関係の変化が実感され、また避けがたくなっている、と。同時に大西洋のかなたでは、北アメリカ合衆国副大統領ウェイド氏が公けの会合で、こう宣言した。奴隷制廃止の後は、資本関係と土地所有関係の変革が政治日程に上るだろう！　と。これこそ、王侯の緋衣や僧侶の黒衣をもってしても、もはや隠しおおせぬ時代の兆候だ。むろんこの兆候は、明日にでも奇跡が起こると告げているわけではない。しかしそれは、支配階級でさえ、現在の社会が硬い結晶のようなものではなく、変革能力を持ち、たえず変革過程のうちにある有機体なのだということにうすうす気づき始めていることを教えている。

本書の第二巻は資本の流通過程（第二部）と総過程の形成（第三部）を、最後の第三巻（第四部）は理論の歴史を扱う予定となっている。

学問的な批判であれば、わたしはいかなる論評をも歓迎する。しかし、わたしが一度たりとも譲歩したことのない世論なるものの偏見に対しては、かの偉大なフィレンツェ人の格言が、今もなお、わたしの変わらぬ信条だ。

汝の道を行け、あとは人々の語るにまかせよ！

(Segui il tuo corso, e lascia dir le genti!)〔ダンテ『神曲』「煉獄篇」第五歌、一部改変〕

ロンドン、一八六七年七月二五日
カール・マルクス

第二版あとがき

第一版の読者に対して、まず第二版でなされた修正について述べておこう。目につくのは章立てが分かりやすくなったことだ。新たに加えた註にはすべて、第二版への註というコメントを付した。本文自体に関する最も重要な変更点は以下のとおりだ。

第一章第一節では、各交換価値を表現する等式の分析を通じて価値を導きだしているが、この手順が学問的により厳密なものになった。また、価値実体と、社会的必要労働時間による価値量の決定との連関については、第一版では単に示唆するにとどめていたが、今回はこれがはっきりと強調されている。第一章第三節（価値形態）は全面的に書き直した。これは第一版の説明が重複していたため、いずれ必要な作業だった。――ついでに述べておくと、あの重複はハノーファーの友人ドクター・L・クーゲルマンの忠告によるものだった。一八六七年春、わたしが彼のもとを訪れていた時、最初の校正刷がハンブルクから届いた。その時クーゲルマンは、大多数の読者には、価値形態についてもっと親切な補足的解説が必要だと主張し、わたしもそれに納得したのだった。――第一章の最後の節「商品のフェティシュ的性格とその秘密」は大部分書きあらためた。第三章第一節（価値の尺度）は念入りに修正した。というのも、第一版では『経済学批判』（ベルリン、一八五九年）ですでに述べていた説明を読者に参照していただくという形で、この節が軽く扱われていたからだ。第七章、とくにその第二節は大幅に手直しをした。

テキストの部分修正、しかも多くの場合、文体上の修正にすぎないものについては一々言及しても仕方がないだろう。この種の修正は本書全体にわたっている。しかしわたしは目下、パリで出版予定のフランス語訳の加筆修正をおこなっており、その過程でドイツ語原本の少なからぬ部分に手を入れる必要があることに気づいた。ある箇所ではもっと踏みこんだ書き直しが、別の箇所ではより大胆な文体上の修正が、そしてまた所々に残る誤記のさらに丁寧な除去が、本来なら必要だった。しかし、今回はそのための時間がなかった。というのも、本書が品切れになっており、しかも第二版の印刷を一八七二年一月には開始しなければならないということを、わたしは一八七一年秋になって、それも緊急を要する他の仕事のまっ最中に、はじめて聞かされたからだ。

『資本論』が急速にドイツ労働者階級の広い範囲で理解を得られるにいたったこと、これがわたしの仕事に対する最高の報酬だ。経済的にはブルジョワの立場に立つウィーンの工場主マイヤー氏は、普仏戦争〔一八七〇―七一〕のさなかに出版した冊子のなかで、的確にもこう指摘している。ドイツの相続財産とみなされてきた偉大な理論的感覚は、ドイツのいわゆる教養階級からはまったく失われてしまったが、その一方で、ドイツの労働者階級のなかに新たな生命を得ている、と。

経済学は、ドイツでは今日にいたるまで一貫して外国の学問だった。グスタフ・フォン・ギューリヒは『現代主要商業諸国における商工農業の歴史的叙述』、とくに一八三〇年に出版された最初の二巻のなかで、わが国で資本主義的生産様式の発展を阻み、したがって近代ブルジョワ社会の成立をも阻んできた歴史的状況を、すでにかなり詳しく論じている。つまりここドイツには、経済学の生きた土壌が欠如していたのだ。経済学は完成品としてイギリスとフランスから輸入された。ドイツの経済学教授たちは、いつまでたっても生徒にすぎなかった。他国の現実の理論的表現であるものが、彼らの手のなかでは学説の寄せ集めと化し、教授たちをとりまく小市民的世界にあわせて解釈され、つまりは曲解された。完全には払いのけることのできない学問的無力感と、実際には不案内な分野で教師の面目を保たねばならぬという良心のうずきを隠すために、教授たちは文献学的博識をひけらかし、他分野の素材をそこに混ぜこもうとした。その素材はいわゆる官房学、つまり、ドイツ官僚制度の将来有望な(*)候補者たちが耐え抜かねばならぬ受験地獄の雑学的知識から借用された。

(*) 後のエンゲルス編、第三版、第四版では「将来に見こみのない」に修正された。

一八四八年以来、資本主義的生産はドイツで急速な発達をとげ、今日ではすでに投機熱に浮かれている。しかし、ドイツの専門家たちは運から見放されたままだった。彼らがこだわりなく経済学に取り組めた時代には、ドイツの現実のなかに、まだ近代的な経済的諸関係が存在しなかった。ところがその諸関係が生まれた時には、ブルジョワ的視野の内部でこだわりなく研究することを、状況がもはや彼らに許さなくなった。経済学がブルジョワ的であるということは、資本主義的秩序を歴史的に過渡的な発展段階とは見ずに、社会的生産の絶対的最終的形態とみなすということだ。それゆえ経済学がブルジョワ的であるかぎり、経済学が学問として通用するのは、せいぜい階級闘争が潜在的なものにとどまるか、あるいは散発的現象として表面化するあいだのことでしかない。

イギリスを例に取ろう。イギリスの古典派経済学は階級闘争がまだ未発達な時代に誕生した。その最後の偉大な代表者リカードにいたって、ようやく階級利害の対立、すなわち労働賃金と利潤との対立、利潤と地代との対立が意識的に研究の出発点におかれた。ただ彼はこの対立を無邪気にも社会の自然法則だと理解した。そしてこれによってブルジョワ経済学もまた乗り越えがたい限界に達した。リカードの生前にすでに、リカードとは対立する立場から、シスモンディという人物の姿をとってブルジョワ経済学への批判が立ちあらわれてきた。(1)

(1) 拙著『経済学批判』、三九ページ参照。

続く一八二〇年から一八三〇年までは、イギリスの経済学分野に学問的活気がみなぎった時代だった。それはリカード理論の世俗化と普及の時代であり、したがってリカード理論と旧派との戦いの時代でもあった。こうして華々しい一騎打ちがおこなわれた。しかし大部分の論争は雑誌論文、不定期刊行物、小冊子などに分散していたため、当時そこでなしとげられたことは、ヨーロッパ大陸ではほとんど知られていない。リカード理論がブルジョワ科学への攻撃武器として利用されるといったことも、例外的にはすでに見られたが、全体として論争はまだ非党派的な性格のものだった。その理由は時代状況から説明できる。一方では大工業自身がまだその幼年時代を抜けだしたばかりだった。そのことは、大工業が一八二五年の恐慌によってはじめてみずからの近代生活の周期的循環を開始したことからも立証される。その一方で、資本と労働とのあいだの階級闘争は、まだ背後におしやられていた。それは、政治面では神聖同盟〔＊〕に参集した各国政府や封建諸侯が、ブルジョワジーに率いられた国民大衆と争っていたからであり、経済面では産業資本が貴族の土地所有と争っていたからだ。この争い〔＊＊〕はフランスでは分割地所有と大土地所有との対立の陰に隠れていたが、イギリスでは穀物法制定以後に公然と表面化した。当時のイギリスの経済学文献は、ドクター・ケネーの死後にフランスで繰り広げられた経済学のシュトゥルム・ウント・ドラング〔感情や非合理性を重んじた一八世紀後半のドイツの文芸革新運動〕時代を思いださせる。しかしそれはまだ、春を思わせる小春日和程度のものだった。一八三〇年、ついに決定的な危機が到来する。

〔＊〕ナポレオン戦争終結後の一八一五年にロシア皇帝、オーストリア皇帝、プロイセン国王のあいだで結ばれた君主間同盟。のちにほとんどのヨーロッパの君主が加わった。

〔＊＊〕輸入穀物に高関税を課して地主層の利益を擁護した法律。一八一五年に制定され一八四六年に廃止された。


ブルジョワジーは、まずフランスとイギリスで政治権力を奪取した。以来、階級闘争は実践的にも理論的にも、いよいよ明瞭かつ威嚇的な形態をとるにいたった。階級闘争は科学としてのブルジョワ経済学の弔いの鐘を打ちならした。問題はもはや、この定理が真か、あの定理が真か、などということではなかった。問題は、それが資本にとって有益か有害か、好都合か不都合か、治安維持にとって脅威か否かだった。私利私欲のない研究に代わって報酬目当ての誹謗が流布し、偏見なき学問的研究に代わって良心に反する弁護論の邪悪な意図が幅を利かした。工場主コブデンとブライトを指導者とする反穀物法同盟は、じつに押しつけがましい小論文を世間にばらまいた。それでもまだ、こうした小論文は、土地所有貴族に対する批判を通じて、学問的な関心とはいえないまでも、歴史的な関心を表明していた。ところが、サー・ロバート・ピール〔一七八八―一八五〇〕以降の自由貿易立法は、俗流経済学からこの最後のトゲさえも抜きとってしまった。

一八四八年の大陸の革命は、イギリスにも跳ね返ってきた。いまだに学問的な存在意義を認めてもらいたいと願った人々、単なる詭弁家や支配階級のための御用学者になり下がりたくないと考えた人々は、もはや無視できなくなったプロレタリアートの要求と資本の経済学とを、なんとか調和させようとした。そこからジョン・ステュアート・ミルを頂点とする精神なき折衷主義が生まれた。これこそ、ロシアの偉大なる学者かつ批評家N・チェルヌイシェフスキーが『ミル経済学の概略』でみごとに指摘したように、「ブルジョワ」経済学の一つの破産宣言だった。

資本主義的生産様式がもつ敵対的性格は、まずフランスとイギリスでの歴史的闘争を通じて鳴り物入りで姿をあらわした。ドイツではその後にはじめて資本主義的生産様式が成熟に向かった。しかしすでにそのあいだに、ドイツのプロレタリアートはドイツのブルジョワジーよりもはるかに断固とした理論的階級意識をもつにいたった。ブルジョワ経済学がここドイツでも可能になるかと思われたとたんに、それがふたたび不可能になったのはそれゆえだった。

こうした状況下で、ブルジョワ経済学の代弁者たちは二つの陣営に分かれた。一方は目はしが利く、商売熱心かつ実務的な人々で、彼らは俗流経済学の弁護論者のなかで最も浅薄な、したがって最も成功した代表者であるバスティアの旗のもとに集まった。他方は自分たちの学問の教授風権威に誇りをもつ人々で、彼らは調停不可能なものを調停しようとするジョン・ステュアート・ミルの試みに従った。ドイツ人たちは、ブルジョワ経済学の古典派時代と同様に、その凋落時代にあってもなお、まだ単なる生徒、模倣者、追従者、外国の卸商から仕入れた品を売り歩く小商人《こあきんど》にすぎなかった。

こうしてドイツ社会の独特の歴史的発展は、この国における「ブルジョワ」経済学の独自の成長をことごとく封印した。それでも封印できなかったのは、ブルジョワ経済学に対する批判だった。そうした批判が一つの階級を代弁するものだとすれば、その階級とはすなわち、資本主義的生産様式を変革し、最終的には階級そのものを廃棄することを歴史的使命とする階級——プロレタリアート以外にはありえない。

ドイツのブルジョワジーの学識あるスポークスマンたち、あるいは学識なきスポークスマンたちは、わたしの以前の著作についてやりおおせたのと同じ手法で、さしあたっては『資本論』を黙殺しようと試みた。しかしこの戦術がもはや時代の趨勢にあわないことを知るや、彼らはわたしの著書を批判すると称して「ブルジョワ意識を安堵させるための」手引書を執筆しはじめた。しかし、労働者新聞には自分たちより手強い闘士——たとえば《フォルクス・シュタート》紙に掲載されたヨーゼフ・ディーツゲンの諸論文を参照されたい——がいることに彼らは気づいた。そして今日にいたるまで、その闘士たちへの返答を怠っている。(2)

(2) わけの分からないことをしゃべりまくるドイツの俗流経済学者の愚物たちは、わたしの著作の文体と叙述に難癖をつけている。『資本論』の表現上の欠陥については、わたし自身がだれにも増して厳しい批評眼を持っている。それでもわたしはこれらの紳士とその読者諸氏の向学と慰みのために、英語とロシア語で書かれた批評をそれぞれ引用しておきたい。わたしの見解にまっこうから反対している『サタデイ・レヴュー』誌は、ドイツ語『資本論』第一版についての批評のなかでこう書いている。この書の叙述は「このうえなく無味乾燥な経済学の諸問題にさえ、独特の魅力《チャーム》を添えている」と。また『サンクト・ペテルブルク新聞』は一八七二年四月二〇日号で、とくに次のように書いている。「あまりに専門的すぎるわずかの箇所を除けば、その叙述は分かりやすさと明瞭さの点できわだっており、また対象を扱う学問的水準の高さにもかかわらず、稀にみる躍動感を備えている。この点で著者は……大多数のドイツの学者たちとは比べものにならない。ドイツの学者が書く本ときたら……あまりにこむずかしく無味乾燥で、普通の人間では頭が痛くなってしまう」と。しかし現代のドイツ国民自由党風の教授論文を読む人は、頭痛くらいではとてもすまないだろう。

一八七二年の春に、『資本論』の卓越したロシア語訳がペテルスブルクで出版された。初版三〇〇〇部は現在、ほとんど品切れ状態にある。一八七一年にはすでに、キエフ大学経済学教授N・ジーバー氏が彼の著書『価値と資本についてのD・リカードの理論』のなかで、価値、貨幣および資本に関するわたしの理論が、大筋においてスミス＝リカード学説の必然的な発展であることを跡づけた。ジーバー氏の堅実な著作を読んで西欧の人間が驚かされるのは、純粋に理論的な立脚点を彼が一貫して堅持している点だ。『資本論』で用いられた方法は、それをめぐってさまざまな対立意見が見られたことからも分かるように、ほとんど理解されなかった。

たとえばパリの『ルヴュ・ポジティヴィスト』誌〔『ラ・フィロゾフィ・ポジティヴ・ルヴュ』第三号、一八六八年〕は、一方でわたしが経済学を形而上学的に扱っていると批判しながら、他方では――あろうことか！――わたしが現実を批判的に解体するばかりで未来の食堂のための（コント流の？）レシピを書いていないと批判している〔同誌、五〇七―五〇九ページ所収のデ・ロベルティの書評〕。形而上学的だという非難に対しては、ジーバー教授が次のように反論している。

「本来の理論に関するかぎり、マルクスの方法は全イギリス学派と同じ演繹的方法であり、その短所と長所は、最良の理論経済学者すべてに共通するものだ」。

M・ブロック氏は「ドイツの社会主義理論家」（『ジュルナル・デ・ゼコノミスト』誌一八七二年七月、八月号所収〔五―三八ページ〕）のなかで、わたしの方法が分析的であることを見抜き、とくに次のように書いている。

「この著作によってマルクス氏は、最も重要な分析的思想家の仲間入りをした」。

ドイツの評論家たちは、もちろんヘーゲル風の詭弁が見られると言って騒いでいる。ペテルスブルクの『ヨーロッパ報知』誌は、『資本論』の方法だけを問題にしたある論文（一八七二年五月号、四二七―四三六ページ）で、わたしの研究方法は厳格にリアリズムに立脚したものだが、惜しむらくは叙述方法にドイツ風の弁証法が混ざりこんでいるとして、次のように書いている。

「叙述の外形から判断すると、マルクスは一見、このうえない観念論哲学者に見える。それもドイツ的な意味で、つまりは悪い意味で。しかし実際は、経済学批判にたずさわった彼の前任者のだれよりも、マルクスは圧倒的にリアリストだ。……いかなる意味でも彼を観念論者と呼ぶことはけっしてできない」。

わたしがこの論文の著者〔I・I・カウフマン〕に答えるためには、彼自身の批評の一節を引用するのが最も分かりやすい。それは、ロシア語の原文に触れられない多くの読者にとっても興味深い一節と思われる。

この著者は、わたしが自分の方法の唯物論的基盤を説明した『経済学批判』の序文（ベルリン、一八五九年、IV—VIIページ）を引用したのちに、次のように書いている。

「マルクスにとって重要なことはただ一つ、彼が研究する諸現象の法則を発見することだ。ただしそれは、単に諸現象が完成した形態をとり、ある特定の時代に観察される連関のなかに立っている時にそれを支配している法則だけではない。マルクスにとって何よりも重要なことは、そうした現象が変化し、発展するさいの法則だ。すなわち一つの形態から別の形態への、一つの関係秩序から別の関係秩序への移行だ。ひとたびマルクスがこの法則を発見すると、彼はこの法則が社会生活のなかで姿をあらわすさいに生じるさまざまな結果を詳細に研究する。……こうしてマルクスは、ただ一つのことに心血を注ぐ。すなわち社会関係の特定の秩序が成立する必然性を厳密な学問的研究をとおして立証すること、そして出発点、立脚点として利用できる事実を、可能な限り、異論をさしはさむ余地のない形で確定することだ。そのためには、現行秩序の必然性と同時に、その秩序が別の秩序に移行せざるをえない必然性が証明できれば完璧だ。人々がそれを信じるかどうか、それを意識しているかどうかはまったく問題にならない。マルクスは社会の運動を一つの自然史的過程として観察する。この過程を支配している法則は人間の意志、意識、意図から独立しているだけではない。むしろ逆にこの法則こそが人間の意志、意識、意図を決定しているのだ。……意識的要素が文化史のなかでこれほど従属的な役割しか演じていないとなれば、文化そのものを対象とする批判が、意識のいかなる形態や産物にも立脚できないことは自明だ。ということは、理念ではなく、外的現象だけが批判の出発点になりうるということだ。こうした批判は事実を理念と比較対照することにではなく、その事実を別の事実と比較対照することに専念するだろう。この批判にとって大切なことは、その二つの事実をできるかぎり精密に研究すること、そして実際に片方が、他方とは異なる発展契機をなしていることを示すことだ。またとりわけ重要なのは、秩序の連鎖、すなわち発展段階が出現してくる順序と結びつきを、これに劣らず厳密に研究することだ。なかには経済の一般法則はつねに同一のものであり、現在に適用しようが過去に適用しようが同じだと考える人がいるかもしれない。まさにこれこそ、マルクスが否定するところだ。マルクスによれば、こうした抽象的法則などは存在しない。……彼の意見によれば、逆にあらゆる歴史時代は、その固有の法則を持っている。……生命は現在の発展段階を生き延び、その段階から別の段階に進むと、ふたたび別の法則による支配を受け始める。要するに経済生活は、生物学の他の領域で見られる発展史と似たような現象を示すということだ。……旧来の経済学者たちは経済法則を物理学や化学の法則になぞらえることによって、経済法則の本質を見誤った。……しかし、現象の分析がより深まったことで、社会的有機体は、植物や動物の場合と同様、たがいに根本的に異なっていることが立証されてきた。……いやそれだけではない。同一の現象がまったく異なる法則の支配に服することもある。それは有機体の全体構造が異なるためであり、また個々の器官や、それらが機能する条件等が異なるためだ。たとえば人口法則があらゆる時代、あらゆる場所で同一のものだという見解をマルクスは否定する。彼は逆に、各発展段階がそれぞれ固有の人口法則を持っていることを確言する。……生産力の発展段階が違えば、諸関係も変化し、諸関係を律している諸法則も変化する。マルクスはこの観点から資本主義的経済秩序を探究し説明するという目標を立て、経済生活の精密な研究であれば必ずめざさねばならない目標を、厳密に学問的な立場から明確化しているにすぎない。……こうした研究の学問的価値は、その時々の社会的有機体が発生し、存続し、発展し、死滅し、それがさらに別の高度な社会的有機体によって置き換えられていくさいの特別な法則を明らかにするところにある。そして事実、こうした学問的価値をマルクスの書物は持っている」。

この著者は、わたしの本当の方法だと彼が呼んでいるものを、実に的確に説明している。

またわたし自身がどのようにその方法を適用しているかについては、きわめて好意的に説明してくれている。しかし、これこそまさに弁証法的方法というものではないのか？

とはいえ叙述方法は、形式上、研究方法とは区別されねばならない。研究は対象を細部にいたるまで自家薬籠中のものにし、そのさまざまな発展形態を分析し、その内的な結びつきを発見しなければならない。この作業が完了してはじめて、現実の運動を適切に叙述できるようになる。首尾よくそれが達成され、素材の生命が観念の鏡に映しだされるようになると、一見われわれはア・プリオリに構成されたものを相手にしているように思えてくるかもしれない。

わたしの弁証法的方法は、その土台からしてヘーゲル弁証法と異なっているだけではない。むしろそれは対極に位置する。ヘーゲルは思考過程を理念と名づけて、これを自立的な主体に変容させることまでやってのける。ヘーゲルにとっては、この思考過程こそが現実的なるものの創造主であり、現実的なるものは思考過程の外的現象にすぎない。わたしの場合には、逆に、理念的なるものは人間の頭のなかで作り変えられ、翻訳された物質的なるものにほかならない。

ヘーゲル弁証法の神秘的側面をわたしが批判したのは、まだそれが一世を風靡していた三〇年近くも前のことだ。しかしわたしが『資本論』第一巻の仕上げにとりかかっていたちょうどそのころ、目下、ドイツの知識階級のあいだで大口をたたいている不快で傲慢かつ凡庸なエピゴーネンたちはヘーゲルを「死せる犬」と呼んで悦に入っていた。これは、ちょうどレッシングの時代に勇ましいモーゼス・メンデルスゾーンが、かのスピノザをあしらったのと同じやり口だ。それゆえわたしは公然と、かの偉大な思想家の弟子であることを宣言し、価値理論について論じた章の各所で、ヘーゲルに敬意を表すべく彼特有の表現方法を用いさえした。ヘーゲルの手中でたしかに弁証法は神秘化をこうむった。しかし、弁証法の一般的運動形態をはじめて包括的かつ意識的な仕方で叙述したヘーゲルの功績が、それによってわずかたりとも損なわれることはない。ヘーゲルにあっては弁証法が逆立ちをしている。神秘的な殻のなかに合理的な種を発見するには、それを逆さにしてみなければならない。

神秘化された形態での弁証法は、ドイツの流行となった。なぜなら、それが現存するものを神聖化してくれるように見えたからだ。しかし、合理的な姿をとった弁証法は、ブルジョワジーとその教条的代弁者にとっては、腹立たしく、嫌悪すべきものとなる。なぜならそれは、現存するものの肯定的理解のなかに、同時にその否定と必然的没落についての理解を含ませているからだ。弁証法はあらゆる既存の形態を運動の流れのなかでとらえ、したがって、その移ろいやすさの面にも光を当てて理解する。弁証法はいかなるものにも動揺させられることはなく、その本質からして批判的かつ革命的なものだ。

資本主義社会の矛盾に満ちた運動が実務的なブルジョワたちに最も痛切に感じられるの

は、近代産業がくぐり抜けねばならない周期的な景気循環の局面交替においてであり、その局面交替の頂点こそが――一般的恐慌だ。いまのところはまだその前段階にあるとはいえ、恐慌はふたたび近づきつつある。その舞台のすそ野の広さ、その作用の強烈さを通じて、その恐慌は、新たな神聖プロイセン・ドイツ帝国のにわか成金たちの頭にも弁証法のなんたるかをたたきこむことになるだろう。

ロンドン、一八七三年一月二四日

カール・マルクス

フランス語版への序文とあとがき

ロンドン　一八七二年三月一八日
モーリス・ラシャートル殿

拝啓
『資本論』の翻訳を定期的な分冊で刊行するというあなたのアイデアには、わたしも賛成です。その形なら、労働者階級もこの著作をもっと手に取りやすくなるでしょう。そしてこれこそ、わたしが一番大切に思っていることなのです。

これがあなたの提案の有益な側面です。ところがそこには裏面もあります。わたしが用いた研究方法は経済学の問題にはじめて適用されたものであり、そのため最初の何章かは読むのにかなり骨が折れます。ところが、フランスの読者にはいつも結末を待ちきれないところがあり、一般原理と自分たちが直接かかわっている問題との関連を一刻も早く知りたがる傾向があります。だから彼らは、すぐに先に進めないとなると、そこでしりごみをしてしまう恐れがあるのです。
これが一つの欠点ではありますが、それに対してわたしができることといえば、真理を求めて努力する読者にあらかじめそのことを伝え、覚悟を求めることしかありません。学問に王道はありません。学問の急峻な細道をはいあがる労をいとわない者だけが、光り輝く頂上に達するチャンスを手にするのです。

敬具
カール・マルクス

読者諸氏へ

J・ロア氏は、これ以上望みえないほど正確で、ほとんど一字一句違わないほどの翻訳を提供しようと試みられた。そして氏はこの課題をじつに律儀に果たされた。ところが、ほかならぬ氏のこの律儀さのために、わたしは原稿に手を入れざるをえなくなった。読者に内容を分かりやすく伝えるためだ。本書は分冊で刊行されたため、この修正は毎日のように続けられた。その結果、作業の綿密さにばらつきがでることになり、文体上の不統一をきたさざるをえなかった。

この修正作業にいったんとりかかると、わたしはこの作業を底本となったドイツ語原著（ドイツ語第二版）にまで拡げるにいたった。こうしてわたしは、いくつかの論述を簡素化し、別の論述をより完全なものにし、補足となる歴史的統計的な資料を提示し、批判的なコメントを付け加えるなどの作業をおこなった。このフランス語版にどのような文章上の欠陥があるにせよ、この版は原著から独立した一つの学問的価値を持っており、ドイツ語のできる読者にさえ参照していただきたいものとなった。

以下に、ドイツにおける経済学の発展と本書で用いられた方法について述べたドイツ語第二版のあとがきの一部を掲げておく〔本訳書、二八―四二ページ参照〕。

ロンドン　一八七五年四月二八日

カール・マルクス

第三版に寄せて

この第三版をみずからの手で完成原稿にまで仕上げる機会は、マルクスには与えられなかった。その偉大さの前に、今日では敵対者たちでさえ頭《こうべ》をたれているこの巨星のごとき思想家は一八八三年三月一四日、世を去った。

彼の死とともに、わたしは四〇年来、寸分も変わることのない友情を分かちあってきた最良の友、言葉では言い尽くせぬほど多くのものをわたしが負ってきた友を失った。そのわたしには今、この第三版の出版、および手稿として残された第二巻の出版という二つの義務が課されている。このうちの第一の義務をわたしがどのように果たしたかについて、以下に読者に釈明しておく必要がある。

マルクスは当初、第一巻のテキストを大部分改訂し、いくつかの理論的な点をより鮮明にし、新しい論点を加え、最近の時代にいたるまでの歴史的統計的資料を補足することを計画していた。しかし彼の病状と、第二巻の決定稿をなんとしても完成したいという思いが、マルクスにこのことを断念させた。その結果、改訂は必要最小限にとどめられ、そのあいだに刊行されたフランス語版（"Le Capital. Par Karl Marx", Paris, Lachâtre 1873）にすでに含まれていた加筆部分だけが追加されることになった。

実際、遺稿のなかからは、マルクスによってところどころ修正され、参照すべきフランス語版の箇所が指示されたドイツ語版が一冊見つかった。同じく、利用すべき箇所に正確なマークが付されたフランス語版も一冊あった。これらの加筆修正箇所はわずかな例外をのぞいて第一巻の最後の部分、すなわち資本の蓄積過程の篇〔第七篇〕に集中している。その前までの箇所は比較的念を入れて推敲されていたが、蓄積過程の篇ではテキストがもとの草案により近い形をとどめていた。それだけに、その文体は躍動的でまとまりもよかったが、より粗略で、英語表現の混入も目につき、箇所によっては不明瞭なところもあった。また、いくつかの重要事項が示唆されるにとどまっており、そのため議論の展開にもところどころ飛躍が見られた。

文体に関しては、マルクス自身がいくつかの節を徹底的に書き直していた。その作業の過程で、あるいはまた、たびたびの口頭での示唆を通じて、マルクスはわたしに英語の専門用語やその他の英語表現をどこまで言い換えてよいかについてのさじ加減を伝授した。加筆と補足についても、マルクスが生きていれば、いずれさらなる検討を加えたことだろう。そして、なめらかなフランス語を彼自身のきびきびとしたドイツ語に置き換えたことだろう。しかし、わたしとしてはそれらの加筆や補足をできるだけ原文に沿って翻訳することで満足するほかなかった。

　したがってこの第三版では、原著者が生きていれば自分で書き換えたであろうとわたしが確信できるもの以外は、一語たりとも書き換えることはしなかった。ドイツの経済学者たちがよく使う通俗的表現、あの訳の分からぬ物言いを『資本論』のなかに取り入れるなどということはおよそわたしには考えられなかった。たとえば金を支払って他人から労働を受けとる雇用主をアルバイトゲーバー〔労働を与える人〕と呼び、逆に賃金と引き替えに労働を与える労働者をアルバイトネーマー〔労働を受けとる人〕などと呼ぶ表現だ。フランス語でも日常用語では労働（travail）という言葉が「働き口」の意味で用いられることはある。しかし、だからといって資本家を、労働を与える人（donneur de travail）、労働者を、労働を受けとる人（receveur de travail）などと呼ぶ経済学者がいたら、頭がおかしいのではないかとフランス人が考えても無理はない。

　原文のいたるところで用いられているイギリスの貨幣や度量衡の単位を、新ドイツの等価単位に換算することもわたしはあえてしなかった。第一版が刊行された当時、ドイツには一年の日数に匹敵するほど多種の度量衡があり、しかもマルクが二種類（ライヒスマルクは当時、一八三〇年代末にそれを思いついたゼートベーアの頭のなかでしか通用していなかった）、グルデンが二種類、ターラーが少なくとも三種類あり、うち一つのターラーの単位は「新三分の二貨」〔三分の二ターラーの価値の銀貨〕だった。自然科学ではメートル法が、世界市場ではイギリスの度量衡が支配的だった。このような事情を考えれば、論拠となるデータをほとんどイギリス産業の状況分析から取らざるをえなかった本書がイギリスの度量衡を採用したのは当然のことだった。この最後の理由は今日においてもなお揺るぎないものがある。とくに世界市場における当該の諸関係がほとんど変化しておらず、なかでも主要産業——鉄と綿花——で、イギリスの度量衡が今日でも引き続き独占的な地位を占めていれば、なおさらのことだ。

最後に一言、ほとんど理解されていないマルクスの引用方法について述べておこう。純粋な事実にかかわる陳述や描写に関しては、引用、たとえばイギリスの青書からの引用などは、当然のことながら単なる根拠資料として用いられている。しかし他の経済学者の理論的な見解が引用されるような場合には、いささか事情が異なる。その種の引用は単に、ある経済思想の発展過程において、だれが、いつ、どこでその思想を最初に明確に語ったかということを確定するためのものでしかない。その場合重要なのは、当該の経済学上の観念がこの学問の歴史にとってなんらかの意義を持っているということ、およびそれがその時代の経済的状況を多少とも有効に示す理論的表現となっているということだ。しかし、はたしてこの観念が著者の今の立場から見てまだ絶対的な、あるいは相対的な妥当性を有しているか、それともすでに歴史のなかに埋没してしまったか、などということは、まったく問題にされていない。すなわちこうした引用は、経済学の歴史から借用してきた本文への註釈にほかならず、比較的重要な経済理論の進歩を、その時代と創始者をあげながら一つひとつ確定していくためのものにすぎない。経済学史の書き手たちがこれまで、偏向的でガリ勉ふうの無知をさらけだしてきたことを思えば、こうした作業はぜひとも必要だったと言える。——こうしてみると、マルクスが第二版のあとがきでも述べているように、ドイツの経済学者がきわめて例外的にしか引用されていない理由も、おのずと理解できるだろう。

一八八四年中には第二巻が刊行できることを願いつつ。

ロンドン　一八八三年一一月七日

フリードリヒ・エンゲルス

英語版序文

『資本論』の英語版を刊行するにあたって、いまさらその理由をのべる必要はない。むしろ逆に、なぜ今日にいたるまで英語版の出版が遅れたのかについての説明こそ求められてしかるべきだろう。というのもここ数年来、この著作で展開された理論についてはイギリスでもアメリカでも定期刊行物や新聞雑誌等のなかでたえずとりあげられ、攻撃され、擁護され、説明され、また誤解されてきた現状があるからだ。

一八八三年に著者が世を去ってまもなく、この著作の英語版がどうしても必要だということがはっきりしてきた。その時、マルクスとわたしの長年の友人であり、この著作自体に他のだれよりも精通しているサミュエル・ムーア氏が翻訳をひきうけてもよいと、名のりをあげてくれた。この翻訳を世にだすことはマルクスの著作に関する遺言執行者たちが切に望んでいたところだった。そこでわれわれは合意を交わし、わたしが訳稿を原本と照合し、適切と思う変更点を提案することになった。しかし、ムーア氏は本職のほうが忙しく、全員が望んでいたテンポでは翻訳を完成できないことが次第に明らかになってきた。

そこでわれわれは、仕事の一部を担当しようというドクター・エイヴリングの申し出を喜んで受け入れた。また同時に、マルクスの末娘であるエイヴリング夫人も、引用をチェックし、マルクスがイギリスの著者や青書から引いて自分でドイツ語に訳した箇所を、原文に戻す作業をひきうけてくれた。この作業は若干のやむをえない例外をのぞいて、全巻をとおしておこなわれた。

ドクター・エイヴリングによって訳された部分は以下のとおりだ。（一）第一〇章〔本書第八章〕（労働日）および第一一章〔同九章〕（剰余価値率と剰余価値量）（二）第六篇〔第一九章から二二章〔同一七章から第二〇章〕からなる労働賃金の篇〕（三）第二四章〔同二二章〕第四節（資本と収入……）から巻末まで。すなわち第二四章〔同二二章〕後半と第二五章〔同二三章〕、および第八篇〔本書には存在しない〕のすべて〔第二六章から第三三章まで〔同二四章第一節から第七節および第二五章〕〕、（四）著者の二つの序文。ここに掲げた以外の箇所はすべてムーア氏の翻訳による。各翻訳者はそれぞれの担当部分についてのみ責任を負っており、全体についての総責任はあくまでわたしにある。

この英語版の底本となったのは、一貫してドイツ語第三版だった。この版はマルクスが遺したメモを頼りにわたしが編集したものだ。このメモには、第二版のいくつかの箇所を一八七三年刊のフランス語版本文中にマークされた部分と置き換えるようにとの指示が書かれていた(1)。こうして第二版の本文に加えられた変更点は、一〇年前にアメリカで英訳が計画された時に、マルクスが一連の手書き文書のなかで指定していた変更点と概略において一致していた。この英訳自体は有能で適当な訳者が見つからなかったことが主たる理由で断念されたが、その時のマルクスの手書き文書は、われわれの旧友、ニュージャージー州ホーボーケン在住のF・A・ゾルゲ氏から提供された。そこにはフランス語版から抜きだして挿入すべき箇所がさらにいくつかあげられていた。しかしこれは第三版のための最後の指示より何年も前のものなので、採用するのは不適切だと判断し、困難な箇所を乗り越える助けになるような例外的な場合にしか利用しなかった。難しい箇所に遭遇した時にはほとんどの場合、フランス語版のテキストも参照した。翻訳ではつねに原本の意味全体のある一部をどうしても犠牲にせざるをえない場合がある。そのような場合にマルクス自身は何を犠牲にしてもかまわないと考えていたのか、それを知るよすがとしてフランス語版を参照した。

（1）"Le Capital. Par Karl Marx." M・J・ロア訳、原著者による完全校訂版。この翻訳、とくに第一巻末尾の部分には、ドイツ語第二版本文へのかなり多くの加筆修正が含まれている。

それでもなお読者のために取り除くことができなかった困難が一つある。それはある種の表現については、通常用いられているのとは異なる意味で、それも日常用語としての使用法と異なるだけではなく、通常の経済学の使用法とも異なる意味で用いられているということだ。しかしこれは避けられないことだった。一つの学問が新しい見解をうちたてる時にはいつでも、この学問が用いる専門用語のなかに一つの革命が宿っている。このことを最もよく証明しているのは化学の分野だ。化学で用いられる専門用語は二〇年もたてばすべてラディカルに変化する。有機化合物のうちで、さまざまに異なる名称を経てこなかったようなものはほとんどない。ところが経済学は一般に、商業や工業の営みを表現する言葉を従来のままに踏襲し、それを用いて理論を操ることで満足してきた。それによってみずからの視野が、こうした言語で表現される理念の狭い範囲に限定されてきたことを経済学はまったく見落としてきた。たとえば利潤も地代も、労働者が企業家に納めなければならない生産物の不払部分の下位区分ないし細目にすぎない（ちなみに企業家は生産物の最初の取得者ではあっても、けっして最終的かつ独占的な所有者ではない）。このことには古典派経済学でさえ、はっきりと気づいていた。にもかかわらず、その彼らも利潤と地代の通常の概念を乗り越え、（マルクスが剰余生産物と呼んだ）生産物のこの不払部分をその総体において、全体として研究することはなかった。そしてそれゆえにその部分の起源についても、その本性についても、またその価値の後の分配を規定している法則についてもけっして明確な理解に達することはなかった。同じことはマニュファクチュアという表現についても言える。古典派経済学はすべての産業を、農業でもなく手工業でもないかぎり、一律にマニュファクチュアという表現で呼ぶ。それによって経済史上の二つの本質的に異なる時代の区別がつかなくなる。すなわち手工業の分業に根ざした本来のマニュフアクチュアの時代と、機械装置に根ざした近代工業時代との区別だ。しかし近代の資本主義的生産を人類の経済史における単なる通過段階としかみなさない理論が、この生産形態を恒久的かつ最終的なものとみなす著作家たちの慣用表現とは異なる表現を必要とするのは、けだし当然のことだ。

ここでマルクスの引用方法について一言述べておくのは無駄ではあるまい。大部分の引用は本文でなされている主張の資料根拠を示すという通常の目的にしたがっている。しかし経済学についての著作からの引用は、多くの場合、ある特定の見解が、いつ、どこで、だれによって、最初に明確に語られたかを明らかにするためのものだ。それがなされるのは、取り上げられた見解が重要な意味をもつ場合であり、またその見解が、ある時代に支配的な社会的生産と交換の諸条件を多かれ少なかれ適切に示す表現となっている場合だ。そのさいマルクスがその見解を支持していたかどうか、またその見解が普遍妥当性を持っているかどうかは、まったく別問題だ。したがってこれらの引用は、いわばこの学問の歴史から借用してきた註釈を本文に付したものと言える。

われわれの翻訳は、この著作の第一巻を訳したものにすぎない。しかしこの第一巻は、高いレベルでそれ自身が一つの全体をなしており、二〇年間にわたって独立した作品として通用してきた。一八八五年にドイツ語でわたしが刊行した第二巻は、続く第三巻ぬきでは決定的に不完全だ。しかもその第三巻は一八八七年末以前には出版できない。したがって第三巻がドイツ語の原本で刊行されたならば、その時点で両巻の英語版の準備を考えても遅すぎることはないだろう。

『資本論』は、ヨーロッパ大陸ではしばしば「労働者階級のバイブル」と呼ばれている。この書で得られた結論が、ドイツ、スイスのみならず、フランス、オランダ、ベルギーでも、アメリカでも、さらにはイタリアやスペインにおいてさえ、日々、労働者階級の大きな運動を支える根本原理となりつつある。そしてあらゆる場所で労働者階級がますますこの結論を、自分たちの状況や努力を最も適切に表現しているものと認めつつある。このことはこの運動に通じているものならば何人《なんぴと》たりとも否定しえないだろう。またイギリスでもマルクスの理論はまさに現時点において社会主義運動に強力な影響を与えている。この運動は一連の「教養層」のあいだにも、労働者階級のあいだに劣らず広がりつつある。しかし、それだけではない。イギリスの経済状況を徹底的に検証することが、もはや避けられない国民的必要事として要請されるであろう時が急速に近づいている。イギリスの産業システムは、生産の、したがってまた市場のたえざる急拡大なしには稼働しえない。ところがいまや、それが停止しようとしている。自由貿易はその補給源を呑み尽くしてしまった。(2) マンチェスターでさえ、みずからのかつての経済的福音に疑いの目を向けている。急速な発展をとげた外国の産業はいたるところでイギリスの生産物に肉迫しつつある。それは関税に保護された市場のみならず、中立的な市場でも、さらには英仏海峡のこちら側においてさえ観察される。生産力が等比級数的に成長する一方で、市場の拡大はせいぜい等差級数的にしか続かない。一八二五年から一八六七年にかけてつねに繰り返された景気停滞、好景気、過剰生産、恐慌という十年サイクルの循環はたしかにその歩みを完結したかに見える。しかしそこでわれわれを待ち受けていたのは、持続的慢性的な不況という絶望の泥沼だった。待ちこがれた好景気の時代はやってこないだろう。あれほど何度も好景気を告げる兆候が見えたと思いこんだのに、そのたびにそれは空しく消え失せた。その間、冬がくるたびに同じ質問があらたに繰り返された。「いったい失業者たちをどうするのか?」と。しかし失業者の数が年を追って急増するなかで、この質問に答えられる者は一人もいない。そしてわれわれは、ついに失業者たちが我慢しきれなくなり、自分の運命をみずからの手にとり戻すにいたる時点をほとんど算出することができる。このような瞬間にこそ、ぜひとも一人の人物の声に耳を澄ますべきだろう。この人物の全理論は、イギリスの経済史および経済状況についての生涯にわたる研究成果としてもたらされたものだった。そしてこの研究はこの人物を次の結論へと導いた。少なくともヨーロッパにおいては、イギリスこそが、避けることのできない社会革命を完全に平和的法的手段によって遂行しうるただ一つの国であるという結論へと。もちろんこの人物は、こう付け加えることもけっして忘れなかった。イギリスの支配階級が「奴隷制擁護のための反乱」をくわだてることなく、この平和的法的革命に屈するだろうとは自分にはとても思えない、と。

(2) 本日の午後開かれたマンチェスター商工会議所四半期集会では、自由貿易問題に関して活発な議論がおこなわれた。そして次のような趣旨の決議案が提出された。「四〇年間にわたってわれわれは、他の諸国がイギリスの自由貿易の模範に倣《なら》うのを待ち続けてきたが、徒労に終わった。そこで商工会議所はいまやこの立場を変更すべき時がきていると考える」というのだ。決議は賛成二一票、反対二二票という、わずか一票差で否決された(『イヴニング・スタンダード』一八八六年一一月一日)。

一八八六年一一月五日
フリードリヒ・エンゲルス

第四版に寄せて

第四版を出版するにあたって、わたしに要求されたのは、可能なかぎり本文および註の最終的確定をおこなうことだった。わたしがこの要求にいかに応じたかについて以下に簡単に述べることにしよう。

フランス語版とマルクスの手稿メモとを再度照合した後、わたしはフランス語版からさらにいくつかの補足をドイツ語本文に取りこんだ。その該当箇所は八〇ページ（第三版、八八ページ）、四五八―四六〇ページ（同、五〇九―五一〇ページ）、五四七―五五一ページ（同、六〇〇ページ）、五九一―五九三ページ（同、六四四ページ）、五九六ページ（同、六四八ページ）の註79などだ。〔*〕同様にわたしは、フランス語版と英語版の先例に倣って鉱山労働者についての長い註（第三版、五〇九―五一五ページ）を本文（第四版、四六一―四六七ページ）〔**〕に挿入した。その他の小さな変更は純粋に技術的性質のものだ。

〔*〕ディーツ版の該当箇所はそれぞれ、一三〇、五一七―五一九、六一〇―六一三、六五六―六五七、六六〇ページ。

〔＊＊〕ディーツ版では、五一九―五二五ページ。

さらにわたしは説明のための補註を、とくに歴史状況が変化したために必要となったと思われる箇所に、いくつか付け加えた。これらの補註はいずれもカッコ〔本訳書では〔〕〕でくくり、わたしの名前の頭文字であるＦ・Ｅ、またはＤ・Ｈ（編者）という記号を付した〔本訳書では「Ｆ・エンゲルス」に統一〕。

その間に英語版が出版されたため、多くの引用を完全に見直す必要が生じた。英語版刊行のためにマルクスの末娘エリノアは、すべての引用箇所を原本と照合する作業をひきうけてくれた。おかげで圧倒的多数を占める英語文献からの引用については、ドイツ語から英語に訳し戻すことはせず、英語の原文自体を採用することができた。したがって第四版ではその原文を参照することがわたしの責務となった。参照してみると、やや不正確な箇所がかなり見られた。参照ページ数のまちがい、一部はノートからの転記ミス、一部は三度にわたって版を重ねる過程で蓄積された誤植等だ。引用符の打ちまちがいや脱落も見られたが、これは抜き書きノートから大量の引用をすれば避けられない。訳語選択がやや不適切な箇所も散見された。いくつかの箇所は一八四三―一八四五年のパリ時代の古いノートから引用されているが、当時マルクスはまだ英語ができず、イギリス経済学者の著作をフランス語訳で読んでいた。二重の翻訳を経ると語のニュアンスに微妙なずれが生じる。たとえばステュアート、ユアの場合などがそうだ。こうした箇所では、いまなら英語の原文が使われるべきところだった。このほかにもそれに類する小さなまちがいや遺漏が見られた。このように本巻については非常に骨の折れる校訂作業がおこなわれたが、しかしこれといった重要な変更は何一つなされなかった。それは、この第四版を以前の版と比べてみれば納得できるだろう。ただ一つ発見できなかったのは、リチャード・ジョーンズからの引用（第四版五六二ページ、註47〈第二二章〉）だった。おそらくマルクスはこの本のタイトルを書き間違えたのだろう。その他の引用はすべて完全な立証能力を持っており、あるいは今回、正確な形になったことでその立証能力をさらに高めるにいたった。

しかしわたしはここで一つの古い話に戻る必要がある。わたしの知るかぎりこれまでたった一度だけマルクスの引用の正確さが疑われたケースがある。ただこのケースはマルクスの死後もあとを引いたため、わたしとしても、ここでこれを無視するわけにはいかない。

一八七二年三月七日、ドイツ工場主連盟の機関誌であるベルリンの『コンコルディア』に「カール・マルクスはどのように引用するか」と題する一編の匿名論文が掲載された。この論文は義憤と罵詈《ばり》雑言《ぞうごん》に満ちた表現で、グラッドストンが一八六三年四月一六日におこなった予算演説のマルクスによる引用（一八六四年の国際労働者協会創立宣言で引用され、さらに『資本論』第一巻、第四版、六一七ページ、第三版、六七〇―六七一ページで再度引用された）が捏造されたものだと主張していた。それによるとマルクスが引用した

「この圧倒的な富と権力の増大は……ひとえに有産階級に限られております」という文章は、ハンサード〔イギリスの議会討議録を刊行していた出版社〕の（半官製）速記録には一言も掲載されておらず、「この文章はグラッドストン演説のどこにも見あたらない。この演説ではむしろ正反対のことが言われている」という。（以下太字で）「**マルクスはこの文章を付け加えることで、形式的にも実質的にも捏造をおこなったのである！**」

『コンコルディア』のこの号は、同年五月にマルクスに送られてきた。マルクスは『フォルクス・シュタート』六月一日号誌上でこの匿名氏に答えた。マルクスはどの新聞記事から引用したかをもはや思いだせなかったため、イギリスの二種類の出版物に同じ趣旨の引用があることを示した後、『タイムズ』の記事を引用するにとどめた。その記事によるとグラッドストンは次のように述べている。

「これがわが国の富に関する現状であります。わたし個人としては、この息を呑む富と権力の増大が豊かな階級にのみ限られていると考えるならば、そのことに懸念と痛みを禁じえないでしょう。そこでは労働する民衆の状態などいっさい顧慮されていないのです。わたしが述べてきた、しかも正確な報告にもとづいているとわたしが信じるこの富の増大は、ひとえに有産階級にのみ限られております」。

　つまりグラッドストンは、もしこれこれであるなら自分は遺憾に思うだろう、しかし現にそうなのだ、と言っているのだ。つまり富と権力の圧倒的な増大はひとえに有産階級に限られている、と。そして半官製のハンサード版についてマルクスはさらにこう述べている。「あとから適当につじつまをあわせたハンサード版について言えば、イギリスの大蔵大臣の口からでたとあっては不名誉のそしりを免れない箇所を消し去るくらいの智恵をグラッドストン氏は持ちあわせていたということだろう。ちなみにこうした操作はイギリス議会の昔からの習慣であって、なにもベーベルにかみついた小男ラスカー〔ドイツの国民自由党代議士。社会民主党指導者ベーベルに対するみずからの不穏当発言を速記録から削除させた〕が発明したものではない」。

例の匿名氏はますます憤慨する。『コンコルディア』七月四日号に掲載された回答で、匿名氏は手あかのついた資料のことは棚上げにして、きまりわるそうにこうほのめかす。議会演説はあくまで速記録にしたがって引用するのが「しきたり」なのだ、と。しかしまたこうも主張する。（「捏造」した文章が入っているという）『タイムズ』の記事は、（その文章が入っていない）ハンサードの報告と「実質的には完全に一致しており」、『タイムズ』の記事もまた、創立宣言のあの悪名高い箇所とは正反対のものを含んでいる、と。そのさい匿名氏が用心深く隠しているのは、この『タイムズ』の記事には、彼が「正反対」と称する事柄とならんで、まさに「あの悪名高い箇所」が明白に含まれている！ということだ。それでも匿名氏はいきづまりを察知し、なにか新たな策を講じるしかないと感じている。匿名氏の論文こそが「厚顔な捏造」にみちていることはいままさに立証されたとおりだが、彼はその論文に今度は説教調の悪態をまぜこむ。「悪意」「不誠実」「虚偽の申し立て」「例の嘘の引用」「厚顔無恥な虚偽」「まったく捏造された引用」「この改竄」「ただただ破廉恥な」、等々と。その一方で彼は論点を他の分野に移す必要があると考え、「次の論文ではわれわれが」（つまり「嘘を言わない」匿名氏が）「グラッドストンの言葉の内容にどのような意味を読みとっているかを論じる」ことを予告する。何の影響力もない自分の意見が、まるで事柄をわずかでも左右するかのように！　この第二の論文は『コンコルディア』七月一一日号に掲載されている。

マルクスは再度『フォルクス・シュタート』八月七日号でこれに答えた。そして今回は一八六三年四月一七日の『モーニング・スター』紙と『モーニング・アドヴァタイザー』紙からも該当箇所の報告記事を引いている。この両記事によるとグラッドストンはこう述べている。この息を呑む富と権力の増大が、真に裕福な階級に限られていると自分が信じるならば、自分としては懸念……をもってそのことを眺めるでありましょう。しかし、この増大は実際、有産階級にのみ限られているのであります、と。つまりこの報告記事にも「捏造」と称されている文章が言葉どおりに掲載されているのだ。さらにマルクスは『タイムズ』とハンサードの文章を比較することによって、次のことを再確認している。翌朝発行された相互に独立した三つの同じ内容の新聞記事によって、現実に語られたものだと確認されている当の文章が、周知の「しきたり」にしたがって校訂されたハンサード版には欠落しているということ、すなわちグラッドストンは、マルクスの表現を使えば「あとから呪文をかけてそれを消しさった」ということを。そして最後にマルクスは、自分はこれ以上この匿名氏とつきあっている暇はないと宣言している。匿名氏の方もこれで十分だったのだろう。少なくともマルクスは『コンコルディア』のその後の号を受けとることはなかった。

こうして事件は死にたえ、埋葬されたように見えた。もっとも、その後もケンブリッジ大学の関係者から一、二度、不可思議な噂がわれわれのもとに寄せられた。それによるとマルクスは『資本論』のなかで言うに耐えない文献上の犯罪を犯した、というのだ。しかしいくら精査してみても、それ以上はっきりしたことは聞きだせなかった。ところがマルクスの死後八カ月を経た一八八三年一一月二九日、ケンブリッジのトリニティ・カレッジ発の一通の書簡が『タイムズ』に掲載された。差出人はセドリー・テイラーとなっている。ひどくなれなれしい仲間意識でものを言うこの小物の男は、やぶから棒の機会を利用して、ケンブリッジのうわさ話のみならず、例の『コンコルディア』の匿名氏についても、ついに事情を明らかにした。

「きわめて奇妙に思われたのは」と、トリニティ・カレッジのこの小物男は言う。「グラッドストン演説の引用を『創立宣言』に取りこむというだれが見ても悪意に満ちた行為を、ブ﹅レ﹅ン﹅タ﹅ー﹅ノ﹅教授（当時はブレスラウ大学、現在はシュトラースブルク大学在職）が指摘するまでだれも問題にしなかったということである。カール・マルクス氏はこの引用を正当化しようとしたが、ブレンターノのみごとな攻撃の前にたちまち打ちのめされるや、大胆不敵にも、こう主張したのだった。グラッドストン氏は一八六三年四月一七日の『タイムズ』に掲載された彼の演説記事をハンサードにわたす前に修正したのだ。それはイギリスの大蔵大臣としておおいに不面目な箇所を抹殺するためだった、と。これに対してブレンターノは詳細な本文比較によって次のことを立証した。すなわち『タイムズ』の記事は、マルクスが引用を狡猾に文脈から切り離すことによってグラッドストンの言葉にしのびこませた意味を完全にとり除いてやりさえすれば、ハンサードの報告と一致するということを。するとマルクスは時間がないという口実で退散したのであった」。

つまり、これがプードルの正体だったのだ！〔ゲーテ『ファウスト』より。メフィストはプードルに化けてファウストに近づく〕 こうして『コンコルディア』誌におけるブレンターノ氏の匿名キャンペーンは、ケンブリッジの生産協同組合風ファンタジーのなかに輝かしく映しだされた！ かのドイツ工業主連盟の聖ジョージ〔悪竜退治で知られるイングランドの守護聖人。ゲオルギウス〕は、かく身構えて刀剣をかざし、「みごとな攻撃」をおこなえり。かくして悪竜マルクスはその足下で「たちまち打ちのめされ」、息とだえたり！〔シェイクスピア『ヘンリー四世』に登場するフォルスタッフの自慢話の援用〕。

しかしこのアリオスト〔騎士叙事詩で知られるイタリア・ルネサンスの大詩人〕風の戦闘描写はすべて、われらが聖ジョージの策謀を覆い隠すためのものでしかない。ここで問題にされているのはもはや「捏造による加筆」や「改竄」ではなく「狡猾に文脈から切り離された引用」だ。問題全体がすりかえられた。しかもなぜそうなったのかを、聖ジョージとケンブリッジの従者はきわめて正確に知っていた。

エリノア・マルクスは、『タイムズ』が掲載を断ったため、月刊誌『トゥ・デイ』一八八四年二月号に回答をよせた。そのさい彼女はこの論争を、もとから問題になっていた一点にしぼった。すなわちマルクスはあの一文を「捏造によって付け加えたのか」否か？それに対してセドリー・テイラー氏はこう答える。

「グラッドストン氏の演説になにがしかの一文があったか否かなどということは」、彼の見解によれば「この引用がグラッドストンのいわんとする意味を再現する意図でなされたか、歪曲する意図でなされたかという問題に比べれば」、マルクスとブレンターノの論争のなかで「まったくささいな意義しか持たない」。

そのあとで彼は「『タイムズ』報道はたしかに文章中に矛盾を含んでいる」ことを認める。ところがところが、それ以外の脈絡は正しいのであって、つまり自由主義的＝グラッドストン的意味に解すれば、グラッドストン氏が本来言いたかったことを伝えている（『トゥ・デイ』一八八四年三月号）という。ここで一番奇妙なのは、われらがケンブリッジの小物男は、あの演説を、匿名ブレンターノが「しきたり」だというハンサード版から引用せずに、同じブレンターノが「どうしても粗略にならざるをえない」と称している『タイムズ』報道から引用することに固執している点だ。それもそのはず、この運命的文章はハンサード版には欠落しているのだ！

エリノア・マルクスが、この同じ号の『トゥ・デイ』でこの議論を粉砕するのはわけもなかった。テイラー氏は一八七二年の論争を読んでいたのか、それとも読んでいなかったのか。読んでいたなら、今回は彼が「改竄」したことになる。それも「勝手に加えた」だけでなく、「勝手に省く」こともした。あるいは読んでいなかったのなら、テイラー氏には口をつぐむ義務があった。いずれにせよ確かなことは、テイラー氏が友人ブレンターノの訴えを、一瞬たりとも支持できなかったことだ。というのもブレンターノはマルクスがその文章を捏造加筆したと訴えていたのに、テイラー氏はまったく逆に、マルクスは捏造加筆したのではなく、重要な一文を伏せてしまったと言っていたからだ。ところが当の一文は、創立宣言の五ページ、「捏造加筆された」と称される文章の数行前にちゃんと引用されている。そしてグラッドストン演説の「矛盾」についていえば、ほかならぬマルクスこそが、『資本論』六一八ページ（第三版、六七二ページ）、註105で「一八六三年と一八六四年のグラッドストン予算演説に繰り返しあらわれる明白な矛盾」について語っているではないか！　ただマルクスは、セドリー・テイラー風にそれを自由主義的な心地よい結論に解消しようとしなかっただけだ。そこでエリノア・マルクスの回答は次のような要約で締めくくられている。「事実は逆だ。マルクスは引用する価値のあるものを包み隠すことはなかったし、またどんなに些細なことであっても捏造することはなかった。ただ彼はそれを再構成し、グラッドストン演説の一文を忘却から救ったのだ。その一文はまちがいなく発せられたものだったが、どのような経緯があったかはともかく、ハンサードの版からは抜けだしていった」。

これでセドリー・テイラー氏も実際、満足したのだった。そして二〇年間にわたって二つの大国をまたにかけて続けられたこの大学教授たちの抗争全体の結末はといえば、もはやだれもマルクスの文献学的良心に異議をとなえる勇気はなくなったこと、そしてセドリー・テイラー氏がそれ以来、ブレンターノ氏の文献上の闘争文書に信をおかなくなったであろうこと、そしてブレンターノ氏もまたハンサードに対して教皇無謬説のごとき信をおかなくなっただろうことだ。

ロンドン　一八九〇年六月二五日

F・エンゲルス

第一巻　資本の生産過程

第一篇　商品と貨幣

第一章　商　品

第一節　商品の二つのファクター　使用価値と価値（価値実体、価値量）

資本主義的生産様式がいきわたった社会では、社会の富は「商品の巨大な集合」[(1)]として、また個々の商品はその要素形態として姿をあらわす。それゆえ、われわれの研究は商品の分析からはじまる。

（1）カール・マルクス『経済学批判』ベルリン、一八五九年、三ページ。

商品は、第一に人間の外部に存在する対象であり、その属性を通じて人間のなんらかの種類の欲求を満足させる物だ。こうした欲求がたとえば胃袋から発していようが、空想から発していようが、その欲求の性質によって事の本質が変わることはない[(2)]。以下ではまた、物が人間の欲求をどのように満たすのか、たとえば直接的に生活手段として、つまり享受対象として欲求を満たすのか、あるいは回り道をして、生産手段として欲求を満たすのか、といったことも問題にしない。

(2)「欲望には欲求が潜んでいる。欲望は精神の食欲であり、肉体にとっての空腹と同じように自然なものだ。……ほとんど(の物)は精神の欲求を満たすからこそ価値をもつ」(ニコラス・バーボン『新貨幣をより軽く鋳造することに関する論考、ロック氏の考察に答えて』ロンドン、一六九六年、二、三ページ)。

鉄、紙といった有用物はすべて質と量という二重の観点から考察できる。これらの物はいずれも多くの属性の総体であり、それゆえさまざまな面で役に立ちうる。そのさまざまな面、つまり物の多様な使用法を発見することは、歴史にまかされた仕事だ。(3) 同様に、役に立つ物の量を測るために社会的に通用する尺度を作りだすことも、歴史の仕事だ。商品尺度のさまざまな違いは、一部は測定対象の性質の違いから、一部は習慣から生じている。

(3)「物には内在的特性」(これは使用価値をあらわすバーボン特有の用語)「がある。それは鉄を引きつける磁石の特性のように、どこでも同じように作用する」(バーボン、前掲書、六ページ)。鉄を引きつける磁石の性質は、この性質を手掛かりに磁極が発見されたことではじめて役に立つものになった。

ある物の有用性は、その物を使用価値にする。(4) しかし、この有用性は宙に漂っているわけではない。有用性は商品体の属性に制約されているため、商品体なしには存在しない。

したがって鉄、小麦、ダイヤモンドといった商品体は、それ自体が使用価値、あるいは財貨となる。こうした商品体の性質は、商品にその使用属性を与えるために人間が費やした労働の多寡とは無関係だ。ただし、使用価値を考察するさいには、たとえば何ダースの時計、何エレ[*]の麻布《あさぬの》、何トンの鉄といったように、量が特定されていることがつねに前提となる。商品の使用価値は商品学といった独自の学問分野の素材となる。(5) 使用価値は、商品が使用され、消費されることで、はじめて現実のものとなる。富がどのような社会的形態をとっていようとも、使用価値は富の素材上の内実をなしている。本書が考察する社会形態のもとでは、使用価値は同時に、もう一つの価値の素材上の担い手ともなる。それはすなわち——交換価値だ。

（4）「あらゆる物の自然価値（natural worth）とは、必要な欲求を満たしたり、人間生活を快適にしたりするのに役立つ物の適性のことだ」（ジョン・ロック『利子引き下げの結果についての若干の考察』一六九一年、『著作集』版、ロンドン、一七七七年、第二巻、二八ページ）。一七世紀のイギリスの著述家たちは、まだ多くの場合、使用価値には「worth」という言葉を、交換価値には「value」という言葉を充てている。これは、直接的な事柄をゲルマン語系で、反省された事柄をロマンス語系で表現するのを好むこの国の言語精神とぴったり一致する。

（5）ブルジョワ社会には、だれもが商品の買い手として百科全書的な商品知識を持っているという法的擬制（fictio juris）が流布している。

〔＊〕エレは主として布類に使われた長さの単位。地域によって長さは千差万別だが、ドイツ語圏ではおよそ五〇センチから八〇センチ程度。

交換価値は第一に、ある種類の使用価値が別の種類の使用価値と交換されるさいの量的関係、すなわち比率としてあらわれる。[6] この比率は時と場所に応じてたえず変化する。したがって交換価値は偶然的で、純粋に相対的なものとしてあらわれる。そうであれば、商品に潜む内在的な交換価値（valeur intrinsèque）などという言い方は形容矛盾ということになる。[7] もう少し詳しく見てみよう。

（6）「価値の本質は、ある物と他の物との交換比率、あるいは、ある生産物の一定量と他の生産物の一定量との交換比率にある」（ル・トローヌ『社会的利益について』、デール編『重農主義者』パリ、一八四六年、八八九ページ）。

（7）「いかなるものも内在的な交換価値などは持ちえない」（N・バーボン、前掲書、六ページ）。あるいはバトラーのように、こうも言えるだろう。「ある物の価値とは、それがちょうどもたらしてくれるもののことだ」[＊]。

〔＊〕サミュエル・バトラーの叙事詩『ヒューディブラス』第二部第一歌の言い換え〔編者巻末註19〕。

ある商品、たとえば一クォーターの小麦はx量の靴墨、y量の絹、z量の金などと交換される。簡単にいえば、さまざまな割合で他の商品と交換される。だから小麦はただ一つの商品としか交換できない交換価値をもつのではなく、いろいろな商品と交換しうる交換価値を持っている。しかし、x量の靴墨も、y量の絹も、z量の金も、一クォーターの小麦の交換価値であることに変わりはない。それゆえx量の靴墨、y量の絹、z量の金は、相互に置き換え可能な、つまり同じ大きさの交換価値であるはずだ。ここから結論できることは、第一に、同一商品の交換価値として通用しているものは、いずれも等しいものを表現しているということ、しかし第二に、交換価値はそもそも表現様式でしかなく、交換価値とは区別しうるある内実の「現象形態」にすぎないということだ。

では次に、二つの商品、たとえば小麦と鉄をとりあげよう。両者の交換比率がどうであれ、交換比率はつねに一つの等式で表現しうる。そこでは与えられた量の小麦がなんらかの量の鉄と等置される。たとえば一クォーターの小麦＝aツェントナーの鉄といった具合だ。この等式は何を言っているのか？　同じ大きさのある共通のものが、二つの異なる物のうちに、すなわち一クォーターの小麦とaツェントナーの鉄のうちに存在しているということを言っている。つまり、二つの物は両者いずれでもない第三のものに等しいとされている。だから両者それぞれが交換価値であるかぎり、両者ともこの第三のものに還元できなければならない。

簡単な幾何学の例をだせば分かりやすいだろう。直線で囲まれたあらゆる図形の面積を求め、比較するためには、それらの図形をまず三角形に分解する。次にこの三角形自体を、目に見える図形とはまったく異なる表現に、すなわち底辺と高さの積の二分の一に還元する。これと同じように、商品の交換価値もある共通なものに還元する必要があり、その共通なものの大小が交換価値を通じて表現される。

この共通なものは商品の幾何学的、物理学的、化学的、その他の自然的属性ではありえない。そもそも商品の物体的属性は、それが商品を有用なものにする時にしか、つまり使用価値にする時にしか問題にならない。その一方で、商品の交換関係をはっきりと特徴づけているのは、まさに商品の使用価値の捨象にほかならない。交換関係の内部では、一つの使用価値は、それが適切な割合で存在してさえいれば、他のいかなる使用価値とも同じものとして通用する。あるいは、老バーボンが言うように、「一つの種類の商品は、その交換価値さえ同じであれば、他の種類の商品と変わりない。同じ大きさの交換価値をもつ物と物とのあいだには、まったく差異も区別もない」(8)。

(8)「価値が等しいならば、ある種類の商品は他の種類の商品と変わりない。等しい価値をもつ物のあいだには差異も区別もない。……一〇〇ポンドに値する鉛または鉄は、一〇〇ポンドに値する銀または金と同じ大きさの交換価値を持っている」(N・バーボン、前掲書、五三、五七ページ)。

使用価値としての商品のあいだには、なによりもまず質的な違いがある。ところが交換価値としての商品のあいだには量的な違いしかない。したがって交換価値としての商品には、ただの一分子も使用価値は含まれていない。

さてここで、商品体の使用価値を度外視してみよう。その時、商品体にはわずか一つの属性しか残らない。それは労働生産物としての属性だ。しかし、この労働生産物もまたわれわれの手中ですでに変容をとげている。労働生産物の使用価値を捨象するなら、同時にその商品を使用価値にしている物体的成分や形態も捨象することになる。そうなればもう、それは机でも、家でも、糸でも、その他の有用物でもない。五感でとらえることができる性質はすべて消え去っている。それはもはや、指物《さしもの》労働、建築労働、紡績労働、その他の特定の生産労働の生産物ではなくなる。労働生産物の有用な性格が消え失せるとともに、そこに表現されている労働の有用な性格も消え失せる。したがってまた、こうした労働のさまざまな具体的形態も消え失せ、それらはもうたがいに区別されることなく、すべてが同じ人間労働、抽象的な人間労働に還元される。

そこで次に、こうした労働生産物に残っているものを見てみよう。そこに残っているのは、同一の幽霊じみた対象性、たがいに区別されることのない人間労働の単なる凝固物にすぎない。すなわちそれは、人間労働力の支出の単なる凝固物であり、しかもその支出の形態が顧慮されることはない。これらの物は単に、その生産のために人間の労働力が支出されたこと、人間労働がそこに蓄積していることを表現しているにすぎない。これらの物に共通する社会的実体の結晶として、それらは価値――商品価値をなす。

商品が交換関係のなかに置かれた時、商品の交換価値は、その使用価値から完全に独立したものとしてわれわれの前に姿をあらわした。そこで実際に、労働生産物の使用価値を捨象してみると、あとには、いま定義したような労働生産物の価値が残る。つまり、商品の交換比率、あるいは交換価値に表現されている共通のものこそが、商品の価値だということだ。われわれの研究が進めば、交換価値こそが価値の必然的な表現様式あるいは現象形態であるという点に戻ってくることになるだろう。しかし、ここではとりあえず価値を、その現象形態とは切り離して考察しなければならない。

このように、ある使用価値ないし財貨は、そのなかに抽象的人間労働が対象化され、物質化されているからこそ価値をもつ。ではその価値の大きさはどのように測定するのか？そこに含まれている「価値を形成する実体」、すなわち労働の量によって測定する。労働の量は、その継続時間によって測定され、労働時間はさらに一時間、一日といった特定の時間単位を基準に測定される。

商品の価値がその生産のために支出される労働量によって決まるとすれば、ある人が怠け者であればあるほど、あるいは不器用であればあるほど、商品の完成にはより多くの時間がかかり、彼が生産する商品は、より多くの価値をもつことになるように見える。しかし、価値の実体を形成する労働というのは、たがいに等しい人間労働であり、同じ人間労働力の支出だ。商品世界の諸価値となってあらわれる社会の総労働力は、たしかに無数の個別的労働力からなっている。しかし、ここではそれが一つの同じ人間労働力とみなされる。個々の労働力が社会的な平均労働力としての性格を持ち、社会的な平均労働力として活動し、一つの商品を生産するのに平均的に必要な、言い換えれば社会的に必要な労働時間だけを要するかぎり、個別的労働力はすべて他の労働力と同じ人間労働力とみなしうる。社会的に必要な労働時間とは、現存する社会で正常とされる生産条件のもとで、社会的平均とみなしうる労働熟練度および労働密度でなんらかの使用価値を作りだすために必要な労働時間をいう。たとえばイギリスで蒸気織機が導入されてからは、一定量の糸を織物に加工するために、おそらくは以前の半分の労働で間にあうようになっただろう。それでもイギリスの手織職人はその加工に、現実には以前と同じだけの労働時間を費やす。しかし、彼の個別的労働時間の生産物は、いまではかつての半分の社会的労働時間しか表現しておらず、それゆえその価値は以前の半分に低下することになる。

このように、ある使用価値の価値量を決定するのは、社会的に必要な労働量、すなわち、使用価値の生産のために社会的に必要とされる労働時間に限られる(9)。一つひとつの商品は、ここでは一般に、その商品種の平均見本とみなされる(10)。したがって等しい大きさの労働量を含む商品、すなわち同じ労働時間で生産できる商品は同じ大きさの価値を持っている。一つの商品の価値と他の商品の価値の比は、一方の商品の生産に必要な労働時間と他方の商品の生産に必要な労働時間の比に等しい。「価値として見れば、あらゆる商品は凝固した労働時間の特定量にすぎない(11)」。

(9) 第二版への註。「それら（生活必需品）がたがいに交換される時、各々の価値は、それらを生産するために必要とされ、また一般的に投入されている労働量によって決まる」（『金利一般、とくに公債利子に関する若干の考察』ロンドン、三六、三七ページ）。一八世紀のこの注目すべき匿名の著作には刊行年が記されていない。しかし内容から推して、それはジョージ二世治下の一七三九年か一七四〇年頃に刊行されたと思われる。

(10) 「同一種類のすべての生産物は実のところ一つの集合体にすぎず、その価格は個別的な事情にはかかわりなく、一般的に決定される」（ル・トローヌ、前掲書、八九三ページ）。

(11) カール・マルクス『経済学批判』、六ページ。

したがって、一つの商品の生産に要する労働時間が一定に保たれていれば、その商品の価値量もまた一定に保たれるだろう。ただし、労働の生産力が変化すれば、商品生産に要する労働時間もそれに応じて変化する。労働の生産力はさまざまな事情によって決まる。たとえば労働者の平均熟練度、科学およびその技術的な応用可能性の発展段階、生産過程の社会的結合、生産手段の規模と作業能力、そして自然条件。たとえば、同じ量の労働でも生育に向いている季節には八ブッシェルの小麦になり、不向きな季節には四ブッシェルの小麦にしかならないだろう。同じ量の労働でも、埋蔵量の豊かな鉱山では、貧しい鉱山よりも多くの金属が採掘される、等々。ダイヤモンドは大地の表層にはめったに見られないため、それを見つけだすには、平均すると多くの労働時間を要する。それゆえダイヤモンドは少量でも多くの労働を表現している。ジェイコブ〔ウィリアム・ジェイコブ『貴金属の生産と消費に関する歴史的研究』ロンドン、一八三一年〕は、金の対価として、その全価値が支払われたことなど、かつて一度でもあっただろうかと疑っている。ダイヤモンドとなれば、その疑いはさらに深まる。エシュヴェーゲ〔ブラジルの鉱山開発を主導したドイツの地質学者〕によれば、一八二三年の時点で、ブラジルのダイヤモンド鉱山の過去八〇年間の総産出高は、ブラジルの砂糖、あるいはコーヒーのプランテーションの平均生産物の一年半分の価格にも達しなかったという。しかし実際には、ダイヤモンドの産出のほうが、はるかに多くの労働を要し、したがってはるかに大きな価値をあらわしていたはずだ。ダイヤモンド鉱山にもっと豊富な埋蔵量があれば、同じ労働量でも、もっと多くのダイヤモンドになっていただろうし、ダイヤモンドの価値はその分、低下したことだろう。もしわずかな労働で石炭をダイヤモンドに変えることに成功したなら、ダイヤモンドの価値はレンガの価値以下に落ちるかもしれない。一般的に、労働の生産力が大きくなればなるほど、一つの物品の生産に要する労働時間は短くなり、そのなかに結晶化される労働量も、したがってその価値も小さくなる。逆に、労働の生産力が小さくなればなるほど、一つの物品の生産に必要な労働時間は長くなり、その価値も大きくなる。このように、一つの商品の価値量は、その商品に実現された労働量に正比例して、またその労働の生産力に反比例して変化する。(*)

（*）初版では、この部分に次の一節が続いている。「こうしてわれわれは、価値の実体を知るにいたった。それは労働だ。われわれは価値の量的尺度を知るにいたった。それは労働時間だ。残された課題は、価値に交換価値の刻印を押している価値形態を分析することだ。しかし、まずその前に、すでに発見された諸規定をもう少し詳しく調べてみる必要がある」。

ある物が使用価値を持ちながらも、価値ではないという場合がある。たとえば労働を介することなく、ある物が人間に役立つ場合などがこれにあたる。空気、処女地、自然のままの草原、野生の樹木などがその一例だ。物は商品ではなくても有用でありうるし、人間労働の産物でもありうる。自分の生産物で自分の欲求を満たしている人は、使用価値を作ってはいるが、商品を作っているわけではない。商品を生産するためには、使用価値を生産するだけでなく、他者のための使用価値を、すなわち社会的な使用価値を生産しなければならない。〔ただし他者のための使用価値であれば何でもよいというわけではない。中世の農民は封建領主のために年貢用穀物を、聖職者のために十分の一税用穀物を生産した。しかし年貢用穀物も、十分の一税用穀物も、他者のために生産されたという理由で商品になることはなかった。生産物が商品となるためには、使用価値としてそれを利用する他者に、交換を通じてそれが受けわたされねばならない(11a)〕最後に、いかなる物も、使用対象であることなしに価値であることはできない。もしそれが無用なものであれば、そのなかに含まれる労働も無用であり、労働としての意味をなさず、それゆえいかなる価値も作りだすことはない。

（11a）第四版への註。わたしが括弧内の文章を挿入したのは、これを省略すると、マルクスにあっては、生産者以外の他者によって消費される生産物なら、すべて商品とみなされるといった誤解が、頻繁に生じたことによる。——F・エンゲルス

第二節　商品にあらわされた労働の二重性格

まずはじめに、商品は使用価値と交換価値という二重の性格をもつものとして、われわれの前に姿をあらわした。次には、労働もまた、それが価値であらわされているかぎり、もはや使用価値を生みだす労働と同じ特徴を持たなくなることが分かった。商品に含まれる労働のこの二重性格は、わたしがはじめて批判的に指摘したものだ。(12)これは経済学を理解するための鍵となる点なので、以下にもう少し詳しく見ておこう。

（12）カール・マルクス『経済学批判』、一二、一三ページ以下。

二つの商品、たとえば一着の上着と一〇エレの麻布があり、前者が後者の二倍の価値を持っているとしよう。すなわち一〇エレの麻布＝Wとすれば、一着の上着＝二Wとなる。

上着は特別な欲求を満たす一つの使用価値だ。これを作るには特定の種類の生産活動が必要とされる。この生産活動のあり方を決めているのは、その目的、作業様式、対象、手段、結果などだ。ある労働の有用性が生産物の使用価値のなかに表現されている場合、あるいはその生産物が使用価値であることのなかに表現されている場合、その労働をわれわ

れは簡単に有用労働と呼ぶことにする。この観点のもとでは、労働はつねにその有用効果と結びつけて考察される。

上着と麻布が質的に異なる使用価値であるように、それを生みだす労働――裁縫と織布もまた質的に異なっている。もし上着と麻布が質的に異なる使用価値でなかったならば、したがって質的に異なる有用労働の生産物でなかったならば、そもそもこの両者が商品として対面することはありえなかっただろう。上着が上着と交換されることはなく、使用価値が同一の使用価値と交換されることはない。

さまざまな種類の使用価値や商品体の総体のなかに姿をあらわしているのは、同じように多種多様な属、種、科、亜種、変種等に分類される有用労働の総体――社会的分業だ。社会的分業は商品生産が存在するための不可欠な条件をなす。とはいえ逆に、商品生産が社会的分業の不可欠な条件だとは言えない。古代インドの共同体では、労働が社会的に分割されていたが、それでも生産物が商品になることはなかった。あるいは身近な例をとれば、どの工場でも労働は系統的に分割されているが、その分業は労働者が個人的生産物を交換しあうことでなりたっているわけではない。自立的でたがいに独立した私的労働の生産物だけが、商品として対面することになる。

以上から分かるように、どの商品の使用価値のなかにも、目的を持った特定の生産活動、あるいは有用労働が潜んでいる。もし種々の使用価値のなかに、質の異なる種々の有用労働が潜んでいなければ、それらの使用価値がたがいに商品として対面することはありえない。生産物が一般に商品の形態をとる社会、つまり商品生産者たちの社会では、自立的生産者の個人事業としてたがいに独立して営まれている有用労働の質的違いが、やがて多くの部分に枝分かれした一つの体制へと、すなわち社会的分業へと発展していく。

ちなみに上着にとっては、それを着るのが仕立屋なのか、仕立屋の客なのかはどうでもよいことだ。いずれの場合でも、上着は使用価値としての効能を発揮する。同様に、上着とそれを生産する労働との関係自体も、裁縫が特別な職業となり、社会的分業の独立した分肢になったからといって変化することはない。着衣の必要性に迫られた人間は、だれかが仕立屋になるより前に、何千年にもわたって裁縫をしてきた。しかし、上着、麻布、あるいはどんなものであれ天然に存在しない素材的富の要素が存在するためには、特別な自然素材を人間の特別な欲求にあわせて加工する特殊で合目的的な生産活動の助けがつねに必要だった。したがって使用価値を作る労働、すなわち有用労働としての労働は、いかなる社会形態にも依存しない人間の生存条件であり、人間と自然とのあいだの物質代謝を、つまり人間の生命活動を媒介するための永遠に変わることのない自然の必然性だ。

上着や麻布といった使用価値、つまり商品体は、自然素材と労働という二つの要素が結合したものだ。だから上着や麻布などに潜んでいるあらゆる有用労働の総体をそこから取り除けば、あとには人間が手を加える前から天然に存在していた物質的基体だけが残る。

人間が生産を通じてなしうることは、自然自身がなしうることと同様、素材の形態を変えることにすぎない。[13]いや、それだけではない。こうした加工労働においてさえ、人間はたえず自然の力に助けられている。したがって労働は、人間が生産する使用価値、すなわち素材的な富の唯一の源泉というわけではない。ウィリアム・ペティが言うように、労働は素材的な富の父、土地はその母だ。

(13)「宇宙のあらゆる現象は、人間の手によって生じたものであれ、物理学の一般法則によって生じたものであれ、真の創造ではなく、単に素材の変形にすぎない。結合と分離は、人間精神が再生産の観念を分析するさいに繰り返し見いだす唯一の要素だ。同じことは価値と富の再生産についても言える」(ヴェッリがここで価値といっているのは使用価値のこと。ただしヴェッリ自身、重農主義者を批判するこの議論で、自分がどんな種類の価値のことを指しているのか分かっていない)。「たとえば、土地、空気、水が畑で穀物に姿を変える場合、ある昆虫の分泌物が人間の手で絹糸に姿を変える場合、いくつかの金属片が組みあわされて懐中時計になる場合などが、それにあたる」(ピエトロ・ヴェッリ『経済学に関する考察』——一七七一年初版——、クストディ編『イタリアの経済学者』近世篇、第一五巻所収、二一、二二ページ)。

さてここで、使用対象としての商品から、商品の価値へと目を移そう。

われわれの想定によれば、上着は麻布の二倍の価値を持っている。しかし、これは単なる量的な違いにすぎず、当面はまだわれわれの関心事ではない。したがってここでは、一着の上着の価値が一〇エレの麻布の価値の二倍であれば、二〇エレの麻布は一着の上着と同じ価値量をもつということを思いだしておこう。価値としては、上着も麻布も等しい実体をもつ物であり、同種の労働の客観的な表現だ。しかし、裁縫と織布は、質的には異なる労働だ。とはいえ、同じ人間が裁縫と織布を交互におこなうような社会状態は存在する。そこでは二つの異なる労働様式がまだ同じ個人の労働の変形でしかなく、異なる個人の特殊な固定機能にはなっていない。それは、われわれの仕立屋が今日作る上着も、明日作るズボンも、同じ個人労働の変形とみなされるのと同じことだ。容易に分かるように、われわれの資本主義社会では、労働需要の方向が変われば、それに応じて、人間労働の一定の割合が、ある時は裁縫の形態で、ある時は織布の形態で供給される。こうした労働の形態変化には摩擦がつきものだが、それでも変化は生じざるをえない。いま、生産活動を規定しているこうした要素、すなわち労働の有用な性格を削ぎ落としてみると、あとに残るのは、労働が人間労働力の支出だという事実だ。裁縫と織布は、質的には異なる生産活動だが、どちらも人間の脳、筋肉、神経、手などの生産的支出であり、その意味では両者とも人間労働であることに変わりはない。この二つは、人間の労働力を支出する二つの異なる形態であるにすぎない。たしかに人間の労働力が、それぞれの形態で支出されるためには、労働力自体が多少なりとも発達をとげていなければならない。しかし、商品の価値が表現しているのはあくまで人間労働そのものであり、人間労働一般の支出だ。ブルジョワ社会では将軍や銀行家が大きな役割を演じているが、それとは対照的に、人間そのものはきわめてみすぼらしい役割しか演じていない(14)。それと同じことが人間の労働についても言える。人間の労働は単純な労働力の支出であり、そうした労働力は、普通の人間ならば特別な発達をとげていなくても平均的に自分の生命組織のなかに持っている。たしかに単純な平均労働といっても、国や文化段階が違えば、その性格も変わるだろう。しかし既存の一つの社会をとれば、それは所与のものとみなしうる。より複雑な労働は単純な労働を重ねあわせた、あるいはむしろ掛けあわせたものにすぎない。したがって、より少量の複雑労働＝より大量の単純労働となる。こうした還元がたえずおこなわれていることは、経験からも分かる。ある商品はきわめて複雑な労働の生産物かもしれない。しかし、その商品の価値は、この商品を単純労働の生産物と等置するのであり、それゆえ、その価値自体は単純労働の特定量をあらわしているにすぎない(15)。さまざまな種類の労働は、さまざまな比率で測定基準となる単純労働に還元される。この比率は生産者の背後に潜む社会的過程によって決まる。だから生産者たちには、それがあたかも慣習によって決まっているように見える。以下では、話を簡単にするために、どの種類の労働力もそのまま単純な労働力とみなし、換算の手間を省くことにしたい。

(14) ヘーゲル『法の哲学』ベルリン、一八四〇年、二五〇ページ、第一九〇節。

(15) ここで問題にしているのは、労働者がたとえば一労働日に対して受けとる賃金ないし価値ではなく、あくまで彼の労働日が対象化されている商品価値だということに注意されたい。そもそもこの説明段階では、労働賃金のカテゴリーはまだ存在していない。

このように価値としての上着と麻布からは、両者の使用価値の違いは捨象されている。同様に、これらの価値にあらわれている労働からも、裁縫と織布という労働の有用形態の違いは捨象されている。使用価値としての上着と麻布は、あくまで目的を持った生産活動が布や糸と結びついたものだ。これとは対照的に、価値としての上着と麻布は、同種の労働の凝固物にすぎない。したがってその価値に含まれる労働もまた、布や糸に対する生産的な働きかけによって意味をなすのではなく、人間労働力の支出としてのみ意味をなす。裁縫と織布が、使用価値である上着と麻布の構成要素となるのは、まさにこの二つの労働の質の違いによる。他方、その同じ裁縫と織布が、上着価値と麻布価値の実体となるのは、両者の特別な質の違いが捨象され、両者が人間労働という同じ質を共有する場合に限られる。

しかし、上着と麻布は価値一般であるだけではなく、特定の大きさをもつ価値でもある。われわれの想定では、上着には一〇エレの麻布の二倍の価値がある。この価値量の違いはどこから生じているのか？　それは麻布が上着の半分の労働しか含んでいないこと、すなわち上着生産には麻布生産の二倍の時間、労働力が支出されねばならないことから生じている。

このように商品に含まれる労働は、使用価値との関連では質的にのみ評価される一方、価値量との関連では、人間の労働であるという以外にはなんの質も持たない人間労働へと還元された後、量的にのみ評価される。前者の場合には、労働がいかになされ、何を作るのかが問われるが、後者の場合には、労働がどれほどの量なのかが、すなわちその継続時間が問われる。一つの商品の価値量は商品に含まれる労働の量しか表現しておらず、それゆえ一定の割合をとれば、商品はつねに等しい大きさの価値であるはずだ。

たとえば一着の上着の生産に必要な全有用労働の生産力が一定だとすれば、上着の価値量は上着の量に比例して大きくなる。一着の上着がx労働日を表現しているならば、二着の上着は二x労働日を表現している、等々。次に、一着の上着の生産に必要な労働が二倍に増えた、あるいは半分に減ったと仮定しよう。前者の場合には、一着の上着が以前の二着と同じ価値を、後者の場合には二着の上着が以前の一着と同じ価値をもつことになる。とはいえ、上着としての働きはいずれの場合でも同じであり、上着に含まれる有用労働の品質もまた変わることはない。ただし、その生産に支出された労働量は変化している。

より大きな量の使用価値は、それ自体としてはより大きな素材的富をなす。二着の上着は一着の上着よりも多い。二着の上着は二人に着せられるが、一着の上着は一人にしか着せられない、等々。にもかかわらず、素材的富の量が増える一方で、その価値量が低下していくということが起こりうる。この相反《あいはん》する運動は労働の二面的性格から生じる。いうまでもなく生産力とはつねに、有用で具体的な労働の生産力のことだ。しかし、それが実際に決定しているのは、一定時間内にどれだけの合目的的な生産活動がおこなえるかという効率度にすぎない。だからこそ生産力が上昇し、あるいは低下すれば、それに比例して有用労働はより豊富な生産物の源泉ともなれば、より貧弱な生産物の源泉ともなる。ところが、これとは対照的に、生産力の変化は、価値に表現されている労働それ自体にはまったく影響を与えない。生産力というのは、労働がもつ具体的で有用な形態に備わっているものであり、それゆえその具体的で有用な形態が捨象されてしまえば、生産力は当然ながら労働とはもはやかかわりがなくなる。だから、どんなに生産力が変化しようとも、同一の労働は同一時間内につねに同一の価値量を生みだすことになる。ただし、生産力が同一時間内に供給する使用価値の量は、生産力が上がればそれだけ多くなり、生産力が下がればそれだけ少なくなる。つまり、生産力の変化が労働の産出力を上げ、それゆえ供給する使用価値の量を増やしたとしても、その同じ変化が使用価値の生産に必要な労働時間の総計を短縮するならば、その変化は、増加した使用価値総量の価値量を減らすことになる。逆もまたしかりだ。

あらゆる労働は、一方では、生理学的な意味での人間労働力の支出であり、この等しい人間労働、あるいは抽象的な人間労働という属性のもとで、労働は商品価値を形成する。その一方で、あらゆる労働は目的の定まった特別な形態での人間労働の支出であり、この具体的な有用労働という属性のもとで労働は使用価値を生産する。[16]

(16) 第二版への註。「労働だけが、あらゆる商品の価値を、時と場所とを問わず評価し、たがいに比較しうるための最終的かつ現実的な基準だ」。このことを証明するために、アダム・スミスは以下のように述べている。「等量の労働は、時と場所のいかんを問わず、労働者にとっては等しい価値である、ということができよう。健康、体力、精神が普通の状態で、また熟練と技能が通常の程度であれば、彼は等量の労働に対してはつねに、自分の安楽、自由、幸福の同一量を犠牲にしなければならない」(スミス『国富論』第一巻、第五章〔引用は、大河内一男監訳、中公文庫Ⅰ、五七ページより〕)。一方で、ここでのアダム・スミスは(どこででも、というわけではないが)商品生産に支出された労働量による価値の規定と、労働の価値による商品価値の規定とを混同しており、そこから同一量の労働はつねに同一の価値をもつことを証明しようとしている。他方で彼は、商品の価値に表現されている労働が、労働力の支出としての意味しか持たないことにも、うすうす気づいている。しかし、この支出をこれまた安楽、自由、幸福の犠牲としか考えておらず、それが正常な生命活動でもあることを見ようとしない。もちろん彼の念頭にあるのは近代の賃金労働者だ。――これに比べると、註9で引用した匿名のアダム・スミスの先駆者のほうがはるかに適切にこう述べている。「ある男は自分の必要物の生産に一週間を費やした……そして、交換を通じて彼に別の物を与える人は、何が本当のところ、それと等価なのかを評価しようとする。そのさい、最も正確な評価方法は、何が先の男と同じ労働量と時間を自分に費やさせたかを計算することだ。これは事実上、ひとりの人が特定の時間に一つの対象に費やした労働と、別の人が同じ時間で別の対象に費やした労働とを交換しているのと同じことだ」(『金利一般、とくに公債利子に関する若干の考察』、三九ページ)。〔第四版への註。英語には、労働の二つの異なる側面をあらわす二つの単語を持っているという長所がある。使用価値を創造し、質的に規定される労働はworkと呼ばれ、labourに対置される。片や、価値を創造し、量的にのみ測定される労働はlabourと呼ばれ、workに対置される。英語版、一四ページの註を参照。――F・エンゲルス〕

第三節　価値形態または交換価値

商品は鉄、麻布、小麦といった使用価値ないし商品体の形態をとって生まれてくる。これが商品のありふれた現物形態だ。しかしそれらが商品であるのは、ひとえにそれが使用対象であると同時に価値の担い手でもあるという二重性を備えているからにほかならない。それらは現物形態と価値形態という二重形態をもつかぎりでのみ、商品としてあらわれ、商品の形態をもつ。

価値対象としての商品のあり方、すなわち商品の価値対象性はつかみどころのない代物で、その点、あの女将クイックリー[*]とはわけが違う。商品体には感覚に訴える無骨な手触りがあるが、価値対象性にはまったく逆に一分子も自然素材は含まれていない。だから個々の商品をいくらこねくり回してみても、それを価値物としてつかむことはできない。思いだしてみよう。商品が価値対象性をもつのは唯一、それが人間労働という同一の社会的単位の表現である時に限られる。したがって商品の価値対象性は純粋に社会的なものだ。だとすれば、価値対象性が商品と商品との社会的関係のなかでのみ出現しうることも、おのずと理解できる。事実われわれは、商品に潜む価値を追跡するために、まずは商品の交換価値ないし交換関係から出発したのだった。いまやわれわれは、価値のこの現象形態に目を戻さねばならない。

〔*〕クイックリーはシェイクスピア『ヘンリー四世』第一部第三幕第三場に登場する居酒屋の女将。フォルスタッフが「こいつは、どこでつかまえたらいいか分からない代物よ(a man knows not where to have her)」と彼女をこきおろすと、「私をどこでつかまえたらいいかは、誰でも知っているさ」と反論する。原文では性的な意味合いも匂わせて滑稽味をだしている。

商品が使用価値の雑多な現物形態と著しい対照をなす共通の価値形態、すなわち貨幣形態を持っていることは、どんなに無知な人でも知っている。しかしここでは、ブルジョワ経済学がかつて試みようとさえしなかったことをなしとげる必要がある。それはこの貨幣形態の発生を証明すること、すなわち商品の価値関係のなかに含まれる価値表現が、その最も単純で目立たない姿から出発して、ついには光り輝く貨幣形態に到達するまでの発展をたどることだ。これによって同時に貨幣の謎も消え失せる。

最も単純な価値関係は、いうまでもなく一つの商品と、どのようなものであれ種類の異なるもう一つの商品との価値関係だ。したがって二つの商品の価値関係こそが一つの商品に最も単純な価値表現を与える。

A　単純な、個別的な、あるいは偶然的な価値形態

x量の商品A＝y量の商品B、すなわちx量の商品Aはy量の商品Bに値する。
（二〇エレの麻布＝一着の上着、すなわち二〇エレの麻布は一着の上着に値する。）

一　価値表現の両極　相対的価値形態と等価形態

すべての価値形態の秘密はこの単純な価値形態のなかに潜んでいる。だからこの形態の分析には特有の難しさがある。

ここでは種類の異なる二つの商品AとB、われわれの例でいえば、麻布と上着が明らかに二つの異なる役を演じている。麻布は自分の価値を上着で表現し、上着はこの価値表現の材料の役をつとめている。最初の商品〔麻布〕は能動的役割を果たし、第二の商品〔上着〕は受動的役割を果たしている。最初の商品〔麻布〕の価値は相対的価値として表現されており、相対的価値形態の状態にある。第二の商品〔上着〕は等価物として機能しており、等価形態の状態にある。

相対的価値形態と等価形態はそれぞれが相手に帰属し、たがいに制約しあっている不可

分な契機だが、同時にまた、同じ価値表現の端と端、すなわち両極として相互に排除しあい、対立しあってもいる。この二つの形態は、価値表現によって関係づけられる別々の商品に、つねに割り振られる。たとえばわたしが麻布の価値を麻布自身で表現しようとしても、それは無理な話だ。二〇エレの麻布＝二〇エレの麻布という等式はいかなる価値表現にもなっていない。この等式はむしろ逆に、二〇エレの麻布は二〇エレの麻布以外のなにものでもないこと、すなわち使用対象である麻布の一定量にすぎないことしか言っていない。ここから分かるように、麻布の価値は相対的にしか、つまり他の商品でしか表現できない。それゆえ麻布の相対的価値形態は、なにか別の一商品が麻布に対して等価形態にあることを想定している。他方、この等価物の役割をひきうけている商品〔上着〕は、相対的価値形態を同時に兼ねるわけにはいかない。その商品は自分の価値を表現するのではなく、別の商品の価値表現に材料を提供するにとどまる。

もちろん、二〇エレの麻布＝一着の上着、すなわち二〇エレの麻布は一着の上着に値するという表現は、一着の上着＝二〇エレの麻布、すなわち一着の上着は二〇エレの麻布に値するという逆関係をも含んでいる。しかし上着の価値を相対的に表現しようとすれば、等式の左右を入れ替えなければならず、そうなれば今度は上着ではなく、麻布が等価物となる。したがって、同じ商品が同じ価値表現のなかで同時に両方の形態をとることはできない。両形態はむしろたがいに両極へと排除しあう。

ある商品が相対的価値形態にあるか、それとも反対に等価形態にあるかは、ひとえにその商品が価値表現でそのつど占める位置によって決まる。すなわちそれが、みずからの価値が表現されるための商品なのか、それとも他の商品の価値を表現するための商品なのかによってのみ決まる。

二　相対的価値形態

a　相対的価値形態の内実

一つの商品の単純な価値表現は、二つの商品の価値関係のなかに、どのように身を潜めているのか。これを見つけだすためには、この価値関係を、まずその量的側面から完全に切り離して考察しなければならない。ところが多くの場合、人々は逆の手順を踏んでしまい、価値関係のなかに、二つの商品種の一定量が等置される割合だけを見ようとする。そこで見落とされてしまうのは、異なる物の大きさは、まず両者が同一の単位に還元された後に、はじめて量的に比較しうるものになるということだ。同一単位の表現である時にのみ、異なる物は同じ分母をもつ量、すなわち通約可能な量となる。(17)

(17)　S・ベイリーのように価値形態の分析にとりくんだ経済学者はわずかにいたが、彼らは何の成果もあげられなかった。それは第一に、彼らが価値形態と価値とを混同したからであり、第二に、彼らが実用を旨とするブルジョワから雑駁な影響を受けて、最初から量的側面にばかり目がいったからだ。「量を操る能力が……価値をなす」（『貨幣とその価値変動』ロンドン、一八三七年、一一ページ）。著者はS・ベイリー。

二〇エレの麻布＝一着の上着であろうと、二〇エレの麻布＝二〇着の上着、あるいはx着の上着であろうと、すなわちある量の麻布がより多くの上着に値しようと、より少ない上着に値しようと、これらすべての割合には、価値量としての麻布と上着が、同一単位の表現であり、同一性質の物であることがつねに含意されている。麻布＝上着というのが等式の基礎となっている。

しかし、質的に等置されたこの二つの商品は、同じ役割を演じているわけではない。ここでは麻布の価値だけが表現されている。それはどのようにしてか？　それは麻布が、麻布の「等価物」としての上着に、言い換えれば麻布と「交換可能なもの」としての上着に関係することによってだ。この関係のなかでは、上着は価値の存在形態として、すなわち価値物として通用している。というのも、まさに価値物としてのみ、上着は麻布と同じものでありうるからだ。他方では麻布もまた、この関係を通じて、みずからの価値としての性質をあらわにし、いわば自立的な表現を手に入れる。というのも、麻布は価値としてのみ等価値としての上着に、すなわち麻布と交換可能なものとしての上着に関係しうるからだ。たとえば酪酸は蟻酸プロピルとは異なる物質だが、両方とも炭素（C）、水素（H）、酸素（O）という同一の化学的実体からなり、しかも同じ$C_4H_8O_2$という組成比をとる。

いま、酪酸が蟻酸プロピルに等置されるとしよう。その関係のなかでは、第一に蟻酸プロピルは、$C_4H_8O_2$の存在形態にすぎないとみなされるだろう。そして第二に酪酸もまた$C_4H_8O_2$から成っていると説明されるだろう。つまり蟻酸プロピルが酪酸に等置されれば、それによって酪酸の化学的実体は、その物質形態とは区別されて表現されることになるだろう。

価値としての商品は人間労働の単なる凝固物だとわれわれが言う時、われわれはその分析を通じて商品を抽象物としての価値に還元している。しかしそこではまだ、その商品に現物形態と異なる価値形態を付与することはない。それが変化するのは、一つの商品が他の商品との価値関係のなかに置かれた時だ。他の商品と独自の関係をもつことによって、一つの商品の価値としての性格が浮かび上がってくる。

たとえば、価値物としての上着が麻布に等置されると、それによって、上着に潜む労働は、麻布に潜む労働に等置される。たしかに、上着を作る裁縫は麻布を作る織布とは種類の異なる具体的労働だ。しかし、裁縫は、織布に等置されることによって、事実上、両方の労働に含まれる実際に等しいものへと、すなわち人間労働という共通の性格へと還元される。こうした回り道をしてはじめて、織布もまた価値を織っているかぎり、裁縫と区別される特徴を何一つ持っておらず、したがって抽象的な人間労働だと言えるようになる。異なる種類の商品が等価表現をとることによってのみ、価値形成労働がもつ特殊な性格が顕在化する。なぜならこの等価表現は種類の異なる商品に潜む種類の異なる労働を、現実にそれらに共通するもの、すなわち人間労働一般へと還元するからだ。(17a)

(17a) 第二版への註。ウィリアム・ペティ以後に価値の正体を見抜いた最初の経済学者の一人である、かの有名なフランクリンはこう述べている。「一般に商業というのは、一つの労働を他の労働と交換する営みにほかならない。それゆえ、あらゆる物の価値は労働で評価するのが一番正しい」(『B・フランクリン著作集』スパークス版、ボストン、一八三六年、第二巻、二六七ページ)。ただし、フランクリン自身が気づいていないことがある。それは、あらゆる物の価値を「労働で」評価するという時、フランクリンは交換される諸労働の違いを捨象し、それによって労働を同一の人間労働に還元しているということだ。ところが彼は自分が気づいていないことを、ちゃんと語っている。彼は、最初「一つの労働」と言い、次に「他の労働」と言っているのに、最後には修飾語を付けずに単に「労働」と言うことで、あらゆる物の価値実体としての労働のことを伝えようとしている。

とはいえ、麻布の価値をなしている労働の特殊な性格を表現するだけでは、まだ十分ではない。流動状態にある人間労働力、あるいは人間労働は、価値を形成するが、価値そのものではない。人間労働はあくまで凝固した状態で、すなわち対象としての形態をまとってはじめて価値となる。麻布の価値を人間労働の凝固物として表現するためには、麻布の価値が一つの「対象性」として表現されなければならない。この対象性は、麻布自体とは物的に異なるものだが、同時に、麻布が他の商品と共有しているものでもある。課題はすでに解決されている。

　麻布との価値関係のなかで、上着が麻布と質的に同等なもの、同じ性質をもつものとして通用するのは、上着が一つの価値だからだ。したがってここでの上着は、そのなかに価値があらわれている物として、言い換えれば、具体的な現物形態のままで価値をあらわしている物として認められている。とはいえ上着は、上着という商品の身体としては単なる使用価値にすぎない。一着の上着だけをとれば、どこにでもある麻布の端切れと同じように、それが価値を表現することはない。このことが証明しているのは、上着は麻布との価値関係の内にある時には、価値関係の外にある時よりも多くのことを意味しているということにすぎない。それは金モールのついた礼服の内におさまっている人が、それを脱いで礼服の外にでた時よりも重きをなすのと似ている。

　上着を生産するさいには、実際に裁縫の形態で人間労働力が支出された。だから上着のなかには人間労働が堆積している。この側面から見れば、上着は「価値の担い手」だ。とはいえ、この価値の担い手としての属性は、上着がどんなに擦り切れて糸目が見えるようになっても透けて見えることはない。しかし、その同じ上着が、いったん麻布との価値関係のなかに置かれると、この側面からのみ見られるようになり、それゆえに身体と化した価値、つまり価値身体として通用するようになる。上着がどんなにボタンをかけて取りすましてみても、麻布は上着のなかに自分と血のつながった価値という美しい魂を見つけだす。ただし、上着が麻布に対して価値を体現するためには、同時に、価値が上着の形態をまとって麻布に対面していなければならない。それは、個人Aが、陛下の称号をもつ個人Bに対して臣下らしくふるまえるためには、陛下という称号がBという身体をまとってAに向きあっていなければならないのと同じだ。だからこそ同じ称号が、領主交替のたびごとに、その顔つき、髪の毛、その他多くのものをとり替えることになる。

以上のように、上着が麻布の等価物をなす価値関係のなかでは、上着形態は価値形態として通用する。だからこそ麻布という商品の価値は、上着という商品の身体で表現される。言い換えれば一つの商品の価値が他の商品の使用価値で表現されることになる。もちろん使用価値としての麻布は、上着とは感覚的に異なる物だ。しかし、価値としては「上着と同等のもの」であり、上着と同じもののように見える。こうして麻布はその現物形態とは異なる価値形態を受けとる。麻布の価値としてのあり方は、上着と等置されることによって姿をあらわす。ちょうど羊のようなキリスト教徒の性質が、神の仔羊と等しいものとされることによって姿をあらわすように。

つまり、商品価値の分析がわれわれに教えてきたすべてのことは、麻布が上着という他の商品との交流を開始するやいなや、自分から語りだすということだ。ただし、麻布は自分にしか通じない言語、すなわち商品語でしか、その思いを打ち明けてくれない。労働は人間労働という抽象的属性を通じて麻布自身の価値を形成する。このことを言うために、麻布は別の言い方で、こんなふうに言う。上着が麻布と等置される以上は、つまり上着が価値である以上は、上着は麻布と同じ労働からなっているはずだ、と。麻布はまた、自分が高尚な価値対象であることは、自分のごわごわした身体とは別のことだということを伝えるために、次のような言い方をする。じつは価値が上着のように見えているのであり、それゆえに価値物としての麻布自身も、上着と瓜二つなのだ、と。ついでにいえば商品語にも、ユダヤ商人が使うヘブライ語だけでなく、正確さに多少の差はあっても数多くの方言が存在する。たとえば商品B〔上着〕を商品A〔麻布〕と等置することが、商品A〔麻布〕自身の価値表現となるという事情を表現するのに、ドイツ語ではWertsein〔〜に値する〕という言葉を使う。ただしそれは、パリはたしかにミサに値する！ Paris vaut bien une messe!〔パリを支配下に置くためにカトリックに改宗したアンリ四世の言葉とされる〕という時の南欧語の動詞 valere, valer, valoir ほどには、しっくりとはこないが。

こうして商品B〔上着〕の現物形態は、価値関係を媒介として、商品A〔麻布〕の価値形態となる。言い換えれば商品B〔上着〕の身体は商品A〔麻布〕の価値を映す鏡となる。[18] 商品A〔麻布〕は、価値身体、すなわち人間労働の物質化としての商品B〔上着〕に自分を関係づけることによって、使用価値B〔上着〕を自分自身の価値表現の材料にする。商品A〔麻布〕の価値は、こうして商品B〔上着〕の使用価値で表現され、相対的価値の形態を得るにいたる。

(18) 見ようによっては、人間も商品と同じだ。だれしも鏡を手に生まれてくるわけではなく、「わたしはわたしだ」などというフィヒテ流の哲学者として生まれてくるわけでもない。だから人間はまず他者のなかに自分の姿を映してみる。人間ペテロは、自分に等しいものとしての人間パウロに関係することによって、はじめて人間としての自分自身に関係する。しかしペテロにとっては、パウロはあくまで肌と髪を備えた、パウロらしい身体を備えた存在であり、そのままの状態で人間という類（genus）の現象形態とみなされる。

b 相対的価値形態の量的規定性

価値を表現する必要のある商品は、一五ブッシェルの小麦、一〇〇封度《ポンド》〔*〕のコーヒーといったように、いずれも一定量の使用対象だ。この一定の商品量には一定量の人間労働が含まれている。したがって価値形態は価値一般を表現するだけではなく、量的に規定された価値、つまり価値量をも表現しなければならない。だから商品B〔上着〕に対する商品A〔麻布〕の価値関係、ここでは上着に対する麻布の価値関係のなかでは、上着という商品種は価値身体一般として麻布に質的に等置されるだけではない。そこでは一定量の麻布、たとえば二〇エレの麻布に、一定量の価値身体ないし等価物、たとえば一着の上着が等置される。

「二〇エレの麻布＝一着の上着、すなわち二〇エレの麻布は一着の上着に値する」という等式は、一着の上着のなかに二〇エレの麻布と同じ量の価値実体が潜んでいること、つまり二つの商品量には等量の労働あるいは等しい労働時間が費やされていることを前提としている。しかし、二〇エレの麻布や一着の上着を生産するために必要な労働時間は、織布や裁縫の生産力が変化するたびに、それに応じて変動する。したがってこうした変動が価値量の相対的表現にどのような影響を及ぼすかを、さらに詳しく調べてみる必要がある。

〔＊〕以下では、重量単位としてのポンドについては「封度《ポンド》」の表記を、貨幣単位としてのポンド・スターリングについては「ポンド」の表記を用いている。

Ⅰ　麻布の価値は変動するが、(19)上着の価値が一定である場合。たとえば亜麻を栽培する土壌の不毛化が進み、麻布の生産に必要な労働時間が二倍になれば、麻布の価値も二倍になる。そうなれば、二〇エレの麻布＝一着の上着ではなく、二〇エレの麻布＝二着の上着となるだろう。というのも、一着の上着はいまでは二〇エレの麻布の半分の労働時間しか含んでいないからだ。反対に、麻布の生産に必要な労働時間が、たとえば織機の改良によって半分に短縮されれば、麻布の価値も半分に低下する。したがってこんどは、二〇エレの麻布＝一／二着の上着となる。商品Ａ〔麻布〕の相対的価値、すなわち商品Ｂ〔上着〕で表現された商品Ａ〔麻布〕の価値は、商品Ｂ〔上着〕の価値が同じである場合には、商品Ａ〔麻布〕の価値に正比例して上昇したり、低下したりする。

(19)　ここでの「価値」という表現は、これまでにも所々でおこなってきたように、量的に規定された価値、つまり価値量の意味で用いられている。

Ⅱ　麻布の価値は一定だが、上着の価値が変動する場合。たとえば、羊毛刈り取りが不調になり、上着生産に必要な労働時間が二倍になるといった状況下では、二〇エレの麻布＝一着の上着ではなく、二〇エレの麻布＝一／二着の上着となる。逆に上着の価値が半分に低下すれば、二〇エレの麻布＝二着の上着となる。つまり商品Ａ〔麻布〕の価値が変わらない場合には、商品Ｂ〔上着〕で表現される商品Ａ〔麻布〕の相対的価値は、商品Ｂ〔上着〕の価値変動に反比例して低下したり、上昇したりする。

ⅠとⅡに属する種々の事例を見比べてみれば分かるように、相対的価値の同じ量的変動が正反対の原因から生じる場合がある。二〇エレの麻布＝一着の上着が、（一）二〇エレの麻布＝二着の上着という等式になるのは、麻布の価値が二倍になったか、上着の価値が半分になったかによる。また同じ等式が、（二）二〇エレの麻布＝一／二着の上着という等式になるのは、麻布の価値が半分になったか、上着の価値が二倍になったかによる。

Ⅲ　麻布と上着の生産に必要な労働量が、同時に、同じ方向に、同じ割合で変動する場合。この場合には、両者の価値がどのように変動しても、二〇エレの麻布＝一着の上着であり続ける。ただし両者の価値変動は、その間に価値が変わっていない第三の商品と比べてみれば、ただちに発見できる。かりにすべての商品の価値が同時に同じ割合で上昇ないし低下すれば、諸商品の相対的価値は不変のままだろう。この場合には、同一労働時間内に以前より多量の、あるいは少量の商品量が供給されていることを基準に、諸商品の現実の価値変動を見てとることになるだろう。

Ⅳ　麻布と上着それぞれの生産に必要な労働時間が、したがってそれらの価値が、同時に同じ方向に、しかし異なる割合で変動する場合、あるいは反対方向に変動する場合。こうしたありとあらゆる組みあわせが一商品の相対的価値に及ぼす影響についてはⅠ、Ⅱ、Ⅲのケースを応用すれば容易に算出できる。

以上から分かるように、価値量の現実の変化が、その相対的表現や相対的価値の大きさに反映する仕方は、一義的でもなければ、完全なものでもない。一つの商品の相対的価値は、その価値が不変であっても変動しうるし、逆にその価値が変動しても、その相対的価値が変わらないこともある。最後にいえば、商品の価値量と、その価値量の相対的表現とが同時に変動する場合でも、それがぴったりと重なりあう必要はまったくない(20)。

(20)　第二版への註。価値量とその相対的表現との不一致は俗流経済学によって、いつもながらの目ざとさで利用されてきた。一例をあげよう。「Aに支出されている労働が減少しているわけではないのに、Aと交換されるBが騰貴したためにAが低落するという現象を諸君が認めるなら、諸君が信奉する一般的な価値原理は崩壊する。……Aの価値がBに対して相対的に上昇するがゆえに、Bの価値はAに対して相対的に下落するのだということを認めるならば、リカードが立てた大命題、すなわち商品の価値はそのなかに取りこまれた労働量によってつねに規定されているという大命題は土台から崩れる。その理由はこうだ。Aの費用に変動が生じると、Aと交換されるBとの関係のなかでA自身の価値が変動するだけではなく、Aの価値との関係でBの価値も相対的に変動する。ところがそのさい、Bの生産に要する労働量がまったく変動していないとするなら、一つの物品に支出された労働量がその物品の価値を規定すると主張する教義は崩壊する。いやそれだけではなく、物品の生産費が物品の価値を規定するという教義もまた崩壊する」（J・ブロードハースト『経済学論』ロンドン、一八二四年、一一、一四ページ）。

ブロードハースト氏は同じ論法で次のように言うこともできただろう。たとえば一〇／二〇、一〇／五〇、一〇／一〇〇という分数があるとしよう。分子の一〇という数字は変化していないが、その比の大きさ、つまり二〇、五〇、一〇〇という分母に対する一〇の相対的な大きさは後にいくほど減少している。それゆえ、一〇という整数の大きさはそこに含まれる一の数によって「規定される」という大原則は崩壊する、と。

三　等価形態

すでに見たように、商品A（麻布）は異種の商品B（上着）の使用価値でみずからの価値を表現することによって、商品B自体に独特の価値形態、すなわち等価物という価値形態を押しつける。上着は、自分自身の身体形態と異なる価値形態をとることなしに、麻布商品に等置される。まさにそのことを通じて、麻布商品は自分自身が価値であることを顕在化させる。つまり麻布は、実のところ、上着が麻布と直接交換できるということを通じて、自分が価値であることを表現する。したがって一つの商品の等価形態とは、他の商品との直接的な交換可能性の形態にほかならない。

一つの商品種、たとえば上着は、他の商品種、たとえば麻布の等価物として利用され、これによって上着は、麻布と直接交換可能な形態にあるという独自の属性を手に入れる。ただし、それによって上着と麻布とが交換される比率まで決まることはない。麻布の価値量があらかじめ与えられていれば、この交換比率は上着の価値量によって決まる。上着が等価物として表現され、麻布が相対的価値として表現されようが、あるいは逆に麻布が等価物として表現され、上着が相対的価値として表現されようが、上着の価値量はあいかわらずその生産に必要な労働時間によって決まり、したがってその価値形態とは無関係に決まる。しかし上着という商品種が価値表現において等価物の位置を占めるならば、この商品種の価値量は、もはや価値量としての表現をとらなくなる。価値等式におけるこの商品種は、単にある物の一定量として登場するにすぎない。

たとえば、四〇エレの麻布は何に「値する」のか？　二着の上着に値する。ここでは上着という商品種が等価物の役割を演じており、上着という使用価値が麻布に対して価値身体として通用している。それゆえ上着の一定量さえあれば、それだけで十分に、麻布の一定の価値量を表現することができる。たとえば二着の上着なら、四〇エレの麻布の価値量を表現できる。ただし、ここでの上着は、自分自身の価値量、すなわち上着の価値量を表現することはけっしてできない。価値等式における等価物は、一つの物、一つの使用価値の単なる量としての形態をもつにすぎない。ベイリーは、彼の先達や後継者の多くと同様に、この事実を表面的にしかとらえられなかった。その結果、彼は価値表現のなかに量的関係しかみないという誤りを犯すことになる。事実はむしろ逆で、一つの商品の等価形態は、量的な価値規定をまったく含んでいない。

等価形態を考察する時、目につく第一の特色は、使用価値がその反対物、すなわち価値の現象形態と化すことだ。

そこでは商品の現物形態が価値形態となる。しかし、注意してほしい。この代用［quid pro quo］は、任意の商品A（麻布など）が商品B（上着や小麦や鉄など）と結ぶ価値関係の内部でのみ、商品Bの側に生じる。それはあくまでこの関係の内部でのことにすぎない。いかなる商品も、等価物としての自分自身に自分を関係づけることはできない。いわば自分自身の生まれつきの皮膚を自分自身の価値の表現にすることはできない。だからこそ商品は、等価物としての他の商品に自分を関係づけなければならず、他の商品の生まれつきの皮膚を自分自身の価値形態にしなければならない。

このことは、度量衡を例にとると分かりやすい。商品体としての商品体、つまり使用価値としての商品体には度量衡があてがわれる。棒砂糖は物体である以上、重さがあり、重量を持っている。しかし、どんな棒砂糖についても、その重量を見たり触ったりすることはできない。そこでわれわれはあらかじめ重量が確定している種々の鉄片を利用する。たしかに鉄の身体形態は、それ自体として見れば、棒砂糖の身体形態と同様に、重さの現象形態であるわけではない。それでもわれわれは、棒砂糖を重さとして表現するために、棒砂糖を鉄との重量関係のなかに置く。この関係のなかでは、鉄は重さしか表現していない一個の物体とみなされる。それゆえ鉄の分量は砂糖の重量尺度として役立ち、砂糖という身体に対して、重さの姿、重さの現象形態だけを代表する。ただし鉄は、砂糖その他、重さを調べたいなんらかの物体が鉄に対してとるこの関係の内部でのみ、この役割を果たす。そもそも二つの物に重さがなければ、両者がこの関係に入ることはできず、一方が他方の重さの表現として役立つこともありえないだろう。二つの物を秤にのせてみれば、実際に両者が重さとしては同じものであり、したがって一定の割合をとれば同じ重量になることが分かる。重量尺度としての鉄の身体は、棒砂糖に対しては重さだけを代表している。それと同じように、われわれの価値表現では、上着は麻布に対して価値だけを代表している。

しかし類似はここで終わる。棒砂糖の重量表現において、鉄が代表していたのは両物体に共通する自然属性、すなわち重さだった。他方、麻布の価値表現において上着が代表しているのは、両者の超自然的属性、すなわち価値という純粋に社会的なものだからだ。

一つの商品、たとえば麻布の相対的価値形態は、みずからが価値であることを、自分の身体や身体属性とはまったく異なるものとして、ここでいえば上着に等しいものとして表現する。それによってこの表現は、一つの社会関係を隠し持っていることを自分から示唆している。しかし、等価形態はこれとは逆だ。等価形態が等価形態であるゆえんは、一つの商品体、たとえば上着がそのあるがままの姿で価値を表現しており、したがって生まれつき価値形態を持っているところにある。もちろんそれが言えるのは、麻布商品が等価物としての上着に関係づけられている価値関係の内部においてだけだ。[21] とはいえ一つの物の属性は他の物との関係のなかから新たに生みだされるわけではなく、あくまで関係のなかで確認されるにすぎない。したがって上着もその等価形態、つまり直接的な交換可能性という属性を、重さがあるとか、暖かさを保つとかいった属性と同じように、生まれつき持っているかのように見える。等価形態が謎めいてみえる理由はここにある。そのためこの謎は、等価形態が貨幣の形で、その完成した姿を経済学者の前にあらわす段になってはじめて、粗雑にしかものを見ない経済学者のブルジョワ的な目を驚かせることになる。その時経済学者は、金銀の神秘的な性格をなんとか説明するために、輝きに劣る商品をそこに紛れこませる。そして、かつて商品等価物の役を演じたことのある下位商品のカタログを読み上げては、こみ上げてくる満足感に浸る。実は、二〇エレの麻布＝一着の上着という最も単純な価値表現のなかに、等価形態の謎を解く鍵はすでに与えられている。このことに経済学者は気づいていない。

(21) こうした反省的な相互規定には独特の難しさがある。たとえば、この人が王であるのは、他の人々が彼に対して臣下としてふるまうからにすぎないのに、人々は逆に、この人が王だからこそ自分たちは臣下なのだと思いこんでしまう。

等価物の役目を果たす商品の身体は、つねに抽象的な人間労働の具現とみなしうるが、つねに特定の有用かつ具体的な労働の生産物でもある。つまりは、この具体的労働が抽象的人間労働の表現になるということだ。もし上着が抽象的人間労働の単なる実現だとみなしうるならば、実際に上着のなかに実現された裁縫は抽象的人間労働の単なる実現形式だとみなしうる。麻布の価値表現のなかに置かれた時、裁縫労働の有用性は、衣服を作り、それゆえに人をも作るというところにあるのではない〔*〕。裁縫労働の有用性は、あくまで価値だと分かる一つの物体を作るところにある。言い換えれば、麻布価値に対象化された労働とまったく区別のない労働の凝固物だと分かる物体を作るところにある。価値を映すこうした鏡を作るためには、裁縫労働そのものは、人間労働であるという抽象的属性以外のものを映しだしてはならない。

〔*〕ドイツ語には「衣服は人を作る（Kleider machen Leute）」（馬子にも衣装）ということわざがある。

裁縫の形態であれ、織布の形態であれ、そこでは人間の労働力が支出されている。したがって二つの労働形態は人間労働としての一般的属性を共有しており、それゆえ、特定のケース、たとえば価値生産においては、この観点に絞って両者を考察することができる。

以上のことはいずれも神秘的なことではない。ところが商品の価値表現のなかでは、事態が歪められる。たとえば織布は、布を織るという具体的形態によってではなく、人間労働としての一般的属性によって麻布価値を形成している。しかし、このことを表現するために、織布に裁縫が対置される。ここでの裁縫は、麻布の等価物〔上着〕を生産する具体的労働であり、抽象的人間労働の具体的な実現形態として織布に対置される。

こうして具体的労働が、その反対物である抽象的人間労働の現象形態となる。これが等価形態の第二の特色だ〔第一の特色→一一四ページ〕。

ところで、裁縫という具体的労働が、区別なき人間労働の単なる表現とみなされれば、その労働は、他の労働、たとえば麻布に潜む労働との同等性という形態をもつにいたる。それによってこの労働は、商品を生産する他のすべての労働と同様に私的労働であるにもかかわらず、直接に社会的な形態を帯びた労働となる。だからこそまた、この労働は他の商品と直接交換可能な生産物となってあらわれる。こうして私的労働は、その反対物である形態、すなわち直接に社会的な形態を帯びた労働となる。これが等価形態の第三の特色だ。

等価形態の特色として最後にあげた二つは、かの偉大な探究者にさかのぼってみると、さらによく理解できるようになる。それは、数多くの思考形態、社会形態、自然形態とともに価値形態をはじめて分析した人物、すなわちアリストテレスだ。

アリストテレスはまず、商品の貨幣形態は単純な価値形態のさらなる発展形態、すなわち一つの商品の価値を他の任意の一商品で表現したものの発展形態にすぎないと明言する。というのも、彼はこう言っているからだ。

「五台の寝台＝一軒の家」というのは

「五台の寝台＝一定量の貨幣」というのと

「違わない」と。

アリストテレスはさらに、こうした価値表現を隠しもつ価値関係がなりたつためには、家が寝台と質的に等置される必要があることを見抜いていた。本質のこうした同等性がなければ、感覚的に異なる諸物が通約可能な量としてたがいに関係しあうことはできないだろう。このことを、アリストテレスは分かっていた。彼は言う。「交換は同等性なしにはありえないが、同等性は通約可能性なしにはありえない」と。しかし彼はここで立ちどまってしまい、価値形態のさらなる分析を放棄する。「しかし、このように種類の違う諸物が通約可能である」、すなわち質的に等しいなどということは「本当はありえない」。こうした等置は、物の真の性質とは無縁なものでしかなく、したがって「実際の必要性のためのやむをえぬ手段」にすぎないと、彼は言う〔アリストテレス『ニコマコス倫理学』第五巻第五章〕。

つまり、アリストテレスは、自分のさらなる分析がどこでつまずいたのかを、自分から語っているのであり、それはまさしく価値概念の欠如だ。同等なものとはなんなのか？

寝台の価値を表現するさいに、家が寝台のために提示している共通の実体とはなんなのか？　そのようなものは「本当は存在しえない」と、アリストテレスは言う。なぜそんなことが言えるのか？　じつのところ家は、寝台と家の両方に潜んでいる現実に等しいものを提示しており、その意味で寝台に対して一つの同等なものを提示している。その同等なものとは——人間の労働だ。

商品価値の形態におかれると、すべての労働は同等な人間労働として、それゆえ同等とみなしうるものとして表現される。しかし、アリストテレスは、このことを価値形態そのものから読みとることができなかった。それはギリシア社会が奴隷労働の上に築かれており、人間および人間労働力の不平等性を自然的基盤としていたからだ。すべての労働が人間労働一般であるがゆえに、そしてまたその条件のもとでのみ同等であり、また同等なものとみなされるというところに、価値表現の秘密はある。だからこそ、この秘密は、人間そのものの同等性の概念が民衆の先入観のなかにしっかりと定着した時代になって、はじめて解明できるようになる。だとすればそれは、商品形態が労働生産物の一般的形態となった社会で、つまり商品所有者としての人間関係が主たる社会関係となった社会で、はじめて解明可能になるということだ。アリストテレスの天才性は、まさに彼が商品の価値表現のなかに同等性関係を発見したところに輝いている。ただ彼は、自分が生きていた社会の歴史的制約のために、その同等性関係が「本当のところ」いずこにあるのかを発見できなかった。

四　単純な価値形態の全体

一つの商品の単純な価値形態は、その商品が種類の異なる一商品とむすぶ価値関係のなかに、つまり他の商品との交換関係のなかに含まれている。商品Aの価値は、質的には、商品Bが商品Aと直接に交換可能であることを通じて表現される。商品Aの価値は、量的には、商品Bの一定量が商品Aの所与の量と交換可能であることを通じて表現される。別の言葉で言えば、一つの商品の価値は、その価値が「交換価値」として表出することを通じて、はじめて自立的に表現される。本章の冒頭では、よく用いられる言い方にしたがって、商品は使用価値であるとともに交換価値であると述べたが、これは厳密に言えばまちがいだった。商品は使用価値ないし使用対象であり、同時にまた「価値」であるというのが正しい。商品の価値がその現物形態とは異なる独自の現象形態、すなわち交換価値という現象形態をもつにいたると、商品はただちにその本来の姿である二重性をあらわにする。ただし、商品をそれだけ切り離して考察しているかぎり、商品が交換価値という形態をとることはけっしてない。商品がこの形態をとるのは、異なる種類の第二の商品との間で価値関係または交換関係を結ぶ場合に限られる。とはいえ、このことさえ分かっていれば、使用価値であり交換価値であるという先の言い方もとくに支障はなく、むしろ簡略化に役立つ。

これまでの分析が証明しているように、商品の価値形態または価値表現はあくまで商品価値の本質から発生しているのであり、逆に交換価値としての表現様式から価値と価値量が発生しているのではない。ところがこの逆転した考え方は、重商主義者やその近代的二番煎じであるフェリエやガニルなど[22]の妄想となっており、また彼らの対極に位置する近代の自由貿易セールスマンたち、たとえばバスティアとその一派の妄想ともなっている。前者の重商主義者たちは価値表現の質的側面を、したがって貨幣を完成形とする商品の等価形態を重視する。逆に、後者の自由貿易セールスマンたちは、自分の商品をどんな価格でも売りさばく必要があるため、相対的価値形態の量的側面を重視する。したがって後者にとっては商品の価値も価値量も、交換比率による表現のなかにしか存在せず、日々の商品相場一覧のなかにしか存在しない。スコットランド人マクラウドは、ロンバード街〔ロンドン・シティの金融街〕の混乱した観念をできるだけ学者風に飾りたてる役目を買ってでて、迷信的な重商主義者と啓蒙された自由貿易セールスマンとのあいだをうまくとりもっている。

(22) 第二版への註。F・L・A・フェリエ（関税副監督官）『商業との関係から見た政府について』パリ、一八〇五年、および、シャルル・ガニル『経済学の諸体系』第二版、パリ、一八二一年。

以上、商品B〔上着〕との価値関係に含まれる商品A〔麻布〕の価値表現を詳しく見てきた。そこで分かったように、この価値関係の内部では、商品A〔麻布〕の現物形態は使用価値の姿でしか登場せず、他方、商品B〔上着〕の現物形態は価値形態ないし価値《ヴェルト》としての姿《ゲシュタルト》〔以下、「価値姿」と略。後出の「使用姿」「商品姿」「全姿」等も同じ意〕でしか登場しない。したがって、商品に隠れている使用価値と価値との対立が表面化するのは、外的な対立を通じて、すなわち二つの商品の関係を通じて、ということになる。この関係のなかでは、価値が表現されるべき一方の商品〔麻布〕は、直接には使用価値としてのみ登場する。そして逆に、身をもって価値を表現する他方の商品〔上着〕は、直接には交換価値としてのみ登場する。つまり、一つの商品の単純な価値形態とは、その商品に含まれる使用価値と価値との対立が、そのまま単純な現象形態をとったものだということだ。

労働生産物はどんな社会状態のもとでも使用対象であることに変わりはない。しかし、歴史的に規定された一つの発展段階だけが、労働生産物を商品に変容させる。この発展段階に達してはじめて、使用物の生産に支出された労働は、その物の「対象的」な属性、すなわちその物の価値となってあらわれる。だからこそ商品の単純な価値形態は、同時に労働生産物の単純な商品形態なのであり、商品形態の発展もまた価値形態の発展と一致することになる。

この単純な価値形態がまだ不十分なものであることは一見して明らかだ。この萌芽形態は一連の形態変容《メタモルフォーゼ》を経てはじめて価格形態へと成熟していく。

商品A〔麻布〕の価値を、なんらかの商品B〔上着〕で表現してみても、それは商品A

〔麻布〕の価値をそれ自身の使用価値から区別することにしかならない。商品A〔麻布〕は、自分と異なる個別の商品種との交換関係に置かれるだけで、他のすべての商品との質的同等性や量的割合が表現されることはない。そこでは、一つの商品〔麻布〕の単純な相対的価値形態に、もう一つ別の商品〔上着〕の単純な等価形態が対応している。たとえば麻布の相対的価値表現のなかでは、上着は個別の商品種である麻布に対して等価形態、すなわち直接的交換可能性の形態をもつだけだ。

とはいえ、個別的な価値形態はおのずから、より完全な形態へと移行していく。個別的な価値形態では、商品A〔麻布〕の価値が他種の一商品で表現されていた。しかし、この第二の商品がいかなる種類のものなのか、上着なのか、鉄なのか、小麦なのか、等々はまったくとるにたらないことだ。したがって商品A〔麻布〕があれこれの商品種と価値関係に入るのに応じて、同じ一つの商品についてさまざまな単純な価値表現が生まれてくる。(22a)商品A〔麻布〕の可能な価値表現の数は、それとは異なる商品種の数によってのみ制限される。それゆえその個別的な価値表現は、その商品の単純な価値表現の系列へと変容をとげ、しかもその系列はたえず引き延ばされていく。

(22a)　第二版への註。たとえばホメロスの作品では、一つの物の価値がさまざまに異なる物で表現されている。

B　全体的な、あるいは展開された価値形態

z量の商品A＝u量の商品B、または＝v量の商品C、または＝w量の商品D、または＝x量の商品E、等々。

（二〇エレの麻布＝一着の上着、または＝一〇封度《ポンド》の茶、または＝四〇封度《ポンド》のコーヒー、または＝一クォーターの小麦、または＝二オンスの金、または＝一／二トンの鉄、等々）

一　展開された相対的価値形態

一つの商品、たとえば麻布の価値は、いまや商品世界の無数の他の諸要素で表現される。他の商品体のいずれもが麻布価値を映しだす鏡となる。[23] こうして、この価値そのものが、はじめて真に区別なき人間労働の凝固物として姿をあらわす。というのも、この価値を形成する労働はいまや、他のどんな人間労働もそれに等しいとみなされる労働として明瞭に表示されるからだ。他の人間労働がどんな現物形態をとっていようが、したがってそれが上着に、小麦に、鉄に、金に対象化されていようが、それらはすべて等しい労働とみなされる。それゆえ麻布は、その価値形態を通じて、もはや他の個別商品種とだけではなく、いまや商品世界全体とも社会関係をもつにいたる。麻布は商品として、この世界の市民と

なる。同時に、商品価値の表現が果てしない系列をなしているということは、とりもなおさず、商品価値は、それがまとまっている使用価値の特別な形態とは無関係に決まっているということだ。

(23) それゆえ麻布の価値を上着で表現する時には、麻布の上着価値と言い、穀物で表現する時には麻布の穀物価値などと言う。こうした表現はいずれも、上着、穀物などの使用価値のなかにあらわれているのは麻布の価値だということを伝えている。「どの商品の価値も他の商品との交換比率をあらわしているのだから、その価値を、その商品が比較される商品に応じて、穀物価値、布価値……と呼ぶことができる。だから商品が存在するのと同じだけ、何千もの異なる種類の価値が存在する。これらはすべて同じように実在的であり、同じように名目的だ」(『価値の性質、尺度および原因に関する批判的一論、主にリカード氏とその追随者たちの著作に関連して。「意見の形成と公表に関する諸論」の著者による』ロンドン、一八二五年、三九ページ)。当時のイギリスで大いに物議をかもしたこの匿名文書の著者S・ベイリーは、同一の商品価値の種々雑多な相対的表現をこのように指摘することで、価値の概念規定をすべて無効にできたと妄想している。ちなみに、彼がその見識の狭さにもかかわらず、リカード理論の痛い所を突いたのはたしかで、リカード学派がたとえば『ウェストミンスター・レヴュー』誌上でベイリーを攻撃したさいの苛立ちがそのことを証明している。

二〇エレの麻布＝一着の上着という第一の形態。ここではまだ、この二つの商品が一定の量的割合で交換できるというのは偶然的事実であるかもしれない。それに対して、第二の形態になるとすぐに、偶然的現象とは根本的に異なる背景、むしろ偶然的現象を規定している背景が見えてくる。麻布の価値は上着で表現されようが、コーヒー、鉄などで表現されようが、あるいは無数の異なる所有者に属する無数に異なる商品で表現されようが、つねに同じ大きさだ。二人の個人的商品所有者を結ぶ偶然的な関係は取り除かれる。そこでは交換が商品の価値量を規制しているのではなく、逆に商品の価値量が商品の交換割合を規制しているということが明らかになる。

二　特殊な等価形態

麻布の価値表現においては、上着、茶、小麦、鉄などの商品がいずれも等価物として、したがって価値を帯びた物として通用している。こうした商品一つひとつが備えている特定の現物形態は、いまや他の多くの等価形態と並ぶ一つの特殊な等価形態とみなされる。同様に、異なる商品体に含まれるさまざまな種類の、特定の、具体的かつ有用な労働は、いまや人間労働一般が、同じように多くの特殊な実現形態ないし現象形態をとったものとみなされる。

三　全体的な、あるいは展開された価値形態の欠陥

第一に、商品の相対的な価値表現はなお未完成だ。なぜなら、その表示の系列はいつま

でたっても完結することがないからだ。一つの価値等式が他の価値等式とつながるための鎖は、新たな商品種が登場するたびにそのつど延長され、その商品種がまた新たな価値表現の材料を提供する。第二に、この鎖は、ばらばらな種類の価値表現の色とりどりのモザイクをなしている。最後に、あらゆる商品の相対的価値がこの展開された形態で表現されれば、必然的結果として、あらゆる商品の相対的価値形態が、他のいかなる商品の相対的価値形態とも異なる果てしない価値表現系列と化してしまう。——展開された相対的価値形態の欠陥は、それに対応する等価形態のなかに映しだされる。そこでは、いずれの個別商品種の現物形態も、他の無数の特殊な等価形態と並ぶ一つの特殊な等価形態をなしている。それゆえそこには、たがいに排除しあう制限された等価形態しかそもそも存在しえない。同じように、すべての特殊な商品等価物に含まれる特定の具体的かつ有用な労働の種類もまた、人間労働の特殊な、したがって不完全な現象形態にすぎない。もちろん前述の特殊な現象形態の全範囲をとれば、人間労働はすべてを網羅した、いわば全体的な現象形態を獲得するだろう。しかし、それが統一的な現象形態を獲得することはない。

展開された相対的価値形態は単純な相対的価値表現、すなわち以下のような第一形態の等式の総計からなりたっているにすぎない。

二〇エレの麻布＝一着の上着
二〇エレの麻布＝一〇封度《ポンド》の茶、等々

しかし、いずれの等式にも、両辺を入れ替えた同一の等式が含まれている。すなわち、

一着の上着＝二〇エレの麻布

一〇封度《ポンド》の茶＝二〇エレの麻布、等々

実際、ある人が自分の麻布を他の多くの商品と交換し、それゆえ麻布の価値を一連の他の商品で表現するとすれば、他の多くの商品所有者たちもまた必然的に自分たちの商品を麻布と交換しなければならず、したがって自分たちのさまざまな商品の価値を同じ第三の商品、すなわち麻布で表現しなければならない。――そこで、二〇エレの麻布＝一着の上着、または＝一〇封度《ポンド》の茶、等々の系列を逆転させ、事実上、この系列のなかにすでに含まれていた反照関係を表現するならば、次のような一般的価値形態が得られる。

C　一般的価値形態

一着の上着＝
一〇封度《ポンド》の茶＝
四〇封度《ポンド》のコーヒー＝
一クォーターの小麦＝
二オンスの金＝

（以上＝）二〇エレの麻布

一／二トンの鉄 ＝
x量の商品A ＝
その他の商品 ＝

一　価値形態の変化した性格

いまや、さまざまな商品はみずからの価値を（一）唯一の商品で表現しているがゆえに単純に表現しており、（二）同一の商品で表現しているがゆえに統一的に表現している。これらの商品の価値形態は単純かつ共通であり、したがって一般的だ。

第一の形態と第二の形態は、いずれも一つの商品の価値を、それ自身の使用価値や商品体とは異なる何かとして表現することしかできなかった。

第一の形態は、一着の上着＝二〇エレの麻布、一〇封度《ポンド》の茶＝一／二トンの鉄、等々の価値等式を生みだした。そこでは、上着価値は麻布と同等なものとして、茶価値は鉄と同等なものとして表現されている。しかし麻布と同等なものとしての上着の価値表現と、鉄と同等なものとしての茶の価値表現とは、麻布と鉄が異なっているようにたがいに異なっている。こうした形態が実際に見られるのは明らかに労働生産物が折々の偶然的交換を通じて商品化される最初の時期に限られる。

第二の形態は、第一の形態よりさらに完全な形で、ある商品の価値をそれ自身の使用価値から区別する。というのもここでは、たとえば上着の価値が、ありとあらゆる形態をとって上着の現物形態と相対《あいたい》するからだ。麻布と同等なものとして、鉄と同等なものとして、茶と同等なものとして、その他、上着以外のものであれば何でもよい。他方、ここでは諸商品のいかなる共通の価値表現も直接排除されている。というのも、商品ごとの価値表現では、他の商品はすべて等価物の形態でしかあらわれないからだ。展開された価値形態がはじめて現実に登場するのは、一つの労働生産物、たとえば家畜が、もはや例外的にではなく、すでに慣習的に他のさまざまな商品と交換されるようになった時だ。

新たに得られた形態は、商品世界の諸価値を、商品世界から切り離された同一の商品種、たとえば麻布で表現し、こうしてすべての商品の価値を麻布との同等性によってあらわす。麻布と同等なものとして、どの商品の価値も、その商品自身の使用価値から区別されるだけでなく、あらゆる使用価値から区別される。そしてこの価値は、まさにそのことを通じて、その商品がすべての商品と共有しているものとして表現される。だからこそ、この形態によってはじめて諸商品は現実に価値としてたがいに関係を持ち、言い換えれば、たがいに交換価値として姿をあらわす。

これに先立つ二つの形態は、種類の異なる唯一の商品によってであれ、その商品とは異なる一連の多くの商品によってであれ、一つの商品ごとに商品価値を表現していた。どちらの場合も自分に価値形態を与えることは個々の商品のいわば私事にすぎなかった。それをおこなうのに他の商品からの働きかけは不要だった。他の商品はその商品に対して等価物という単なる受動的役割を演じていたにすぎなかった。これに対して一般的価値形態は、商品世界の共同事業としてのみ成立する。一つの商品が一般的価値表現を手に入れるのは、ひとえに他のすべての商品が同時にみずからの価値を同じ等価物で表現するからにほかならない。新たに登場する商品種もすべてこれをまねなければならない。こうして一つのことが明瞭になってくる。すなわち商品が価値対象であること、すなわち商品の価値対象性は、これらの物がまぎれもなく「社会的在り方」をしているがゆえに、諸商品の全面的な社会的関係を通じてのみ表現しうること、したがって諸商品の価値形態は社会的に通用する形態でなければならないということだ。

　麻布と同等なものという形態をとることで、いまやすべての商品が質的に同等なもの、すなわち価値一般としてあらわれるだけではなく、同時に量的に比較できる価値量としてあらわれる。全商品が自分の価値量を、同じ一つの材料、麻布に映しだすがゆえに、これらの価値量は相互に自分たちを映しだす。たとえば一〇封度《ポンド》の茶＝二〇エレの麻布、かつ四〇封度《ポンド》のコーヒー＝二〇エレの麻布であるならば、一〇封度《ポンド》の茶＝四〇封度《ポンド》のコーヒーとなるように。あるいは一封度《ポンド》のコーヒーに含まれる価値実体すなわち労働は、一封度《ポンド》の茶に含まれるそれの一／四にすぎないというように。

商品世界の一般的な相対的価値形態は、その世界から排除された麻布という等価物商品に、一般的等価物という性格を押しつける。麻布自身の現物形態はこの商品世界に共通する価値姿であり、それゆえ麻布は他のあらゆる商品と直接交換することができる。麻布の身体形態は、あらゆる人間労働の目に見える受肉、その一般的な社会的蛹化《ようか》とみなしうる。麻布を生産する私的労働である織布は、同時に一般的な社会的形態、すなわち他のすべての労働との同等性の形態をも帯びている。一般的価値形態を成立させている無数の等式は、麻布に実現されている労働を、他の商品に含まれているあらゆる労働と順々に等置し、それによって織布は、人間労働一般の一般的現象形態となる。そうなれば商品価値に対象化された労働は、単に現実労働からあらゆる具体的形態と有用な属性とを捨象した労働として消極的に表現されるだけではない。この労働自体がもつ積極的な性質がはっきりと姿をあらわす。すなわちこの労働は、すべての現実的な労働を人間労働という共通の性格に還元したものであり、つまりは人間労働力の支出に還元したものだということだ。

労働生産物を区別なき人間労働の凝固にすぎないものとして表現する一般的価値形態は、それ自身の構造を通じて、みずからが商品世界の社会的表現であることを示している。こうして一般的価値形態は、この世界のなかでは労働の一般的な人間的性格が労働の特殊な社会的性格となっていることを明るみにだす。

二　相対的価値形態と等価形態との発展関係

相対的価値形態の発展の程度には、等価形態の発展の程度が呼応している。ただし、等価形態の発展はあくまで相対的価値形態の発展の表現であり、結果にすぎないことには注意を要する。

一商品の単純な、あるいは個別的な相対的価値形態は、他の一商品を個別的な等価物にする。次に相対的価値の展開された形態、すなわち他のすべての商品による一商品の価値表現は、他の商品にさまざまな種類の特殊な等価物の形態を刻印する。そして最後には、ある特別な商品種が一般的等価形態を手に入れる。それは他のすべての商品がこの商品種を自分たちの統一的で一般的な価値形態の材料にするからだ。

しかし、総じて価値形態が発展していくと、その程度に応じて、二つの極の対立、すなわち相対的価値形態と等価形態との対立もまた発展していく。

第一の形態――二〇エレの麻布＝一着の上着――にも、この対立はすでに含まれているが、それはまだ固定されたものではない。同じ等式が左から右に読まれるか、右から左に読まれるかに応じて、麻布と上着といった商品の両極それぞれが同じように相対的価値形態をとったり、等価形態をとったりする。ここではまだ両極の対立を固定するのは一苦労だ。

第二の形態では、そのつど一つの商品種だけが、自分の相対的価値を全面的に展開しようる。その商品種自身は、他のすべての商品がその商品に対して等価形態をとるからこそ、またとるかぎりでのみ、展開された相対的価値形態をもつにすぎない。ここまでくると価値等式――二〇エレの麻布＝一着の上着、または＝一〇封度《ポンド》の茶、または＝一クォータ―の小麦、等々――の両辺を単純に入れ替えることはできなくなる。両辺を入れ替えれば、価値等式全体の性格が変化し、それを全体的価値形態から一般的価値形態へと変容させることになる。

この一般的価値形態、すなわち第三の形態は、ついに一般的社会的な相対的価値形態を商品世界に付与する。それはただ一つの商品を例外として、商品世界に属する残りすべての商品が一般的等価形態から排除されるからであり、また排除されるかぎりでのことだ。だからこそ麻布という一つの商品は、他のすべての商品との直接的な交換可能性の形態、または直接的に社会的な形態をとる。それは他のすべての商品がこの形態をとっていないからであり、またとっていないかぎりでのことだ(24)。

(24) 一般的で直接的な交換可能性の形態と非直接的な交換可能性の形態とは、磁石のN極とS極のように、対極に位置すると同時に不可分な商品形態だ。しかし、このことは直接的な交換可能性の形態を見ているだけでは実際には分からない。だからすべての商品に、同時に、直接的交換可能性の刻印を押せるかのように思いこむ向きもあるかもしれない。しかし、それはカトリックの信徒全員を教皇にできると思いこむのと同じだろう。商品生産のうちに人間の自由と個人の独立の頂点を見るプチ・ブルジョワにとっては、この形態と結びついた不都合が取り除かれ、とくに商品が直接には交換できなくなる不便が取り除かれるなら、もちろん願ってもないことだろう。この俗物的ユートピアを描いたのがプルードンの社会主義だ。それは別のところ〔K・マルクス『哲学の貧困』一八四七年、第一章〕でわたしが指摘したように、独創性の手柄などと呼べる代物ではなく、彼よりずっと早くにグレイ、ブレイ、その他の人々がはるかにうまく論じていたものだ。とはいえ、こうした知恵が今日、ある種のサークルで「科学」の名のもとに流行することは妨げようがない。プルードン学派ほど「科学」という言葉を乱用した学派はなかった。というのも

「まさに概念が欠けているところに

言葉がうまく間にあうようにやってくるものなのだ」〔ゲーテ『ファウスト』第一部「書斎」、相良守峯訳、岩波文庫、一三三ページ〕。

反対に、一般的等価物の役を演じる商品は、商品世界の統一的な、それゆえ一般的な相対的価値形態から排除されている。もし麻布が、つまり一般的等価形態にあるなんらかの商品が、同時に一般的な相対的価値形態にも参加するならば、その商品は自分自身の等価物として役立たねばならないだろう。そうなれば二〇エレの麻布＝二〇エレの麻布となるが、これは単なる同語反復にすぎず、そこには価値も価値量も表現されていない。一般的等価物の相対的価値を表現するためには、むしろ第三の形態を逆向きに見なければならない。一般的等価物は他の商品と共通するような相対的価値形態は持っておらず、その価値

は他のすべての商品体の果てしない系列のなかで相対的に表現される。こうして、展開された相対的価値形態である第二形態は、いまや等価物商品の特殊な相対的価値形態としてあらわれる。

三 一般的価値形態から貨幣形態への移行

一般的等価形態は価値一般をあらわす一つの形態だ。だからそれはどんな商品にも割り当てることができる。ただその一方で、ある商品が一般的等価形態（第三形態）をとるのは、それが他のすべての商品によって等価物として排除されているからであり、また排除されるかぎりでのことだ。そしてこの排除が最終的に一つの特別な商品種に限定された瞬間から、商品世界の統一的な相対的価値形態は、はじめて客観的な固定性と一般的な社会的通用性を手に入れる。

等価形態がその現物形態と社会的に癒合しているこの特殊な商品種はこうして貨幣商品となり、貨幣として機能するようになる。商品世界の内部で一般的等価物の役割を演ずることが、この商品の特殊な社会的機能となり、それゆえにまた社会的独占となる。第二形態では、さまざまな商品が麻布にとっての特別な等価物として機能した。第三形態では、さまざまな商品が自分の相対的価値をともに麻布で表現した。最後にこれらの商品のなかから、ある特定の商品があらわれ、その特権的地位を歴史的に勝ちとった。それが金にほかならない。それゆえ第三形態の商品麻布を、商品金に置き換えれば、次のような貨幣形態が得られる。

D　貨幣形態

二〇エレの麻布 ＝
一着の上着 ＝
一〇封度《ポンド》の茶 ＝
四〇封度《ポンド》のコーヒー ＝
一クォーターの小麦 ＝
一／二トンの鉄 ＝
x量の商品A ＝
} 二オンスの金

第一形態から第二形態、第二形態から第三形態への移行には、それぞれ本質的な変化がともなっている。これに対して第四形態は、麻布の代わりに金が一般的等価形態を持っていることを除けば、第三形態とまったく変わりはない。第四形態における金は、第三形態における麻布がそうであったように、一般的等価物のままだ。そこに進歩が見られるとすれば、唯一、直接的な一般交換可能性の形態、つまり一般的等価形態が、いまや社会的慣習によって商品金の特殊な現物形態と最終的に癒合している点にある。

金が貨幣として他の商品に対面するのは、ひとえに金がすでに商品として他の商品に対面していたからにほかならない。他のすべての商品と同様に、金もまた、個別的交換行為における個別的等価物としてであれ、他の商品等価物と並ぶ特別な等価物としてであれ、ともかく等価物として機能していた。そして徐々に、より狭い範囲で、あるいはより広い範囲で、一般的等価物として機能するようになった。そして金が商品世界の価値表現において、ついにこの地位の独占を勝ちとるやいなや、金は貨幣商品となる。そしてそれがすでに貨幣商品となった瞬間から、はじめて第四形態は第三形態から区別されるようになり、一般的価値形態は貨幣形態へと変容する。

貨幣商品としてすでに機能している商品、たとえば金による、ある商品、たとえば麻布の単純な相対的価値表現は価格形態だ。したがって麻布の「価格形態」は次の等式で表現される。

二〇エレの麻布＝二オンスの金

あるいは、二オンスの金の鋳貨名が二ポンドであれば、

二〇エレの麻布＝二ポンド

となる。

貨幣形態の概念理解が難しい理由は、一般的等価形態の概念理解が難しいことに尽きる。言い換えれば、一般的価値形態全般、すなわち第三形態の概念理解が難しいことに尽きる。第三形態は、さかのぼれば第二形態に、つまり展開された価値形態に解消する。そして第二形態の構成要素は第一形態、すなわち二〇エレの麻布＝一着の上着、またはx量の商品A＝y量の商品Bだ。したがって単純な商品形態こそが貨幣形態の萌芽をなす。

第四節　商品のフェティシュ的性格とその秘密

商品は一見したところ、あたりまえのありふれた物にみえる。しかし、いざ商品を分析してみると、それが形而上学的な小理屈と神学的な気むずかしさにみちた、きわめてやっかいなものであることが分かる。商品が使用価値であるかぎりは、そこに神秘的なものはまったくない。商品が属性を通じて人間の欲求を満たすという観点から商品を見ても、あるいは商品が人間労働の生産物としてはじめてその属性を得るという観点から商品を見ても、商品に神秘的なところはない。人間が自分の活動を通じて自然素材の形態を自分に役立つように変えるというのは、だれにでも分かるあたりまえのことだ。たとえば人間が木材から机を作れば、木材の形は変化する。それでも机は木材であり、ありふれた感覚的なものであり続ける。しかし机がいったん商品として登場すると、それはとたんに感覚的にして超感覚的なものへと変身する。商品としての机は自分の足で床の上に立っているだけではない。他のすべての商品に対して逆立ちして、その木偶頭《でく》から妄想を繰りだす。それは机が自分で踊り始めるよりも、もっと不思議なことだ。(25)

(25) 他の世界がすべて動きを止めたように見えていた時〔一八四八年革命敗北後のヨーロッパ反動期〕に、中国〔一八五一年に始まった太平天国の乱の中国〕と机〔卓踊術の机〕が踊りはじめたことが思いだされる。——他のものを励ますために [pour encourager les autres]。

したがって商品の神秘的性格は商品の使用価値から生まれたものではない。それはまた価値規定の内容から生まれたものでもない。なぜなら第一に、有用労働や生産活動は、どんなに多様であっても、あくまで人間という生命体の機能であり、いずれの機能も、その内容や形態にかかわりなく、本質的には人間の脳、神経、筋肉、感覚器官等の支出にほかならないからだ。これは生理学上の真理だ。第二に、価値量の規定の根底にあるもの、すなわち上記の支出の継続時間、あるいは労働量について言えば、この量が労働の質から区別しうることは、直感的にすら分かる。生活手段を生産するためにどれくらいの労働時間が必要かということは、その関心度こそ発展段階によって一様ではないとしても、あらゆる状態のもとで人間の関心事であらざるをえなかった。(26) 最後に、人間がなんらかの仕方でたがいのために労働するようになると、彼らの労働もただちに社会的形態を帯びるようになる。

(26) 第二版への註。古代ゲルマン人のあいだでは一モルゲンの土地の大きさは一日の労働をもとに計算された。それゆえ一モルゲンはTagwerk（Tagwanne）（jurnale/jurnalis, terra jurnalis, jornalis/diurnalis）〔一日の仕事〕、Mannwerk〔男一人の仕事〕、Mannskraft〔男一人の力〕、Mannsmaad〔男一人の草刈り〕、Mannshauet〔男一人の刈取り〕などと呼ばれた。ゲオルク・ルートヴィヒ・フォン・マウラー『マルク・ホーフ・村落・都市制度および公権力の歴史への序説』ミュンヘン、一八五四年、一二九ページ以下参照。

では労働生産物が商品形態をとるやいなや帯びるようになる謎めいた性格は、いったいどこから発生しているのか？　明らかにこの形態自体から発生している。まず、人間労働の同等性が労働生産物の同等な価値対象性という物的形態をまとう。次に人間労働力の支出をその継続時間で測定したものが、労働生産物の価値量という形態をまとう。そして最後に、生産者の労働の社会的規定があらわれている生産者同士の関係が、労働生産物同士の社会関係という形態をまとう。

こうしてみると、商品形態の秘密は単に次の点にあることが分かる。すなわち、商品形態は人間自身の労働の社会的性格を、あたかも労働生産物自体の対象的性格であるかのように、つまりこれらの物の社会的な自然属性であるかのように人間の頭のなかに映しだすということだ。したがって、総労働に対する生産者たちの社会的関係もまた、彼らの外部に存在する対象間の社会関係として映しだされることになる。このような取り替え（quid pro quo）を通じて労働生産物は商品となる。すなわち感覚的にして超感覚的な物、あるいは社会的な物となる。それは、物が視神経に与える光の印象が、視神経自身の主観的刺激としてではなく、目の外にある物の対象的な形態としてあらわれるのと似ている。ただし、視覚の場合には実際に、光が一つの物、つまり外部の対象から、別の物、つまり目に向かって投じられている。それは物理的な物同士の物理的な関係だ。これとは対照的に、商品形態や商品形態があらわれる労働生産物の価値関係は、労働生産物の物理的性質とも、そこから発生する物的関連とも、まったく関係がない。物同士の関係という幻影《ファンタスマゴーリッシュ》的な形態をまとって人間の前にあらわれているのは、ここでは人間自身の特定の社会的関係でしかない。だからこれと似たものを探そうとすれば、曖昧模糊とした宗教世界の領分へと逃れるほかない。そこでは人間の頭の産物が独自の生命を与えられ、相互に関係しあうだけでなく人間とも関係する自立的な姿をとっているように見える。同じように商品世界では、人間の手の産物がこうした自立的な姿をとってあらわれる。これをわたしはフェティシズムと名づける。フェティシズムは、労働生産物が商品として生産されるやいなや生産物に付着するものであり、それゆえ商品生産とは切っても切れない関係にある。

商品世界のこうしたフェティシュ的性格は、これまでの分析がすでに明らかにしてきたように、商品生産のための労働がもつ独特の社会的性格から生じている。

使用対象がそもそも商品になるのは、ひとえにそれが独立に営まれる私的労働の生産物だからだ。私的労働のこうした集まりが、総体としての社会的労働となる。生産者たちはみずからの労働生産物を交換することをとおして、はじめて社会的に接触する。それゆえ彼らの私的労働がもつ特殊社会的な性格もまた、この交換のなかではじめて出現してくる。あるいはこう言ってもよい。交換が労働生産物を、そして労働生産物を介して生産者たちを、一つの関係のなかに組み入れ、その関係を通じてはじめて、私的労働は現実に総体としての社会的労働の構成要素として機能するにいたる、と。それゆえ生産者たちにとっては、自分たちの私的労働が生みだす社会的関係は、現実にあるがままの姿であらわれる。すなわちそれは、労働自体のなかで人々がむすぶ直接的な社会的関係としてではなく、むしろ人間同士の物的関係として、物同士の社会的関係としてあらわれる。

労働生産物はたがいに交換されるなかではじめて、感覚的多様性を備えた使用対象性から切り離された、社会的に同等な価値対象性を帯びるようになる。労働生産物はこうして有用物と価値物とに分裂する。ただしこの分裂が現実にあらわれてくるのは、交換が十分な広がりと重要性をもつようになり、有用物が交換を目的に生産されるようになった時、つまりは物の価値性格が生産のさいにすでに考慮されるようになった時だ。この瞬間から生産者たちの私的労働は現実に二重の社会的性格を帯びるようになる。すなわち私的労働は、一方では特定の有用労働として特定の社会的欲求を充足しなければならず、総労働、すなわち自然発生的な社会的分業体制の構成要素としての地位を保たねばならない。しかし他方で、こうした生産者たちもまた、自分自身の多種多様な欲求を満たす必要がある。

そしてそれが可能になるのは唯一、各人の特殊で有用な私的労働が他の有用な種類の私的労働と交換可能な時、すなわち同等なものとみなされる時に限られる。それぞれにまったく異なる労働の同等性は、現実に存在する労働の不等性を捨象することによってしか得られない。言い換えれば、各労働を人間労働力の支出、つまり抽象的人間労働としての共通性格に還元することによってしか得られない。私的生産者たちの脳には、自分たちの私的労働のこうした二重の社会的性格が映しだされる。ただしそれは、実際の交易、すなわち生産物交換のなかで出現するような形でしか映しだされない。つまり、自分たちの私的労働の社会的有用性という性格については、その労働生産物が有用でなければならない、それも他者にとって有用でなければならないという形で脳に映しだされる。その一方で、多種多様な労働の同等性という社会的性格については、素材的には異なる物である労働生産物が共通の価値性格を持っているという形で脳に映しだされる。

　つまり、人間が自分たちの労働生産物を価値としてたがいに関係づけるのは、けっして交換する物が同種の人間労働の物的な外皮として通用しているからではない。事実はまったく逆だ。人間は、異なる種類の生産物を交換のなかでたがいに価値として等置することによって、自分たちの異なる労働を人間労働としてたがいに等置している。人々は、そうであることを知らないままに、そのように行動している[27]。だから価値が何であるかは、価値の額《ひたい》には書かれていない。むしろ価値は、あらゆる労働生産物を一つの社会的な神聖文字に書き換えてしまう。後になって人間たちは、自分自身の社会的生産物の秘密を探るために、この神聖文字の意味を解読しようとする。なぜなら、使用対象を価値として規定する行為は、言語と同様、人間が社会的に生みだしたものだからだ。労働生産物は、価値であるかぎり、その生産に支出された人間労働の物的表現にすぎないという後世の科学的発見は、たしかに人類発展史上に一時代を画した。しかし、だからといって労働の社会的性格がまとう物的な外見までが、この発見によって消し去られることはない。たがいに独立した私的労働が独自の社会的性格を帯びるのは、それらの労働が人間労働として等置されるからであり、それによってこの社会的性格は、労働生産物の価値性格という形態をとる。これは商品生産という特殊な生産形態にのみあてはまる事態だが、すでに商品生産関係のなかに囚われている人々にとっては、先にのべた科学的発見の前にも後にも、この事態こそが最終的なものに見える。それは、科学的に空気を各元素に分解できるようになったあとでも、空気の形態が物理的な物体形態として存続するのと同じだ。

(27) 第二版への註。だからガリアーニが「価値は人と人との関係である」(La Ricchezza è una ragione tra due persone) と言った時、彼はこう付け加えるべきだった――ただしそれは、物的外皮の下に隠された関係である、と (ガリアーニ『貨幣について』、二二一ページ、クストディ編『イタリア古典経済学者叢書』近代篇、第三巻、ミラノ、一八〇三年)。

生産物交換者たちが現実問題としてまず関心をもつのは、自分の生産物と引き換えに他人の生産物がどれだけ手に入るのか、つまり生産物がどのような割合で交換されるのかということだ。こうした割合が慣習的にある固定水準にまで成熟していくと、その割合はあたかも労働生産物の性質から生じてきたかのように見えてくる。こうして、たとえば一封度《ポンド》の金と一封度《ポンド》の鉄が物理的化学的性質が異なるにもかかわらず同じ重量をもつように、一トンの鉄と二オンスの金が同じ価値をもつことになる。しかし実際には、労働生産物の価値性格は、それぞれが価値量として作用することを通じてはじめて固定化していく。その価値量は交換者たちの意志、予備知識、行動とは無関係にたえず変動する。価値量独自の社会的運動は、交換者たちから見るとあたかも物が動いているかのような形式をとる。交換者たちはその動きをコントロールするどころか、むしろ自分たちがその動きにコントロールされている。私的労働は、たがいに独立して営まれてはいるものの、自然成長をとげた社会的分業の一要素として全面的に依存しあっている。こうした私的労働は、たえず社会的に適正な比率へと整理されていく。なぜなら、彼らの生産物の交換比率が偶然に左右され、たえずゆれ動くなかで、生産物生産のために社会的に必要とされる労働時間が規制的な自然法則として強力に貫徹していくからだ。それはあたかも家屋が人の頭上に崩れ落ちる時の重力法則のように作用する。ただし、こうした科学的洞察が経験そのものから育ってくるためには、それ以前に商品生産が完全な発達をとげていなければならない(28)。したがって労働時間による価値量の決定は、あくまで相対的商品価値の現象的な運動の下に隠れている秘密なのだ。この秘密の発見は、労働生産物の価値量が単なる偶然によって決まるという外観を剝ぎとる。しかし、その物的な形態まで剝ぎとることはけっしてない。

(28)「周期的に到来する革命を通じてのみ貫徹される法則を、われわれはどう考えればよいのだろうか？ それはまさに当事者たちの無意識に立脚する自然法則にほかならない」（フリードリヒ・エンゲルス「国民経済学批判大綱」、アーノルト・ルーゲ／カール・マルクス編『独仏年誌』パリ、一八四四年、所収）。

人間生活の諸形態についての考察、したがってまたその科学的分析は、一般に現実の発展とは逆の道をたどる。それは事後的に（post festum）、つまり発展過程の諸結果がでそろったところで開始される。労働生産物に商品の刻印を押している形態、したがって商品流通の前提となっている形態は、人間が分析を始める前に、すでに社会生活の自然形態として固定されている。人間は後からその説明をしようとするが、そのさいには、その形態の歴史的性格ではなく、内容を説明しようとする。というのも、この形態は彼らにはむしろ変化しえないものと思われてきたからだ。だからこそ、価値量を規定するために商品価格の分析しかおこなわず、商品の価値性格を確定するために商品に共通する貨幣表現の分析しかおこなわないことになる。しかし、まさに商品世界のこうした完成形、すなわち貨幣形態こそは、私的労働の社会的性格を、したがって私的労働者たちの社会的関係を、開示するどころか、物的に隠蔽している当のものだ。上着や靴は、抽象的人間労働の一般的具現としての麻布に自分を関係させている、などとわたしが言えば、いかにも倒錯した表現に聞こえるだろう。だが、上着や靴の生産者たちが、これらの商品を一般的等価物としての麻布——金や銀でも事情はまったく変わらない——に関係させる時、社会的総労働に対する彼らの私的労働の関係は、彼らにはまったく同じように倒錯した形態であらわれる。

この種の形態こそが、まさにブルジョワ経済学のカテゴリーをなしている。ただしそれは、商品生産のための生産関係にとって社会的に有効な、したがって客観的な思考形態であるにすぎない。しかも、その生産関係はあくまで歴史的に規定された生産様式のもとに置かれている。だから、少しでもわれわれが別の生産形態に逃避すれば、商品生産の上に立つ労働生産物を分かりにくいものにしている商品世界のあらゆる神秘、あらゆる魔法や亡霊は、たちまち消え失せる。

経済学はロビンソン物語が好きだから、(29)まずはロビンソンを彼の孤島に登場させてみよう。彼はもともと質素なたちだが、それでも種々の欲求は満たす必要がある。そこで道具を作り、家具をこしらえ、ラマを飼い、魚をとり、狩りをするなど、さまざまな種類の有用労働をこなさねばならない。お祈り、その他はここでは取り上げない。というのも、わがロビンソンはそれを楽しみにしており、その種の活動を気晴らしと見ているからだ。ロビンソンが果たす生産的な機能はさまざまに異なる。にもかかわらず彼は、これらの機能が同じロビンソンの異なる活動形態でしかないことを知っている。つまり、そこでの機能の違いは人間労働の様式の違いでしかないことを知っている。彼は自分の時間を異なる機能の間で精確に割り振る。しかし、それを彼に強いているのは、必要性そのものだ。彼の活動全体のなかで、どの活動がより大きな部分を、どの活動がより小さな部分を占めるかは、めざす有用効果を達成するために克服しなければならない困難の大小によって決まる。それを彼に教えるのは経験だ。時計、帳簿、インク、ペンを難破船から救いだしたわれらのロビンソンは、良きイギリス人として、ほどなく自分のことを帳面に付け始める。彼の財産目録には、彼が所有する使用対象物、それらの生産に必要とされるさまざまな作業、最後に、こうした種々の生産物の特定量のために彼が平均して費やす労働時間の一覧表が含まれている。ここでは、ロビンソンと、彼が自前で作りあげた富をなす諸物との関係はすべて単純明快そのものなので、M・ヴィルト氏でさえ頭を酷使しなくても理解できただろう。それでもなお、ここには価値の本質的規定がすべて含まれている。

(29) 第二版への註。リカードにも彼なりのロビンソン物語がないわけではない。「リカードは原始状態にいる漁夫や猟師をすぐさま商品所有者にしたてあげ、魚や獣をその交換価値のなかに対象化された労働時間に見あう割合で交換させている。そのさい彼は、原始状態にいる漁夫や猟師が自分の労働用具の価値を計算するために一八一七年のロンドン取引所で使われていた減価計算表を参照するという時代錯誤に陥っている。「オーウェン氏の平行四辺形」〔ロバート・オーウェンは、ユートピア的な社会改造計画のなかで、集落を平行四辺形に設置するのが経済性の点でも居住性の点でも最も合理的であることを証明しようとした」が、ブルジョワ的社会形態以外にリカードが知っていた唯一の社会形態だったようだ」(カール・マルクス『経済学批判』、三八、三九ページ)。

そこで次に、ロビンソンの明るい島から陰鬱なヨーロッパ中世に場所を移そう。ここでわれわれが目にするのは、あの独立した男に代わって、農奴と領主、家臣と封主、俗人と聖職者といった主従関係にある万人の姿だ。人格的従属関係は、物質的生産を支える社会関係の特徴であるだけでなく、その上に築かれた生活圏の特徴でもある。しかし、まさにこうした人格的従属関係が既存の社会的基礎をなしているがゆえに、労働と生産物は現実の姿と異なる種々の幻想的な姿をとる必要はない。労働は生身の賦役として、生産物は現物貢納として社会の仕組みのなかに組みこまれている。商品生産の基礎の上では、労働の一般性こそがその社会的形態となるが、ここではそれとは異なり、労働の現物形態、労働の特殊性こそが、その直接的な社会的形態となる。賦役労働はたしかに商品生産のための労働と同じく時間によって測られる。しかし、農奴が領主のために支出するのは生身の人間としての労働力の一定量であり、このことは農奴ならだれでも知っている。[*] 司祭に貢納される十分の一税は、司祭の祝福よりも明快だ。人間がそこでどんな扮装をしてたがいに相対《あいたい》するかについては、いろいろな判断がありうるだろう。しかしいずれにしても労働における人と人との社会関係は、彼ら自身の人的な関係としてあらわれるのであり、それが物と物、労働生産物と労働生産物との社会関係を装うことはない。

〔＊〕原語は Charaktermaske。マルクスが演劇用語から借用した概念で、登場人物の職業や身分を表現するための典型的扮装。民族的扮装 Nationalmaske と区別された。マルクスはこの用語を資本主義のもとでの人々の関係を批判するためにも用いている。

共同労働すなわち直接に社会化された労働を考察しようとする場合、われわれは、あらゆる文化民族の歴史の黎明《れいめい》期に見られるような労働の自然発生的形態にまでさかのぼる必要はない[30]。もっと身近な一例は、自分たちの必要のために穀物、家畜、糸、麻布、衣服などを生産する農家の素朴な家父長的生業だ。こうしたいろいろなものは家族労働の種々の生産物として家族に対面するのであり、それらの生産物同士が商品としてたがいに対面するわけではない。これらの生産物を生産する種々の労働、たとえば耕作、家畜の飼育、糸紡ぎ、織布、衣服の仕立てなどは、それぞれの現物形態のままで社会的機能を帯びている。なぜなら、それは商品生産と同じように独自の自然発生的分業をおこなう家族の諸機能だからだ。そこでは男女の別や年齢の違い、季節の移り変わりとともに変化する労働の自然条件が、家族内での労働の配分や家族一人ひとりの労働時間を決めている。しかし、継続時間で測定した個人の労働力支出は、ここでは最初から労働自体の社会的規定としてあらわれる。というのも、個人的労働力は最初から家族の共同的労働力の器官としてのみ機能するからだ。

(30) 第二版への註。「自然発生的な共同所有形態はスラヴ特有の、それどころかロシア以外には見られない形態だなどというのは、近年の笑うべき偏見だ。この形態はローマ人、ゲルマン人、ケルト人について立証できる原始形態であり、その種々の見本が満載されたカタログ一覧は、一部、遺物化してはいるが、いまなおインドに見られる。アジア的な、とくにインド的な共同所有形態をより詳しく研究すれば、自然発生的な共同所有のさまざまな形態から、いかにして共同所有のさまざまな解体形態が生じるかも立証されるだろう。こうして、たとえばローマ人やゲルマン人の私的所有の種々の原型をインド人の共同所有の種々の形態から導くことができる」(カール・マルクス『経済学批判』、一〇ページ)。

最後に、気分転換を兼ねて自由人が作る団体を考えてみよう。そこでは人々が共同の生産手段を用いて労働し、多くの個人的労働力を自覚的に単一の社会的労働力として支出する。ここではあのロビンソンの労働の規定がすべて繰り返される。違いはただ一つ、個人的にではなく、社会的に繰り返されることだ。ロビンソンの生産物はすべて彼だけの個人的生産物だった。そしてそれゆえに、直接、彼にとっての使用対象物だった。これに対して、自由人の団体の総生産物は一つの社会的生産物だ。この生産物の一部はふたたび生産手段として利用される。この部分はあいかわらず社会的なものだ。しかし残りの部分は団体メンバーの生活手段として消費される。だからこの部分は彼らのあいだで分配されなくてはならない。この分配の仕方は、社会的生産有機体自身の特別な様式と、それに対応する生産者たちの歴史的発展度とともに変動するだろう。単に商品生産の場合と対比するために、各生産者が手にする生活手段の分け前は当人の労働時間によって決まると仮定してみよう。そうなると労働時間は二重の役割を演じることになるだろう。一方では、さまざまな労働機能がさまざまな欲求に対して正しい比例関係を保つように、社会的計画にもとづいて労働時間が割り振られる。しかし他方で労働時間は、生産者が共同労働のなかで担当する持ち分を決めるさいの尺度として用いられる。したがってそれは、共同生産物のうちの個人消費部分に対する生産者個人の取り分を決めるさいの尺度にもなる。ここでは、人々が自分の労働および労働生産物に対して持っている社会的関係が、生産の場面でも分配の場面でも、はっきりと透けて見えるほどに単純だ。

これに対して商品生産者の社会はどうだろうか。そこで一般的に見られる社会的生産関係の特徴は、生産者が商品としての自分の生産物に、したがって価値としての自分の生産物に向き合い、こうした物的な形態で、自分たちの私的労働をたがいに同等な人間労働として関係させあう点にある。こうした社会にとっては、抽象的人間をあがめるキリスト教、とくにそのブルジョワ的発展形態であるプロテスタンティズムや理神論などが最もふさわしい宗教形態となる。古代アジア的な、あるいは古典古代的な生産様式のもとでは、生産物の商品への変容は、したがってまた商品生産者としての人間のあり方は、あくまで副次的な役割しか果たしていなかった。とはいえ、共同体が没落段階に足を踏みこめば踏みこむほど、その役割の重要性は高まっていく。本来的な意味での商業民族は、エピクロスの神々のように〔古代ギリシアの哲学者エピクロスによれば、神々は諸世界の隙間にしか存在しない〕、あるいはポーランド社会の毛穴に身を潜めるユダヤ人のように、古い世界の隙間にしか存在しなかった。古い社会的生産有機体は、ブルジョワ的生産有機体に比べると、はるかに単純かつ透明だった。しかし、そのような生産有機体は、他者との自然的種族関係の臍帯《さいたい》からまだ切り離されていない個的人間の未成熟の上になりたっていたか、さもなければ直接的な支配隷属関係の上になりたっていた。そこではまだ、労働生産力が低い発展段階にとどまり、それに呼応して物質的な生活生産過程のなかでの人と人との関係、人と自然との関係も、まだ狭い範囲に制限されていた。それがこの生産有機体の制約となっていた。この現実世界での制約は、観念世界では古代の自然宗教や民族宗教のなかに映しだされている。一般的に言えば、現実世界が宗教に反映するという事態は、実際の勤労生活の諸関係が、人と人、人と自然との関係を日々透明で理性的な関係として人々に見せるようになって、はじめて消滅しうる。社会的生活過程の姿、すなわち物質的生産過程の姿は、その姿が自由に社会化された人間の産物として人間の自覚的、計画的な制御のもとに置かれた時、はじめてその神秘のヴェールを脱ぎ捨てる。ただしそのためには、社会の物質的基礎、すなわち一連の物質的生存条件が必要であり、この条件自体がまた長く、[31]苦悩にみちた発展史の自然発生的な産物なのだ。

さて経済学は、不完全とはいえ、価値と価値量を分析し、価値形態に潜む内容を発見した。しかしなぜこの内容があの形態をとるのか？　つまり、なぜ労働が価値で表示され、なぜ継続時間による労働の測定が労働生産物の価値量で表示されるのか？　それについては、経済学はおよそ疑問すら呈してこなかった。[32]生産過程が人間を支配しており、人間がまだ生産過程を支配していない社会構成体の一員であることを、みずからの額に掲げているような公式は、人々のブルジョワ的意識には、生産的労働そのものと同じように、自明な自然的必然性を帯びているように見える。だから経済学は、社会的生産有機体の前ブルジョワ的諸形態を、あたかも教父たちがキリスト教以前の諸宗教を扱う時のように扱っている。[33]

(31)　価値量についてのリカードの分析は最良のものではあるが、まだ不十分なものであり、これについては本書の第三巻と第四巻で明らかにされるだろう。しかし価値一般についていえば、古典派経済学は価値にあらわれた労働と、生産物の使用価値にあらわれた労働とを、ただの一度も明確に、明瞭な自覚をもって区別したことがない。もちろん古典派経済学は、労働をある時は量的に、ある時は質的に考察しているのだから、事実上、両者を区別してはいる。しかし労働の単なる量的差異を問題にする時には、それらの質的な一元性あるいは同等性がすでに前提とされていること、つまり抽象的人間労働への還元が前提とされていることに、古典派経済学は気づかない。たとえば、リカードはデステュット・ド・トラシーが次のように言う時、それに同意を表明している。「われわれの身体的能力と精神的能力だけがわれわれの根源的な富だということは確かだから、この能力の使用、すなわちなんらかの種類の労働は、われわれの根源的な財宝だ。われわれが富と呼ぶすべての物を創造するのは、つねにこの能力の使用なのだ。……さらに、これらすべての物はそれを創造した労働だけを表現していることもまた確かだ。もし、これらの物が一つの価値を、場合によっては異なる二つの価値をもつとすれば、これらの物はその価値を、その物を生みだした労働の価値から得ているとしか考えられない」（リカード『経済学および課税の原理』第三版、ロンドン、一八二一年、三三四ページ〔デステュット・ド・トラシー『イデオロギー要論、第四部および第五部』パリ、一八二六年、三五、三六ページ参照〕）。ここではリカードが、デステュットよりも深い独自の意味をデステュットのテキストに読みこんでいることだけを示唆しておく。たしかにデステュットは、一方では富を形成するすべての物が「物を創造した労働を表現している」と言っているが、他方では、「二つの異なる価値」（使用価値と交換価値）を「労働の価値」から得ているとも言う。こうして彼は、ある商品（ここでは労働）の価値を前提としたうえで、あとから他の商品の価値をそれによって決定するという俗流経済学の浅薄さに陥っている。使用価値にも交換価値にも（労働の価値ではなく）労働が表現されているというふうに、リカードはデステュットを読んでいる。しかし、リカード自身もデステュットと同様に、二重に表現されている労働の二重性格をほとんど区別していない。だからこそ彼は「価値と富、両者を区別する特徴」の章〔第二〇章〕の全体にわたって、J・B・セーなどの些末な議論と苦労して渡りあわねばならなかった。それゆえ最後にリカードは、価値源泉としての労働についてはデステュットが自分と意見を同じくしているのに、他方、価値概念についてはデステュットがセーと意見を同じくしていることに、ひどく驚いている。

（32）価値をまさに交換価値にしている価値形態を、商品の分析、とくに商品価値の分析を通じて発見できなかったことこそ、古典派経済学の根本的欠陥の一つだ。アダム・スミスやリカードのような古典派経済学の最良の代表者でさえ、価値形態をまったくとるに足りないものとして、あるいは商品自体の性質にとっては外面的なものとして扱っている。その理由は、彼らが価値量の分析に注意を奪われたことだけではない。原因はもっと深いところにある。労働生産物の価値形態は、ブルジョワ的生産様式の最も抽象的な、同時にまた最も一般的な形態であり、それによってこの生産様式は社会的生産の特別な一様式としての性格を持ち、それゆえにまた歴史的に特徴づけられる。だからこの生産様式を社会的生産様式の永遠の自然形態と見てしまうと、必然的にこの価値形態の、すなわち商品形態の特殊性を、さらに発展すると貨幣形態、資本形態等の特殊性を見落としてしまう。それゆえ、労働時間による価値量の測定については意見が完全に一致する経済学者たちのあいだでも、一般的等価物の完成形態である貨幣については、じつに多種多様な、たがいに矛盾しあう見解が見られることになる。これがはっきりと表面化するのは、たとえば銀行業を扱う時であり、そこでは、貨幣についての通俗的定義ではもはや間にあわなくなる。だからこそ逆に、価値のなかに社会的形態しか見ない、いやむしろ社会的形態の実体なき仮象しか見ない改訂版の重商主義(ガニルその他)が息を吹き返すことになった。——これを最後に、はっきりと述べておくが、わたしは、ブルジョワ的生産関係の内的関連を探究してきたW・ペティ以降のすべての経済学を古典派経済学と呼ぶのであり、それは俗流経済学とはまったく異なる。俗流経済学は外見上の関連のなかをうろつきまわるだけで、言ってみればきわめて粗雑な現象をもっともらしく嚙みくだいて分かった気にさせているにすぎない。学問的経済学がとうの昔に提供していた素材を、俗流経済学はブルジョワの自宅消費用にたえず新たに使い回している。そのほかに俗流経済学がおこなっていることといえば、生産を託されたブルジョワが、わが最善の世界として心に描く凡庸でひとりよがりなイメージを体系化し、似非《えせ》学問化し、それを永遠の真理として宣言することくらいだ。

(33) 「経済学者たちは奇妙な仕方で議論を展開する。彼らにとっては人工の制度と自然の制度という二種類の制度しか存在しない。そして封建制度は人工の制度であり、ブルジョワジーの制度は自然の制度だという。この点で彼らは、同じように二種類の宗教を区別する神学者に似ている。こうした神学者によれば、自分たちの宗教以外の宗教はすべて人間の発明品だが、自分たちの宗教だけは神の啓示だという。――かくして、歴史はかつて存在したが、いまはもう存在しないというわけだ」(カール・マルクス『哲学の貧困 プルードン氏の貧困の哲学に答える』一八四七年、一一三ページ)。古代のギリシア人やローマ人が略奪だけで生きていたと思いこんでいるとは、バスティア氏というのはなんとも笑える人物だ。何世紀にもわたって略奪で生きていけるなら、そこにはつねに略奪される何かがなければならない。あるいは略奪の対象が継続的に再生産されていなくてはならない。だからこそギリシア人やローマ人もまた生産過程を、すなわち一つの経済を持っていたと思えるのであり、その経済は、ブルジョワ経済が今日の世界の物質的基礎をなすのとまったく同様に、彼らの世界の物質的基礎をなしていただろう。それともバスティアは、奴隷労働に依拠する生産様式は略奪システムの上になりたっていたとでも思っていたのか? だとすれば彼はあやうい土台の上に立っている。アリストテレスほどの思想の巨人でさえ奴隷労働の評価で誤りを犯したというのに、どうしてバスティアごとき矮小な経済学者が賃金労働の評価を正しくやりとげることができるのか? この機会にわたしは、自著『経済学批判』(一八五九年)

が出版されたさい、アメリカのあるドイツ語新聞がわたしに向かって唱えた異論に対して手短に反論しておきたい。そこではまずわたしの見解を以下のようにまとめている。すなわち特定の生産様式と、それに対応するその時々の生産関係、一言で言えば「社会の経済的構造こそが現実の土台をなしており、その土台の上に法律と政治の上部構造が立ち上がり、特定の社会的な意識形態がその土台に対応している」ということ。そして「物質的生活の生産様式は、社会的政治的精神的な生活過程全般を制約している」ということ。このようにわたしの見解を要約したうえで、この新聞は、これらすべてはたしかに物質的関心が支配する今日の世界については正しいかもしれないが、カトリックが支配していた中世でも、政治が支配していたアテネやローマでも、こんなことは言えなかったと主張した。ここでまず違和感を感じるのは、中世や古代に関するこんな周知の決まり文句をまだ知らない人がいると思いこんで悦に入っている者がいることだ。それでも中世がカトリックを食って生きることも、古代世界が政治を食って生きることもできなかったことは明らかだ。むしろ逆に、この二つの世界が暮らしを立てていくためにとった様式こそが、なぜ古代では政治が、中世ではカトリックが主役を演じたのかを説明している。ついでにいえば、ローマ共和政の歴史などにそれほど通暁していなくても、土地所有の歴史がローマの隠れた歴史をなしていたことくらいは分かる。他方では、すでにドン・キホーテが、遍歴騎士道が社会のいかなる経済形態とも同じように共存できると錯覚したために、その迷妄の報いを受けている。

商品世界に付着しているフェティシズムによって、あるいは社会的労働規定がまとっている対象物のような外見によって一部の経済学者たちがいかに目をあざむかれているかは、とりわけ交換価値形成に果たす自然の役割についての退屈で空疎な論争をみれば分かる。交換価値はあくまで一つの物に投じられた労働を表現するための特定の社会的様式であり、それゆえ為替相場などと同様に、自然素材を内に含むことはありえない。

商品形態はブルジョワ的生産の最も一般的な、そして最も未発達な形態だ。だからこそ商品形態は、今日ほど支配的で特徴的な仕方ではないにしても、早くから歴史に登場してきた。それゆえ商品形態のフェティシュ的性格は、まだ比較的容易に見抜くことができるように思える。しかし、それがさらに具体的な形態をとるようになると、こうした単純さの外見は消え失せる。重金主義の幻想はどこからやってきたのか？　貨幣としての金銀は一つの社会的生産関係をあらわしているが、ただしそれは、特異な社会的属性をもつ自然物の姿をとることによってだ。このことを重金主義は金銀から読みとることができなかった。では、とりすまして重金主義を冷笑している現在の経済学はどうか。これまた、資本を扱う段になると、たちまちフェティシズムに囚われているのは明らかではないか？　地代は土地から生まれるもので、社会から生まれるものではないという重農主義の幻想が消え去ったのは、それほど昔のことだったろうか？

とはいえあまり先走りしないように、ここでは商品形態そのものに関する例を一つあげておけば十分だろう。もし商品が言葉を話せるなら、商品はこんなふうに言うだろう。われわれの使用価値は、たしかに人間の関心をひくかもしれない。でもその使用価値は、物としてわれわれに備わっているわけではない。物としてわれわれに備わっているのは、われわれの価値だ。商品物としてのわれわれ同士の交流がそのことを証明している。われわれは交換価値としてのみ、たがいに関係しあっているのだ、と。では、経済学者は商品の気持ちをどんなふうに汲みとって語っているのかを聞いてみよう。

「価値（交換価値）は物の属性であり、富（使用価値）は人間の属性だ。その意味で価値は必然的に交換を含んでいるが、富はそうではない」(34)。「富（使用価値）は人間の属性であり、価値は商品の属性だ。人間や共同体については富んでいると言い、真珠やダイヤモンドについては価値があると言う。……真珠やダイヤモンドには、真珠やダイヤモンドとしての価値がある」(35)〔文中のカッコはいずれもマルクスによる〕。

(34) "Value is a property of things, riches of man. Value, in this sense, necessarily implies exchanges, riches do not."（『経済学におけるいくつかの用語論争についての考察、とくに価値、供給、需要に関して』ロンドン、一八二一年、一六ページ）。

(35) "Riches are the attribute of man, value is the attribute of commodities. A man or a community is rich, a pearl or a diamond is valuable ... A pearl or a diamond is valuable as a pearl or a diamond."（ベイリー、前掲書、一六五ページ）。

これまでのところ、真珠やダイヤモンドのなかに交換価値を発見した化学者はひとりもいない。ところが、このような化学物質を発見したと称して、批判精神の深さを特別に吹聴している経済学者たちは、物の使用価値は物としての属性とは無関係だが、反対に物の価値は物としてのそれらに属しているということを発見する始末だ。こうした見解を彼らにとらせているのは、物の使用価値は人間にとっては交換ぬきで、つまり物と人間との直接的関係のなかで実現するのに対して、価値は逆に交換のなかでしか、すなわち社会的過程のなかでしか実現しないという特異な事態だ。こうなると、あのお人好しのドグベリーの言葉を思いださずにはいられない。彼は夜番シーコールにこんなふうに教えている。「りっぱな容貌は運命の賜物だが、読み書きは生来の才能だ」(36)〔シェイクスピア『から騒ぎ』第三幕第三場、小田島雄志訳、シェイクスピア全集、白水社、七八ページ〕。

(36)『考察』の著者〔註34〕とS・ベイリーは、リカードを非難して、彼は交換価値を単なる相対的なものから、なにか絶対的なものに転化したと言っている。事実は逆だ。リカードはダイヤモンドや真珠といった物が交換価値として持っている見かけの相対性を、見かけの背後に隠された真の関係へと、つまり人間労働の単なる表現としての物の相対性へと還元したのだ。リカード派の人々が大雑把にしかベイリーに答えられず、的確な回答をだせなかったのは、ひとえに彼らが価値と価値形態、あるいは価値と交換価値との内的連関に関する明確な説明をリカード自身のなかに見つけられなかったためだ。

第二章　交換過程

商品は自分から市場にでていくことも、自分たちを交換しあうこともできない。だからわれわれは商品の番人を、すなわち商品所有者を探さねばならない。商品は物であり、それゆえ人間には逆らえない。商品がいうことをきかなければ、人間は実力を行使できる。言い換えれば商品を引きとることができる。[37] これらの物を商品としてたがいにかかわらせるためには、商品の番人たちが人間としてたがいに関係しあわねばならない。それぞれの物には彼らの意志が宿っており、片方は他方の同意によってのみ、つまりどちら側も、両者に共通する意志行為を通じてのみ、自分の商品を手放し、相手の商品を手に入れることができる。だから彼らはたがいに私的所有者として認めあわねばならない。その法的関係は、それがすでに法律の形になっているかどうかとはかかわりなく、契約という形式をとる。それは経済的関係を映しだす一つの意志関係だ。この法的関係ないし意志関係の内容は、経済的関係そのものによって与えられる。[38] ここでの人間はたがいに商品の代理人、すなわち商品所有者として存在しているにすぎない。総じて言えば、以下、議論が進むにつれて次のことが分かってくるだろう。すなわち、人々の経済的扮装は経済的関係が人間の形をとったものにすぎず、人々は経済的関係の担い手として対面しているということが。

(37) 敬虔さで知られる一二世紀でも、こうした商品のなかには、とてもたおやかな物がよく登場した。たとえば当時のフランスのある詩人〔Guillot de Paris〕は、ランディの市場に見られる商品として布地、靴、皮革、農具、なめし革と並んで「みだらな女たち」[femmes folles de leur corps]をも数え上げている。

(38) プルードンは、まず彼の正義の理想、すなわち「永遠の正義」(justice éternelle)の理想を、商品生産にあわせて作られた法的関係から引きだしてくる。ちなみに、これによって商品生産の形式もまた正義と同様に永遠であることが証明される。これはすべての俗物に大いなる慰めをもたらす証明だ。次にプルードンは逆に、現実の商品生産とそれにあわせて作られた現実の法を、この理想にしたがって作り変えようとする。もしどこかの化学者が、物質代謝の現実の諸法則を研究し、それにもとづいて特定の課題を解決することをめざす代わりに、「自然的性質」(naturalité)や「親縁性」(affinité)などという「永遠の理想」をもとに物質代謝を作り変えようとしたなら、人々は何と思うだろうか? 高利貸しは「永遠の正義」(justice éternelle)、「永遠の公正」(équité éternelle)、「永遠の相互扶助」(mutualité éternelle)、あるいはその他の「永遠の真理」(vérités éternelles)に反するものだなどと言ってみても、かつての教父たちが高利貸しについて知っていた以上のことを知っていると言えるだろうか? 教父たちもまた、高利貸しは「永遠の恩寵」(grâce éternelle)、「永遠の信仰」(foi éternelle)、「神の永遠の意志」(volonté éternelle de dieu)に反するものだと言っていたではないか。

商品所有者と商品との主な違いは、商品にとっては、他のどんな商品体も自分自身の価値の現象形態としてしか意味をなさないという点だ。それゆえ生まれながらの水平派〔ピューリタン革命期の急進左派、平等派、レヴェラーズ〕にして犬儒派〔無為自然をめざす古代ギリシアの哲学学派、キュニコス派〕である商品は、他のあらゆる商品と魂のみならず、肉体までも取り換えようとたえず機をうかがっている。たとえそれがマリトルネス〔『ドン・キホーテ』に登場する容姿の悪い女中〕より不器量であってもおかまいなしだ。商品には、商品体の具体性についての感覚が欠落している。だから商品所有者はこの欠落を自分自身の五感で、さらには第六感で補うことになる。彼の商品は彼自身にとっては直接の使用価値をもたない。そうでなければ、わざわざその商品を市場に持っていく必要はないだろう。商品が備えているのは、あくまで他者にとっての使用価値だ。商品所有者にとって商品が直接使用価値をもつとすれば、それはただ一つ、交換価値の担い手として交換手段になりうるという使用価値に限られる。[39] それゆえ彼は、自分を満足させてくれる使用価値をもつ別の商品と引き換えに手持ちの商品を譲りわたそうとする。すべての商品は、その商品の所有者にとっては非使用価値であり、非所有者にとっては使用価値だ。だからこそ商品はいたるところで持ち手を変えなければならない。まさにこの持ち手の交替こそが商品交換であり、この商品交換が商品を価値としてたがいに関係させ、商品を価値として現実化する。それゆえ商品は使用価値として現実化される前に、まず価値として現実化されなければならない。

(39)「なぜなら、いずれの物にも二とおりの用途があるからだ。一つはその物自体に固有な用途だが、もう一つはそうではない。たとえば、サンダルは履物として役立つと同時に、交換可能でもある。それはいずれもサンダルの使用価値だ。なぜなら、サンダルを自分が持っていないもの、たとえば食物と交換する人もまた、サンダルをサンダルとして使用しているからだ。ただし、それはサンダルの自然な使用法ではない。というのも、サンダルは交換のために存在しているわけではないからだ」（アリストテレス『政治学』第一巻第九章）。

ところがその一方で、商品が自分を価値として現実化しうるためには、その前にまず自分が使用価値であることを立証しなければならない。というのも、商品に支出された人間労働は、それが他人に役立つ形態で支出されているかぎりでしか意味をなさないからだ。ところが、その労働が他人に役立つのかどうか、したがってその生産物が他人の欲求を満たすのかどうかは、商品交換によってのみ立証しうる。

どの商品所有者も、自分の欲求を満たす使用価値を備えた他の商品との交換でなければ、自分の商品を手放そうとはしない。そのかぎりでは、交換は彼にとって個人的な過程でしかない。他方、彼は、自分の商品を価値として他の商品のなかに現実化しようとする。そのさい、他の商品は自分の商品と同じ価値さえ持っていれば、自分の好きなものでよい。そこでは、自分の商品が他の商品所有者にとって使用価値を持っているかどうかは、問題ではない。そのかぎりでは、交換は彼にとって一般的な社会的過程だ。とはいえ、同一の過程がすべての商品所有者にとって、個人的なものでしかないと同時に、一般的、社会的なものでしかない、などということはありえない。

さらに詳しく見てみると、どの商品所有者にとっても、他人の商品はいずれも彼の商品の特別な等価物として通用している。だから彼の商品もまた、他のすべての商品の一般的等価物として通用している。しかし、すべての商品所有者が同じことをおこなうのだから、いずれの商品も一般的な等価物ではない。それゆえ各商品は、価値としてたがいを等置し、価値量としてたがいを比較するための一般的な相対的価値形態を持っていない。したがって商品はそもそも商品として相対《あいたい》しているのではなく、単に生産物あるいは使用価値として相対しているにすぎない。

困惑したわれらの商品所有者は、ファウストと同じように考える。はじめに行為ありき、と〔ゲーテ『ファウスト』第一部「書斎」〕。つまり彼らは考える前にすでに行動していたのだ。商品本性の法則は、商品所有者たちの自然本能にも作用を及ぼしている。彼らは自分の商品を一般的等価物としてのなんらかの他の商品に対立的に関係させることによってのみ、自分たちの商品を価値として、したがって商品としてたがいに関係づけることができる。このことは商品の分析を通じてすでに明らかにされた。しかし、特定の商品を一般的等価物にできるのは、ひとえに社会的な行為だけだ。それゆえ他のすべての商品の社会的行動が一つの特定の商品を排除し、その排除した商品で他の全商品が全方位的に自分たちの価値を表現することになる。それを通じて、排除されたこの商品の現物形態は社会的に通用する等価形態となる。一般的等価物であることは、社会的過程を通じてこの排除された商品の特殊社会的な機能となっていく。こうしてこの商品は貨幣となる。

「この者どもは、心を一つにしており、自分たちの力と権威を獣《けもの》にゆだねる。そこで、この刻印のある者でなければ、物を買うことも、売ることもできないようになった。この刻印とはあの獣の名、あるいはその名の数字である」〔『ヨハネの黙示録』第一七章一三節および第一三章第一七節、日本聖書協会新共同訳〕。

交換過程のなかでは、種類の異なる労働生産物が実際に等しいものとされ、それゆえ実際に商品へと変身する。貨幣という結晶はこの交換過程の必然的な産物だ。交換が歴史的に拡大深化していけば、それにつれて商品本性のうちに眠る使用価値と価値との対立も発展していく。そしてこの対立を交易のために外的に表現しようとする欲求が、商品価値の自立的形態を追い求めるようになる。こうした自立的形態は、最終的には商品が商品と貨幣とに二重化されることによって達成される。その達成の時まで、自立的形態を追い求める欲求はけっして鎮まることがない。それゆえ労働生産物の商品への変容が進行すれば、それと同じ歩調で、商品の貨幣への変容が進行していく。(40)

(40) 小ブルジョワ的な社会主義は、片方で商品生産が永遠に続くものだとしながら、同時に「貨幣と商品との対立」を、つまりは貨幣自体を——というのも、この対立のなかにのみ貨幣は存在するのだから——廃棄しようとしている。このような主張がいかにこざかしいものであるかを、以上の記述から判断していただきたい。そんなことができるなら、教皇を廃止してカトリックを存続させることも可能だろう。これについての詳細は、わたしの著書『経済学批判』、六一ページ以下を参照のこと。

直接的な生産物交換は、一面では単純な価値表現の形態をすでに持っているが、他面ではまだそれを持っていない。単純な価値表現とは、x量の商品A＝y量の商品Bだった。これに対して直接的な生産物交換の形式は、x量の使用対象A＝y量の使用対象Bとなる。(41) ここでの物Aと物Bは交換される以前にはまだ商品ではなく、交換を経てはじめて商品となる。ある使用対象が交換価値となる可能性を手に入れる最初の様式は、その物が非＝使用価値として存在すること、つまり所有者の直接的欲求を超える量の使用価値として存在することだ。物は、それ自体としては人間にとって外的なものであり、それゆえ譲渡することができる。この譲渡が相互的なものになるために唯一必要なのは、人間が暗黙のうちにその譲渡可能な物の私的所有者として向き合い、まさにそれを通じてたがいに独立した個人として向きあうことだ。ところが、見知らぬ者同士のこのような関係は、自然発生的な共同体の成員にとっては存在しない。このことは、共同体が家父長的な家族形態をとっていようが、古代インド共同体やインカ国等々の形態をとっていようが変わりはない。商品交換は、共同体が終わるところで、すなわちある共同体が外部の共同体あるいはその成員と接触する地点で始まる。しかし、物がひとたび対外的な共同体生活において商品と化せば、それは反作用的に共同体生活の内部においても商品と化す。物の量的な交換比率は、当初はまったく偶然に決まる。物が交換可能になるのは、あくまでそれを譲渡しあおうとする所有者たちの意志行為を通じてだ。しかし、他人の使用対象に対する欲求は次第に固定化していく。たえず交換を繰り返していくなかで、交換は一つの規則的な社会的過程と化していく。それゆえ時間の経過とともに、労働生産物の少なくとも一部は、最初から交換を意図して生産しなければならなくなる。その瞬間から、直接的必要性のための物の有用性と、交換のための物の有用性とがたがいに分離し、その分離が固定化されていく。物の使用価値は、こうして物の交換価値から切り離される。その一方で、物が交換されるさいの量的比率は、それらの物の生産自体に左右されるようになる。この比率は、習慣を通じて価値量として固定化されていく。

(41) 異なる二つの使用対象が交換されるのではなく、未開人によく見られるように、雑多な物の寄せ集めが、それ以外の一つの物の等価物として提供されているあいだは、直接的な生産物交換はまだほんの入り口にあると言える。

直接的な生産物交換においては、どの商品も所有者にとっては直接的な交換手段となり、非所有者にとっては等価物となる。もちろん等価物となるためには、それが非所有者にとっての使用価値であることが条件だ。したがって、この交換物品はまだ、それ自体の使用価値から独立した価値形態、あるいは交換者の個人的欲求から独立した価値形態を獲得していない。しかし、交換過程に流入する商品の数と多様性が増大していくと、こうした独立した価値形態が次第に必要不可欠になっていく。解決すべき課題は、課題を解決するための手段と同時に発生してくる。商品所有者は交易によって自分の物品をさまざまな他の物品と交換し、比較する。ところがこの交易は、さまざまな商品所有者のさまざまな商品が、その交易のなかで同じ第三の商品種と交換され、価値として比較されることがなければ、けっして起こりえない。こうした第三の商品は、さまざまな商品の等価物と化すことで、たとえ狭い範囲であったとしても、直接に一般的なあるいは社会的な等価形態を獲得する。この一般的等価形態は、これを生みだした一時的な社会的接触とともに発生し、消滅する。代わるがわるに、短いあいだだけ、あれやこれやの商品に一般的等価形態があてがわれる。しかし、商品交換の発展とともに、一般的等価形態は排他的に特別の商品種に付着するようになり、言い換えれば貨幣形態へと結晶化する。それがどのような商品種に付着するかは、最初は偶然によって決まる。しかし大きく言えば二つの事情が決定的な役割を果たす。貨幣形態は、第一に、域外から入ってくる最も重要な交換物品に付着する。その物品は事実上、域内生産物の交換価値の自然発生的な現象形態となる。さもなければ貨幣形態は、第二に、たとえば家畜のように、域内で譲渡可能な所有物の主要要素をなす使用対象に付着する。こうして遊牧民たちがいちはやく貨幣形態を発展させる。なぜなら、彼らの全財産が可動的な、したがって直接に譲渡可能な形態にあるからであり、また彼らの生活様式が彼らをたえず他の共同体と接触させ、彼らに生産物交換を促すからだ。人間は奴隷の形でしばしば人間自身を原始的な貨幣素材にした。しかし土地を貨幣素材にしたことは一度もない。土地を貨幣素材にするような思いつきは、すでにできあがったブルジョワ社会にしか登場しえなかった。それは一七世紀の最後の三分の一期のできごとであり、その思いつきがはじめて国民的規模で試行されたのは、その後一世紀を経たフランス人たちのブルジョワ革命においてだった。

商品交換が局地的な束縛を打ち破り、商品価値が人間労働一般の物質化にまで拡大していくと、それに比例して貨幣形態は、もともと一般的等価物という社会的機能を果たすのに適していた商品、すなわち貴金属へと移行していく。

「金銀は生まれながらにして貨幣というわけではないが、貨幣は生まれながらにして金銀である(42)」。この一文が伝えようとしているのは、金銀の自然属性が貨幣の機能と合致しているということだ(43)。しかし、いままでわれわれが見てきたのは貨幣の一つの機能にすぎない。すなわち商品価値の現象形態として、あるいは商品の価値量を社会的に表現するための材料として役立つという機能にすぎない。価値の適切な現象形態となりうるのは、あるいは抽象的な、そしてそれゆえに同等な人間労働の物質化となりうるのは、どの断片をとっても同一かつ一様な質をもつ物質に限られる。他方、価値量の違いは純粋に量的なものであるため、貨幣商品は純粋に量的な差異を表現できなければならない。したがって貨幣は任意に分割でき、また分割された部分を再合成できるものでなければならない。まさに金と銀は、この属性を生まれながらにして備えている。

(42) カール・マルクス『経済学批判』、一三五ページ。「これらの金属は……生まれながらにして貨幣である」(ガリアーニ『貨幣について』、クストディの叢書、近世篇、第三巻、一三七ページ)。

(43) この点についての詳細は、『経済学批判』の「貴金属」の節を参照。

貨幣商品の使用価値は二重化する。貨幣商品には、たとえば金が歯の詰め物や贅沢品の原料として用いられるように、商品としての特殊な使用価値がある。しかし、貨幣商品はそれに加えて、その特殊な社会的機能に由来する形式的な使用価値を手に入れる。

他のすべての商品は貨幣の特殊な等価物にすぎないが、貨幣はすべての商品の一般的な等価物をなす。[44] それゆえすべての商品は特殊商品として、一般商品としての貨幣に向かいあう。

(44) 「貨幣は一般的商品である」(ヴェッリ『経済学に関する考察』、一六ページ)。

すでに見たように、貨幣形態は、他のすべての商品の関係が一つの商品に反映し、固着したものでしかない。[45] したがって貨幣が商品だということは、完成した貨幣の姿から出発して、さかのぼってそれを分析する人にとってのみ発見であるにすぎない。交換過程が、商品を貨幣に変容させるさいに、商品に付与しているのは、商品の価値ではなく、特殊な価値形態にほかならない。ところがこの二つの規定を混同したために、金銀の価値を想像上のものだとみなす誤りが生じた。[46] 貨幣はまた、特定の機能については貨幣の記号にすぎないもので代用できるため、貨幣を単なる記号とみなす別の誤解も生じた。もっとも、こうした誤解には、物の貨幣形態は物自体にとっては外的なものであり、物の背後に隠れている人間関係の現象形態にすぎないという予感も潜んでいた。この意味でならば、いかなる商品も一つの記号と言えるだろう。なぜなら価値としての商品は、あくまで商品に支出された人間労働の物的な外皮でしかないからだ[47]。しかし、だからといって特定の生産様式のもとで物が帯びる社会的性格や、労働の社会的規定が帯びる物的性格までを単なる記号とみなしてしまうと、これらの性格があたかも人間のきままな反省の産物であるかのように説明することになる。これこそ一八世紀の啓蒙主義者たちが謎に満ちた人間関係の諸形態を説明するために好んで用いた手法だった。彼らは、こうした諸形態の発生過程をまだ解読できなかったため、少なくともとりあえずは未知なるものの外見を拭い去ろうとした。

(45)「貴金属という一般名称で呼ぶことのできる銀と金は、それ自身が……価値の上下する……商品である。より少ない重量の貴金属で、その国の生産物や製造品等がより多く買えるようになれば、その貴金属により高い価値が認められる」(S・クレメント)『相互関係にある貨幣、貿易、為替の一般概念に関する考察、一商人の著』ロンドン、一六九五年、七ページ)。「銀と金は、鋳造されていてもいなくても、他のすべての物の尺度として用いられるが、それでも一つの商品であることは、ワイン、油、タバコ、布、服地の場合と変わらない」(J・チャイルド)『貿易、とくに東インド貿易に関する一論』ロンドン、一六八九年、二ページ)。「わが王国の資産と富は、厳密に言えば貨幣に限定されることはない。また金と銀を商品ではないと考えるべきでもない」（〔Th・パピロン〕『最も利益を生む貿易としての東インド貿易』ロンドン、一六七七年、四ページ）。

(46)「金と銀は貨幣である前に金属としての価値を持っている」（ガリアーニ『貨幣について』、七二ページ）。ロックは次のように述べている。「銀が貨幣に適した性質を持っていたがゆえに、人類の一般的合意は銀に想像上の価値を与えた」（ジョン・ロック『利子引き下げの結果についての若干の考察』一六九一年、『著作集』版、ロンドン、一七七七年、第二巻、一五ページ）。これに対してローは次のように言っている。「さまざまな国民が、どのようなものにせよ、一つのものに想像上の価値を与えるなどということがどうしてできただろうか。……また、どうしてそのような想像上の価値が維持されえただろうか?」ところがこのように言う本人が、この問題についてほとんど分かっていなかったことは、以下の一節からも知ることができる。「銀は、それが持っていた使用価値、つまり現実の価値にもとづいて交換された。貨幣として採用されることによって、銀は追加的な価値（une valeur additionnelle）を得た」（ジョン・ロー『通貨と商業に関する考察』、E・デール編『一八世紀の財政経済学者』、四六九、四七〇ページ）。

(47)「貨幣は商品の記号である」（V・ド・フォルボネ『商業基礎論』新版、ライデン、一七六六年、第二巻、一四三ページ）。「貨幣は記号として商品に惹きよせられる」（同前、一五五ページ）。「貨幣は物をあらわす記号であり、物を代表している」（モンテスキュー『法の精神』、『全集』第二巻、ロンドン、一七六七年、三ページ）。「貨幣は単なる記号ではない。なぜならそれ自身が富だからである。貨幣は価値を代表しているのではなく、価値の等価物なのだ」（ル・トローヌ『社会的利益について』、九一〇ページ)。「価値の概念に目を向けるならば、物自体は単なる記号とみなされる。その時、物はそれ自体として通用しているのではなく、それが何に値するかによって通用している」(ヘーゲル『法の哲学』、一〇〇ページ)。経済学者よりもずっと早くから、法学者たちは王権にへつらうために、貨幣が単なる記号にすぎず、貴金属がもつ想像上の価値でしかないというイメージを振りまいてきた。彼ら法学者は全中世を通じてローマ帝国の伝統とパンデクテンの貨幣概念を根拠に王の悪貨鋳造権を支持してきた。彼らの物分かりのよい弟子フィリップ・ド・ヴァロワは一三六四年の勅令でこう言っている。「貨幣関連業務、貨幣の鋳造、品位、備蓄高、および望む価格で意のままに鋳貨を流通させるための貨幣関連法の制定が、われらとわれらの王権にのみ属することは、何人《なんぴと》たりとも疑いえず、また疑うべからざるものである」。皇帝が貨幣価値を制定することは、ローマ法の原則だった。貨幣を商品として扱うことは明確に禁止されていた。「貨幣を買うことはだれにも許されてはならない。なぜなら貨幣は万人の使用のために作られたものであり、商品であってはならないからである」。これに関する優れた議論に次のものがある。G・F・パニーニ『諸物の正当な価格に関する考察』一七五一年、クストディ編、近世編、第二巻。とくにこの論文の第二部で、パニーニは法律家諸氏に反論している。

すでに述べたように、ある商品の等価形態は、その価値量の量的規定までは含んでいない。金は貨幣であり、したがって他のあらゆる商品と直接、交換できるということが分かっていても、たとえば一〇封度《ポンド》の金がどれだけの価値を持っているかまでは分からない。すべての商品と同様、貨幣もまた自分自身の価値量を他の商品によって相対的に表現するほかない。貨幣自身の価値はその生産に要した労働時間によって決定され、どのようなものであれ同量の労働時間が凝縮している他の商品の量によって表現される。[48] その相対的価値量は生産源での直接的な物々交換によって決まる。そしてそれが貨幣として流通に入るやいなや、その価値は所与のものとなる。一七世紀末の二、三〇年間には、貨幣が商品であることを理解するという貨幣分析の大きな一歩がすでに踏みだされていた。しかし、それはしょせん最初の一歩にすぎなかった。難しいのは貨幣が商品であることを理解することではなく、なぜ、どのように、何によって、商品が貨幣になるのかを理解することだ。[49]

(48)「一ブッシェルの穀物を生産するのに要する時間と同じ時間で、だれかが一オンスの銀をペルーの地中からロンドンに持ってくることができるなら、その銀はその穀物の自然価格となる。いまもし、もっと生産的な新鉱山の採掘によって、同じ労力で一オンスではなく二オンスの銀を得ることができたなら、他の事情が同じであれば、一ブッシェルあたり五シリングの価格であった穀物は、いまや一〇シリングの価格となるだろう」(ウィリアム・ペティ『租税貢納論』ロンドン、一六六七年、三一ページ)。

(49) ロッシャー教授の教えによれば「貨幣の誤った定義は二つの主要グループに分類できる。すなわち貨幣を商品以上のものとみなす定義と、商品以下のものとみなす定義とだ」。続けて教授は貨幣制度に関する雑多な著作目録を並べ立てているが、そこからは実際の理論史へのほんのわずかな洞察すらうかがえない。そして最後にこんな説教を垂れている。「ちなみに、近年のほとんどの国民経済学者たちが貨幣を他の商品から区別する諸特性に」(はて、それではやっぱり貨幣は商品以上か、商品以下というわけか?)「不十分な注意しか払ってこなかったということは否定しがたい。……そのかぎりではガニルの半重商主義的な反発も……かならずしも根拠のないものではない」(ヴィルヘルム・ロッシャー『国民経済学の基礎』第三版、一八五八年、二〇七―二一〇ページ)。商品以上、商品以下、不十分な注意、そのかぎりでは、かならずしも! いやはや、何という概念規定だろう! そしてこの種の折衷的な大学教授風のたわごとを、ロッシャー先生はひかえ目に経済学の「解剖学的・生理学的方法」と命名している! ただし、一つの発見だけは彼の手柄で、それは貨幣が「快適な商品だ」ということだ。

ここまで見てきたように、x量の商品A=y量の商品Bという最も単純な価値表現においてもすでに、他の物の価値量を表現している物は、この関係とかかわりなく、あたかも社会的な自然属性として、みずからの等価形態を所有しているかのように感じられる。われわれは、こうした誤った外観がどのように固定化されていくかを追跡してきた。この外観は、一般的等価形態が一つの特別な商品種の現物形態と癒合し、貨幣形態に結晶化するやいなや完全なものとなる。そうなれば、他のあらゆる商品がこぞってみずからの価値を一つの商品で表現するがゆえに、その一つの商品が貨幣になるというふうには見えなくなる。むしろ逆に、一つの商品が貨幣であるがゆえに、他の商品がみずからの価値を一般的にその商品で表現しているかのように見える。仲介役を果たしてきた運動は、みずからが生みだした結果のなかに消失し、いかなる痕跡も残さない。諸商品は、自分から働きかけることもないままに、自分自身の価値姿の完成形を、自分の外に自分と並んで存在する商品体として見いだす。これらのもの、すなわち地の底からやってきた金銀は、同時にすべての人間労働の直接的な受肉にほかならない。ここに貨幣の魔術がある。人間は、社会的生産過程のなかでは単なる原子として行動する。それゆえ彼ら自身の生産関係は、彼らの制御や意識的な個人行動には依存しない物的な姿をとる。こうした人間の原子的行動と生産関係の物的な姿は、まずは、人間の労働生産物が一般的に商品形態をとるということのなかにあらわれてくる。それゆえ貨幣フェティシュの謎は、可視化された商品フェティシュの幻惑的な謎でしかない。

第三章　貨幣または商品流通

第一節　価値の尺度

本書では、簡明を期して、いずれの箇所でも金を貨幣商品とみなすこととする。

金の第一の機能は、商品世界に価値表現の材料を提供すること、あるいは複数の商品価値を、同一分母をもつ、質的に同じで量的に比較可能な大きさとして表現することにある。こうして金は価値の一般的尺度として機能し、この機能を通じてのみ、金という特別な等価商品はまず貨幣になる。

商品は貨幣によって通約可能となるわけではない。実際は逆だ。あらゆる商品は、価値としては対象化された人間労働であり、それゆえに、それ自体が通約可能なのだ。だからこそ諸商品はみずからの価値を同一の特別な商品を用いて共通に測定することができる。またそれによって、この特別な商品を共通の価値尺度に、すなわち貨幣に変容させることができる。価値尺度としての貨幣は、商品の内在的価値尺度である労働時間の必然的な現象形態だ。(50)

(50)　なぜ貨幣自体には、たとえば一枚の紙幣がx労働時間をあらわすといったように、直接、労働時間が表示されていないのか？　この問いはごく単純に、なぜ商品生産の土台の上では労働生産物が商品の姿をとらざるをえないのか？　という問いに帰着する。というのも、商品としての姿には商品であると同時に貨幣商品であるという二重性が含まれているからだ。この問いはまた、なぜ私的労働が、その反対物である直接的に社会的な労働として扱えないのか？　という問いとも重なりあう。商品生産の土台の上では「労働貨幣」などがいかに浅薄なユートピア思想であるかを、わたしは別のところで詳細に論じておいた（カール・マルクス『経済学批判』、六一ページ以下）。したがってここでは、たとえばオーウェンの「労働貨幣」などは劇場切符と同様に貨幣ではないということだけを指摘しておきたい。オーウェンが前提としているのは直接に社会化された労働であり、それは商品生産とは正反対の生産形態だ。労働証書は、共同労働への生産者個人の参加割合と、共同生産物中の消費充当分に対する個人的請求権を確証しているにすぎない。しかし、商品生産を前提としたうえで、それにともなう必然的条件を貨幣の手品によって回避するなどということは、オーウェンには思いつかないことだ。

ある商品の金による価値表現、すなわちx量の商品A＝y量の貨幣商品は、この商品の貨幣形態、あるいは価格だ。こうなれば鉄の価値を社会的に通用する形で表現するのに、一トンの鉄＝二オンスの金という単独の等式でこと足りる。この等式は、もう他の商品の価値等式と隊列を組んで行進する必要はない。なぜなら、金という等価商品はすでに貨幣の性格を帯びているからだ。こうして商品の一般的な相対的価値形態はふたたび、もともとの単純な、あるいは個別的な相対的価値形態の姿をとることになる。その一方で、展開された相対的価値表現、あるいは相対的価値表現の果てしない系列は、貨幣商品に特有な相対的価値形態と化す。しかし、いまやこの系列は、商品価格としてすでに社会的に与えられている。物価一覧表を逆から読めば、貨幣の価値の大きさがありとあらゆる商品で表現されていることが分かる。反対に、貨幣が価格をもつことはない。他の商品の統一的な相対的価値形態に貨幣自身が参加しようとするならば、貨幣は自分自身の等価物として自分自身に関係づけられなければならないだろう。

価格すなわち商品の貨幣形態は、商品の価値形態が一般にそうであるように、商品の具象的で実在的な物体形態とは異なる形態、つまりは観念的な、あるいは想像された形態にすぎない。鉄、麻布、小麦等々の価値は、目には見えないが、これらの物自体のなかに存在している。その価値は、それらの物と金との同等性を通じて、すなわち金との関係を通じて想像される。ただし、金とのこの関係は、言ってみれば物の頭脳のなかにしか出没しない。だからこそ商品の番人は、自分の舌で商品の頭のなかを探ってみたり、外の世界に商品価格を伝えるために商品に値札を付けたりせざるをえない。(51) 金による商品価値の表現は観念的なものであるがゆえに、この表現行為に利用できるのもまた、想像上の、あるいは観念的な金に限られる。商品の番人ならだれでも知っているように、商品価値に価格形態、あるいは想像上の金形態を与えたからといって、商品そのものを金に変えているわけではない。また何百万の商品価値であろうと、金で評価するために一片たりとも現実の金は必要としない。したがって貨幣は、価値尺度としての機能を果たすさいには、単に想像上の、あるいは観念的な貨幣として役立っているにすぎない。こうした事情がきわめてばかげた理論を生みだす原因となった。(52) たしかに価値尺度としての機能を果たしているのは想像上の貨幣でしかないが、価格は全面的に現実の貨幣材料に依存している。たとえば一トンの鉄の価値すなわちそこに含まれる人間労働の量は、同量の労働を含む想像上の貨幣商品量で表現される。それゆえ金、銀または銅が価値尺度として用いられるのに応じて、一トンの鉄の価値はまったく異なる価格表現を受けとる。言い換えれば、まったく異なる量の金、銀または銅で想像されることになる。

(51) 未開人や半未開人は舌の使い方が違う。たとえば、パリー船長は〔グリーンランドの〕バッフィン湾西岸の住民について、こう述べている。「この場合」(生産物交換にさいして)「……彼らはそれ」(彼らに提供されたもの)「を舌で二度なめた。それが済むと、彼らは取引が満足のいく形で決着したと思っている様子だった」。同じように、東部エスキモー人も、交換者は物品を受けとるごとにそれをなめた。このように北方では舌が取得の器官として通用しているとすれば、南方では腹が蓄積された富の器官として通用しているのも不思議ではない。カフィール人は男の富をその太鼓腹で評価する。カフィール人は、よく心得た連中だ。というのも、一八六四年のイギリス政府の『衛生報告』は労働者階級の大部分に脂肪質が不足していることを嘆いていた一方で、ドクター・ハーヴェイなる人物が——といっても血液循環を発見したあのハーヴェイではないが——同じ年に、ブルジョワジーと貴族階級相手に、とり過ぎた脂肪の除去を謳ったインチキ処方によって一財産を築いたからだ。

（52）　カール・マルクス『経済学批判』、五三ページ以下、「貨幣の尺度単位に関する諸理論」を参照。

したがって、二つの異なる商品、たとえば金と銀が同時に価値尺度として利用されれば、あらゆる商品は二種類の異なる価格表現、すなわち金価格と銀価格をもつことになる。金に対する銀の価値比率が、たとえば一対一五のように不変であるかぎり、二つの価格は問題なく並存しうる。しかしこの価値比率が変動すると、そのたびに金価格と銀価格の比率が攪乱され、価値尺度の二重化がその機能と矛盾することが立証される(53)。

（53）　第二版への註。「したがって金と銀とが法律上ともに貨幣として、すなわち価値尺度として並存している場合には、金銀を同一物質として扱おうとする虚しい試みがたえずおこなわれてきた。銀と金の比を構成する各単位には同一の労働時間が変化することなく対象化されているはずだと想定するなら、事実上、銀と金は同一の物質であり、価値の小さいほうの金属である銀の特定量が金の特定量の変化することのない一部をなすと想定していることになる。エドワード三世の治世からジョージ二世の時代まで、イギリスの貨幣制度の歴史は絶え間ない混乱に見舞われてきた。それは片や金銀の価値比率の法的固定化と、片や金銀の現実の価値変動との衝突から生じた。ある時には金が、ある時には銀が過大に評価された。低すぎる評価を受けた金属は流通から引き上げられ、熔解され、輸出された。そうなるとふたたび二つの金属の価値比率が法律によって変更されたが、新たな名目価値は元の名目価値と同様に、すぐさま現実の価値比率と衝突することになった。——われわれ自身の時代では、インドと中国の銀需要のために、銀に対する金の価値が一時的にごくわずか低下したが、これによってフランスでは同じ現象がきわめて大規模に引き起こされた。すなわち、銀が輸出に回され、金によって流通から追いだされたのだ。一八五五、一八五六、一八五七年には、フランスの金輸入量から金輸出量を差し引いた金輸入超過分が四一五八万ポンドとなった一方で、銀輸出量から銀輸入量を差し引いた銀輸出超過分は三四七〇万四〇〇〇ポンドに達した。(*) 両方の金属がともに法的価値尺度となっている国では、どちらによる支払いも受けとらねばならず、払う側は銀でも金でも好きな方で支払うことができる。こうした国では事実上、価値が上がった金属には額面以上のプレミアムが付き、他のあらゆる商品と同じように、価値が過大評価されている方の金属でみずからの価格を測ることになる。こうして過大評価されているほうの金属だけが価値尺度として利用される。この領域におけるすべての歴史的経験は、単純に次の事実に要約される。すなわち二つの商品が法的に価値尺度機能を付与されている場合には、事実上、つねにその一方だけが価値尺度としての地位を維持できるということだ(カール・マルクス『経済学批判』、五二、五三ページ)。

〔*〕 第二版から第四版までは一四七〇万四〇〇〇ポンドとなっている。

価格が決められた商品はすべてa量の商品A＝x量の金、b量の商品B＝z量の金、c量の商品C＝y量の金といった形で表現される。ただしa、b、cは各商品A、B、Cの特定量を、x、y、zは金の特定量をあらわす。ここでは、商品価値がさまざまな大きさをもつ想像上の金量に、つまり、商品体のあらゆる多様性にもかかわらず、同じ単位で測定される金量に姿を変えている。商品はこうしたさまざまな金量としてたがいに比較され測られる。やがて尺度単位としての金の固定量に、さまざまな商品を関係づける技術的な必然性が生じてくる。その尺度単位は、それ自体がさらにいくつかの可除部分に分割され、尺度標準へと発展する。金、銀、銅は貨幣となる以前から、金属重量としてこうした尺度標準を備えていた。たとえば一封度《ポンド》は尺度単位として利用され、それが一方では分割されオンス等となり、他方では合算されツェントナー等となる。(54) したがっていずれの金属流通の場合でも、重量の尺度標準の既存名が貨幣の尺度標準、すなわち価格の尺度標準の名称の元となっている。

(54) 第二版への註。イギリスでは、貨幣尺度標準の単位である一オンスの金が可除部分に分割されていない。この奇妙な事態は以下のように説明されている。「わが国の鋳貨制度はもともと銀の使用にだけあわせたものだった。だから、一オンスの銀はつねに一定の個数の鋳貨に分割することができる。しかし金は後の時代になってようやく銀にしか適合していなかった鋳貨制度に導入されたため、一オンスの金は適当な個数の鋳貨に鋳造することができないのだ」(マクラーレン『通貨の歴史』ロンドン、一八五八年、一六ページ)。

一方では価値尺度〔Maß der Wert〕として、他方では価格の尺度標準〔Maßstab der Preise〕として、貨幣はまったく異なる二つの機能を果たす。貨幣は、人間労働の社会的受肉としては価値尺度をなし、定められた金属重量としては価格の尺度標準をなす。価値尺度としての貨幣は、さまざまに異なる商品の価値を価格に、すなわち想像された金量に変容させる役目を果たしている。そして価格の尺度標準としての貨幣は、その金量を測定する。価値尺度に照らして測定されるのは、あくまで諸商品の価値だ。これに対して価格の尺度標準は、一つの金量に照らしてさまざまな金量を測定するのであり、一つの金量の価値を他の金量の重量で測定するわけではない。価格の尺度標準にとっては、特定の金重量が尺度単位として固定されている必要がある。ここでは尺度比率の安定性が決定的に重要であり、それは共通単位をもつ他のあらゆる尺度規定の場合と変わらない。したがって価格の尺度標準は尺度単位となる金量の変動が小さければ小さいほど、その機能をよりよく果たすことができる。他方、金が価値尺度として利用できるのは、ひとえに金自体が労働生産物であるため、変化する可能性を秘めた価値だからだ。(55)

(55)　第二版への註。イギリスの著作では、価値尺度（measure of value）と価格の尺度標準（standard of value）に関する混乱が、たとえようもなくひどい。それぞれの機能が、それゆえにまたその呼称が、たえず混同されている。

とりあえず明らかなのは、金の価値が変動しても、価格の尺度標準としての金の機能が損なわれることはないということだ。金価値がどのように変動しようが、種々の金量はつねに同じ価値比率を保っている。たとえ金価値が一〇〇〇パーセント低下したとしても、一二オンスの金はあいかわらず一オンスの金の一二倍の価値を持っているだろう。また価格で重要なのは、種々の金量間の比率のみだ。一オンスの金はその価値が低下し、あるいは上昇しても、その重量を変えることはけっしてない。それゆえ、その可除部分の重量も変わることはない。こうして金は、その価値がどれほど変動しようが、価格の安定的な尺度標準としては、つねに同じ役割を果たし続ける。

金の価値変動はまた、価値尺度としての金の機能を妨げることもない。金の価値変動はすべての商品に同時に作用するため、他の事情に変化がなければ、商品相互の相対的な価値は変化しない。ただ単に、すべての商品がこれまでよりも高い、あるいは低い金価格で表現されるようになるだけだ。

ある商品の価値を、他のいずれかの商品の使用価値で表現する場合と同様、商品を金で評価する場合の唯一の前提は、ある時代をとれば、特定の金量の生産は特定の労働量を必要とするということだ。商品価格の運動に関しては、前に述べた単純な相対的価値表現の法則が一般的にあてはまる。

商品価格が全般的に上昇するのは、貨幣価値が同じであれば、商品価値が上昇する場合に限られ、商品価値が同じであれば、貨幣価値が下落する場合に限られる。逆に商品価格が全般的に下落するのは、貨幣価値が同じであれば、商品価値が低下する場合に限られ、商品価値が同じであれば、貨幣価値が上昇する場合に限られる。したがって、貨幣価値が上昇すれば必ずそれに比例して商品価格が下落するとか、貨幣価値が下落すれば必ずそれに比例して商品価格が上昇するとかいったことはけっしていえない。それは価値が変化しなかった商品についてしか当てはまらない。たとえば、貨幣価値と同じ歩調で、同時に価値上昇した商品であれば、同じ価格を維持する。その商品の価値が貨幣価値よりも緩慢に、ないしは急速に上昇すれば、商品価値の動きと貨幣価値の動きとの差異に応じて、商品価格が下落、ないしは上昇する、等々。

そこでもう一度、価格形態の考察にたちかえってみよう。

金属重量の貨幣名は徐々に元来の重量名から分離していく。そこにはさまざまな理由があるが、とくに以下のものが歴史上決定的な役割を果たした。（一）発展程度の低い諸民族に他民族の貨幣が流入したこと。たとえば古代ローマでは、銀貨と金貨はまず外国商品として流通した。こうした外国貨幣の名称は国内の重量名称とは異なる。（二）富の発展とともに、あまり高級でない金属がより高級な金属にとって代わられ、価値尺度機能から駆逐されたこと。こうして、あらゆる詩的年代記の順序とは逆に、銅は銀によって、銀は金によって駆逐される(56)。たとえば、ポンドは実際の一封度《ポンド》の銀をあらわす貨幣名だったが、金が価値尺度としての銀を駆逐した途端に、同じ名称が金と銀の価値比率に応じて、たとえば一／一五封度《ポンド》の金に付与される(57)。いまや、貨幣名としてのポンドと通常の金の重量名としての封度《ポンド》とは分離している。（三）何世紀にもわたって王侯たちによる貨幣貶質《へんしつ》がおこなわれたこと。これは、鋳貨のもともとの重量から実際に内実を奪い、名称だけを残したものだった(58)。

(56) ちなみに、こうした詩的年代記〔人類史を黄金時代、銀時代、青銅時代、英雄時代、鉄時代の順に描くヘシオドスやオウィディウスに見られる伝説〕は一般的な歴史的妥当性をもつものではない。

(57) 第二版への註。こうしてイギリスのポンドがあらわしているのは、もともとの重量の三分の一以下であり、連合以前のスコットランドのポンドはわずかに三六分の一、フランスのリーヴルは七四分の一、スペインのマラヴェディは一〇〇〇分の一以下、ポルトガルのレイはそれよりもずっと小さい割合をあらわしているにすぎない。

(58) 第二版への註。「今日ではもはや観念的なものでしかない名称をもつ鋳貨は、どの国においても最も古い鋳貨だ。しかし、それらの名称はすべて、かつては実在のものだったし、またそれが実在のものだったからこそ、それで勘定がなされたのだ」(ガリアーニ『貨幣について』、五三ページ)。

こうした歴史的過程を経て、金属重量の貨幣名が通常の重量名から分離していくことが各国民の慣習となった。貨幣尺度標準〔Geldmaßstab〕は、一方では純粋に慣習的なものだが、他方では汎用性を必要としているため、最後のところは法律によって規制されることになる。貴金属の一定の重量部分、たとえば一オンスの金は、公式に可除部分に分割され、ポンド、ターラー等の法律上の洗礼名を授けられる。それによってこれらの可除部分は、貨幣の本来の尺度単位〔Maßeinheit〕として通用することになり、それがさらにシリング、ペニー等の法定洗礼名をもつ別の可除部分へと細分化される。(59) ただし、一定の金属重量が金属貨幣の尺度標準であることに変わりはない。変化したのは分割と命名にすぎない。

(59) 第二版への註。デイヴィッド・アーカート氏は著書『常用語』のなかで、イギリスの貨幣尺度標準である一ポンド・スターリングが、今日ではおよそ四分の一オンスの金に等しいというとんでもない事態(!)について意見を述べている。「これは尺度の変造であり、尺度標準の確定などではない」と。彼は、こうした金重量の「誤った命名」のなかに、いたるところで偽造をおこなう文明の働きを見ている。

価格、すなわち商品価値が観念的に姿を変えて宿っている金量は、こうしていまや貨幣名で、言い換えれば、法的に有効な金尺度標準の計算名で表現される。したがって、一クォーターの小麦は一オンスの金に等しいと言う代わりに、イギリスであれば、一クォーターの小麦は三ポンド一七シリング一〇ペンス二分の一に等しいと言うだろう。このように商品同士は自分がどれだけのものに値するかを貨幣名で語りあう。そして、物を価値として、すなわち貨幣形態によって確定しなければならない時には、貨幣がそのつど計算貨幣として用いられる。(60)

(60) 第二版への註。「ある人が、かのアナカルシスに、ギリシア人は何のために貨幣を使うのかと質問した時、彼は、計算するために、と答えた」(アテナイオス『食卓の賢人たち』シュヴァイクホイザー編、一八〇二年、第二巻第一部第四篇第四九節［一二〇ページ］)。

物の名称はその物の性質にとってはまったく外的なものだ。ある人がヤコブスという名前だと知っていても、その人についてなにも知っていることにはならない。同じようにポンド、ターラー、フラン、ドゥカートといった貨幣名にも、価値関係の痕跡はまったく残っていない。しかも貨幣名は商品の価値を表現しているだけでなく、同時に貨幣尺度標準をなす金属重量の可除部分をも表現している。それだけに一層、こうしたカバラ的記号の秘儀をめぐる混乱は大きくなる。(61) その一方で、価値が商品世界の雑多な個物から区別され、とらえどころのない物的な、しかも、どう見ても社会的な形態へと発展していくことは必然的なことだ。(62)

(61) 第二版への註。「価格の尺度標準である金(*)は、商品価格と同一の計算名であらわれる。たとえば一オンスの金は一トンの鉄の価値と同じく三ポンド一七シリング一〇ペンス二分の一と表現される。それゆえこの計算名が、金の鋳造価格と呼ばれた。ここから、あたかも金(または銀)がそれ自身の材料で評価されているかのような、そして、すべての商品と異なり国家によって固定価格を与えられているかのような奇妙なイメージが生まれた。一定の金重量の計算名を確定することと、この重量の価値を確定することとが混同されてしまったのだ」(カール・マルクス『経済学批判』、五二ページ)。

(*) 第二版から第四版までは「貨幣」となっている。

(62) 『経済学批判』、五三ページ以下の「貨幣の尺度単位に関する諸理論」参照。法的に定められた金または銀の重量部分に与えられる法的貨幣名を、国家の力でより大きな、あるいはより小さな重量部分に付け替えることによって「鋳造価格」の引き上げ、あるいは引き下げが可能になるという幻想がある。たとえば四分の一オンスの金を二〇シリングに鋳造する代わりに、将来四〇シリングに鋳造するといったやり方だ。しかし、このような幻想は、国家債権者や民間債権者に対する拙劣な財政操作を目的としているならともかく、経済的な「奇跡的治療策」をめざすのであれば、まったく役に立たない。そのことは、ペティが『貨幣小論 ハリファクス侯爵閣下へ』（一六八二年）のなかであますところなく論じている。だからこそ後代の人はもちろん、彼の直接の後継者であるサー・ダドリー・ノースやジョン・ロックでさえ、ペティの言葉を単に平板化することしかできなかった。たとえばペティはこう言っている。「もし一国の富を一つの法令で一〇倍にできるものなら、われらの政府がその種の法令をはるか以前に発布しなかったのは奇妙というほかない」（同前、三六ページ）。

価格とは商品に対象化された労働に付けられた貨幣名にほかならない。したがって、ある商品と、その商品の価格を名前とする貨幣量とが等価だという言い方は同語反復にすぎない。(63) それは、一般に一つの商品の相対的価値の表現はつねに二つの商品の等価性の表現だというのが同語反復であるのと同じだ。ただし、商品の価値量の指標である価格が商品と貨幣との交換比率の指標だとしても、逆に、商品と貨幣との交換比率の指標が必ず商品の価値量の指標だとはいえない。いま、同量の社会的必要労働が一クォーターの小麦でも、二ポンドの貨幣（約二分の一オンスの金）でも表現できるとしよう。この時、二ポンドは一クォーターの小麦の価値量の貨幣表現であり、また価格でもある。しかし事情によっては、一クォーターの小麦に三ポンドの価格を付けることが許容されたり、あるいは一ポンドの価格を付けることが強要されたりするかもしれない。その時、一ポンドと三ポンドは、小麦の価値量の表現としては小さすぎたり大きすぎたりするだろう。しかし、それでもこれが小麦の価格であることに変わりはない。なぜなら、第一に、それらは小麦の価値形態、すなわち貨幣であり、第二に、それらは小麦と貨幣との交換比率の指標だからだ。とはいえ、生産条件が変化しないかぎり、あるいは労働の生産力が変化しないかぎり、一クォーターの小麦の再生産には引き続き同量の社会的労働時間が支出されねばならない。この事情は、小麦生産者の意志にも、他の商品所有者の意志にも左右されない。商品の価値量は、いわば社会的労働時間に対する必然的な関係、すなわち商品形成過程に内在する関係を表現している。価値量が価格に姿を変えると、それにともなってこの必然的な関係は、商品とその外に存在する貨幣商品との交換比率となってあらわれる。しかしこの比率には、商品の価値量だけではなく、一定の状況下で商品が手放されるさいの価値量の上乗せ分や切り下げ分も表現されうる。価格と価値量とが量的に一致しない可能性、すなわち価格が価値量から乖離する可能性は価格形態そのもののうちにある。これはこの形態の欠陥ではなく、むしろ逆だ。盲目的に作用する無規則性の平均法則だけが規則として貫徹する生産様式においては、この性質こそが価格形態をこの生産様式に見あうものにする。

(63)「さもなければ、貨幣での一〇〇万は、商品での同価値より大きな価値があると認めざるをえなくなる」(ル・トローヌ『社会的利益について』、九一九ページ)。そうなれば「一つの価値が他の同じ価値より大きい価値がある」と認めなければならなくなる。

ところが価格形態は、価値量と価格とが、すなわち価値量とそれ自身の貨幣表現とが量的不一致をきたす可能性をはらんでいるだけでなく、一つの質的矛盾をも内包している。つまり、貨幣は本来、商品の価値形態でしかないのに、価格がそもそも価値表現であることをやめてしまうという矛盾だ。たとえば良心や名誉など、それ自体は商品でない物が、所有者によって貨幣と引き換えに売りわたし可能なものとなり、それに価格が付くことによって、そうしたものが商品形態をとる可能性がある。つまり、物は価値をもつことのないままに、形式上、価格をもつことがありうるということだ。そこでの価格表現は、ある種の数学上の量と同様に想像的なものとなる。その一方で、たとえば人間労働が対象化されていないがゆえに価値を持たない未耕地の価格のように、想像上の価格形態が現実的な価値関係、ないしはそこから派生する関係を隠し持っている場合もある。

相対的価値形態全般にあてはまることだが、一つの商品、たとえば一トンの鉄の価値が価格で表現できるのは、ある量の等価物、たとえば一オンスの金が、その鉄と直接交換できるからであり、けっしてその逆、つまり鉄が金と直接交換できるからではない。商品は、実際に交換価値としての働きをなしうるためには、その自然の身体を脱ぎ捨て、単なる想像上の金から現実の金へと変容しなければならない。ヘーゲルの「概念」が必然性から自由へと移行することも、ザリガニがみずからの殻を破ることも、教父ヒエロニムスがアダムの原罪を脱却することも、それぞれに苦労なことだろう。しかし、商品がこの実体変化〔パンとブドウ酒がキリストの肉と血に変わる聖変化〕をとげることはそれ以上に「苦労な」ことかもしれない(64)。たとえば鉄のような商品は、実物の姿と並んで、価格のなかに観念的な価値姿を、あるいは想像された金の姿をもつことができるが、現実に鉄であると同時に現実に金であることはできない。商品に価格を付与するためには、想像された金を商品と等置すれば十分だ。しかし商品がその所有者にとって一般的等価物の役割を果たすためには、商品が実際に金と置き換えられなくてはならない。たとえば鉄の所有者が享楽的商品の所有者にであい、相手に鉄価格を指して、これは貨幣形態だと言っても、享楽的商品の所有者は天国で聖ペテロが自分の前で信仰箇条を暗唱したダンテに向かって答えたように、こんなふうに言うだろう。

「この貨幣の成分も目方も吟味は満足にすんだが、
ひとつ聞きたいことがある。
君は君自身この貨幣を君の財布のなかに持っているのか」〔ダンテ『神曲』「天国篇」第二四歌、平川祐弘訳、河出文庫〕。

(64) ヒエロニムスは、砂漠で美しい女人の幻影と戦った話からも分かるように、青年時代には肉の情欲と大いに格闘しなければならなかったが、老年になると精神の情欲と格闘しなければならなかった。たとえば彼はこう言っている。「心のなかでわたしは世界審判者の前に立たされていると思った」。「お前はだれか?」と一つの声が問うた。「わたしはキリスト者です」。すると世界審判者は怒鳴りつけた。「嘘つきめ、お前はキケロの徒にすぎない！」

価格形態は、貨幣と交換に商品を引きわたす可能性を、そしてまたこの引きわたしの必然性を含んでいる。その一方で、金が観念的な価値尺度として機能するのは、ひとえに金が交換過程のなかですでに貨幣商品として動きまわっているからだ。観念的な価値尺度のなかには、それゆえ硬い貨幣が身を潜めている。

第二節　流通手段

a　商品の形態変容《メタモルフォーゼ》

すでに見たように、商品の交換過程には、たがいに矛盾し排除しあう関係が含まれている。商品の発展は、こうした矛盾を解消することはないが、これらの矛盾が運動しうる形態を作りだす。これが一般に、現実の矛盾が解消される方法だ。たとえば、一つの物体がたえず他の物体の内部に落ちこむと同時に、それから離れ去っていくのは一つの矛盾だが、楕円はこの矛盾が現実化すると同時に解消される運動形態の一つだ〔たとえば地球は、万有引力と遠心力の大小が交替することで、楕円軌道を描いて太陽の周りを公転している〕。

交換過程は、商品が非＝使用価値である持ち手から、商品が使用価値である持ち手へと商品を移し替える。その意味で、交換過程は社会的な物質代謝だ。一つの有用な労働様式の生産物が、その他の有用な労働様式の生産物と置き換わる。商品は、いったん使用価値として用いられる場所に到達すれば、商品交換の領域から消費の領域へと移行する。ここでのわれわれの関心事は交換過程に限られる。それゆえ、われわれはこの過程全体を形式面から、すなわち社会的物質代謝を媒介する商品の形態変化〔Formwechsel〕、すなわち形態変容《メタモルフォーゼ》に的を絞って考察しなければならない。

この形態変化についての理解がきわめて不十分であるのは、価値概念そのものが曖昧であることに加えて、一つの商品の形態変化がいずれも二つの商品、すなわち普通の商品と貨幣商品との交換のなかで生じるという事情による。商品と金との交換というこの素材的契機にのみ目がいってしまうと、本来見るべきこと、すなわち形態に何が生じているのかが見落とされる。単なる商品としての金はまだ貨幣ではないということ、むしろ他の商品がみずからの価格を通じて自分の貨幣姿としての金に自分を関係づけているのだということが、見落とされてしまう。

さしあたり商品は、金メッキもされず、糖衣にも包まれず、生まれたままの姿で交換過程のなかに入る。交換過程は商品を商品と貨幣とに二重化する。これは外在的な対立だが、そこには「使用価値」対「価値」という商品の内在的対立が表現されている。この対立のなかで、使用価値としての商品が交換価値としての貨幣と対峙する。その一方で、この対立の両サイドはあくまで商品であり、したがってそれぞれが使用価値と価値との統一体だ。ただし、この異なるものの統一体は、それぞれの極で反転した形であらわれ、それを通じて両者の相互関係をも同時に表現する。商品が現実に使用価値であるのに対して、商品が価値であることは価格のなかに観念的にあらわれるにすぎない。商品には、商品の現実の価値姿である金が対峙しており、価格はこの金に商品を関係させる。これとは反対に、金素材は価値の物質化である貨幣としてのみ通用する。したがって金は現実に交換価値なのであり、他方、金が使用価値であることは、一連の相対的価値表現のなかに観念的にあらわれるにすぎない。そのなかで、金の使用価値は、金の現実的な使用姿の集まりであるさまざまな商品に関係づけられる。このような商品の対立的形態こそが、商品の交換過程の現実の運動形態をなす。

ここでわれわれは商品所有者のだれか、たとえばわれらの旧知の麻布織工のお供をして交換過程の場面、すなわち商品市場に行ってみよう。彼の商品である二〇エレの麻布の価格はあらかじめ決まっており、その価格は二ポンドだ。彼はこの商品を二ポンドと交換する。この実直な男は、その二ポンドを同じ価格の家庭用聖書と再度交換する。彼にとっては単なる商品、つまり価値の担い手にすぎなかった麻布は、その価値姿である金と引き換えに手放され、この価値姿から再度、聖書という別の商品へと戻される。こうして聖書は使用対象として織工の家に入りこみ、そこで徳を高めたいという欲求を満たすことになる。このように商品の交換過程は、対立しかつ補いあう二つの形態変容《メタモルフォーゼ》(65)、すなわち商品から貨幣への変容、および貨幣から商品への再変容のなかで実現する。商品の形態変容を構成する要素は、商品所有者間の取引——つまり、売り、すなわち商品を貨幣と交換することと、買い、すなわち貨幣を商品と交換すること——および、二つの行為が一体化したもの、つまり買うために売ることだ。

(65)「ヘラクレイトスは言った。火が万物となり、万物が火となるのは、あたかも金が財貨となり、財貨が金となるのと同じだ、と」(F・ラッサール『エフェソスの暗き人ヘラクレイトスの哲学』ベルリン、一八五八年、第一巻、二二二ページ)。この箇所に付されたラッサールの註(二二四ページ、註3)は貨幣を単なる価値記号として説明しているが、これは正しくない。

ここで麻布織工がこの取引の最終結果を吟味してみると、彼は麻布の代わりに聖書を、すなわち元の商品の代わりに、価値は同じだが異なる有用性をもつ別の商品を手に入れている。同じ方法で彼は、他の生活手段と生産手段をも入手する。彼の視点から見れば、この過程全体は、彼の労働生産物と他者の労働生産物との交換、すなわち生産物交換の仲介役を果たしているにすぎない。

したがって、商品の交換過程は以下のような形態変化のなかで遂行される。

商品—貨幣—商品

W — G — W

素材的内容から見れば、この運動はW—W、すなわち商品と商品の交換であり、社会的労働の物質代謝だ。過程自体は、その結果のなかに消え失せている。

W—G。これは商品の第一の形態変容《メタモルフォーゼ》、すなわち売りだ。商品価値が商品体を離れ、金身体へと乗り移るこの跳躍は、わたしが別のところ〔『経済学批判』〕でも指摘しておいたように、商品の命がけの宙返り（Salto mortale）だ。失敗すれば、商品こそ傷つかなくても、商品所有者は怪我をする。社会的分業は彼の労働を一面化するが、同時に彼の欲求を多面化する。まさにそれゆえに彼の生産物は、交換価値としてしか彼の役には立たない。彼の生産物が社会的に通用する一般的等価形態を受けとるのは貨幣となった時だけだ。ところがその貨幣は他人のポケットのなかにある。それを引きだすためには、商品は何はともあれ貨幣所有者にとっての使用価値でなくてはならない。したがって、この商品に支出された労働は社会的に有用な形態で支出されていなければならず、言い換えれば、社会的分業の一翼を担っていることを立証しなければならない。しかし分業は自然発生的な生産有機体であり、この生産有機体を織りなす糸は商品生産者の背後で織られ、また織られ続けている。ひょっとするとその商品は、新しく登場した欲求を満足させようとする、あるいは欲求そのものを自力で生みだそうとする新たな労働様式の生産物であるかもしれない。昨日までは同じ商品生産者が担っていた多くの機能のなかの一つでしかなかったものが、今日になると、特殊な作業としてこの連関から分離され、自立化し、まさにそれゆえに、その部分生産物を自立した商品として市場に送るようになる。こうした分離過程のための事情は、熟していることもあれば、熟していないこともあるだろう。今日のところは、ある生産物が社会的欲求を満足させてくれる。それが明日になれば、この生産物が似通った種類の生産物によって全面的に、あるいは部分的に、その地位から追われるかもしれない。ある労働が、われらの麻布織工の労働と同様に、社会的分業の正規メンバーであったとしても、だからといって彼の二〇エレの麻布の使用価値がそれによって保証されているわけではけっしてない。麻布に対する社会的欲求には、他のあらゆる欲求と同様に限度があり、それゆえ競争相手の麻布織工によってその欲求が充足されれば、われらの友人の生産物は過剰となり、無用となる。ことわざに、もらい物の品定めはするな、とあるが、彼は贈り物をするために市場を歩き回っているわけではない。では、かりに彼の生産物の使用価値が認められ、商品によって貨幣が引き寄せられたとしよう。ところが今度は、どれだけの貨幣が？という疑問が生まれる。その答えは、もちろん商品の価格のなかで、つまり商品の価値量の指標のなかであらかじめ予感されている。ただしここでは、商品所有者が時として犯す単なる主観的な計算違いは度外視する。そのような計算違いは市場ですぐさま客観的に修正されるからだ。彼は自分の生産物に、社会的に必要な平均労働時間だけを支出したはずだ。したがってその商品の価格は、そのなかに対象化された社会的労働量の貨幣名にすぎない。しかし、われらの麻布織工の了承を得ることもなく、彼の背後では、古くから実績のある麻布織りの生産条件が崩れつつあるかもしれない。昨日はまちがいなく一エレの麻布の生産に社会的に必要な労働時間であったものが、今日になるとそうではなくなる。そのことを貨幣所有者は、われらの友人のいろいろな競争相手がだしてきた価格表をもとに熱心に言い立てる。われらの友人にとって不幸なことに、世のなかには多くの織工がいる。最後に、市場に存在する麻布のすべてが、社会的に必要な労働時間しか含んでいないと仮定してみよう。それでもなお、麻布の総計が余分に支出された労働時間を含むということはありうる。市場の胃袋が一エレ二シリングの正常価格で麻布総量を吸収できないとすれば、それは社会的な総労働時間のうちの過大な部分が麻布織りの形態で支出されたということを証明している。結果的には、麻布織工全員が自分の個人的生産物に社会的必要労働時間以上の時間を費やしたのと同じことになる。いわば、一蓮托生だ。市場にあるすべての麻布は一つの取引品目としかみなされず、一つひとつの麻布はその可除部分としかみなされない。事実また、どのエレの価値も同種の人間労働の社会的に規定された同一量の物質化でしかない。

このように商品は貨幣を恋い慕う。しかし、「まことの恋が平穏無事に進んだためしはない」〔シェイクスピア『夏の夜の夢』第一幕、小田島雄志訳、シェイクスピア全集、白水社〕。分業体制のなかでばらばらの手足（membra disjecta）〔ホラティウス〕に枝分かれしている社会的生産有機体の量的編成は、その質的編成と同様に、自然発生的で偶然的だ。それゆえ商品所有者たちは、彼らを独立した私的生産者にしているその同じ分業が、じつは社会的生産過程を、そしてその過程のなかでの彼らの諸関係を、彼ら自身から独立したものにしていることを発見する。すなわち人々の相互の独立性が、全面的な物的依存性のシステムによって補完されていることを発見する。

分業は労働生産物を商品に変容させ、それによって商品の貨幣への変容を必然的なものにする。ただし、分業は同時にこの実体変化が成功するかどうかを偶然的なものにする。ここではしかし、この現象を純粋な形で考察すべきで、したがってその正常な進行を前提としなければならない。ついでに言えば、ともかくも事が進み、商品が売れなくなるということさえなければ、かりに変則的にこの形態変化のなかで実体――価値量――が減少したり増加したりすることがあっても、商品の形態変化自体はつねに生じる。

一方の商品所有者にとっては金が彼の商品にとって代わり、他方の商品所有者にとっては商品が彼の金にとって代わる。ここですぐ目につく現象は商品と金、二〇エレの麻布と二ポンドとの持ち手変換ないし位置変換、すなわち両者の交換だ。しかし商品は何と交換されるのか？　商品自身の一般的な価値姿と交換される。では金は何と交換されるのか？　その使用価値の特殊な姿と交換される。ではなぜ金は、貨幣として麻布に向きあうのか？　二ポンドという麻布の価格、すなわちその貨幣名が、あらかじめ麻布を貨幣としての金に関係づけているからだ。もとの商品形態からの脱皮〔Entäußerung〕は商品の譲渡〔Veräußerung〕を通じて実現する。それは、商品の使用価値が価格のなかで想像されていたにすぎない金を現実に引き寄せる瞬間に実現する。だから商品価格の現実化、すなわち観念的なものにすぎなかった商品の価値形態の現実化は、逆から見れば、観念的なものにすぎなかった貨幣の使用価値の現実化でもある。商品の貨幣への変容は、同時に貨幣の商品への変容だ。一つの過程が、商品所有者の極から見れば売りであり、貨幣所有者の極から見れば買いであるという二面的過程をなす。言い換えれば、売りは買いであり、W—Gは同時にG—Wでもある。(66)

(66) 「あらゆる売りは買いである」(ドクター・ケネー『商業と手工業者の労働に関する対話』、デール編『重農学派』第一部、パリ、一八四六年、一七〇ページ)。あるいはケネーが(*)『〔農業王国の経済的統治の〕一般原則』のなかで言っているように「売ることは買うことである」。

(*) この引用はデール編『重農学派』所収のデュポン・ド・ヌムール『ドクトル・ケネーの原則』、三九二ページにある〔編者巻末註42〕。

これまでのところ、われわれは人間の経済関係を商品所有者同士の関係としてだけ見てきた。これは商品所有者が自分の労働生産物を手放すことによってのみ他人の労働生産物を手に入れるという関係だ。したがってある商品所有者に、別の商品所有者が貨幣所有者として対面できるのは、二つの場合に限られる。一つは自分の労働生産物が最初から貨幣形態を備えている、つまり金などの貨幣材料である場合、もう一つは、自分の商品がすでに脱皮をとげ、元の使用形態を脱ぎ捨てている場合だ。金が貨幣として機能するためには、当然ながら、どこかで金が商品市場に入らなければならない。それは金の生産現場であり、ここで金は直接的な労働生産物として、同じ価値をもつ他の労働生産物と交換される。しかしこの瞬間から、金はつねに実現された商品価格を表現することになる。(67) 生産現場での金と商品との交換を別とすれば、すべての商品所有者の手中にある金は、彼が譲渡した商品の脱皮した姿であり、売りの産物、すなわち最初の商品の形態変容W―Gの産物だ。(68) 金が観念上の貨幣ないし価値尺度となったのは、すべての商品がみずからの価値を金で測定し、それによって金を、みずからの使用姿の想像上の反対姿、すなわち価値姿にしたからだ。金が現実の貨幣となるのは、商品が全方位的な相互譲渡を通じて、金を、現実に脱皮し変容した商品の使用姿にし、それによって商品の現実的な価値姿にするからだ。いったん価値姿をとると、商品は生まれながらの使用価値や、商品を生みだした特殊な有用労働の痕跡をことごとく脱ぎ捨て、無差別の人間労働の一様な社会的物質化の蛹《さなぎ》と化す。だから貨幣を見ても、貨幣に変容した商品がどんな種類のものであったかは分からない。貨幣形態をとるかぎり、どれもこれもまったく同じに見える。だから汚物は貨幣ではないとしても、貨幣は汚物かもしれない。われらの麻布織工が彼の商品と引き換えに受けとった二個の金貨は、もともと一クォーターの小麦が変容した姿であったと仮定しよう。麻布の売りW―Gは、同時にその買いG―Wでもある。麻布の売りとしては、この過程は、一つの運動の開始点にあたる。その運動は、その反対行為、すなわち聖書の買いをもって終了する。他方、麻布の買いとしては、この過程は一つの運動の終了点にあたる。その運動は、その反対行為、すなわち小麦の売りによって開始されたものだ。W―G―W（麻布―貨幣

―聖書）の最初の局面であるW―G（麻布―貨幣）は、もともとはG―W（貨幣―麻布）、すなわちもう一つの運動W―G―W（小麦―貨幣―麻布）の最後の局面でもある。一方の商品の第一の形態変容、すなわち商品形態から貨幣への変容は、つねに他方の商品の逆向きの第二の形態変容、すなわち貨幣形態から商品への再変容だ。(69)

(67)「一商品の価格は、別の一商品の価格でのみ支払うことができる」（メルシエ・ド・ラ・リヴィエール『政治社会の自然的本質的秩序』、デール編『重農学派』第二部、五五四ページ）。

(68)「この貨幣を手に入れるためには、その前に売っていなくてはならない」（同前、五四三ページ）。

(69) すでに指摘したように、金ないし銀の生産者は例外で、彼らだけは自分たちの生産物を交換するために、事前に売りをおこなう必要はない。

G―W。商品の第二の形態変容または最後の形態変容、すなわち買い。貨幣は、他の全商品の脱皮姿、ないしは全商品の一般的譲渡の産物であるがゆえに、絶対に譲渡できる商品だ。貨幣はすべての価格を元にさかのぼって読むことで、貨幣自身が商品となることに貢献した材料である全商品体に自分を映しだす。価格は、商品が貨幣を惹きつけるために向ける求愛の眼差しだが、それは同時に、貨幣の変容能力の限界、つまり貨幣自身の量をも示している。商品は貨幣となることによって消失する。したがって、貨幣を見ても、それがどのようにして所有者の手に入ったのか、あるいは何がその貨幣に変容したのかは分からない。その出所はどうであれ、貨幣は臭わない〔有料公衆便所を設置したローマ皇帝ウェスパシアヌスの言葉〕。貨幣は一方では売られた商品を代表しているが、他方では買うことができる商品を代表している。(70)

(70)「われわれの手中にある貨幣は、われわれがこれから買いたいと思う物をあらわしているが、同時にまた、われわれがこの貨幣と引き換えに売った物をもあらわしている」(メルシエ・ド・ラ・リヴィエール『政治社会の自然的本質的秩序』、五八六ページ)。

G―W、すなわち買いは、同時にW―G、すなわち売りでもある。したがって一つの商品の最後の形態変容は、同時に他の商品の最初の形態変容でもある。われらの麻布織工にとっては、彼の商品の経歴は二ポンドを再変容させた聖書で締めくくられる。しかし聖書販売者は麻布織工から受けとった二ポンドをウィスキーに替える。その時、W―G―W(麻布―貨幣―聖書)の終了局面であるG―Wは同時にW―G、すなわちW―G―W(聖書―貨幣―ウィスキー)の開始局面でもある。商品生産者は、提供する生産物の種類が偏っているため、それを比較的大きな単位で売ることが多い。その一方で彼の欲求は多方面にわたっているため、実現された価格、あるいは受けとった貨幣量をたえず多数の買いへと細分化しなければならない。だから一つの売りが、各種商品の多くの買いへと流れこむ。一つの商品の最終形態変容は、こうして他の商品の最初の形態変容の総和となる。

ここで一つの商品、たとえば麻布の総形態変容を考察してみよう。まず目につくのは、この総形態変容が、正反対かつ相互補完的な二つの運動、すなわちW―GとG―Wからなっていることだ。商品のこの二つの正反対の変身〔Wandlung〕は、商品所有者の正反対の社会的過程のなかで実現し、商品所有者の正反対の経済的役柄に映しだされる。商品所有者は、売りの担当者としては売り手であり、買いの担当者としては買い手だ。しかしいずれの商品変身においても商品形態と貨幣形態という二つの形態は同時に存在している。ただそれが反対の極に存在しているだけだ。したがって同じ商品所有者が、売り手としては別の買い手に、買い手としては別の売り手に向かいあっている。同じ商品が、商品から貨幣へ、貨幣から商品へと、二つの逆向きの変身を次々と経ていくように、同じ商品所有者が売り手と買い手の役割を交互に演じていく。したがってそれは固定した役柄ではなくて、商品流通の内部でたえず人物を取り替えていく役柄だ。

一つの商品の総形態変容は、その最も単純な形態で見れば、四つの極と三人の登場人物を想定している。まず商品に向きあうのは、商品の価値姿としての貨幣だ。この価値姿は向こう側、すなわち他人のポケットのなかで物としての硬い実在性を備えている。こうして商品所有者に一人の貨幣所有者が向きあう。さてここで商品が貨幣に変容すると、ただちにその貨幣は次なる商品のために消え去る等価形態と化す。その等価形態の使用価値ないし内容は、こちら側では、別の商品体のなかに存在している。最初の商品変身の到達点としての貨幣は、同時に第二の商品変身の出発点をなす。こうして第一幕の売り手は、第二幕では買い手となり、そこでは第三の商品所有者が売り手として彼に向きあう。(71)

(71)「したがって四つの終点と三人の契約当事者がおり、そのうち一人は二度介入する」(ル・トローヌ『社会的利益について』、九〇九ページ)。

商品の形態変容の二つの逆向きの運動局面は一つの循環をなす。すなわち商品形態、商品形態の脱ぎ捨て、商品形態への復帰だ。ただしそこでは、商品自身の規定が逆になっている。出発点にある商品は所有者にとっての非＝使用価値であるのに対して、到達点にある商品は所有者にとっての使用価値だ。貨幣はまず硬い価値結晶としてあらわれ、商品がこの貨幣に変容するが、その貨幣は、のちに他の商品の単なる等価形態として消え去る。

一つの商品の循環を構成している二つの形態変容は、同時に二つの他の商品の逆向きの部分形態変容をも構成している。同一の商品(麻布)がみずからの形態変容の系列を開始すると同時に、別の商品(小麦)の総形態変容を締めくくっている。商品は第一の変身、すなわち売りのなかで一人二役を演じている。これとは反対に、みずからは滅んでいく運命にある金の蛹《さなぎ》としての商品は、同時に第三の商品の最初の形態変容を終わらせる。したがってそれぞれの商品の形態変容系列が描く循環は、他の商品の循環と分かちがたくからみあっている。この総過程が商品流通として姿をあらわす。

商品流通は直接的な生産物交換とは形式的に異なるだけでなく、本質的にも異なる。その進行を少しふりかえってみよう。麻布織工はまちがいなく麻布を聖書と、すなわち自分の商品を他人の商品と交換した。しかしこの現象は、彼にとって真実であるにすぎない。

冷たいものより熱いものを好む聖書販売者は、聖書と引き換えに麻布を得ようなどとは考えもしなかった。麻布織工もまた彼の麻布と小麦とが交換されたことを知らない。Bの商品は、Aの商品と入れ替わるが、AとBは自分たちの商品を交換しあうわけではない。たしかにAとBがたがいに相手から買うという場合も現実には生じうる。しかし、そのような特殊な関係は商品流通の一般的関係から必然的に生じるものではない。ここで観察されるのは、一方では、商品交換が直接的な生産物交換の個人的地域的限界を打ち破り、人間労働の物質代謝を発展させていく様子だ。しかし他方では、交易当事者には制御できない社会的な自然連関の圏域全体が発展していく。農民が小麦をすでに売っているからこそ織工が麻布を売れる。織工が麻布をすでに売っているからこそ酒好きが聖書を売れる。だれかが永遠の命の水をすでに売っているからこそ醸造家がウィスキーを売れる、等々。

それゆえ流通過程は、直接的な生産物交換の場合のように、使用価値の場所交替や持ち手交換によって消失することはない。貨幣は、一つの商品の形態変容系列から抜け落ちるからといって、それによって消えてしまうことはない。貨幣は、商品が空席にした流通場所にたえず滞留する。たとえば、麻布の総形態変容である麻布―貨幣―聖書の場合、まず麻布が流通から脱落し、代わりに貨幣がその場所を占め、ついで聖書が流通から脱落し、貨幣が代わりにその場所を占める(72)。商品が商品によって置き換えられる時には、同時に、第三の手に貨幣商品が滞留する。流通からはたえず汗のように貨幣が染みだしてくる。

(72) 第二版への註。この現象は、きわめて明瞭であるにもかかわらず、経済学者たち、とくに通俗自由貿易論者たちによってたいていは見過ごされている。

どの売りも買いであり、またどの買いも売りであるがゆえに、商品流通は必然的に売りと買いの均衡をもたらすという説ほどばかげたものはない。それが、現実におこなわれた売りの数は現実におこなわれた買いの数に等しいと言おうとしているのであれば、無内容な同語反復だ。ところがこの説は、売り手は自分の商品の買い手を市場に招き寄せるということを証明する気になっている。売りと買いは対極に別れた二人の人物、すなわち商品所有者と貨幣所有者との相互関係としては、同一の行為だ。しかし同一人物の行動としては、売りと買いは二つの極に引き裂かれた逆向きの行為だ。流通という錬金術の坩堝《るつぼ》に投入された商品が貨幣となってでてこなければ、すなわち商品所有者によって売られず、貨幣所有者によって買われなければ、その商品は無駄になる。このことが、売りと買いの同一性には含まれている。この同一性にはまた、売買過程は、それがうまくいったあかつきには、商品の生涯の一時期として一つの休息点を迎えるということも含まれている。それは長期にわたることもあれば短期に終わることもある。商品の最初の形態変容は売りであると同時に買いであり、それゆえこの部分過程はそれぞれ自立した過程でもある。買い手は商品を手に入れ、売り手は貨幣を手に入れる。その貨幣は流通能力を備えた形態を保持しており、遅かれ早かれ市場に舞い戻ってくる。別のだれかが買わなければ、だれも売ることはできない。しかし、自分が売ったからといって、だれかがそれをすぐ買わなければならないわけではない。生産物の物々交換には、自分の労働生産物を引きわたすことと、他人の労働生産物を受け取ることとの直接的な同一性が存在している。ところが流通は、この同一性を売りと買いの対立へと分裂させる。流通はまさにこのことを通じて生産物交換の時間的空間的個人的制限を突破する。それぞれ独立してたがいに向きあう過程が内的な一体性をもつということは、同時に、その内的一体性が外的対立のなかで動くということをも意味している。こうして、相互補完的であるがゆえに内的には非自立的であるものが外的には自立化していく。この自立化過程がある一点にまで進むと、失われた一体性が暴力的に回復される――恐慌を通じて。商品に内在する使用価値と価値との対立、私的労働が同時にそのまま社会的労働としてあらわれてくるという矛盾、特殊な具体的労働が同時に抽象的な一般労働としてのみ有効性をもつという矛盾、物が人と化し、人が物と化す矛盾。こうした内在的矛盾が商品の形態変容の対立のなかで発展した運動形態を獲得する。それゆえこれらの形態には恐慌の可能性がすでに含まれている。ただしそれはあくまで可能性にすぎない。この可能性が現実性へと発展するためには、単純な商品流通の観点から見れば、まだまったく存在していないような諸関係の一大範囲が必要とされる。(73)

商品流通の媒介者として、貨幣は流通手段の機能を帯びる。

(73)『経済学批判』(七四、七六ページ)にあるジェイムズ・ミルについてのわたしのコメントを参照。J・ミルに見られる経済学者風弁護論の特徴としてあげられるのは以下の二点だ。第一は、商品流通と直接的生産物交換との差異を単純に捨象することによって両者を同一視していること。第二は、資本主義的生産様式の生産当事者たちの諸関係を商品流通から生まれる単純な諸関係に解消することによって、資本主義的生産様式の矛盾を否定しようとしていること。しかし、商品生産と商品流通は、その規模と範囲こそいろいろだが、きわめて多種多様な生産様式に属する現象だ。したがって、これらの生産様式に共通する抽象的な商品流通のカテゴリーを知っただけでは、こうした生産様式の個別的種差（differentia specifica）まで知ったことにはまったくならない。だからそれについては判断もできない。初歩的な決まり文句を並べてこれほどもったいぶった物言いができる学問は、経済学をおいてほかにない。たとえばJ・B・セーは、商品が生産物であることを自分は知っており、だから恐慌についても判定を下すことができるとうぬぼれている。

b　貨幣の回流

労働生産物の物質代謝は形態変化W—G—Wのなかで進行するが、これが実現するためには、同一の価値がまず商品として過程の出発点をなし、のちにふたたび商品としてその出発点に戻ってくることが不可欠だ。商品のこの運動はそれゆえ循環をなす。その一方で、この形態は貨幣の循環を排除している。この形態がもたらす結果は、貨幣がたえず出発点から遠ざかることであり、出発点に戻ってくることではない。売り手が自分の商品の変容した姿、すなわち貨幣を握りしめているかぎり、商品は第一の形態変容の段階にあり、その流通の前半を通過したにすぎない。買うために売るというこの過程が最終的に完了すれば、貨幣はふたたび元の所有者の手から離れていく。もちろん麻布織工が、聖書を買ったあとで、もう一度麻布を売れば、貨幣はふたたび彼の手に戻る。しかしその貨幣は最初の二〇エレの麻布の流通によって戻るわけではない。最初の流通によって貨幣は逆に麻布織工の手から離れ、聖書販売者にわたる。二度目の流通によって貨幣が戻るのは、単に新しい商品と引き換えに同じ流通過程が更新ないし反復されるからにすぎない。ここでも前の場合と同じ結果をもって終わる。だから商品流通によって貨幣に直接与えられる運動形態は、貨幣がその出発点からたえず遠ざかること、貨幣がひとりの商品所有者の手から離れ、別の商品所有者の手に移ること、すなわち貨幣の回流〔Umlauf〕(currency〔英〕, cours de la monnaie〔仏〕)だ。

貨幣の回流は、同じ過程のたえざる単調な反復を示している。商品はつねに売り手の側にあり、貨幣はつねに購買手段として買い手の側にある。貨幣は商品の価格を現実化することで購買手段として機能する。貨幣は価格を現実化することで商品を売り手から買い手に移し、同時にみずからは買い手から売り手に移り、また別の商品と同じ過程を繰り返す。貨幣運動のこの一面的な形態は商品の二面的な形態運動から生じているが、そのことは覆い隠されている。商品流通そのものの性質が相《あい》対立する仮象を生みだしているのだ。商品の第一の形態変容は貨幣の運動に見えるだけではなく、商品自身の運動にも見える。ところが商品の第二の形態変容は貨幣の運動にしか見えない。商品流通の前半では、商品が貨幣と位置を取り替える。それによって商品の使用姿は流通から脱け落ち、消費へと入りこむ。(74) その使用姿に代わって登場するのは、商品の価値姿、いわば貨幣の幼虫だ。この幼虫は流通の後半を生来の皮膚ではなく、金の皮膚をまとって通過する。これによってこの運動の連続性は全面的に貨幣の側に付与される。商品にとっては、この同じ運動が二つの対立した過程を含んでいた。ところがその同じ運動が、貨幣独自の運動としては、たえず他の商品と位置を入れ替えるという同一過程からなっている。したがって、商品を別の商品と置き換えるという流通の結果は、商品自身の形態変化によってではなく、流通手段としての貨幣の機能によって媒介されているように見える。貨幣は、自分では動けない商品を流通させ、商品が非＝使用価値である持ち手から、商品が使用価値である持ち手へと移動させる。そして自分自身は、そのつど反対方向に移動する。貨幣はたえず流通する商品の位置にとって代わり、自分自身はその出発点から遠ざかり、それによって商品をたえず流通領域から取り除く。したがって貨幣の動きは商品流通の表現にすぎない。(75) にもかかわらず逆に、商品流通のほうが貨幣運動の結果でしかないように見えてしまう。

(74) ここまでのところではまだわれわれが扱っていない現象だが、商品はたしかに何度でも繰り返し売られる。それでも商品は最後の決定的な売りによって流通部門から消費部門へと入りこみ、そこで生活手段ないしは生産手段として利用される。

(75)「それ（貨幣）は、生産物によって自分に与えられた運動以外の運動はしない」（ル・トローヌ『社会的利益について』、八八五ページ）。

他方、貨幣が流通手段として機能するのは、ひとえに貨幣が商品価値の自立化したものだからだ。それゆえ流通手段としての貨幣の運動は、実際には商品自身の形態運動にすぎない。だからこの形態運動は感覚的にも貨幣の回流のなかに映しだされているはずだ。たとえば麻布はみずからの商品形態をまず貨幣形態に変容させる。麻布の第一の形態変容W—Gの最後の極である貨幣形態は、麻布の後半の形態変容G—W、つまり麻布の聖書への再変容の最初の極となる。しかし、二つの形態変化はいずれも商品と貨幣との交換、すなわち両者の位置交換を通じて実現する。同じ貨幣片が、商品の脱皮姿として売り手の手中に入り、絶対的に譲渡可能な商品姿としてその手から去っていく。その貨幣片は二度、その位置を変える。麻布の第一の形態変容はこの貨幣片を織工のポケットにもたらし、第二の形態変容はそれを彼のポケットからふたたび引きだす。同一商品の反対方向の形態変化は、こうして二度にわたる貨幣の反対方向の位置交換のなかに映しだされる。

これに対して、商品の形態変容が一度しか生じない場合、たとえば売りだけ、あるいは買いだけしか生じない場合には、同一の貨幣もまた一度しか位置を変えない。貨幣の第二の位置交換は、つねに商品の第二の形態変容、つまり貨幣の商品への再変容をあらわしている。したがって貨幣片が頻繁に位置交換を繰り返す時には、一つだけの商品の形態変容系列だけではなく、商品世界全般の無数の形態変容が、たがいにからみあいながら、そこに映しだされている。ただし当然ながら、これらすべては、ここで考察している単純な商品流通の形態にしか当てはまらない。

いずれの商品も、最初に流通のなかに入りこみ、最初の形態変化を受けると、流通から脱け落ち、そこにたえず新しい商品が流入してくる。これとは反対に、流通手段としての貨幣は恒常的に流通部門に住みつき、たえず流通部門を動き回る。こうして次の問いが生まれる。この流通部門は恒常的にどれくらいの貨幣量を吸収するのか？

一国のなかでは日々、多数の同時的な、したがって空間的に併存する一面的な商品の形態変容が進行している。言い換えれば、一方では単なる売りがおこなわれ、他方では単なる買いがおこなわれている。商品価格のなかで、商品はあらかじめ一定の想像上の貨幣量と等置されている。ここで考察している直接的な流通形態は、商品と貨幣をつねに具体的な身体として対面させる。一方の極には売りがあり、他方の極には買いがある。それゆえ商品世界の流通過程に必要な流通手段の量は、あらかじめ商品の価格総額によって決められている。現実に貨幣がおこなっているのは、商品の価格総額のなかにすでに観念的に表現されている金総額を実在的に表示することに尽きる。だから二つの総額が等しくなるのは自明のことだ。しかしわれわれは、商品の価値が同じであれば、商品の価格は金（貨幣材料）自体の価値に応じて変動することを知っている。金価値が低下すれば価格はそれに比例して上昇し、金価値が上昇すれば、価格はそれに比例して低下する。したがって商品価格総額が上昇したり低下したりすれば、流通する貨幣量も同じように増加したり減少したりしなければならない。流通手段量の変動は、この場合にはもちろん貨幣自体から生じている。ただしそれは、流通手段としての貨幣の機能からではなくて、価値尺度としての貨幣の機能から生じている。商品の価格は、まず貨幣の価値と反比例して変動し、ついで流通手段の量が商品の価格に正比例して変動する。これとまったく同じ現象は、たとえば金の価値が低下するのではなくて、金に代わって銀が価値尺度となるような場合にも、あるいは銀の価値が上昇するのではなく、金が銀を価値尺度機能から駆逐するような場合にも生じるだろう。前のケースでは、それまでの金よりも多くの銀が、後のケースではそれまでの銀よりも少ない金が流通しなければならないだろう。どちらのケースでも、貨幣材料の価値、すなわち価値尺度として機能する商品の価値が変動し、それゆえ商品の価値の価格表現が変動し、それゆえこの価値を現実化するために用いられる流通貨幣量が変動することになるだろう。すでに見たように、商品の流通部門には一つの穴があり、その穴をとおって金（銀、要するに貨幣材料）が一定の価値をもつ商品として流通部門のなかに入りこむ。この価値は、貨幣が価値尺度として機能するさいの前提となっており、それゆえ価格決定の前提となっている。ここで、たとえば価値尺度自体の価値が低下すると、その変化はまず、貴金属の生産現場で商品としての貴金属と直接交換される諸商品の価格変動となってあらわれる。とくにブルジョワ社会が比較的未発達な状態では、他の大部分の商品はまだ当分のあいだ、もはや幻想と化した時代遅れの価値尺度の価値で評価されるだろう。それでも一つの商品は他の商品との価値比率を通じて新たな価値尺度を次々と感染させていく。こうして商品の金価格または銀価格は、それぞれの価値自体によって規定された割合で次第に均衡に向かい、最後にはすべての商品価値が新しい貨幣金属の価値にあわせて評価されることになる。この均衡過程には、貴金属のたえざる増加がともなう。その貴金属は、貴金属と直接交換される諸商品と入れ替わりに流れこんでくる。それゆえ、修正された商品価格が広くいきわたり、商品価値が新たな低下した金属価値、しかも一定点まで低下し続ける金属価値にあわせて評価されるようになれば、それに応じて、商品価値の実現に必要な金属増加量も、すでに存在しているということだ。新しい金鉱や銀鉱が発見されたのちに生じた事実を一面的に観察したために、一七世紀、とくに一八世紀には、商品価格が上昇したのはより多くの金銀が流通手段として機能したためだという誤った結論が引きだされた。以下では、金の価値はすでに与えられているものと前提する。実際に金価値は価格評価の瞬間には与えられている。

この前提のもとでは、流通手段の量は現実化されるべき商品価格総額によって決まる。ここでさらに、いずれの商品種の価格もすでに与えられているものと仮定するなら、商品の価格総額は明らかに、流通のなかにある商品量によって決まる。一クォーターの小麦が二ポンドだとすれば、一〇〇クォーターなら二〇〇ポンド、二〇〇クォーターなら四〇〇ポンド等々となり、小麦を売るさいに小麦と位置を交換する貨幣量は、当然ながら小麦の量とともに増えなければならない。このことを理解するのに頭を悩ます必要はないだろう。

もし商品量をすでに与えられたものと前提するなら、流通する貨幣量は商品価格の変動とともに増減する。流通貨幣量が増減するのは、商品の価格変動のために商品の価格総額が増減するからだ。とはいっても、あらゆる商品価格が同時に上昇したり下落したりする必要はまったくない。一定数の主要物品の価格が上昇あるいは下落しさえすれば、流通する全商品の現実化されるべき価格総額を増減させること、つまり流通する貨幣量を増減させることは十分に可能だ。商品の価格変動が現実の価値変動を反映したものであろうが、市場価格の単なる変動を反映したものであろうが、それが流通手段の量に及ぼす影響は同じだ。

たとえば一クォーターの小麦、二〇エレの麻布、一冊の聖書、四ガロンのウィスキーといったふうに、たがいに脈絡なく、同時に、したがって空間的に併存しながら一定数の売りないし部分的形態変容がおこなわれているものとしよう。各物品の価格がそれぞれ二ポンド、すなわち現実化されるべき価格総額が八ポンドだとすれば、八ポンドの貨幣総額が流通のなかに入らねばならない。それに対して、この同じ商品がわれわれに周知の形態変容系列、すなわち一クォーターの小麦―二ポンド―二〇エレの麻布―二ポンド―一冊の聖書―二ポンド―四ガロンのウィスキー―二ポンドという系列の構成員をなしていれば、この二ポンドはそれぞれの商品の価格を順番に現実化していく。この二ポンドは、こうして八ポンドの価格総額を現実化し、異なる商品を順番に流通させ、みずからは最後に醸造家の手中におさまる。二ポンドはこうして四つの回流をなしとげる。同じ貨幣片が繰り返すこうした位置交換は、商品の二重の形態変化をあらわしている。それは対極をなす二つの流通段階を通過する運動であり、種々の商品の形態変容が錯綜していく過程だ。(76) この過程が通過していく局面、すなわち対極をなしながら相互に補完しあうこの局面は、空間的に並存することはできず、時間的に相前後するほかない。したがって時間区分がこの過程の長さを測定する尺度となる。言い換えれば、所定の時間内に同じ貨幣片が回流する回数で、貨幣回流の速度が測られる。たとえば前述の四つの商品の流通過程に一日かかるとすれば、現実化されるはずの価格総額は八ポンド、同一貨幣片の一日の回流回数は四回、流通する貨幣量は二ポンドとなる。すなわち流通過程の一定期間について次の式がなりたつ。

$$\frac{\text{商品の価格総額}}{\text{同一名の貨幣片の回流回数}} = \text{流通手段として機能する貨幣の量}$$

この法則は一般的に妥当する。与えられた期間内での一国の流通過程には、一方で、空間的に併存しながら同時におこなわれている数多くの分散した売り（ないし買い）、言い換えれば部分的形態変容が含まれている。この形態変容のなかでは、同一の貨幣片が一度だけ位置を替え、一度だけ回流する。しかし他方でそこには、一部は並列し一部はからみ合いながら進行する、程度の差こそあれ枝分かれの多い形態変容系列も含まれている。そこでは同じ貨幣片が、程度の差こそあれ多数の回流を重ねる。とはいえ、流通する同一名の全貨幣片の回流総数が分かれば、個々の貨幣片の回流の平均回数、すなわち貨幣回流の平均速度を割りだすことができる。たとえば日々の流通過程を開始するにさいして流通に投じられる貨幣総額は、当然ながら、空間的に並存しながら同時に流通する商品の価格総額によって決まる。しかしこの過程の内部では、一つの貨幣片がいわば他の貨幣片に対して責任を負わされる。一方が回流速度を速めると、他方の回流速度が遅くなるか、場合によっては流通部門から完全に駆逐される。というのも、流通部門はある一定の金量しか吸収できないからだ。それは、個々の要素の平均回流回数を掛けあわせると、現実化されるべき価格総額が得られるような金量だ。したがって貨幣片の回流回数が増加すれば、その流通量は減少し、貨幣片の回流回数が減少すれば、その流通量は増加する。流通手段として機能しうる貨幣の量は、回流の平均速度が決まればおのずから決まる。したがって、たとえば一定量の一ポンド紙幣を流通に投じさえすれば、同量のソヴリン貨を流通から駆逐することができる。これはどの銀行にもよく知られている芸当だ。

(76)「それ」(貨幣)「を運動させ、流通させる……のは生産物である。その」(すなわち貨幣の)「運動速度はその量を補う。必要となれば、それは一瞬も休むことなく、一つの手から別の手へと滑りこんでいくだけである」(ル・トローヌ『社会的利益について』、九一五、九一六ページ)。

そもそも貨幣回流のなかにあらわれているのは、商品の流通過程、すなわち相対《あい》立する形態変容を通じた商品の循環でしかない。それと同様に、貨幣回流の速度にあらわれているのは、商品の形態変化の速度だ。そこでは形態変容系列が連続的にからみあい、あわただしく物質代謝を起こし、商品が流通過程から素早く消え去り、同じように素早く新しい商品によって代替される。したがって、貨幣回流の速度には、相対立すると同時にたがいに補完しあう両局面の流動的な一体性があらわれている。それはすなわち、使用姿から価値姿への変容と価値姿から使用姿への再変容、すなわち売りと買いの両過程の流動的な一体性だ。逆に、貨幣回流が緩慢になると、この過程の分離と対立的な自立化とがあらわれる。それは形態変化の停滞であり、それゆえ物質代謝の停滞でもある。この停滞がどこから生じるのかは、もちろん流通そのものからは見てとれない。流通はただ現象そのものを提示しているにすぎない。貨幣回流が緩慢になると、それによって貨幣は流通場面のあらゆる場所で次第にあらわれなくなり、消え去っていくという通俗的な見方がある。この種の見方が、この現象を流通手段の量的不足から説明しようとするのはいかにもありそうなことだ(77)。

(77)「貨幣は……買いと売りに共通する一般的尺度であるため、何かを売りたいのに買い手を見つけられない人は、王国内や地方に貨幣が欠如しているために自分の商品が売れないのだと考えがちだ。こうして、いたるところで貨幣の欠如をなげく声が聞かれることになるが、これは大きなまちがいだ。……貨幣を求めて叫ぶこれらの人々は何を必要としているのか？……借地農業者は不平をかこち……こう考える。国内にもっと多くの貨幣があれば、自分の生産物によい値がつくだろうにと。……どうやら彼に足りないのは貨幣ではなくて、売りたいのに売れない穀物や家畜に対する相応の価格のようだ。……ではなぜ彼は相応の価格を得ることができないのか？……理由は次のどれかだ。(一) 国中に穀物と家畜がありあまっているため、市場にくる大部分の人々は、彼と同様に売る必要に迫られているが、買う必要のある人がほとんどいない。(二) 輸出を通じた通常の販路が閉ざされている。……(三) 消費が減退している。たとえば、人々が貧困化し、以前ほど家計のために支出できなくなっているような場合だ。だから借地農業者の商品の売れ行きをよくするのは、貨幣そのものの増加ではなく、現実に市場を圧迫しているこれら三つの原因の除去だ。……大商人であろうが小商人であろうが、同じように貨幣を必要としている。つまり彼らは、市場が目詰まりを起こしているため、自分たちが扱う財貨のはけ口を失っているのだ。……富が手から手へと素早く移動している時ほど、一国が繁栄している時はない」(サー・ダドリー・ノース『商業論』ロンドン、一六九一年、一一―一五ページの諸所)。ヘレンシュヴァントのごまかしはすべて次の点にいきつく。すなわち、商品の性質に由来し、だからこそ商品流通にあらわれてくるさまざまな矛盾を、流通手段を増やすことによって除去できると彼が考えている点だ。生産過程と流通過程の停滞を流通手段の不足のせいだと考えるのは通俗的な幻想だ。しかし、だからといって、たとえば「通貨調節」などの政府の拙策によって実際に流通手段が不足しても、それが停滞の原因になることはないという結論にはならない。

したがって各期間に流通手段として機能する貨幣の総量は、一方では流通する商品世界の価格総額によって決まり、他方では商品世界の相対立する流通過程の流れがより緩慢であるか、より急速であるかによって決まる。商品の価格総額のどれだけの部分が同一貨幣で現実化できるかは、この流れの緩急に依存する。また商品の価格総額はその商品種の量と価格に依存する。ところがこの三つの要因、すなわち価格の運動、流通の商品量、そして最後に貨幣の回流速度とは、異なる方向に異なる割合で変動する可能性がある。だから現実化されるべき価格総額も、したがってそれによって制約される流通手段の量も非常に多くの組みあわせから生じる。ここでは商品価格の歴史上、最も重要なものだけを列挙しておこう。

商品価格が同じままであっても、流通手段の量は増えることがある。それは、流通する商品の量が増加するか、あるいは貨幣の回流速度が低下するか、あるいはその両方がともに生じる場合だ。逆に、商品量が減少するか流通速度が上昇した場合には、流通手段の量が減ることもある。

商品価格が全般的に上昇しても、流通手段の量は同じであることもある。それは、商品価格が上昇するのと同じ割合で流通する商品量が減少する場合、あるいは流通する商品量は一定だが、価格の上昇と同じ速さで貨幣の回流速度が上昇する場合だ。ただし、商品価格が上昇するよりも急速に商品量が減少した場合、あるいは価格が上昇するよりも急速に回流速度が上昇した場合には、流通手段の量が減ることもある。

商品価格が全般的に低下しても、流通手段の量は同じであることもある。それは、商品価格が低下するのと同じ割合で商品量が増加する場合、あるいは商品価格が低下するのと同じ割合で貨幣の回流速度が低下する場合だ。ただし、商品価格が低下するよりも急速に商品量が増加した場合、あるいは商品価格が低下するよりも急速に流通速度が低下した場合には、流通手段の量が増えることもある。

これらさまざまな要因の変動は相互に相殺されることもある。そうなれば、こうした要因のたえざる不安定さにもかかわらず、現実化されるべき商品価格の総額、したがって流通する貨幣量も一定を保つことになる。それゆえ、とくにある程度長い期間をとって観察すれば、それぞれの国のなかで流通している貨幣量の平均水準は一見して予想される以上に恒常的であることが分かる。生産恐慌や商業恐慌から周期的に生じる、あるいはもっと稀なことだが貨幣価値自体の変動から生じるひどい混乱を例外とすれば、この平均水準からの逸脱は予想以上に小さいことが分かる。

流通手段の量は流通する商品の価格総額と貨幣回流の平均速度とによって決まるという

法則は、[78] 次のようにも表現できる。商品の価値総額と商品の形態変容の平均速度とが与えられていれば、回流する貨幣の量、あるいは貨幣材料の量はそれ自身の価値によって定まる、と。ところがこれとは逆に、商品価格は流通手段の量によって決まり、流通手段の量は一国に存在する貨幣材料の量によって決まるという幻想がある。[79] この種の幻想の最初の代表者たちが、この幻想の根拠としたのは、商品は価格を持たずに流通過程に入り、貨幣は価値をもたずに流通過程に入り、そこではじめて商品の群れの可除部分と金属の山の可除部分とが交換しあうというばかげた仮説だった。[80]

(78)「一国の商業を運営していくのに必要とされる貨幣には、一定の量と割合がある。それが多すぎても少なすぎても商業を阻害する。それは、小さな小売業で、銀貨をくずしたり、一番小額の銀貨でもできない支払いを済ませたりするには一定量のファージング貨が必要であることからも分かる。……ところで、取引に必要なファージング貨の数的割合は、人々の数や彼らの交換頻度、そしてとくに、最小額の銀貨の価値からも推定できる。したがって同じように、われわれの取引に必要な貨幣(金貨、銀貨)の割合も、交換頻度と支払額の高さとによって推定できる」(ウィリアム・ペティ『租税貢納論』ロンドン、一六六七年、一七ページ)。A・ヤングは、ヒュームの理論を批判したJ・ステュアートとは逆に、その著作『政治算術』(一七七四年)のなかでヒュームの理論を擁護し、「価格は貨幣量に依存する」という一章を設けている(一一二ページ以下)。わたしは『経済学批判』の一四九ページで次のように述べておいた。「彼(アダム・スミス)は貨幣を単なる商品として扱うという完全な誤りを犯すことによって、流通鋳貨量に関する問題を暗黙のうちに葬り去ってしまった」。もっとも、この指摘はアダム・スミスが公式に〔ex officio〕貨幣を扱う時にしか当てはまらない。ただ時々、たとえば過去の経済学体系を批判する時などには、スミスは正しいことを述べている。「どこの国でも、鋳貨の量は、鋳貨によって流通させられるべき商品の価値によって決定され〔る〕。……年々売買される財貨の価値は、この財貨を流通させ、適当な消費者に配給するために、一定量の貨幣を必要とするけれども、しかし、それ以上の貨幣を流通させるものではない。流通の水路は、それを満たすに足るだけの貨幣量をかならず引き寄せはするが、それ以上にはけっして受け入れることはしないものである」（『国富論』第四篇第一章〔第三巻、八七—八九ページ〕、〔大河内一男監訳、中公文庫Ⅱ、九六、九八ページ〕）。同じように、アダム・スミスは、公式には分業礼賛から著作を開始しているが、後段になると、国家収入の源泉を論じている最終篇のなかで、時々、自分の師A・ファーガソンの分業批判を繰り返している。

(79)「どの国でも、金銀の量が人々のあいだで増加すれば、それにつれて物価はまちがいなく上昇するだろう。したがって、ある国で金銀が減少すれば、すべての商品の価格はこうした貨幣減少に応じて下落せざるをえない」（ジェイコブ・ヴァンダーリント『貨幣万能論』ロンドン、一七三四年、五ページ）。ヴァンダーリントとヒュームの『論集』とを詳細に比較してみれば、ヒュームが重要なヴァンダーリントの著作を知っており、それを利用したことは、ほとんど疑いの余地がないと思われる。流通手段の量が価格を決定するという見解は、バーボンにも、また彼よりずっと古い著作家にも見られる。ヴァンダーリントは次のように言っている。「貿易を自由にしても、なんら不都合は生じないどころか、むしろ非常に大きな利益が得られる。……たとえば自由な貿易によってその国の正金が減少したとしよう。それこそ、自由貿易禁止策が防止しようとしていたことだ。しかしその時、正金を手に入れた諸国民は、国内の正金量が増加するに比例してすべての物の価格が上昇するのをしかと確認するだろう。その一方で……わが国の製造品やその他すべての商品はまもなく安価になり、貿易バランスはふたたびわが国に有利に転じるだろう。そしてその結果、わが国にふたたび貨幣が流入することになる」(同前、四三、四四ページ)。

(80) いずれの個別商品種もその価格を通じて、流通する全商品の価格総額の一要素をなしていることは自明だ。しかし、相互に通約できない使用価値がなぜ一団となって一国に存在する金銀量と交換されるのかは、まったく理解できない。もし魔法で商品世界をただ一つの総商品に変え、あらゆる商品を単なるその可除部分にできるなら、総商品＝xツェントナーの金、かつ商品A＝総商品の可除部分＝xツェントナーの金の同一可除部分という美しい計算式もでてくるだろう。まさにこれを、モンテスキューは真顔でおこなっている。「世界中にある金銀の量と世界中にある商品の総計とを見比べてみれば、個々の産物ないし商品もまた一定量の貨幣と比較することができる。世界にたとえば一つの産物ないし一つの商品しか存在せず、言い換えれば一つの商品しか買われず、それが貨幣と同様に分割できるとすれば、この商品の一定部分は貨幣量の一部分に相当するだろう。商品総量の半分は全貨幣量の半分に相当するだろう。……基本的に商品価格は、つねに貨幣記号の総量に対する商品総量の比率によって決まる」(モンテスキュー『法の精神』、『全集』第三巻、一二、一三ページ)。リカードや彼の弟子ジェイムズ・ミル、ロード・オーヴァストンなどによるこの理論のさらなる展開については、『経済学批判』の一四〇―一四六ページ、および一五〇ページ以下を参照。ジョン・ステュアート・ミル氏は、お得意の折衷主義的論理を用いて、自分の父J・ミルとは同意見であると同時に、反対意見でもあると称するすべを心得ている。

彼の概説書『経済学原理』の本文と、彼が現代のアダム・スミスを自称している序文（初版）とを読み比べると、この男の無邪気さをあっぱれというべきか、それともこの男を信じきって現代のアダム・スミスだと買いかぶっている公衆の無邪気さをあっぱれというべきか、分からなくなる。スミスに比べれば、この男などは〔ナポレオン戦争時の〕ウェリントン公爵に対する〔クリミア戦争時の〕カルス准男爵ウィリアムズ将軍のレベルだ。経済学分野における包括的でもなければ内容豊かでもないJ・S・ミル氏の独創的研究成果などは、すべて一八四四年に刊行された彼の小冊子『経済学の若干の未決定問題』のなかに整理されている。ロックは率直に、金銀の無価値性と量によるその価値規定との関連について語っている。「人間は、金銀に想像上の価値を与えることに同意したのだから……これらの金属のなかに認められる内在的価値とは、その量以外のなにものでもない」（ロック『利子引き下げの結果についての若干の考察』一六九一年、『著作集』版、ロンドン、一七七七年、第二巻、一五ページ）。

c　鋳貨、価値記号

貨幣には流通手段としての機能が備わっているため、貨幣は鋳貨の姿をとることになる。商品の価格ないし貨幣名として心に描かれる金の重量部分は、流通のなかでは同名の金片あるいは鋳貨として商品と対面しなければならない。価格の尺度標準の確定と同様に、貨幣鋳造は国家の仕事となる。金銀は、鋳貨としては国ごとに異なる制服を身に付けているが、世界市場ではその制服をふたたび脱ぎ捨てる。そこには、商品流通の内部領域ないし国民的領域と、その一般的な世界市場領域との分離があらわれている。

つまり金鋳貨と金地金は元来、その外形によって区別されているにすぎないということだ。金はたえず片方の形態からもう片方の形態に変容しうる。(81) 鋳造所からでていく道は、同時に坩堝《るつぼ》へと向かう道でもある。というのも金鋳貨は回流するうちに、あるものはより多く、他のものはより少なく摩滅していくからだ。金名称と金実体とが、そして名目含有量と実質含有量とが、その分離過程を開始する。同名の金鋳貨であっても、重量が異なるために、異なる価値をもつようになる。流通手段としての金は、こうして価格の尺度標準としての金から乖離していき、価格を実現するはずだった商品の実際の等価物であることをやめてしまう。こうした混乱の歴史こそ、一八世紀にいたるまでの中世、近世の鋳貨史だった。金である鋳貨を金の仮象に変容させ、鋳貨を公称金含有量の象徴に変容させることは、流通過程に組みこまれた自然発生的な傾向だ。だからこの傾向は金属摩滅度に関する最も近代的な法律によってさえ認められている。そこでは摩滅の度合によって金貨が流通不能なものとされたり、貨幣資格を剝奪されたりする。

(81) 貨幣発行益その他の細目を論じることは、もちろん本書の目的を超えるが、一つだけ紹介しておこう。ロマン派のお追従者《ついしょう》アダム・ミュラーは「無償で鋳造をおこなうイギリス政府の大変な気前のよさ」を称賛していたが、それとは好対照に、サー・ダドリー・ノースは次のような判断を下していた。「銀と金には他の商品と同じように満ち引きがある。スペインからまとまった量の金銀が流入すると……それはロンドン塔に運ばれて鋳造される。その後しばらくすると輸出のための地金需要が生じる。その時、地金が存在せず、たまたま地金がすべて貨幣に鋳造されていたらどうなるか？　その時は、再度、鋳貨が鋳つぶされるだろう。それでも損失は発生しない。貨幣鋳造は金所有者に何の負担もかけないからだ。ただし国民は損失をこうむる。なぜなら国民はロバに喰わせる藁を束ねる費用を払わされるからだ。もし商人が（ノース自身、チャールズ二世時代の最大の商人の一人だった）鋳造費用を払わねばならないとすれば、彼らは自分の銀を躊躇なくロンドン塔に送ることはしないだろう。そうなれば鋳造された貨幣は、鋳造されない銀よりもつねに高い価値をもつことになるだろう」（ノース『商業論』、一八ページ）。

貨幣回流自体が、鋳貨の実質含有量を名目含有量から切り離し、その金属としてのあり方を、その機能的なあり方から切り離していくとすれば、貨幣回流には、鋳貨機能をもつ金属貨幣を他の材料からなる徴標ないし象徴で代替していく可能性が潜在的に含まれていると言える。金銀の微少重量部分を鋳造することには技術的困難がともなうこと、もともと低位の金属も上位金属の代用として、たとえば金の代わりに銀が、銀の代わりに銅が価値尺度として利用され、上位金属がそれを廃位する瞬間までは貨幣として流通していたことなどを考えれば、銀製、銅製の徴標が金貨の代役を果たしてきた理由も歴史的に説明がつく。それらが金の代役を果たすのは、鋳貨が最も速く流通し、したがってまた最も速く摩滅するような商品流通圏、言い換えればきわめて小規模な売買が途切れなく更新されていく商品流通圏だ。こうした衛星金属が金自身の位置に定着してしまうのを防ぐために、支払い時に金の代用としてそれらが使用できる限度割合が法律によってきわめて小さく抑えられている。異なる種類の鋳貨が回流する個別の圏域も当然ながら相互にからみあっている。最小金貨の端数部分を支払うために、金と並んで補助鋳貨があらわれる。金は絶え間なく小口流通のなかに流入するが、補助鋳貨との交換を通じて同じく絶え間なくそこから追いだされる。(82)

(82)「もし銀貨が小口支払いに必要とされる量を絶対に超えなければ、大口支払いに足るだけの量の銀貨を集めることはできない。……大口支払いのために金を使用すれば、必然的に小口取引でも金を使用することになる。金貨の所有者は小口購入でもそれを使い、買った商品とともに銀貨で釣銭を受けとる。これによって、さもなければ小売商人の重荷になったはずの過剰な銀が彼らの手元から離れ、一般的流通へと戻される。しかし、あまりに多くの銀貨が存在し、金貨を使わなくても小口支払いができるようになると、小売商人は小口購入の代価として銀貨を受けとることになるだろう。そうなれば必然的に銀貨が彼の手元にたまることになるだろう」(デイヴィッド・ブキャナン『グレートブリテンの課税と商業政策の研究』エディンバラ、一八四四年、二四八、二四九ページ)。

銀製銅製徴標の金属含有量は法律によって随意に決定される。しかもそれらは回流するうちに金貨よりさらに速く摩滅する。したがって、その鋳貨機能は事実上、その重量にはまったくかかわりのないものに、言い換えれば、いかなる価値にもかかわりのないものになる。鋳貨としての金のあり方は、その価値実体から完全に切り離される。こうして相対的に無価値な物である紙幣でも、金鋳貨の代替機能を果たしうるようになる。金属製の貨幣徴標では、純粋に象徴的な性格はまだある程度、隠されている。しかし紙幣になると、その性格がだれの目にも明らかになる。手間がかかるのは最初の一歩だけ (Ce n'est que le premier pas qui coûte) ということだ。

ここでは強制通用力をもつ国家紙幣だけを扱う。それは金属流通から直接発生してくる。これとは対照的に、信用貨幣は、単純な商品流通の立場からはまだまったく知られていない諸関係を前提としている。それでもついでに指摘しておけば、本来の紙幣が流通手段としての貨幣機能から発生しているとすれば、信用貨幣は支払手段としての貨幣機能のなかにその自然発生的なルーツを持っている。(83)

(83) 財務官僚の王茂蔭〔清朝の戸部侍郎〕は、中華帝国不換紙幣を兌換可能な銀行券に転換することをひそかにねらった計画を天子に具申することを思いついた。一八五四年四月の紙幣委員会の報告のなかで、彼はこっぴどく叱責されている。ただし、彼が慣例にしたがって笞刑《ちけい》も受けたかどうかは報告されていない。報告書の末尾にはこう記されている。「本委員会はこの計画を慎重に検討した結果、この計画ではすべてが商人の利益に終わり、皇室には何の利益ももたらさないことを確認した」(『北京駐在ロシア帝国公使館の中国に関する研究』、ドクター・K・アーベルと

F・A・メクレンブルグによるロシア語からの翻訳、第一巻、ベルリン、一八五八年、五四ページ)。回流によって金鋳貨がたえず摩滅することについては、イングランド銀行のある「総裁」が(「銀行条例」に関する)上院委員会の証人としてこう述べている。「毎年、新たに鋳造されるソヴリンの一部が」(このソヴリンは政治上のソヴリン〔君主〕ではなく、ポンド・スターリングの名称)「軽すぎるようになる。ある年には完全な量目として通用していたものが、次の年には秤の反対側が下がるほどに摩滅してしまう」(上院委員会、一八四八年、第四二九号)。

一ポンド、五ポンドなどの貨幣名が印刷されている紙券は国家によって外から流通に投じられる。紙幣が現実に同名の金量の代わりに流通するかぎり、その運動に反映するのは貨幣回流自身の法則だけだ。紙幣流通の独自の法則は、ひとえに紙幣が金の役割を代行する割合から生まれる。その法則は単純に次のようなものだ。すなわち紙幣の発行額は、紙幣によって象徴的に表現される金(または銀)が、紙幣がなければ実際に流通したはずの量に制限されなければならないということだ。たしかに流通領域が吸収できる金量はたえず揺れ動いており、一定の平均水準を上回ったり下回ったりする。それでも一つの国をとれば、そこでの流通媒体の量が経験的に確認される一定の最少量をくだることはけっしてない。この最少量の構成要素は絶え間なく入れ替わり、そのつど異なる金片からなっているが、それによって最少量の大きさが変化したり、それが流通部門を恒常的に動き回っていること自体が変化したりすることはない。だからこそ、この最少量は紙の象徴によって置き換えることができる。これに反して、もし今日すべての流通水路が貨幣吸収能力の限度まで紙幣で充たされるならば、明日には商品流通の変動のために流通水路があふれてしまうかもしれない。そうなればあらゆる基準が失われる。いま、紙幣がその限度、すなわち流通したはずの同一名称の金貨量を超えたとしよう。一般的信用崩壊の危険は別として、紙幣はその場合でも、商品世界の内部では、その内在法則によって規定された金量しか、つまりそれが表示している金量しか表現できない。以前は一オンスの金を表現していた紙券量が、いまでは二オンスの金を表現するようになれば、事実上、たとえば一ポンドが、以前は一／四オンスの貨幣名だったのに、いまでは一／八オンスの貨幣名となる。結果的には、価格尺度としての金の機能が変化したのと同じことになる。したがって、以前は一ポンドの価格で表現されていた同じ価値が、いまでは二ポンドの価格で表現される。

紙幣は金記号ないし貨幣記号だ。そこでは商品価値が、紙幣によって象徴的感覚的に表現されているのと同じ金量のなかで観念的に表現されている。商品価値に対する紙幣の関係は、この一点に尽きる。紙幣は金量を代表しており、その金量は他のあらゆる商品量の場合と同様、価値量でもある。ただそれゆえにのみ紙幣は価値記号なのだ。(84)

(84)　第二版への註。貨幣制度について論じている最良の著述家でさえ、貨幣がさまざまな機能を持っていることをいかに不明瞭にしか理解していないかは、たとえばフラートンの次の一節からも分かる。「われわれの国内取引に関するかぎり、通常、金貨ないし銀貨で果たされる貨幣機能はすべて不換紙幣の流通によっても同じように有効に果たすことができる。こうした不換紙幣は、法律によって得た人為的、かつ合意にもとづく価値しか持っていない。これは否定しえない事実であると、わたしには思える。この種の価値は、その発行額が適切な限界内に維持されてさえいれば、内在的価値のあらゆる目的に役立たせることができ、場合によっては価値尺度標準の必要性すらなくすことができるだろう」(フラートン『通貨調節論』第二版、ロンドン、一八四五年、二一ページ)。つまり貨幣商品は、流通のなかでは単なる価値記号によって代用できるのだから、価値尺度としても、価格の尺度標準としても不要だとおっしゃるわけだ!

結局のところ問われているのは、なぜ金が自分自身の無価値な記号にすぎないものによって代用できるのか? ということだ。しかし、すでに見てきたように、金がこのように代用可能なものになるのは、金の機能が鋳貨として、すなわち流通手段として他の機能から切り離され、自立化する場合に限られる。この機能の自立化は、摩滅した金片が継続的に流通しているという事実のなかにあらわれている。とはいえこの自立化は、個々の金貨に生じるわけではない。金片が単なる鋳貨ないし流通手段となるのは、それが現に回流過程のなかに存在している場合に限られる。しかし、個々の金貨には該当しないことが、紙幣で代用できる最少金量には該当する。この最少金量はいつまでも流通領域にとどまり、流通手段として継続的に機能し、それゆえこの機能の担い手としてのみ存在している。だからその運動は商品の形態変容W—G—Wを構成する対立過程の継続的な交替を表現しているにすぎない。この形態変容過程では、商品の価値姿は商品と対面したかと思えば、すぐにまた消え去っていく。商品の交換価値の自立的表現は、ここではつかの間の構成要素にすぎない。それはたちまちのうちに他の商品によって置き換えられていく。したがって、貨幣が一方の手から他方の手へと絶え間なく離れていく過程では、貨幣は単に象徴として存在しているだけでも十分に役割を果たせる。いわば貨幣の機能的なあり方が、その物質的なあり方を吸収してしまう。商品価格をほんの一時、客観化して映しだしているにすぎない貨幣は、自分自身の記号として機能しており、だからこそ記号で代替することもできる。(85) ただし、この貨幣の記号は、それ自体として客観的に社会のなかで通用する必要がある。この通用力を、紙券という象徴は強制流通によって獲得する。この国家強制は、一つの共同体の境界線で囲まれた国内流通部門の内部でしか通用せず、その内部でのみ貨幣は流通手段ないし鋳貨としての機能のなかに完全に解消される。それゆえそこでだけは、貨幣は紙幣の形で、金属実体から外形的に分離された、単に機能的な存在様式をとることができる。

(85) 鋳貨としての金銀、あるいは流通手段としての機能に特化した金銀は、それ自身の記号になる。この事実から、ニコラス・バーボンは「貨幣価値を高める」(to raise money) 政府の権利を導きだしている。それは、たとえばグロッシェンと呼ばれていた一定量の銀に、ターラーなどのより多くの銀量の名前を与え、こうして債権者たちにターラーではなくてグロッシェンを返済するという権利だ。「貨幣は摩滅し、何度も勘定されることによって軽くなっていく。……取引で人々が気にするのは貨幣の名称であり、相場であって、銀の量ではない。……金属を貨幣にするのは国家の権威なのだ」（N・バーボン『新貨幣をより軽く鋳造することに関する論考』、二九、三〇、二二五ページ）。

第三節　貨　幣

価値尺度として機能し、それゆえ身をもって、あるいは代理を通じて、流通手段としても機能する商品は貨幣だ。したがって金（ないし銀）は貨幣ということになる。金（ないし銀）が貨幣として機能する仕方は二つある。第一の場合には、貨幣が金製（ないし銀製）の身体を備えて登場しなければならない。つまりそれは、あくまで貨幣商品であり、価値尺度としての貨幣のように単に観念的なものではなく、また流通手段としての貨幣のように代替可能なものでもない。これに対して第二の場合には、金（銀）の機能が貨幣を唯一の価値姿に、すなわち交換価値を唯一適切に体現する存在にする。そして、それを単なる使用価値にすぎない他の全商品に対置し、固定化する。そのさい、貨幣がこの機能を、みずから身をもって果たしているか、代理を通じて果たしているかは問題ではない。

a　貨幣退蔵

二つの逆向きの商品形態変容の連続的循環、すなわち売りと買いの滑らかな回転は、休みなき貨幣回流のなかに、すなわち流通の永久運動（perpetuum mobile）としての貨幣機能のなかにあらわれる。この形態変容の系列が中断され、売りがそれに続く買いによって補完されなくなると、貨幣は不動化される。あるいはボアギルベールが言うように、動的なものから不動のものへと、鋳貨から貨幣へと変身する〔デール編『一八世紀の財政経済学者』パリ、一八四三年所収のボアギルベール『フランス詳論』〕。

商品流通の最初の発展とともにすでに第一の形態変容の産物である商品の変容姿、いわばその金蛹《さなぎ》を確保しようとする必然性と情熱が芽生えてくる(86)。商品は、別の商品を買うためではなく、商品形態を貨幣形態に置き換えるために売られる。そこでの形態変化は、物質代謝の単なる媒介であることをやめ、自己目的と化す。商品のこの脱皮姿は、いつでも必ず譲渡できる姿、すなわち、つかの間の貨幣形態として機能することを妨げられる。こうして貨幣は化石化して退蔵貨幣となり、商品の売り手は貨幣退蔵者となる。

(86)「貨幣が豊富にあるということは……貨幣に変容した生産物が豊富にあるということでしかない」（メルシエ・ド・ラ・リヴィエール『政治社会の自然的本質的秩序』、五七三ページ）。「生産物の形態をとっている価値は単に形態を取り換えたにすぎない」（同前、四八六ページ）。

商品流通の開始期には、使用価値の余剰分だけが貨幣に変容する。こうして金銀はおのずから豊かさや富の社会的表現となる。伝統的な自給自足的生産様式のもとで欲求の範囲もそれに応じて固く閉ざされている諸民族では、貨幣退蔵のこの素朴な形態が永続化する。たとえばアジア人、とくにインド人の場合がそうだ。商品価格が一国に存在する金銀の量によって決まると妄信しているヴァンダーリントは、いったいなぜインドの商品はこんなに安いのか？と自問している。それはインド人が貨幣を地中に埋めておくからだというのが彼の答えだ。彼によれば、一六〇二年から一七三四年までのあいだにインド人は、一億五〇〇〇万ポンドの銀を地中に埋めた。(87) もともとアメリカからヨーロッパに運ばれてきた一八五六年から一八六六年にかけて、つまり一〇年間に、イギリスは一億二〇〇〇万ポンドの銀をインドと中国に輸出した（中国に輸出された金属は大部分、再度インドに流れた）。この銀は、イギリスが以前にオーストラリアの金と交換したものだった。

(87)「この方策でインド人は自分たちのすべての財貨と製品をこれほど低価格に保っている」（ヴァンダーリント『貨幣万能論』、九五、九六ページ）。

商品生産がさらに発展していくと、いずれの商品生産者も「諸物の中枢」（nervus rerum）、つまり「社会的抵当権」を確保しなければならなくなる。(88) 彼の欲求は絶え間なく更新され、たえず他人の商品を買うことを彼に命じるが、他方、自分の商品の生産と販売には時間がかかり、しかもそれは偶然に左右される。売ることなしに買うためには、あらかじめ、買うことなしに売っておかねばならない。この操作は、もしあらゆる水準でおこなわれれば、自己矛盾におちいるように見える。しかし貴金属は、その生産現場で直接、他の商品と交換される。この現場では（金銀所有持者側の）買いがないままに（商品所有者側の）売りが起きる。(89)その後の売りは、それに続く買いがなければ、単に貴金属をすべての商品所有者に広く分配するための仲介をしているにすぎない。こうして交易のあらゆる地点で大小さまざまな金銀の退蔵が生まれる。商品を交換価値として、あるいは交換価値を商品として握りしめておく可能性とともに、黄金欲もめざめてくる。商品流通の拡大とともに、いつでも役に立つ絶対的に社会的な富の形態たる貨幣の威力が増していく。「黄金はすばらしい物だ！　これを持っていれば、自分が望むすべての物の主人となる。黄金があれば魂を天国に送ることさえできる」（コロンブス『ジャマイカからの手紙』一五〇三年）。貨幣を見ても、何が貨幣に変容したのかは分からない。だから商品であろうとなかろうと、すべてのものが貨幣に変容する。あらゆるものが売れるものになり、買えるものになる。流通は巨大な社会的坩堝《るつぼ》と化し、すべてのものがそこに飛びこんだかと思うと貨幣という結晶となってふたたび抜けだしてくる。この錬金術には聖骨さえ抵抗できない。いわんや、もっと華奢《きやしや》な「人間の商業の外にある聖なるもの」(res sacrosanctae, extra commercium hominum) にいたってはなおのことだ。(90)貨幣のなかでは商品のあらゆる質的区別が消え去っている。それと同じように、貨幣自身も過激な水平派《レヴェラー》として、あらゆる差異を消し去っていく。(91)しかし貨幣は自分自身が商品であり、だれの私有物ともなりうる外的な物だ。こうして社会的な力が私人の私的な力となる。だからこそ古代社会は貨幣を、経済的道徳的秩序の破壊者として非難したのだ。(92) その幼年時代にすでにプルートス〔ギリシア神話の富と収穫の神〕の髪をつかんで地中からひきずりだした(93)近代社会は、黄金の聖杯を自分に最もふさわしい生活原理の輝ける受肉として讃えている。

(88)「貨幣は一つの抵当権である」(ジョン・ベラーズ『貧民、製造業、商業、植民地および不道徳に関する論集』ロンドン、一六九九年、一三ページ)。

(89) というのも、カテゴリー上での買いは、最初から金銀を商品の変容した姿として、あるいは売りの産物として想定しているからだ。

(90) フランス王のなかで最もキリスト教的な王であったアンリ三世は、修道院などから聖遺物を奪って、それを貨幣に換えた。フォキス人によるデルフォイ神殿の財宝略奪がギリシア史でどんな役割を演じたかはよく知られている。古代人は周知のとおり神殿を商品の神の住居として利用した。神殿は「聖なる銀行」だった。きわだった商業民族フェニキア人は、貨幣をあらゆる物の脱皮姿だとみなしていた。だから愛の女神の祝祭中に他国の男に身を任せた処女たちが、報酬として受けとった貨幣を女神に捧げたのも、理にかなったことだった。

(91)「金貨か? 黄金色にきらきら輝く貴重な金貨だな? ……だが、これだけの金があれば、黒を白に、醜を美に、邪を正に、卑賤を高貴に、老いを若きに、臆病を勇気に変えることもできよう。神々よ、どういうことだ、これは? どうしてこれを? これはあなたがたのそばから神官や信者たちを引き離し、まだ大丈夫という病人の頭から枕を引きはがすしろものだ。この黄金色の奴隷めは、信仰の問題においても人々を結合させたり離散させたりし、呪われたものを祝福し、白癩病みを崇拝させ、盗賊を立身させて、元老院議員なみの爵位や権威や栄誉を与えるやつなのだ。枯れしぼんだ古後家を再婚させるのもこいつだ……やい、罰当りな土くれ……いかがわしい売女め」(シェイクスピア『アテネのタイモン』第四幕第三場、小田島雄志訳、シェイクスピア全集、白水社、一一〇―一一一ページ)。

(92)「まったく、人の世の習いにも、金銭ほど人に禍いをなす代物はない、此奴《こいつ》のために町は亡され、民は家から追い立てられる。この代物が人間のまともな心を迷いに導き、引き替えて、恥ずべき所業に向かわせてから、人々に邪悪の道を踏みならわせては、見境なしに不敬の業《わざ》へ誘いこむのだ」(ソポクレース『アンティゴネー』(呉茂一訳、岩波文庫、二五―二六ページ))。

(93)「貪欲はプルートスさえ大地の内部から引きだしたいと願う」(アテナイオス『食卓の賢人たち』)。

使用価値としての商品は、ある特別な欲求を充たし、素材的な富の特別な一要素となる。他方、商品の価値は、素材的な富のあらゆる要素に人々を惹きつける商品の引力を測る指標となり、それゆえ商品所有者の社会的富の指標となる。未開人のような単純な商品所有者にとっては、いやそれどころか西ヨーロッパの農民にとってさえ、価値は価値形態と不可分であり、したがって金銀退蔵の増加はそのまま価値の増加となる。もちろん貨幣の価値は、貨幣自身の価値変動の結果であれ、商品の価値変動の結果であれ、時とともに変動する。しかしそれによって、第一に、二〇〇オンスの金が一〇〇オンスの金よりも、また三〇〇オンスの金が二〇〇オンスの金よりも多くの価値を含んでいる事実が変わるわけではない。また第二に、その物がもつ金属としての現物形態があらゆる商品の一般的等価形態であり続けること、すなわちあらゆる人間労働の直接的に社会的な受肉であり続けることに変わりはない。貨幣退蔵の衝動は、その本質からして無制限だ。質的には、あるいはその形態から見れば貨幣には分け隔てがない。貨幣はどの商品にも直接置き換わることができるがゆえに、素材的な富の一般的代表者なのだ。ところが同時に、現実の貨幣の額はいずれも量的に制限されている。したがって効力が制限された購買手段でしかない。貨幣のこの量的制限と質的無制限との矛盾が、貨幣退蔵者を蓄積というシジフォス的労働へと繰り返し連れ戻す。それはまるで新たな領土を獲得するたびに、新たな国境を目の前にする世界征服者のようだ。

金を貨幣として、したがって貨幣退蔵の要素として握り締めておくためには、それが流通したり、購買手段として享楽手段に解消したりすることを妨げなければならない。だから貨幣退蔵者は金フェティシュのために自分の肉欲を犠牲にする。彼は禁欲の福音を真剣に受けとる。その一方で、彼が貨幣として流通から引き上げることができるのは、ただ彼が商品の形で流通に投じたものでしかない。彼は、多く生産すればするほど多く売ることができる。だから勤勉と節約と吝嗇《りんしょく》は彼の基本徳目であり、多く売って少なく買うことが彼の経済学のすべてだ。(94)

(94)「あらゆる商品の売り手の数をできるだけ増やし、買い手の数をできるかぎり減らすことは、経済学のあらゆる方策の基軸をなす」(ヴェッリ『経済学に関する考察』、五二、五三ページ)。

退蔵貨幣の直接的な形態と並行して、その美的形態、すなわち金商品、銀商品の所有も進んでいく。それはブルジョワ社会が豊かになるとともに増大する。「金持ちになろう、さもなければ金持ちにみせかけよう」(ディドロ)。こうして一面では、貨幣機能とは無関係に、金銀のための市場がたえず拡大形成され、他面では、これによって貨幣の潜在的な補給源が形成される。この補給源はとりわけ社会の混乱期に利用される。

貨幣退蔵は金属流通の経済のなかでさまざまな機能を果たす。第一の機能は、金貨ないし銀貨の回流条件から生まれる。すでに見たように、商品流通が規模、価格、速度の面でたえず変動するのに応じて、回流する貨幣量も休みなく干満を繰り返す。したがって回流する貨幣量は収縮したり膨張したりできなくてはならない。ある時には貨幣が鋳貨として流通に引き寄せられねばならず、ある時には鋳貨が貨幣として流通から追いだされねばならない。現実に回流している貨幣量が流通部門の飽和度につねに見あっているためには、一国に存在する金銀量は、現に鋳貨機能を果たしている金銀量よりも多くなければならない。この条件は貨幣の退蔵形態によって充たされる。退蔵貨幣の貯水池は流通する貨幣の流出路の役目を果たすと同時に、流入路としての役目をも果たしており、それゆえ流通貨幣が回流水路からあふれだすことはけっしてない(95)。

（95）「どの国も商業を営むためには一定量の金属貨幣を必要とするが、その量は変動し、事情が要求するのに応じて大きくなったり小さくなったりする。……貨幣のこうした干満は、政治家の助けをまったく借りることなく、おのずから調節される。……つるべは交互に上下し、貨幣が欠乏すれば地金が鋳造され、地金が欠乏すれば鋳貨が鋳つぶされる」（サー・D・ノース『商業論』〔あとがき〕、三ページ）。長く東インド会社の職員をつとめたジョン・ステュアート・ミルの証言によれば、インドではいまでも銀の装飾品が直接、退蔵貨幣として機能している。「銀の装飾品は、利子率が高くなれば鋳造にだされ、利子率が低くなれば、また元に戻される」（ジョン・ステュアート・ミルの証言。『銀行条例に関する報告』一八五七年、二〇八四号、二一〇一号、所収）。インドにおける金銀輸出入に関する一八六四年の議会文書によれば、一八六三年の金銀の輸入は輸出を上まわること一九三六万七七六四ポンドで、一八六四年までの八年間についていえば、貴金属輸出に対する輸入超過分は一億〇九六五万二九一七ポンドにのぼる。この世紀のあいだにインドでは二億ポンドをはるかに超える硬貨が鋳造された。

b　支払手段

これまで考察してきた商品流通の直接的形態では、同じ価値量がつねに二重に存在していた。一方の極には商品があり、他方の極には貨幣があった。だから商品所有者たちは、両方の側にある等価物の代理人として接触しただけだった。ところが商品流通が発展してくるにつれて、商品の譲渡と価格の現実化とが時間的に分離するという事態が生じてくる。

ここではそうした事態のなかで最も単純なものに触れておけば十分だ。ある商品種は生産により長い時間を、別の商品種はより短い時間を必要とする。さまざまな商品の生産はさまざまな季節と結びついている。ある商品は市場のある場所で生まれ、別の商品は遠方の市場まで旅をしなければならない。だからある商品所有者は、別の商品所有者が買い手としてあらわれる前に、売り手として登場することがある。同じ取引が同じ人々のあいだでたえず繰り返される場合には、商品の販売条件はその生産条件にあわせて調節される。他方、ある種の商品種、たとえば家屋を使用する場合には、一定の期間を定めて販売がおこなわれる。その期間が過ぎてはじめて、買い手は商品の使用価値を現実に受けとったことになる。したがって彼は商品の代価を支払う前に、それを買っている。一方の商品所有者は現に存在する商品を売り、他方の商品所有者は貨幣の単なる代理人、あるいは未来の貨幣の代理人としてそれを買う。売り手は債権者となり、買い手は債務者となる。ここでは商品の形態変容ないしその価値形態の発展が変化をとげている。それゆえ貨幣もまた別の一機能を得る。貨幣は支払手段となる。(96)

(96) ルターは購買手段としての貨幣と支払手段としての貨幣とを区別している。「君は利子を二重化しており、わたしはこちらでは支払うことができず、あちらでは買うことができない」(マルティン・ルター『牧師諸氏へ、高利に反対して』ヴィッテンベルク、一五四〇年)。

債権者あるいは債務者の役柄は、ここでは単純な商品流通から生まれる。商品流通の形態変化が、売り手と買い手にこの新しい刻印を押す。だからそれは、さしあたっては売り手と買い手の役割と同様に、つかの間の役割であり、同じ流通当事者たちによって交互に演じられる。とはいえ、この対立はもはや最初からあまり安閑としたものではなく、これまで以上に大きな結晶化の能力を備えている。[97] しかし、これと同じ役柄は、商品流通と無関係に登場することもある。たとえば古代世界の階級闘争は、主として債権者と債務者との間の闘争という形をとっておこなわれた。ローマではこの闘争が平民債務者の没落で終わり、彼らは奴隷にとって代わられた。中世では、この闘争が封建諸侯債務者の没落で終わり、彼らはその経済基盤とともに政治権力を失った。一般に、債権者と債務者との関係は貨幣関係の形態をとるが、その貨幣形態は、そこではまだ根深い経済的生活条件の対立を反映していたにすぎない。

(97) 一八世紀初頭にイギリスの商人たちのあいだで見られた債務者・債権者関係については、以下の記述がある。「このイギリスでは、商人たちのあいだに、他のいかなる人間社会にも、世界のいかなる国にも見られないほど残虐な精神が支配している」(『信用と破産法に関する一論』ロンドン、一七〇七年、二ページ)。

商品流通の部門に戻ろう。商品と貨幣という等価物は、販売過程の両極に同時にあらわれることをやめた。いまや貨幣は、第一に、売られる商品の価格を決定するさいの価値尺度として機能する。契約によって定められた商品価格は買い手の債務を、すなわち彼が決められた期限に支払わねばならぬ貨幣額を示している。貨幣は、第二に、観念的な購買手段として機能する。貨幣は買い手による貨幣支払いの約束のなかにしか存在していないにもかかわらず、商品の持ち手変換を引き起こす。支払期限が到来して、はじめて支払手段は現実に流通のなかに入り、買い手から売り手へと渡る。こうして流通手段は退蔵貨幣に変容する。なぜなら流通過程が第一の局面で中断し、商品の変容形態が流通から引き上げられたからだ。支払手段は流通のなかに入るが、しかしそれは商品がすでに流通からでていった後のことだ。貨幣はもはやこの過程を媒介しない。貨幣は、交換価値の絶対的なあり方として、すなわち一般的商品として、この過程を独力で閉じる。売り手は欲求を貨幣によって満たすために、貨幣退蔵者は商品を貨幣形態で蓄えるために、債務者たる買い手は支払いを済ますために、それぞれ商品を貨幣に変容させた。もし買い手が負債を支払わなければ、彼の財産の強制売却がおこなわれる。こうして商品の価値姿である貨幣は、いまや流通過程自体の諸関係から生じる社会的必然性によって、売りの自己目的となる。

買い手は、商品を貨幣に変容させる前に、貨幣を商品に再変容させる。言い換えれば、第一の商品の形態変容よりも先に、第二の商品の形態変容を実現する。たしかに売り手の商品は流通し、その価格を現実化するが、それは私法上の請求権にもとづくものでしかない。商品は貨幣に変容する前に、使用価値に変容する。第一の商品の形態変容はあとになってはじめて実現する。(98)

（98）第二版への註。ここで、逆向きの形態をまったく考察していない理由は、一八五九年に出版されたわたしの著書からの以下の抜粋を見てもらえば分かるだろう。「逆に過程G―Wでは、貨幣が現実の購買手段として手放され、貨幣の使用価値が現実化される前に、すなわち商品が譲渡される前に、商品価格が現実化されるということが起こりうる。これはたとえば前払いという日常的な形でもおこなわれている。あるいはイギリス政府がインドの農民から阿片を……買う場合もそうだ。しかし、そこでは貨幣が購買手段というすでに述べた形態で働いているにすぎない。……資本は、当然ながら貨幣の形態で前貸しされることもある。……しかし、この観点は単純な流通の視野には入ってこない」（カール・マルクス『経済学批判』、一一九、一二〇ページ）。

流通過程のいずれの一定期間をとっても、支払期限を迎えた債務は、もともと売りを通じてこの債務の原因となった商品の価格総額をあらわしている。この価格総額を現実化するためにどれくらいの貨幣量が必要とされるかは、まずは支払手段の回流速度によって決まる。その回流速度はさらに二つの事情に制約される。第一は、たとえばAが自分の債務者であるBから貨幣を受けとって、自分の債権者であるCに支払うといった、債権者と債務者との関係の連鎖だ。第二は、支払期限と支払期限のあいだの時間の長さだ。こうした支払いの連鎖、すなわち遅れて生じる第一の形態変容の連鎖は、すでに考察した形態変容系列のからみあいとは本質的に異なっている。支払手段の回流のなかには、売り手と買い手との関連が表現されているだけではない。この関連そのものが、貨幣回流のなかで、貨る。これとは対照的に、支払手段の運動はそれ以前にすでにできあがっている社会的関連を表現してい限界が生じる。

複数の売りが同時に並行しておこなわれると、鋳貨量を貨幣の回流速度で補うことにも限界が生じる。しかしそれは逆に支払手段を節約するための新しい梃子《てこ》ともなる。支払いが同じ場所に集中してくると、自然発生的に決済のための独自の施設と方法が発達してくる。たとえば中世リヨンの振替（virements）などがその一例だ。AのBに対する債権、BのCに対する債権、CのAに対する債権、等々は、帳簿上で付きあわせるだけで、一定額まではプラスの量とマイナスの量としてたがいに相殺できる。こうして残った債務残高だけが清算されればよい。支払いの集中が大規模になればなるほど、清算されるべき差額は相対的に小さくなり、したがって流通する支払手段の量も小さくなる。

支払手段としての貨幣の機能は内在的な矛盾を含んでいる。支払いが相殺されているあいだは、貨幣は計算貨幣ないし価値尺度として観念的に機能しているにすぎない。しかし、現実に支払いをしなければならなくなると、貨幣はもはや、物質代謝を媒介するつかの間の形態である流通手段などではなくなる。そこでの貨幣はあくまで社会的労働の個別的受肉として、交換価値の自立的存在として、絶対的な商品として、登場する。この矛盾は生産恐慌と商業恐慌のある時点で一気に表面化し、これが貨幣恐慌と呼ばれる(99)。貨幣恐慌は、支払いの継続的連鎖と決済のための人為的システムとが十分に発展をとげたところでしか発生しない。このメカニズムの攪乱がさらに広がれば、その発生源がどこであろうと、貨幣は突然、前触れもなく、計算貨幣という単に観念的な姿から、硬質な貨幣へと一変する。貨幣はもはやありきたりの商品とは交換されなくなる。商品の使用価値は無価値となり、商品の価値はそれ自身の価値形態の前に影を失う。つい先ごろまでブルジョワは繁栄に酔いしれた物知り顔で、貨幣など空虚な幻想にすぎない、商品だけが貨幣だと得々と説いていた。ところがいまや、貨幣だけが商品だ！という叫びが世界市場に響きわたる。清水を求めて鳴く鹿のように、ブルジョワの魂は唯一の富たる貨幣を求めて泣き叫ぶ。[100]恐慌になれば、商品とその価値姿たる貨幣との対立は絶対的な矛盾にまで高まっていく。だからそこでは貨幣の現象形態もとるに足りないものになる。金での支払いが必要となろうが、銀行券などの信用貨幣での支払いが必要となろうが、貨幣飢饉に変わりはない。[101]

(99) ここでは貨幣恐慌を、あらゆる一般的な生産商業恐慌に見られる特殊な局面としてとらえているが、これは同じように貨幣恐慌と呼ばれている特殊な種類の恐慌とは区別したほうがよいだろう。後者の貨幣恐慌は単独で発生することがあり、工業や商業はその巻き添えを食らうにすぎない。これは貨幣資本を運動の中心とする恐慌であり、したがって銀行、取引所、金融界がその直接の領域となる（第三版へのマルクスの註）。

(100) 「信用体制がこうして突如、重金主義に一変すると、実務上のパニックに加えて理論上の恐怖が追い打ちをかける。流通当事者たちは自分たちを取り巻く諸関係の得体のしれない秘密を前にして戦慄する」（カール・マルクス『経済学批判』、一二六ページ）。「貧乏人に仕事がないのは、金持ちが彼らを雇うための貨幣を持っていないからだ。といっても金持ちは、食料や衣服を生産させるための土地や労働力は以前と変わらずに持っている。実のところ一国の真の富をなすのは、これらのものであり、けっして貨幣ではない」（ジョン・ベラーズ『産業大学設立の提案』ロンドン、一六九六年、三、四ページ）。

(101) こうした好機を「商業の友たち」はどのようにむさぼったか。「ある時」（一八三九年）、「欲深い（シティの）ある老銀行家は、自分の前の机のふたを引き上げて、一人の友人に何束かの銀行券を広げて見せた。彼はいかにも嬉しそうに、ここには六〇万ポンドあるが、これは金詰まりを起こさせるためにとっておいたもので、今日の三時以後、この金をすべて取引に投じるつもりだと言った」（〔H・ロイ〕『為替相場の理論。一八四四年銀行特許法』ロンドン、一八六四年、八一ページ）。なかば政府機関紙である『オブザーバー』紙は、一八六四年四月二四日にこんなことを書いている。「銀行券の欠乏を引き起こすために取られた手段について、非常に奇妙な噂がいくつか流れている。……なんらかのこうしたトリックが使えると想定するのはきわめて胡散臭《うさんくさ》いようにも思えるが、そうはいっても、こうした噂がこれほど流布してしまったからには、現実問題として、これについて言及しておかねばなるまい」。

ここで、ある与えられた期間に回流する貨幣総額を考察してみよう。流通手段と支払手段の回流速度をそれぞれ一定とすれば、この貨幣総額は以下のようにして求められる。まず現実化されるべき商品価格の総額に支払期限を迎えた支払額を加える。次にそこから清算しなければならない支払額を差し引く。そして最後にそこから、同一貨幣片が流通手段の機能と支払手段の機能とを交互に果たす回数分の回流額を差し引けば、それが求める貨幣総額となる。たとえば農民が自分の穀物を二ポンドで売ったとすれば、この二ポンドは流通手段として用いられている。農民はこの二ポンドで、織工がかつて彼に供給した麻布の代金を期限日に支払う。同じ二ポンドがここでは支払手段として機能している。二ポンドを得た織工は次に現金で聖書を買う。それはふたたび流通手段として機能する、等々。こうなると、たとえ価格、貨幣回流速度、支払いの効率性が決まっていても、ある期間、たとえば一日のあいだに回流する貨幣額と流通する商品量とはもはや一致しなくなる。たとえば、流通からとっくに引き上げられてしまった商品に対応する貨幣がなおも回流している。かとおもえば、すでに流通している商品の貨幣等価物が将来になってようやく姿をあらわす。その一方で、日々契約される支払額と同じ日に支払期限をむかえる支払額とは、まったく釣りあっていない。(102)

(102)「ある一日に成立する販売ないし契約の額は、同じ日に回流する貨幣量には影響しない。しかし、こうしたケースの大半では、それは各種の手形に分散され、遅かれ早かれ後日に回流することになる貨幣量となってあらわれるだろう。……今日発行された手形、あるいは開始された信用は、明日、明後日に発行される手形、あるいは開始される信用と、口数においても、金額においても、期限においても、いっさい類似性をもつ必要はない。むしろ、今日の手形と信用の多くは、支払期限を迎えた時、まったくばらばらな不特定の過去の日付に起源をもつ債務の量と一致する。一二カ月払い、六カ月払い、三カ月払い、あるいは一カ月払いの手形が、往々にして同時に押し寄せ、ある特定の日に支払期限を迎える債務量を特別に膨れあがらせる」(『通貨理論論評。スコットランドの人々への手紙。イングランドの一銀行家著』エディンバラ、一八四五年、二九、三〇ページ各所)。

信用貨幣は支払手段としての貨幣の機能から直接、発生する。なぜなら、売られた商品と交換に発行される債務証書自体が、この債権の移転のためにふたたび流通するからだ。その一方で、信用制度が拡大するにつれて、支払手段としての貨幣の機能もまた拡大していく。こうした支払手段として、貨幣は独自の存在形態を獲得し、その形態で巨大な商取引の領域に住みつく。他方、金銀鋳貨は、主として小口取引の領域に追いやられる。(103)

(103) 本来の商取引に現金がいかにわずかしか使われていないかを示す例として、ここではロンドン最大の商会の一つ(モリソン・ディロン商会)の年間の貨幣収入と支払いの一覧表を掲げておこう。一八五六年度の商会の取引高は数百万ポンドに達するが、ここでは一〇〇万ポンド基準に縮算して示す。

収入　　　　　　　　　　ポンド

日付後払いの銀行手形、商業手形	五三三、五九六
一覧払い銀行小切手その他	三五七、七一五
地方銀行券	九、六二七
イングランド銀行券	六八、五五四
金貨	二八、〇八九
銀貨、銅貨	一、四八六
郵便為替	九三三
合計	一、〇〇〇、〇〇〇

支出	ポンド
日付後払い手形	三〇二、六七四
ロンドン諸銀行宛小切手	六六三、六七二
イングランド銀行券	二二、七四三
金貨	九、四二七
銀貨、銅貨	一、四八四
合計	一、〇〇〇、〇〇〇

（『銀行条例特別委員会報告書』一八五八年七月、七一ページ）

商品生産がある程度高度化し、大規模化すると、支払手段としての貨幣の機能は商品流通の領域を超えていく。貨幣は契約の一般的商品となる。[104] 地代、租税等は現物納付から貨幣支払いに変わる。この転換が生産過程全体のありかたにいかに制約されているかは、たとえば、すべての貢租を貨幣で取り立てようとしたローマ帝国の試みが二度にわたって失敗したことからも分かる。ボアギルベールやヴォーバン元帥などがあれほど雄弁に告発していたルイ十四世治下のフランス農村の凄まじい窮乏は、租税の高さだけではなく、現物租税から貨幣租税への転換のせいでもあった。[105] 他方、アジアで見られるように、国家租税の基本要素でもある地代の現物形態が、自然現象のように変わることなく再生産される生産関係に立脚している場合には、この現物支払いの形態が逆向きに作用して古い生産形態を存続させる。これがトルコ帝国の自己保存の秘密の一つをなしている。ヨーロッパの強制によって開始された日本の外国貿易が現物地代から貨幣地代[*]への転換をもたらすならば、日本の模範的な農業も命脈を絶たれる。日本の農業の限られた経済的存立条件は崩れていくだろう。

(104)「商取引の性格は大きく変化をとげ、財貨と財貨との交換、あるいは引渡しと受け取りの代わりに、今や販売と支払いがおこなわれ、あらゆる取引は……いまや純粋な貨幣取引となっている」(〔D・デフォー〕『公信用に関する一論』第三版、ロンドン、一七一〇年、八ページ)。

(105) 「貨幣はあらゆる物の首切り役人と化した」。財政技術は「蒸溜装置であり、この厄災に満ちたエキスを抽出するために、そのなかで恐ろしいほど大量の財貨と商品が蒸発させられた」。「貨幣は全人類に宣戦布告を発している」(ボアギルベール『富、貨幣、租税の本質に関する論考』、デール編『財政経済学者』パリ、一八四三年、第一巻、四一三、四一九、四一七、四一八ページ)。

(＊) 第三版と第四版では金納地代(Goldrente)となっている。

いずれの国でも、ある程度は一般的な支払期限が固定してくる。この支払期限は、再生産の他の循環を別にすれば、一部は季節の移り変わりと結びついた生産の自然条件にもとづいている。こうした支払期限はまた租税や地代などのように直接、商品流通から生じているわけではない支払いをも規制する。社会の全表面に散らばったこうした支払いのために一年のうちの何日間かに必要となる貨幣量は、支払手段の節約に周期的な、ただし、まったく表面的な攪乱を引き起こす。(106) 支払手段の回流速度に関する法則から導かれることは、支払い元がどこであろうと、(＊) すべての周期的支払いにおいて必要となる支払手段の量は支払周期の長さに正比例するということだ。(107)

(106) 一八二六年の議会調査委員会で、クレイグ氏は次のように述べている。「一八二四年の聖霊降臨祭の月曜日、エディンバラでは銀行券への巨額の需要があったため、一一時にはわれわれの銀行に一枚も銀行券が残っていなかった。われわれはあちこちの銀行に順次、人を送って借りようとしたが、手に入れることができなかった。多くの取引は紙券(slips of paper)で処理するほかなかった。それでも午後三時にはすでに、すべての銀行券が払いだされた銀行に戻ってきた。銀行券は持ち手を変えただけだった」。スコットランドにおける銀行券の実際の平均流通額は三〇〇万ポンドを下まわる。にもかかわらず、年間の何回かの支払期日には、銀行家の手もとにある銀行券が全部あわせると約七〇〇万ポンドも動かされている。そうした折りには、銀行券が唯一の特殊な機能を果たさねばならない。しかし、いったんそれが果たされれば、銀行券はふたたびそれを払いだした銀行へと戻っていく（ジョン・フラートン『通貨調節論』第二版、ロンドン、一八四五年、八六ページ註）。読者の理解のために付け加えると、フラートンの著作がでた当時のスコットランドでは、預金に対しては銀行券のみが発行され、小切手は発行されていなかった。

(107)「年に四〇〇〇万の金額を動かす必要があった時、同一の六〇〇万（の金）で、商業が必要とする回流と循環をまかなえるだろうか？」という問いに対して、ペティはいつもの名人芸でこんなふうに答えている。「わたしの答えはイエスだ。たとえば毎土曜日に給金を手にして一週間で使いはたす貧しい職人や労働者に見られるように、きわめて短い周期、たとえば一週間で貨幣が回流するなら、四〇〇〇万の必要額に対して、四〇〇〇万／五二（週）の金があれば足りるだろう。しかし、わが国の借地料支払いや租税徴収でよく見られるように支払期限が四半期ごとである場合には一〇〇〇万が必要となる。だから一般に支払いが一週間から一三週間までのまちまちの周期でおこなわれると仮定するなら、四〇〇〇万／五二と一〇〇〇万を加え、その額を折半すれば、およそ五五〇万となる。だから五五〇万あれば十分だろう」（ウィリアム・ペティ『アイルランドの政治的解剖、一六七二年』ロンドン版、一六九一年、一三、一四ページ）。

（＊） 第一版から第四版まで「反比例」となっている。

支払手段としての貨幣が発展するためには、債務総額の支払期限を見越した貨幣蓄積が必要となる。独立した致富形態としての貨幣退蔵はブルジョワ社会の進歩とともに消滅していくが、支払手段の準備基金の形態をとった貨幣退蔵は、逆にこの進歩とともに成長していく。

c　世界貨幣

貨幣は、国内流通部門から外に抜けだすと、価格の尺度標準、鋳貨、補助貨、価値記号といった国内流通で身に付けた局地的形態をふたたび脱ぎ捨て、貴金属の本来の地金形態へと戻っていく。世界貿易においては商品がみずからの価値を普遍的に展開する。だから商品の自律的な価値姿もまた、ここでは世界貨幣として商品に向きあう。貨幣商品の現物形態は、同時に抽象的人間労働の直接に社会的な実現形態でもある。この機能を、貨幣は世界市場においてはじめて十全に発揮する。貨幣のあり方はその概念にふさわしいものとなる。

国内の流通部門では、一つの商品だけが価値尺度として、すなわち貨幣として用いられる。しかし世界市場では、金と銀という二重の価値尺度が広く見られる。(108)

(108)　それゆえ、国内で貨幣として機能している貴金属だけを蓄蔵するよう国内銀行に命じる立法はすべてばかげている。周知のようにイングランド銀行がみずから招きよせた「愉快なピンチ」はその一例だ。金と銀の相対的価値変動が大きかった歴史上の時代については、カール・マルクス『経済学批判』、一三六ページ以下を参照。——第二版への追補。サー・ロバート・ピールは一八四四年の銀行条例で、銀地金をひきあてに、ただし銀準備が金準備の四分の一を絶対に超えないという条件で、銀行券の発行をイングランド銀行に許可し、これによって不都合を取り除こうとした。そのさい銀の価値は、ロンドン市場での（金で表現された）銀の市場価格にもとづいて評価された。〔第四版への追補。われわれはふたたび金、銀の相対的価値変動の甚だしい時代を迎えている。二五年ほど前には、金と銀の価値比率は一五・五対一だったが、いまではおよそ二二対一になっている。しかも銀はいまも引き続き金に対して下がっている。これは主として両金属の生産様式が大きく変化したことによる。以前の金はそのほとんどが金を含む沖積層、すなわち金含有岩石の風化物を洗鉱することで得られていた。現在は、この方法では不十分で、これまでは副次的手段であった方法にとって代わられている。それは金を含有する石英鉱自体を加工する手段で、これは古代人にもすでによく知られていた（ディオドロス、Ⅲ、一二―一四）。他方では、アメリカのロッキー山脈西部で巨大な銀鉱床が発見されただけでなく、この銀鉱床とメキシコの銀鉱山はともに鉄道敷設を通じて開拓された。これによって近代的な機械や燃料の搬入が可能になり、大規模な銀採取が以前より低コストでおこなえるようになった。とはいえ、金銀二つの金属が鉱脈中に存在する仕方には大きな相違がある。金は、多くの場合、純粋な形で存在しているが、その代わり、石英のなかにごくわずか散在しているにすぎない。したがって岩石全体を砕いて金を洗いだすか、水銀を用いて抽出するかしなければならない。それでも一トンの石英から一―三グラムの金しかとれないことが多く、きわめて稀に三〇～六〇グラムの金がとれる程度だ。

他方、銀は純粋な形ではめったに存在しないが、その代わり、比較的簡単に岩石から分離できる独特の鉱石のなかに存在しており、そのなかにはたいてい四〇〜九〇パーセントの銀が含まれている。あるいは銅や鉛など、それだけでも加工に値する鉱石のなかに、微量ながら銀も含まれている。ここからも分かるように、金の生産労働がどちらかといえば増加している一方で、銀の生産労働は決定的に減少しており、銀の価値下落も当然のこととして説明できる。銀価格はいまでもなお人為的な手段で引き上げられているが、もしこれがなければ、銀の価値下落はさらに大きな価格下落となってあらわれただろう。しかもアメリカの埋蔵銀は、まだほんの一部の採掘がはじまったにすぎない。だから銀価値がまだかなり長期にわたって下落し続ける見とおしは十分にある。さらに日用品や贅沢品のための銀需要の相対的減少や、メッキ商品やアルミニウムなどの代用品の普及が銀価値の下落にさらなる追い討ちをかけるのは必定だろう。これらを見れば、国際的な強制相場によって一対一五・五というかつての価値比率まで銀をつりあげるという金銀二重本位制的な考え方がいかに現実離れした空想であるかが分かるはずだ。銀はむしろ世界市場での貨幣としての資格をますます喪失していくことだろう。——F・エンゲルス}

世界貨幣は、一般的支払手段、一般的購買手段、そして富一般（universal wealth）の絶対的に社会的な物質化として機能する。支払手段としての機能は、国際収支の清算ために、他の機能よりも優先される。ここから、貿易差額を！　と叫ぶ重商主義のスローガンが生まれた。(109) 諸国間の物質代謝の伝統的均衡が突発的に失われると、そのたびに金と銀が国際的購買手段として中心的役割を担う。最後に、金銀は富の絶対的な社会的物質化として用いられる。そのさいの目的は購買や支払いではなく、一国から他国への富の移転だ。この手段は、商品形態での移転の可能性が商品市場の景気動向や当初の目的自体によって閉ざされている場合に取られる。(110)

(109) 重商主義は、貿易黒字を金銀で決済することこそ世界貿易の目的だと考えていたが、重商主義に反対する者たちもまた、世界貨幣の機能を完全に誤解していた。なによりも流通手段の量を決めている法則についての誤った考え方が、貴金属の国際移動についての誤った考え方に映しだされている。このことをわたしはリカードを例にとって詳しく論じておいた(『経済学批判』、一五〇ページ以下)。リカードのまちがったドグマとはこうだ。「貿易収支の悪化は、流通手段の過剰からしか生じない。……鋳貨が輸出されるのは、鋳貨が安いためであり、これは貿易収支悪化の結果ではなく、原因である」。このドグマはバーボンにもすでに見られる。「貿易差額といったものがあったとしても、それは貨幣が一国から輸出される原因ではない。貨幣の輸出はむしろ、各国における貴金属地金の価値の違いから生じる」(N・バーボン『新貨幣をより軽く鋳造することに関する論考』、五九ページ)。マカロックは『経済学文献、分類目録』ロンドン、一八四五年、のなかで、バーボンのこの先見の明をほめている。ただし、バーボンには「通貨主義」の不合理な前提がまだ幼稚な形であらわれており、賢明にもマカロックは、これについては言及すら避けている。マカロックの目録の無批判性、さらにいえばその不誠実さは、貨幣理論の歴史に関する篇で頂点に達する。なぜなら、そこでのマカロックは、彼が「だれもが認める銀行王」と呼ぶロード・オーヴァストン（元銀行家ロイド）のごますり役として、しっぽを振っているからだ。

（110）たとえば補助金の支出、戦争遂行や銀行の兌換再開のための貨幣借入れなどにさいしては、価値がどうしても貨幣の形態で必要となりうる。

どの国でも、国内流通のための準備金が必要であるように、世界市場流通のためにも準備金が必要だ。だから退蔵貨幣の機能は、一部は国内の流通手段、支払手段としての貨幣の機能から、一部はその世界貨幣としての機能から生じる。(110a) 世界貨幣としての役割を果たすには、現実の貨幣商品、つまり生身の金銀が必要とされる。だからこそジェイムズ・ステュアートは金と銀を、その地域的な代理物にすぎないものから区別して、明確に世界貨幣（money of the world）として性格づけている。

（110a）第二版への註。「金属本位制をとる諸国における貨幣退蔵のメカニズムは、国際債務の決算に必要不可欠な機能をすべて果たしうる。しかもそのさい一般流通からこれといった支援を受ける必要もない。このことを立証するのに、以下の例ほど説得力をもつ証拠は望みえないだろう。外敵の破壊的侵略の衝撃からやっと立ち直ったばかりのフランスは、連合諸国から課せられた二〇〇〇万近い賠償金の支払いを、わずか二七カ月でたやすく実行した。しかもこの金額のかなりの部分を金属貨幣で支払いながら、国内の貨幣回流には目立つほどの制限も混乱もなく、また為替相場にはいかなる深刻な動揺もなかった」（フラートン『通貨調節論』、一四一ページ）。〔第四版への追補。これよりもさらに説得力のある例は、同じフランスが一八七一／一八七三年に、こ

の一〇倍以上の賠償金を三〇カ月で、やはり大部分、金属貨幣で容易に支払うことができたことだ。——F・エンゲルス〕

金銀の流れには二重の運動がある。第一に、金銀の流れはその源泉から世界市場全体へと広がり、そこで、さまざまな国の流通領域にさまざまな分量で受けとられ、各国内の回流水路に入り、摩滅した金銀鋳貨を補塡し、贅沢品の材料を提供し、さらには退蔵貨幣に凝固する。(111) この第一の運動は、商品に実現されている各国内労働と、貴金属に実現されている金銀産出国の労働との直接交換によって媒介される。第二に、金銀はさまざまな国の流通領域のあいだをたえず行ったり来たりしている。これは為替相場の絶え間ない変動にともなう運動だ。(112)

(111)「貨幣はつねに生産物によって引き寄せられ……その結果、必要に応じて国々に分配される」(ル・トローヌ『社会的利益について』、九一六ページ)。「継続的に金銀を提供している鉱山は、すべての国にその必要量を提供するに足るものを産出している」(J・ヴァンダーリント『貨幣万能論』、四〇ページ)。

(112)「為替相場は毎週上がったり下がったりする。一年のある時期には、一つの国に不都合な方向に上がり、別の時期には同じだけ好都合な方向に振れる」(N・バーボン『新貨幣をより軽く鋳造することに関する論考』、三九ページ)。

ブルジョワ的生産が発達している諸国では、銀行の金庫に大量に集積されている退蔵貨幣を、その独自の機能のために必要とされる最小限度にまで制限している。(113)若干の例外はあるが、退蔵貨幣が平均水準を超えて目立った溢れ方をするのは、商品流通の停滞、あるいは商品の形態変容の流れの中断を示唆する兆候だ。(114)

(113) さらに銀行券の兌換準備金の機能が加わると、こうした各種の機能は相互に危険な衝突を起こす場合がある。

(114) 「国内取引に絶対必要である量を超えて存在する貨幣は死せる資本であり、それ自体を輸出ないし輸入しない限り、それを所有している国に何の利益ももたらさない」(ジョン・ベラーズ『貧民、製造業、商業、植民地、および不道徳に関する論集』、一三ページ)。「ところで、われわれが過剰な鋳貨を持っていたら、どうなるか? その時は、最も重いものを熔解して金銀の豪華な皿、容器、什器に作り変えることもできれば、必要と需要があるところに商品として送ることもできる。あるいは高い利子が支払われるところに、利子つきで貸し付けてもよい」(W・ペティ『貨幣小論』、三九ページ)。「貨幣は国家という身体の脂肪にすぎない。だから、多すぎれば身体の敏捷性が損なわれ、少なすぎれば身体を病気にする。脂肪は筋肉の動きを滑らかにし、不足した栄養分を補い、身体の凹みを満たし、身体を美しくする。それと同様に、貨幣は国家の行動を俊敏にし、国内が飢饉になれば外国から食糧をとりよせ、負債を清算し……全体を美しくする。ただし」、とペティは皮肉をこめて付け加えている。「貨幣がとくに美しくするのは、貨幣をふんだんに持っている人々だが」(W・ペティ『アイルランドの政治的解剖』、一四、一五ページ)。

第二篇　貨幣の資本への変容

第四章　貨幣の資本への変容

第一節　資本の一般式

商品流通は資本の出発点だ。商品生産および発達した商品流通である商業は、資本が成立するための歴史的前提をなす。世界商業と世界市場は、一六世紀に資本の近代生活史を開始する。

まずは商品流通の素材的内容、すなわち各種の使用価値の交換は度外視して、この過程が生みだす経済的諸形態だけを考察してみよう。その時、この過程の最後の生産物としてわれわれが見いだすのは貨幣だ。商品流通のこの最後の生産物が資本の最初の現象形態をなす。

歴史的に見れば、資本はどこでもまず貨幣の形で、すなわち貨幣財産、商人資本、高利貸資本として土地所有に立ち向かう。(1) しかし、貨幣が資本の最初の現象形態であることは、資本の発生史などを振り返ってみるまでもなく認識できる。同じ歴史は日々われわれの目の前で繰り拡げられている。あらゆる新しい資本がはじめて舞台に、すなわち商品市場、労働市場、貨幣市場に登場するのは、いまなお貨幣としてだ。そしてこの貨幣が一定の過程を経て資本に変容することになる。

(1) 人格的な隷属支配関係に立つ土地所有の権力と貨幣の非人格的な権力との対立はフランスの二つのことわざにはっきりと要約されている。すなわち、「領主のいない土地はない」(Nulle terre sans seigneur) と言われる一方で、「貨幣に主人なし」(L'argent n'a pas de maître) と言われている。

貨幣としての貨幣と資本としての貨幣は、さしあたってはその流通形態の違いによってのみ区別される。

商品流通の直接的形態はW—G—W、すなわち商品〔W〕が貨幣〔G〕に変容し、その貨幣〔G〕が商品〔W〕に再変容する、いわば買うために売るという形だ。しかし、この形態のほかに、これとは独特に異なる第二の形態がある。それはG—W—G、すなわち貨幣〔G〕が商品〔W〕に変容し、その商品〔W〕が貨幣〔G〕に再変容する、いわば売るために買うという形だ。貨幣の運動がこの第二の流通経路をたどる時、その貨幣は資本に変容し、資本と化す。あるいはその規定からすれば、すでに資本だと言える。

流通G—W—Gをもう少し詳しく見てみよう。その流通は単純な商品流通〔W—G—W〕

と同様に、逆向きの二つの局面を経ていく。第一の局面G―W、すなわち買いにおいては、貨幣が商品に変容する。第二の局面W―G、すなわち売りにおいては商品が貨幣に再変容する。しかし全体の運動は、この二つの局面が一体化したものであり、貨幣を商品に換え、そしてその同じ商品をふたたび貨幣に換える。それは商品を売るために商品を買う、あるいは、売りと買いの形式上の違いを無視すれば、貨幣で商品を買い、その商品で貨幣を買う運動だと言える。(2) 全過程を消去して最後に残る結果は、貨幣と貨幣の交換、すなわちG―Gだ。たとえばわたしが一〇〇ポンドで重量二〇〇〇封度《ポンド》の綿花を買い、それをふたたび一一〇ポンドで売ったとすれば、けっきょくは一〇〇ポンドを一一〇ポンドと、すなわち貨幣を貨幣と交換したことになる。

(2)「人は貨幣で商品を買い、商品で貨幣を買う」(メルシエ・ド・ラ・リヴィエール『政治社会の自然的本質的秩序』、五四三ページ)。

このような回り道をしたうえで、同じ貨幣価値を同じ貨幣価値に、つまり一〇〇ポンドを一〇〇ポンドに換えるのであれば、G―W―Gというこの流通過程がばかげた無内容なものになるであろうことは明らかだ。それくらいなら一〇〇ポンドを流通の危険にさらす代わりに手元にためこんでおく貨幣退蔵者の手法のほうがはるかに簡便かつ確実だろう。他方、商人は一〇〇ポンドで買った綿花を一一〇ポンドで売れる場合もあれば、一〇〇ポンド、場合によっては五〇ポンドで手放さざるをえないような場合もある。しかしいずれの場合でも、彼の貨幣が単純な商品流通〔W―G―W〕――たとえば穀物を売った金で衣服を買う農夫の手元での運動――とはまったく異なる独特かつ固有の運動の軌跡を描いたことはまちがいない。したがって、まずはG―W―GとW―G―Wという循環の形態差の特徴を明らかにする必要がある。それによって形態差の背後に潜む内容差も明らかになるだろう。

最初に両形態の共通点を見てみよう。

両方の循環はともに売りW―Gと、買いG―Wという逆向きの二つの局面に分かれる。さらにこの両局面のそれぞれにおいて商品と貨幣という二つの物的な要素が向きあっている――そしてまた、同じ経済的扮装をした二人の人間、つまり買い手と売り手が向きあっている。両方の循環とも逆向きの同じ局面が一体化したものであり、その一体性は、いずれの場合にも、三種類の当事者によって仲介されている。すなわち、売るだけの人、買うだけの人、そして買いと売りを交互に手がける人の三種類だ。

しかし、W―G―WとG―W―Gという二つの循環を当初から区別しているのは、逆向きの同じ流通局面が、逆の順序で出現することだ。単純な商品循環〔W―G―W〕は売りで始まり、買いで終わる。逆に資本としての貨幣の流通〔G―W―G〕は買いで始まり、売りで終わる。前者では商品が、後者では貨幣が運動の始点と終点をなす。最初の形態では貨幣が、後の形態では逆に商品が全体の進行の仲介役を果たす。

流通W—G—Wにおいては、貨幣が最終的に商品に変容し、その商品は使用価値として用いられる。したがって貨幣は払いっぱなしとなる。これに対してG—W—Gの形態では、買い手は、次に売り手として貨幣を回収するために貨幣を支出する。彼は商品を買うさいに、いったんは流通のなかに貨幣を投じるが、それは同じ商品を売ることによって流通のなかからふたたびその貨幣を引き戻すためだ。彼は、貨幣をふたたび手に入れるという狡猾なもくろみからのみ貨幣を手放す。したがって貨幣は単に前貸しされたにすぎない。(3)

(3) 「ある物を、ふたたび売るために買う場合、そこで使用された額は前貸しされた貨幣と呼ばれる。ふたたび売ることを目的とせずに買う場合には、その額は支出されたものと呼んでよい」(ジェイムズ・ステュアート『著作集』、彼の息子サー・ジェイムズ・ステュアート将軍編、ロンドン、一八〇五年、第一巻、二七四ページ)。

W—G—Wの形態では、同一の貨幣が二度、場所を変える。売り手は買い手から貨幣を受けとり、その貨幣をまた別の売り手に支払う。商品を差しだして貨幣を受けとることから始まる全過程は、商品を受けとって貨幣を手放すことによってしめくくられる。G—W—Gの形態ではその逆となる。この場合には二度、場所を変えるのは、同一の貨幣ではなく、同一の商品だ。買い手はその商品を売り手から受けとり、それを別の買い手に引きわたす。単純な商品流通〔W—G—W〕では、同一の貨幣が二度場所を変えることによって貨幣が一つの手から別の手へと最終的に移動する。それに対して後者〔G—W—G〕では同一の商品が二度場所を変えることによって、貨幣がその出発点に還流する。貨幣がその出発点に還流するという事態は、商品が買い値よりも高く売れたかどうかとは無関係だ。高く売れたかどうかは、還流する貨幣額の大きさにしか影響しない。還流という現象自体は買われた商品がふたたび売れさえすれば、すなわちG—W—Gという循環が完結さえすれば即座に成立する。これがつまり、資本としての貨幣流通と単なる貨幣としての貨幣流通との違いであり、この違いは感覚的にも知覚できる。

他方、W—G—Wという循環が完結するのは、商品を売ることによって貨幣がもたらされ、その貨幣が他の商品を買うことによって再度手放された瞬間だ。それでもなお貨幣がその出発点に戻ってくる場合があるとすれば、それは全コースが新規に、あるいは反復してたどられた場合に限られる。たとえばわたしが一クォーターの穀物を三ポンドで売り、この三ポンドで衣類を買ったとしよう。その場合、この三ポンドはわたしから見れば最終的に手放されたものだ。わたしはもうその三ポンドとは何の関係もない。それは洋服屋のものだ。もちろん、ここでわたしが再度一クォーターの穀物を売れば、貨幣はふたたびわたしの手元に戻ってくる。しかし、それは最初の取引の結果としてではなく、あくまでその反復の結果として生じたにすぎない。その貨幣もまた、わたしが第二の取引を終え、新たな買い入れをした瞬間にふたたびわたしから離れていく。したがってW—G—Wの循環においては、貨幣の支出は貨幣の還流とは何の関係もない。これに対してG—W—Gでは、貨幣の還流は、その支出の様式自体から必然的に生じる。もし還流がなければ、この作戦は失敗したか、さもなければ過程が中断され、未完成であるかのいずれかだ。なぜなら、買いを補完し締めくくるための第二の局面である売りが欠落しているからだ。

W—G—Wの循環は一つの商品を片方の極としてはじまり、別の商品を他方の極として終わる。そして、あとのほうの商品はこの循環から抜けだして消費へと供される。したがって消費、欲求充足、一言でいえば使用価値こそが、この循環の最終目的だ。それに対してG—W—Gの循環は、貨幣を極としてはじまり、最後に同じ極へと戻ってくる。したがってその循環の動機、その循環を規定している目的は、交換価値そのものだ。

単純な商品流通〔W—G—W〕では、両極が同一の経済形態をとる。両者はともに商品だ。それはまた同じ価値量を持った商品でもある。しかし両者は、たとえば穀物と衣類といったように、質的に異なる使用価値を持つ。この運動の内実は生産物交換、すなわちそのなかに社会的労働が表現されたさまざまな素材の交換だ。しかし、G—W—Gの循環はそうではない。この循環は一見すると同語反復であるがゆえに無内容に見える。ここでも両極は同一の経済形態をとる。ただし、それはともに貨幣であり、したがって質的に異なる使用価値などではない。なぜなら、貨幣は商品の変容した姿であり、そこでは商品の特別な使用価値が消し去られているからだ。まず一〇〇ポンドを綿花と交換し、それからその綿花をふたたび一〇〇ポンドと交換する、つまり回り道をして貨幣を貨幣と、すなわち同じものを同じものと交換する。こんなことは無意味で、ばかげた行動のように思える。(4) ある貨幣量が別の貨幣量と区別できるとすれば、それは金額の差によるほかない。したがってG―W―Gの過程の内実は、両極ともに貨幣である以上、両極の質的差異からではなく、量的差異から生じる。つまりは、最初に投じられた貨幣より多くの貨幣が流通から引きだされるということだ。一〇〇ポンドで購入された綿花は、一〇〇＋一〇ポンド、すなわち一一〇ポンドでふたたび売られる。したがって、この過程の完全な形態は、G―W―G′となる。ここでG′は、G′＝G＋ΔG、すなわち前貸しされた金額＋増加分をあらわす。この増加分、あるいはもとの価値からの超過分をわたしは剰余価値（surplus value）と名づける。したがって最初に投じられた価値は流通のなかでみずからを保存するだけでなく、そのなかで価値量を変化させ、剰余価値を付加し、価値増殖をおこなう。そしてこの運動が価値を資本に変容させる。

（4）「人は貨幣を貨幣と交換することはない」とメルシエ・ド・ラ・リヴィエールは重商主義者たちに詰め寄っている（『政治社会の自然的本質的秩序』、四八六ページ）。またことさらに「商業」と「投機」について解説すると銘打ったある著作には次のように書かれている。「あらゆる商業の本質は、違う種類の物の交換にある。そして利益は」（商人にとって、の意か？）「まさにこの違いから生まれる。一封度《ポンド》のパンを一封度《ポンド》のパンと交換しても、どんな利益にもならないだろう。……これこそが、貨幣同士の交換にすぎない賭博とは対照的な商業の優れた点だ」（Th・コーベット『個人の富の原因と様式の研究、または商業と投機の原理解説』ロンドン、一八四一年、五ページ)。コーベットはG—G、すなわち貨幣対貨幣の交換が商業資本にとどまらず、あらゆる資本に典型的な流通形態であることを見落としている。それでも彼は少なくとも商業の一様式である投機という形態が賭博と相通じるものだということは認めている。ところがそこにマカロックが登場し、売るために買うのは投機であり、それゆえ投機と商業とのあいだに違いはないということに気づく。「一人の人間が生産物を転売目的で買う取引はすべて事実上の投機だ」(マカロック『商業および海運に関する実用、理論、歴史辞典』ロンドン、一八四七年、一〇〇九ページ)。これに比べると、アムステルダム取引所のピンダロス〔競技祝勝歌で知られる古代ギリシア詩人〕ともいうべきピントは、はるかに幼い。「商業は賭博だ」(この一文はロックから借用されている)、「そして乞食を相手に利益をあげることはできない。長い時間をかけて全員から何もかも取り上げてしまっては、あらたに賭博を始める時に、友好的な取り決めをして儲けの大部分をもう一度返してやらねばならないだろう」(ピント『流通・信用論』アムステルダム、一七七一年、二三一ページ)。

もちろん、W—G—Wの両極をなすWとW、たとえば穀物と衣類が量的に異なる価値量をもつこともありうる。農民が穀物をその価値以上の価格で売ったり、衣類をその価値以下の価格で買ったりすることはありうる。農民は農民で、洋服屋にごまかされるかもしれない。しかしこうした価値の差異は、この循環形態自体にとっては純粋に偶然的要素でしかない。G—W—Gの場合とは異なり、両極の商品、たとえば穀物と衣類がかりに同価値であったとしても、この循環がただちに意味を失ってしまうことはない。むしろ両者の価値が同じであることが、ここでは正常な進行の条件をなす。

　買うために売る行為を反復あるいは更新することは、この過程自体と同じく、その過程の外にある最終目的を尺度とし、目標としている。それはすなわち消費であり、特定の欲求の充足だ。それに対して、売るために買う行為では始まりも終わりも同じ貨幣、すなわち交換価値だ。このことからしてすでに、この運動に終わりはない。たしかにGはG＋ΔGとなり、一〇〇ポンドは一〇〇＋一〇ポンドになったかもしれない。しかし質的に見れば一一〇ポンドも一〇〇ポンドも同じ貨幣だ。そして量的に見れば一一〇ポンドであろうが一〇〇ポンドであろうが、限られた金額であることに変わりはない。一一〇ポンドは、いったん貨幣として支出されてしまえば、そこでお役ご免となり、資本であることをやめる。流通からはずれてしまえばそれは退蔵貨幣と化し、この世の終わりまでためこんでみても、びた一文増えることはない。しかし、いったん価値の増殖をめざすとなれば、元手が一〇〇ポンドであろうが一一〇ポンドであろうが、増殖への欲求はまったく変わらない。なぜなら両方とも交換価値の限られた表現にすぎず、量を増やすことによって富そのものに近づくという同じ使命を帯びているからだ。たしかに、もともと前貸しされた一〇〇ポンドの価値と、流通のなかで付加された一〇ポンドの剰余価値とは、少しのあいだたがいに区別される。しかし、その違いはすぐに消滅する。この過程が完結した時に片や原価値の一

○○ポンド、片や剰余価値の一〇ポンドが残るというのではない。取りだされるのはあくまで一一〇ポンドという一つの価値であり、それは価値増殖過程を開始するべく、当初の一〇〇ポンドと完全に同じ形態をとっている。運動の終着点で貨幣はふたたびその出発点としての姿をあらわす(5)。したがって売りのための買いが一巡する毎回の循環の終点は、おのずと新しい循環の開始点となる。単純な商品流通〔W—G—W〕——買いのための売り——は流通の外側にある最終目的、すなわち使用価値を手に入れ、欲求を満足させるという目的のための手段として役立っている。それとは対照的に、資本としての貨幣の流通は自己目的だ。なぜなら、価値増殖はたえず更新されるこの運動の内部にしか存在しないからだ。だからこそ資本の運動には際限がない(6)。

(5)「資本は……原資本と利得、すなわち資本の増加分とに分けられる。……しかし実際には、この利得さえもすぐに資本に加えられ、原資本とともに流通のなかに投じられる」(F・エンゲルス「国民経済学批判大綱」、アーノルト・ルーゲ、カール・マルクス編『独仏年誌』パリ、一八四四年、九九ページ)。

(6)アリストテレスは貨殖学に家政学を対置して論じている。彼は家政学から出発する。家政学は生業の術であるかぎり、その守備範囲は生活に必要な財貨、あるいは家や国家に役立つ財貨の調達に限定される。「真の富(ὁ ἀληθινὸς πλοῦτος)はこうした使用価値からなっている。なぜなら、よい人生を送るに十分なこの種の所有物の規模は無際限ではないからだ。しかし、これとは別に第二の生業の術がある。それは貨殖学と呼ばれることが多いが、うなずける呼び名だ。貨殖学によれば富や所有には際限がないように見える。商品取引」（ギリシア語の ἡ καπηλική は、字義どおりには小売商をさす。アリストテレスがこの形態をとりあげるのは、そこでは使用価値が主役となっているからだ）「は、その本質からして貨殖学には属さない。なぜなら、そこで交換されるものは彼ら自身（買い手と売り手）にとって必要なものに限られているからだ」。だから――とアリストテレスはさらに議論を展開する――商品取引のもともとの形態も物々交換だった。ところがそれが拡大するにつれ必然的に貨幣が成立した。貨幣が発明されると物々交換は必然的に商品取引 καπηλική へと発展せざるをえなかった。そして商品取引は、その本来の傾向に反して貨殖学へと、すなわち貨幣を作る術へと発展した。こうして貨殖学は、次の点で家政学と区別されるようになる。すなわち、「貨殖学にとっては流通が富の源泉となる（ποιητικὴ χρημάτων ...... διὰ χρημάτων μεταβολῆς）。そして流通は貨幣を中心に動いているように見える。なぜなら、貨幣こそがこの種の交換の出発点であり終着点だからだ（τὸ γὰρ νόμισμα στοιχεῖον καὶ πέρας τῆς ἀλλαγῆς ἐστίν）。だからこそまた貨殖学がめざす富には際限がない。いかなる技芸でも、自分の目標を単なる手段ではなく最終目的とみなせば、その努力には際限がなくなる。なぜなら少しでも最終目的に接近しようとする努力は、いつまでも続けられるからだ。貨殖学も同様で、そこには目標の限界がなく、目標はあくまで絶対的な富裕化だ。それに比べれば、目的のために手段を追求するだけの技芸は、目的自体が限界を設定してくれるために無際限にはならない。限度を持っているのは家政学であり、貨殖学ではない……家政学は貨幣自体とは異なる何かを目的とし、貨殖学は貨幣の増殖を目的としている。……たがいに重なりあっているこの二つの形態を混同することによって、ある人々は貨幣を保持し、果てしなく増やすことこそ家政学の最終目標だと考えるようになる」(アリストテレス『政治学』ベッカー版、第一巻、第八、九章の各所)。

この運動の意識的な担い手となった時、貨幣所有者は資本家となる。彼という人物、というよりむしろ彼のポケットが貨幣の出発点であり、帰着点だ。かの流通の客観的な内容——価値の増殖——は彼の主観的な目的だ。そして、抽象的な富をより多く手に入れることが彼の行動の唯一の動機となった時にのみ、彼は資本家として、言い換えれば、意志と意識を備え、人間の姿をした資本として機能する。したがって使用価値はけっして資本家の直接の目的として扱われるべきではない。(7) それどころか個々の利得ですらその目的とはいえず、ただ一つ、利得の休みなき運動だけが目的となる。(8) より多くの富をめざすこの絶対的衝動、この情熱的な価値追求は、(9) 資本家にも貨幣退蔵者にも共通している。しかし貨幣退蔵者は愚かしい資本家でしかないのに対して、資本家は合理的な貨幣退蔵者だ。(10) 貨幣退蔵者は流通から貨幣を救いだすことによって価値の絶えざる増殖をめざすが、もっと利口な資本家は貨幣をたえず新たに流通に委ねることによって同じことをなしとげる。(10a)

(7)「商品」(ここでは使用価値の意味)「は取引をおこなう資本家の最終目的ではない。……彼の最終目的は貨幣だ」(Th・チャーマーズ『経済学について』第二版、グラスゴー、一八三二年、一六五、一六六ページ)。

(8)「商人はすでに得た利得を軽視しているわけではないが、それでも彼の目はつねに未来の利得に向けられている」（A・ジェノヴェージ『市民経済学講義』一七六五年、クストディ編『イタリア古典経済学者叢書』近代編、第八巻、一三九ページ）。

(9)「利得を求めるあくなき情熱、金への呪われた飢餓感 auri sacra fames が、つねに資本家をとらえている」（マカロック『経済学原理』ロンドン、一八三〇年、一七九ページ）。こうした見識はあっても、マカロックとその一派は、たとえば過剰生産を論じるさいに理論的にいき詰まると、この同じ資本家をあっさりと善良な市民に変えてしまう。この善良な市民には使用価値だけが関心事であり、彼らは長靴、帽子、卵、更紗その他のきわめてありふれた種類の使用価値にさえ餓鬼のごとき貪欲さを発揮する、などという。

(10) ギリシア語の σώζειν（救う）という言葉は貨幣退蔵の意味でギリシア人がよく使う表現の一つだ。同じように英語の"to save"にも「救う」と「貯める」の二つ意味がある。

(10a)「事物は循環のなかに入ると、直進している時には持ちえない無限性をもつにいたる」（ガリアーニ『貨幣について』、一五六ページ）。

単純な流通（W—G—W）のなかでは、商品の価値がいったん自立的な形態、すなわち貨幣形態をとる。しかしこの貨幣形態は、商品交換の仲介役を果たしているにすぎず、運動の結末では消失してしまう。これに対してG—W—Gの流通では、商品と貨幣の両方が、価値自体の異なる存在様式として機能しているにすぎない。すなわち貨幣はその一般的な存在様式として、商品はその特殊な、いわば変装した存在様式として。(11) 価値は一方の形態から他方の形態にたえず移行し、しかもその運動のなかで自分を失うことはない。価値はこうして自動運動をする主体へと変容する。増殖する価値は、その人生行路の循環のなかで代わるがわるに特別な現象形態をとる。その現象形態を固定してしまうと、資本は貨幣だ、いや資本は商品だ、といった説明がなされることになる。[12] しかし実際には、価値はここで一つの過程の主体と化している。価値はその過程のなかでたえず貨幣と商品という二つの形態を交互にとりながら、自分の身の丈を変化させ、原価値としての自分自身から剰余価値としての自分を吐きだし、価値自身の運動であり、価値増殖をおこなう。というのも、剰余価値を付け加えるこの運動は価値自身の運動であり、価値増殖とはとりもなおさず自己増殖だからだ。こうして価値はみずからが価値であるがゆえに価値を付加するという不思議な性質を獲得する。価値は生きた子供を、少なくとも金の卵を産む。

(11)「素材が資本をなしているのではなく、素材の価値が資本をなしている」(J・B・セー『経済学概論』第三版、パリ、一八一七年、第二巻、四二九ページ)。

(12)「生産的目的のために利用される流通手段(!)、それが資本だ」(マクラウド『銀行業の理論と実際』ロンドン、一八五五年、第一巻、第一章、五五ページ)。「資本とはすなわち商品だ」(ジェイムズ・ミル『経済学綱要』ロンドン、一八二一年、七四ページ)。

価値は貨幣形態や商品形態をある時には身にまとい、ある時には脱ぎ捨て、それでも、この衣替えのなかで自己を保持し、拡大していく。こうした一つの過程全体を統轄する主体として、価値はなによりも、みずからのアイデンティティを確認するための自立的形態を必要とする。価値がこうした自立的形態をとるのは唯一、貨幣においてだ。だからこそ貨幣は、すべての価値増殖過程の出発点をなし、終着点をなす。かつて価値は一〇〇ポンドだった。いまではそれが一一〇ポンドとなっている。しかし、貨幣それ自体は、ここでは価値の一形態であるにすぎない。なぜなら価値は二つの形態を持っているからだ。貨幣は商品形態をとることなしに資本になることはない。したがってここでは、貨幣退蔵の場合のように、貨幣が商品を敵視することはない。資本家は知っている。あらゆる商品はどんなに安っぽく見えようが、どんなに悪臭を放っていようが、その信仰と真理においては貨幣であり、心の内に割礼を受けたユダヤ人であることを。そしてさらには貨幣からより多くの貨幣を生み出す魔法の手段であることを。

単純な流通〔W―G―W〕では、商品の価値はその使用価値に対してせいぜい貨幣という自立的形態をとるだけだった。しかしここ〔G―W―G〕では、価値が突然、自分から運動し、一つの過程を生みだす実体として姿をあらわす。商品も貨幣も、この実体にとっては単なる形態にすぎない。いやそれだけではない。いまや価値は、商品間の関係を表現するのではなく、いわば自分自身との私的な関係に入る。価値は原価値としての自分と剰余価値としての自分とを区別する。ちょうど父なる神と、子なる神キリストが区別されるように。しかし両者は同じ年齢であり、事実上は同一人物だ。なぜなら、一〇ポンドの剰余価値によってのみ、前貸しされた一〇〇ポンドは資本となるからだ。そしてそれが資本となったとたんに、つまり息子が生まれ、息子が生まれることによって父が生まれたとたんに、両者の差異はふたたび消滅し、両者は一体化し、一一〇ポンドとなる。

こうして価値は、過程を生みだす価値、過程を生みだす貨幣となり、そのようなものとして資本となる。価値は流通から抜けだし、ふたたび流通に入りこみ、流通のなかで自分を保存し、拡大し、大きくなって流通から帰還し、そしてまた同じ循環をたえず新たに開始する。(13) G—G′、貨幣を産みおとす貨幣——お金を生むお金——、資本の最初の翻訳者たる重商主義者たちは、そんなふうに資本を形容したものだ。

(13) 「資本とは……永久に自己拡大する価値だ」(シスモンディ『新経済学原理』〔パリ、一八一九年〕、第一巻、八九ページ)。

売るために買う、あるいはもっと正確にいえば、より高く売るために買うG—W—G′は、資本の一様式たる商人資本にのみ特有な形態のように見える。しかし、産業資本もまた商品に変容する貨幣であり、商品を売ることによってより多くの貨幣へと再変容する貨幣であることに変わりはない。たとえば買いと売りの中間で、つまり流通圏の外側でなされる行為が、この運動形態に変化を及ぼすことはない。最後に、利子生み資本になると流通G—W—G′は短縮形をとってあらわれてくる。すなわち媒介項のない結果としてG—G′という、いわば簡略文をとるようになる。それは、より多くの貨幣に等しい貨幣、自分自身より大きい価値となる。

したがって事実上、G―W―G′が、流通圏に直接あらわれてくる資本の一般式となる。

第二節　一般式の矛盾

貨幣が資本へと脱皮するこの流通形態〔G―W―G′〕は、商品、価値、貨幣、さらには流通そのものの本質についてこれまで述べてきたあらゆる法則と矛盾する。この流通形態〔G―W―G′〕が単純な商品流通〔W―G―W〕と区別されるのは、売りと買いという反対方向に向かう同じ二つの過程が逆転した順序であらわれてくる点だ。ではどうして、こうした純粋に形式上の違いが、この二つの過程の性質に不思議な変化をもたらすのだろうか?

それだけではない。この順序の逆転は、たがいに取引をする三人の取引仲間のうちの一人にしか存在しない。一方で、資本家としてのわたしはAから商品を買い、それをふたたびBに売る。他方で、単なる商品所有者としてのわたしは、商品をBに売り、次にAから商品を買う。しかし、この二つの立場の違いは、取引仲間であるAとBには存在しない。わたしAは商品の売り手としてしか登場せず、Bは商品の買い手としてしか登場しない。わたし自身は、そのつど単なる貨幣所有者あるいは単なる商品所有者として、単なる買い手あるいは単なる売り手として彼らに対する。しかも、どちらの順序であっても、一人にはつねに買い手として、もう一人にはつねに売り手として対する。いわば一人にはつねに貨幣として、もう一人にはつねに商品として向きあうのであり、けっして資本あるいは資本家として彼らに向きあうわけではない。あるいは、なにか貨幣以上のもの、商品以上のものを代表する人間として、あるいは貨幣や商品とは異なる作用を及ぼしうる何かの代表者として彼らに対するわけではない。わたしにとっては、Aから買いBに売るというのは一つの順序をなしている。しかし、この二つの行為の連関はわたしにとってしか存在しない。わたしとBとの取引には、Aは無関心であり、BもまたわたしとAとの取引には無関心だ。わたしが彼らに、この順序の逆転によってわたしが得る特別な栄誉を分からせようとしても、彼らはわたしのまちがいをこんなふうに証明するだろう。君は順序そのものをまちがえている、取引全体は買いで始まって売りで終わったんじゃない、逆に売りで始まって買いで終わったんだと。事実、わたしの最初の行為である買いはAの立場から見れば売りであり、わたしの二番目の行為である売りはBの立場から見れば買いだ。AとBはそれだけでは満足せず、順序全体が無用なもので、ごまかしだと言い張るだろう。そしてAは商品を直接Bに売り、Bはそれを直接Aから買うだろう。それによって全取引は普通の商品流通の一面的な行為に、すなわちAの立場からは単純な売りに、Bの立場からは単純な買いに収縮してしまう。つまり、順序を逆転するだけでは単純な商品流通の域を超えられなかったということだ。だとすれば、商品流通がその本質からして、はたして流通に入りこんでくる価値を増殖させ、それによって剰余価値の形成を許すものかどうかは、あらためて調べてみる必要がある。

まずは流通過程が単なる商品交換としての外観をとるような形式を考えてみよう。たとえば二人の商品所有者がたがいに相手から商品を買い、双方の請求金額の差額を支払日に決済するといった場合は、つねにこうしたケースに該当する。ここでの貨幣は商品価値を価格で表現するための計算貨幣として用いられており、商品そのものに物として向きあうことはない。目当てが使用価値であるかぎり、交換をおこなう両者がともに利益をえられることは明白だ。両者とも自分にとっては使用価値のない商品を譲渡し、自分が使用するために必要な商品を受けとる。しかも交換の利点はこれにとどまらないだろう。ワインを売って穀物を買うAは、おそらく同一時間内に穀物農家Bが生産するワインよりも多くのワインを生産することができるだろう。また穀物農家Bは、同一時間内にワイン農家Aが生産する穀物よりも多くの穀物を生産することができるだろう。だとすれば、それぞれが交換をせずに自分のためにワインと穀物の両方を生産しなければならない場合と比べると、同じ交換価値でAはより多くの穀物を、Bはより多くのワインを受けとることができる。したがって使用価値に関しては「交換は双方がともに利益をえる取引」(14)だと言える。しかし交換価値ではそうはいかない。

「ワインは大量に持っているが穀物は持っていない一人の男が、穀物は大量に持っているがワインは持っていない一人の男と取引をする。両者のあいだで、五〇の価値の小麦が、ワインで五〇の価値と交換される。この交換は双方どちらにとっても交換価値の増加を意味しない。なぜなら二人ともこの行為を通じて手に入れた価値と同じ価値を、交換前にすでに所有していたからだ」(15)。

この事態は、たとえ貨幣が流通手段として二つの商品のあいだに割って入り、買いと売りという行為が感覚的に分離したとしても、変化することはない(16)。商品が流通に入りこむ前に、商品の価値はその価格に表現されており、したがってそれは流通の前提であって結果ではない(17)。

(14)「交換は驚くべき取引だ。そこでは契約当事者が双方とも得をしている——それもつねに(!)」(デステュット・ド・トラシー『意志とその作用についての論考』パリ、一八二六年、六八ページ)。同書は『経済学論考』としても刊行された。

(15) メルシエ・ド・ラ・リヴィエール『政治社会の自然的本質的秩序』、五四四ページ。

(16)「この二つの価値のうちの一つが貨幣であろうと、両方がふつうの商品であろうと、それ自体としてはまったく些末なことだ」(メルシエ・ド・ラ・リヴィエール、同前、五四三ページ)。

(17)「価値について決定を下すのは契約当事者ではない。価値は取引以前にすでに確定している」(ル・トローヌ『社会的利益について』、九〇六ページ)。

ここでは、単純な商品流通〔W—G—W〕の内在的法則から生じている事情だけを抽出して観察してみよう。この商品流通のなかでは、一つの使用価値がもう一つ別の使用価値によって置き換えられる以外には、商品の形態変容《メタモルフォーゼ》しか、つまり単なる形態の変化しか生じていない。そこでは同一の価値、言い換えれば、対象化された社会的労働の同一量が、同じ商品所有者の手元にとどまり続ける。最初は彼の商品という形で、次にはその商品が変容した貨幣という形で、そして最後には、その貨幣が再変容した商品という形で。この形態変化には価値量の変化は含まれない。商品価値自体がこの過程でこうむる変化は、それがとる貨幣形態の変化に限られる。その貨幣形態は、最初は売りにだされる商品の価格として存在し、次には、あらかじめ価格として表現されていた一定の貨幣量として存在し、そして最後には等価商品の価格として存在する。たとえば五ポンド紙幣をソヴリン硬貨、半ソヴリン硬貨、シリング硬貨などに両替しても価値量が変わらないのと同じように、この形態変化それ自体には価値量の変化は含まれない。つまり、商品流通が商品価値の形態変化だけを引き起こすのであれば、その現象が純粋な形で生じた場合には、等価物同士の交換しか起こりえないということだ。だからこそ、価値のなんたるかをほとんど分かっていない俗流経済学ですら、彼らなりの仕方でこの現象を純粋に観察しようとすれば、需要と供給は一致し、その作用が帳消しになると想定することになる。使用価値に関しては交換の双方の当事者がともに利益を得ることはあっても、こと交換価値に関するかぎり両者がともに利益を上げることはありえない。交換価値についてはむしろ「対等性あるところに利益なし」(18)という言葉のほうがあたっている。たしかに商品がその商品価値から乖離した価格で売られることはありうる。しかし、この乖離は商品交換の法則に違反したものとみなされる。[19]商品交換は、純粋な姿としてはあくまで等価物の交換であり、価値を増やす手段ではない。[20]

(18) "Dove è egualità non è lucro."（ガリアーニ『貨幣について』、クストディ編、近代篇、第四巻、二四四ページ）。

(19)「交換にさいして、なにか外部の事情で価格が下げられたり上げられたりすれば、両当事者の一方にとってこの交換は不利なものとなる。そうなれば対等性が毀損される。しかしこの毀損はあくまで外部の原因によるものであり、交換によるものではない」（ル・トローヌ『社会的利益について』、九〇四ページ）。

(20)「交換はその本来の性質からして対等性の上に立つ契約であり、一つの価値とそれに等しい価値とのあいだで成立するものだ。したがって交換は富を増すための手段ではない。なぜなら当事者は受けとるのと同じだけ与えるからだ」（ル・トローヌ、同前、九〇三、九〇四ページ）。

したがって商品流通を剰余価値の発生源として記述しようとする試みの背後には、ほとんどの場合一つの取り違いが、すなわち使用価値と交換価値との混同が潜んでいる。コンディヤックもその一例だ。

「商品交換をする人がたがいに等しい価値を交換しあっているというのは誤りだ。事実は逆だ。二人の当事者はともに、より小さな価値を提供してより大きな価値を手に入れている。……もし実際に同じ価値同士を交換しているのであれば、どちらの当事者も利益を上げることはできないだろう。しかし実際には両方ともが利益を上げている、あるいは上げていなければならないはずだ。なぜか？　物の価値は、われわれの欲求との関係のなかでしか決められないからだ。ある人にとって価値ある物が他の人にとってはそれほどでないこともあれば、その逆もある……われわれが消費に欠かすことのできないものを売りにだすことなど、人々は想定していない……われわれは自分に必要なものを手に入れるために自分には無用なものを手放そうとする。われわれはより少ないものを与えて、より多くのものを受けとろうとする。……交換された物はどちらも同一の貨幣量と等価とみなされたのであり、それゆえ交換においては同じ価値同士がやりとりされていると判断されてきたのは無理もないことだった。……しかしもう一つ別の観察を考慮に入れなければならない。われわれは双方とも余分なものを放出して、それと交換に必要なものを手に入れたのではなかったかと(21)」。

　ここから分かるように、コンディヤックは使用価値と交換価値とを混同しているだけではない。生産者が生活必需品を自分で生産し、自分の必要量を超える過剰部分だけを、すなわち余分なものだけを流通に放出するという状態を、発達した商品生産をおこなう社会にまで滑りこませるというきわめて子供っぽい誤りを犯している(22)。それでもコンディヤックの議論は、近代の経済学者たちによって頻繁に繰り返されてきた。とくに、商品交換の発達した姿である商業が剰余価値の産出要因として説明されるような場合に、この論法が使われてきた。一例をあげておこう。

「商業は生産物に価値を付け加える。なぜなら同じ生産物でも生産者の手元にある時よりも消費者の手元にある時のほうが、価値があるからだ。したがって商業は文字どおり(strictly)生産活動とみなされなければならない[23]」。

しかし商品の支払いをする時に、われわれはその使用価値に対して一度、その価値に対してもう一度という具合に、二重払いをするわけではない。それにもし、商品の使用価値が売り手にとってよりも、買い手にとってのほうが有益だとすれば、その貨幣形態は逆に、買い手にとってよりも売り手にとってのほうが有益なのだ。そうでなければ、どうして売り手はそれを手放すだろうか? だとすれば、買い手は商人の所有する、たとえば靴下を貨幣に変えてやることで文字どおり(strictly)「生産活動」をしたのだとも言えるだろう。

(21) コンディヤック『商業と政府』(一七七六年)、デール/モリナリ編『経済学雑録』パリ、一八四七年、二六七、二九一ページ。

(22) それゆえ、ル・トローヌが友人のコンディヤックに「発達した社会には余分なものなど何一つない」と返答したのは、きわめて当を得ている。同時にル・トローヌは次のようなコメントを付してコンディヤックをからかっている。「交換の両方の当事者が同じように、はるかに少ないものを差しだして、はるかに多くのものを受けとっているというなら、結局、双方とも同じ量を受けとっていることになる」。コンディヤックは交換価値の本質をまだまったく理解していないので、ヴィルヘルム・ロッシャー教授が彼自身の子供っぽい概念を補強するために引用するには、もってこいの人物だ。ロッシャー『国民経済学の基礎』第三版、一八五八年、を参照のこと。

(23) S・P・ニューマン『経済学概要』アンドーヴァおよびニューヨーク、一八三五年、一七五ページ。

一見して明らかなように、交換価値の等しい商品同士、あるいは商品と貨幣とが交換されても、すなわち等価物が交換されても、流通に投じた価値を超える価値を流通から引きだすことはできない。だとすれば剰余価値の形成もありえない。ところが商品流通は、純粋な形態で進行すれば、必ずや等価物の交換を引き起こす。ただ現実には、ものごとは純粋な形で進むわけではない。そこで次に非等価物の交換を想定してみよう。

商品市場では、いずれにしても商品所有者だけが商品所有者と対面する。そして、これらの人物たちがたがいに行使しうる力といえば、彼らの商品の力だけだ。商品の素材上の違いが、交換の素材上の動機であり、それが商品所有者たちを相互依存関係におく。なぜなら、彼らのうちのだれ一人として自分自身の欲求を満たす対象を所持しておらず、彼らのうちの全員が他者の欲求を満たす対象を所持しているからだ。使用価値の素材上の違いを除けば、商品間にはたった一つの違いしか残らない。その違いとはすなわち、商品の現物形態と変容形態との違い、つまり商品と貨幣との違いだ。こうして商品所有者は片や売り手すなわち商品所有者として、片や買い手すなわち貨幣所有者として、たがいに区別されるにすぎない。

そこでこう仮定してみよう。なにかしらの理由で売り手に特権が与えられ、商品をその価値以上の価格で、たとえば一〇〇の価値の商品を一一〇で、つまり名目上一〇％の上乗せ価格で売ることが許されたとしよう。そうなれば売り手は一〇の剰余価値を手に入れる。しかし、彼は売り手となった次には買い手となる。別の商品所有者が今度は売り手として彼の前にあらわれる。そしてその売り手もまた商品を一〇％高い価格で売る特権を享受している。かの男は売り手としてはたしかに一〇儲けたが、買い手としては一〇損をする。[24] 全体として見れば、事実上、すべての商品所有者が商品をたがいに一〇％増の価格で売ったことになる。これは全員がもとの価格で商品を売ったのとまったく同じことだ。商品の名目価格のこうした一律的な引き上げは、商品価値をたとえば金の代わりに銀で評価するさいに生じるのと同じ効果をもたらす。商品の貨幣名、すなわち商品価格はたしかに膨れあがるだろうが、商品の価値関係は変化することなく保たれる。

(24)「生産物の名目的価値を引き上げても……それによって売り手がより金持ちになることはない。……彼らは売り手として手に入れるのと正確に同じものを、買い手の資格でそのまま支出することになるからだ」（J・グレイ『諸国民の富の本質的原理』ロンドン、一七九七年、六六ページ）。

今度は逆に、買い手のほうに、商品を価値以下の価格で買える特権が与えられたと仮定してみよう。あらためて思いだすまでもなく、この買い手はまた売り手となる。彼は買い手となる前には売り手だった。彼は買い手として一〇％得をする前に売り手としてすでに一〇％損をしている。(25) こうしてすべてが旧に復する。

(25)「もしだれかが二四リーヴルの価値がある生産物の一定量を一八リーヴルで売らなければならなくなったとしても、その同じ貨幣額を買い入れのために投ずれば、一八リーヴルで二四リーヴル分のものを買うことができるだろう」(ル・トローヌ『社会的利益について』、八九七ページ)。

こうしてみると、剰余価値の形成、すなわち貨幣の資本への変容は、売り手が商品をその価値以上で売ることからも、また買い手がそれを価値以下で買うことからも説明できない。(26)

(26)「したがって通常は、いずれの売り手も自分の商品の価格をつり上げようとすれば、他の売り手の商品をより高く買わされる羽目になる。同じ理由から消費者もまた、通常は安く買い物をしようとすれば、自分が売りにだす商品の価格を下げざるをえなくなる」(メルシエ・ド・ラ・リヴィエール『政治社会の自然的本質的秩序』、五五五ページ)。

とはいえ、たとえばトレンズ大佐のように外部の関係をひそかに持ちこんでみても、この問題はいっこうに簡単にはならない。トレンズ大佐は言う。

「直接的な交換であろうが間接的な交換であろうが、消費者は商品生産に投じられたあらゆる資本成分よりも若干多い量を商品に対して支払おうとする。この消費者の能力と傾向

（!）に有効需要は支えられている」[27]。

流通のなかでは、生産者と消費者とが単に売り手と買い手として向きあっているにすぎない。生産者にとっての剰余価値は、消費者が商品に対して価値以上の代金を払うことから生じる、などという主張は、商品所有者は売り手として高すぎる価格で商品を売る特権を有するという単純な命題を粉飾したものでしかない。売り手は商品をみずから生産したか、あるいは生産者の代行をしているかのどちらかだ。ところが買い手もまた同様に、自分の貨幣に表現されている商品を自分で生産したか、あるいは生産者の代行をしているかのどちらかだ。つまりここでは生産者が生産者と向きあっている。両者の違いは、一人が買い、もう一人が売るということだけだ。同じ商品所有者が、生産者の名のもとでは商品を価値よりも高く売り、消費者の名のもとでは商品に高すぎる代金を払うなどといってみても、事態は一歩も前進しない[28]。

(27) R・トレンズ『富の生産についての一論』ロンドン、一八二一年、三四九ページ。

(28) 「利潤は消費者が支払ったものだという考えは、疑いもなく非常にばかげている。消費者とはいったいだれのことか?」（G・ラムジー『富の分配に関する一論』エディンバラ、一八三六年、一八三ページ）。

したがって、剰余価値が名目上の価格引き上げから生じるとか、商品を高すぎる価格で売る売り手の特権から生じるとかいった幻想に固執している人々は、売ることなしにひたすら買う階級、つまり生産することなしにひたすら消費する階級を想定している。この種の階級の存在は、われわれのこれまでの到達点である単純な流通という観点からはまだ説明できない。しかし、ここでは先まわりをしておこう。こうした階級が絶え間なく買い続けるために必要な貨幣は、交換を経ることなく、無償で、恣意的な法や権力の名のもとで商品所有者自身から彼らのふところへと、たえず流入しなければならない。この階級に商品を価値以上の価格で売るということは、単に彼らに無償で与えた貨幣を一部ごまかしてとりかえすという程度の意味しかない。(29)小アジアの諸都市が毎年、古代ローマに貨幣貢租を支払ったのもその一例だ。この貨幣でローマは彼らから商品を買い、しかも高すぎる価格で買った。小アジア人は商業という経路を通じて、自分たちが収めた貢租の一部を征服者たちからふたたびくすねとることで、ローマ人をだました。にもかかわらず、小アジア人たちはだまされる側であり続けた。小アジア人たちの商品の代金は、あいかわらず彼ら自身の貨幣で支払われた。こんなことは、けっして豊かになるための、あるいは剰余価値を形成するための方法ではない。

(29) 「自分の商品に対する需要が見こめない人にむかって、マルサス氏は、それならだれかにお金を払って商品を買いとってもらえばいいじゃないかと忠告するのですか？」と、あるリカード学派の人物は憤慨してマルサスに質問している。マルサスは自分の弟子であるチャーマーズ牧師と同様、単なる買い手、あるいは単なる消費者である階級を経済的に美化している。『マルサス氏によって近年擁護された需要の性質と消費の必要性に関する諸原理の研究』ロンドン、一八二一年、五五ページ参照。

そこでわれわれは、売り手が買い手でもあり買い手が売り手でもある商品交換の限度内にとどまることにしよう。もしかすると、われわれがいきづまったのは、われわれが人間を個人としてではなく、人格化されたカテゴリーとしてのみ理解していたせいだったかもしれない。

商品所有者Aは目はしがきくので仲間のBやCをだし抜くことができ、片やBやCはどんなにがんばってもAに一矢《いっし》を報いることはできないものとしよう。Aは四〇ポンドの価値があるワインをBに売り、それと引き換えに五〇ポンドの価値がある穀物をBから受けとる。Aは彼の四〇ポンドを五〇ポンドに変容させ、より少ない貨幣からより多くの貨幣を作りだし、彼の商品を資本に変容させた。これをもう少し詳しく見てみよう。交換以前にはAの手元に四〇ポンドのワインが、Bの手元には五〇ポンドの穀物があり、計九〇ポンドの総価値が存在していた。交換後もこの九〇ポンドの総価値はまったく同じで、流通する価値は一分子も増えていない。変化したのはAとBのあいだの分配にすぎない。一方で剰余価値が生じても、他方ではそれが不足価値となってあらわれる。片方でプラスとなれば、もう片方ではマイナスとなる。同じ変化は、Aが交換という仮装的な手段をとらずに、Bから直接一〇ポンドを盗んだとしても生じただろう。流通している価値総量は、明らかに分配の変化によっては増加しない。それは一人のユダヤ人がアン女王時代の一ファージング貨を一ギニーで売ったとしても、その国の貴金属の総量が増えないのと同じだ。一国の資本家階級を総体としてみるならば、彼らは自分たち自身から利益をだましとることはできない(30)。

(30) デステュット・ド・トラシーは、フランス学士院のメンバーであったにもかかわらず――いやメンバーだったからこそ、かもしれないが――これとは逆の見解だった。彼は言う。産業資本家たちは「すべてを、生産に要したよりも高い価格で売ることによって」利潤を得ている。「そして、彼らはだれに売っているのか? まずはたがいにだ」(『意志とその作用についての論考』、二三九ページ)。

つまり、どんなに勝手にこねくりまわしてみても、総計は変わらないということだ。等価値が交換されても剰余価値は生じず、等価値ではないものが交換されてもやはり剰余価値は生じない(31)。流通や商品交換はなにも価値を生みださない(32)。

(31) 「二つの等しい価値を交換しても、社会に存在している価値の総量は増えもしないし、減りもしない。二つの等しくない価値を交換しても、やはり社会的な価値の総量はなにも変わらない。それは、一人の人間の財産からとりあげたものを、別の人間の財産に加えているだけだからだ」(J・B・セー『経済学概論』第二巻、四四三、四四四ページ)。セーは、この命題から導かれる結論にはもちろん無頓着だが、この命題をかなり字句どおりに重農主義者たちから借用している。

彼の時代に埋もれていた重農主義者たちの著作を、セーがいかに自分の「価値」を殖やすために搾取したかは次の例からもうかがわれる。セー氏の「最も有名な命題」である「生産物は生産物によってのみ買うことができる」(同前、第二巻、四三八ページ)は重農主義者の原本ではこうなっている。「生産品は生産品によってのみ支払われる」(ル・トローヌ『社会的利益について』、八九九ページ)。

(32) 「交換は生産物にいかなる価値も付与しない」(F・ウェイランド『経済学概要』ボストン、一八四三年、一六八ページ)。

これで、なぜわれわれが、近代社会の経済組織を規定している資本の基本形態を分析するにあたって、商業資本や高利貸し資本といったなじみの深い、いわば太古からの形態を、とりあえずまったく考慮しないのかも理解できるだろう。

G—W—G′、つまり、より高く売るために買うという行為は、本来の商業資本のなかに最も純粋な形で出現する。その一方で商業資本の全運動は、あくまで流通圏内部で進行する。ところが、貨幣の資本への変容、あるいは剰余価値の形成を流通自体から説明するのは不可能だ。(33) したがって等価物が交換されれば、商業資本はすぐにでもなりたたなくなるように見える。とすれば、買いをおこなう商品生産者と売りをおこなう商品生産者とのあいだに寄生虫のように割りこんでくる商人が双方から同時に利益をだましとることによって剰余価値が生まれているとしか考えられない。この意味でフランクリンは「戦争は略奪、商業は詐欺」(34)と言ったのだ。しかし、商業資本の価値増殖を商品生産者に対する単なる詐欺行為から説明すべきでないとすれば、そこにはまだ一連の長い中間項がかかわっていることになる。ここではまだ、商品流通とその単純な契機だけがわれわれの議論の前提となっているため、こうした中間項は完全に欠落している。

(33)「変化することのない等価物が支配しているところでは、商業はなりたたないだろう」(G・オプダイク『経済学に関する一論』ニューヨーク、一八五一年、六六―六九ページ)。「真の価値と交換価値の違いの根底にあるのは、ある物の価値と、商業においてそれに与えられたいわゆる等価とのあいだには違いがあるという事実、すなわち等価がじつは等価ではないという事実だ」(F・エンゲルス「国民経済学批判大綱」、九五、九六ページ)。

(34) ベンジャミン・フランクリン『著作集』第二巻、スパークス版、『国民の富について検討されるべき諸立場』(三七六ページ)。

商業資本にあてはまることは、高利貸し資本にはより一層あてはまる。商業資本では、両極のあいだに、つまり市場に投じられる貨幣と増やされて市場から引き戻される貨幣とのあいだに、両極を媒介する買いと売りという流通の運動が挟まっていた。ところが高利貸し資本では、G―W―G′という形態が媒介項のない両極G―G′に短縮される。貨幣がより多くの貨幣と交換されるというのは貨幣の本質と矛盾する形態であり、したがって商品交換の立場からは説明できない。だからアリストテレスはこんなふうに言っている。「貨殖学は一方では商業に、他方では家政学に属するという二重性をもつ。家政学は必要不可欠かつ称賛すべきものだが、商業は流通を土台としており、それゆえ非難されてしかるべきものだ（なぜなら、それは自然の上にではなく、相互のだましあいの上に立っているからだ）。したがって高利貸しが嫌悪されるのはごく当然のことだ。なぜなら、そこでは貨幣自身が利益を生みだす源となっており、貨幣がもともと発明された目的のために用いられていないからだ。というのも、貨幣は本来商品交換のために成立したのに、利子は貨幣からより多くの貨幣を生みだすからだ。利子という呼び名」（τόκος＝利子、産みおとされたものの意）「もそこに由来する。というのも、産みおとされたものは産んだものに似ているからだ。しかし、利子は貨幣から生まれた貨幣であり、したがってあらゆる生業のなかで最も反自然的なものだ[35]」。

（35）　アリストテレス『政治学』第一巻、第一〇章、一七ページ。

商業資本と同様に利子付き資本もまた派生的形態であることは以下の考察のなかでいずれ明らかにされるだろう。そしてまた、それらがなぜ歴史的には資本の近代的基本形態に先行して出現したのかも分かるだろう。

剰余価値が流通からは発生しえないことはすでに述べた。したがって剰余価値の形成には流通自体のなかでは見えない何か、流通の背後に隠れている何かが関与しているに違いない[36]。しかし流通以外のいったいどこから剰余価値が生じうるのだろうか？　流通は商品所有者同士のあらゆる相互関係の総体だ。(*)したがって流通の外側では、商品所有者はわずかに自分自身の商品としか関係を持っていない。商品の価値に関する限り、その関係はただ一つのことに尽きる。それは、商品には一定の社会法則にしたがって測定された彼自身の労働量が含まれるということだ。その労働量は彼の商品の価値量に表現される。そしてその価値量は計算貨幣で表示されるので、たとえば一〇ポンドという価格に表現される。しかし、だからといって彼の労働が、商品の価値のなかに表示されると同時に、商品自身の価値を超える超過分のなかにも表示されるなどということはない。彼の労働が一〇の価格でもあり、同時に一一の価格でもあるものに表示されたり、自分の価値を超える価値に表示されたりすることはない。商品所有者は彼の労働によって価値を形成することはできるが、自己増殖する価値まで形成することはできない。商品所有者ができるのは、たとえば革から長靴を作る場合のように、すでに存在している価値に新しい労働を通じて新しい価値を付け加え、それによって一つの商品の価値を高めることだ。こうして同一の素材が、いまやより多くの労働を含んでいるがゆえに、より多くの価値をもつようになる。だから長靴は革よりも多くの価値を持っている。しかし革の価値はもとのままだ。革の価値は自己増殖したわけではなく、長靴製造過程において自分に剰余価値を付け加えたわけでもない。だから、商品生産者が他の商品所有者と接触することなしに、流通圏の外側で価値を増殖させたり、貨幣や商品を資本に変容させたりすることは不可能なのだ。

（36）「市場に通常の条件がととのっていれば交換によって利潤が生まれることはない。交換以前にすでに利潤が存在していたのでなければ、取引後に利益が存在することもまたありえないだろう」（ラムジー『富の分配に関する一論』、一八四ページ）。

（＊）第三、第四版では商品関係となっている。

以上から分かるように、資本が流通から発生することはありえない。しかし、資本が流通から発生しないということもまたありえない。資本は流通のなかで発生したはずのものであり、同時に、流通のなかで発生したはずのないものだ。

こうして二重の結果が生じる。

貨幣の資本への変容は商品交換に内在する法則にもとづいて説明されるべきであり、それゆえ等価物の交換がその出発点となる。(37) まだ資本家の幼虫として存在しているにすぎないわれわれの貨幣所有者は、商品をその価値どおりに買い、その価値どおりに売らねばならない。それでもなお、この過程の最後では最初に投じたよりも多くの価値を引きださねばならない。チョウへの脱皮は流通圏のなかで生じなければならず、かつ流通圏のなかで生じてはならない。これが問題の条件だ。ここがロドスだ、さあ跳んでみたまえ！〔＊〕

（37）以上の議論によって読者にはお分かりだろうが、要は、商品価格と商品価値がたとえ等しくても資本形成は可能なはずだということだ。商品価格が商品価値から乖離していることを根拠に資本形成を説明することはできない。もし価格が価値から現実に乖離しているならば、まずは価格を価値に還元しなければならない。つまり、資本形成という現象を商品交換という土台の上で純粋に観察するためには、その乖離状態を偶然的な状態として度外視しなければならないということだ。そして観察にあたっては本来の経過とは関係のない攪乱的な副次的状況に惑わされないようにしなければならない。ちなみにこうした還元は、周知のとおり、けっして単なる科学的な手続きではない。市場価格のたえざる揺れ動き、その上昇と下落はたがいに補いあい、たがいに相殺され、みずからの内的な法則である平均価格にいきつく。この内的法則こそ、たとえば商人あるいは産業家が比較的長期にわたる企業活動をおこなう時につねに指標とする導きの星だ。つまり企業家は、比較的長い期間を全体として観察すれば、商品が平均価格を上回ることも下回ることもなく、まさに平均価格で売れるということを知っているのだ。もし目前の利害にとらわれない思考こそが企業家の利益にかなうのだとすれば、企業家としては資本形成の問題をこんなふうに問うてみる必要があるだろう。価格が平均価格によって、つまり最後のところは商品の価値によって決まるとすれば、いったい資本はどのようにして生まれるのだろうか？　と。わたしがあえて「最後のところは」と言うのは、平均価格はスミスやリカードたちが信じていたように直接、商品の価値量と一致するものではないからだ。

〔*〕 Hic Rhodus, hic salta!　イソップ寓話から引かれた一節。ロドス島で非常に高く跳んだことがあると自慢するほらふき男に投げかけられた言葉。

第三節　労働力の売買

資本に変容すべき貨幣の価値変化は、この貨幣自体には生じえない。なぜなら購入手段や支払手段としての貨幣は、購入したり支払ったりする商品の価格を現実化しているにすぎないからだ。その間、貨幣はみずからの形態を固持し、同じ価値量を保った化石となる。(38) また第二の流通行為、すなわち商品の再販売からも貨幣の価値変化は生じえない。なぜならこの行為は商品を現物形態から貨幣形態に再変容させているにすぎないからだ。したがって変化しているのは、あくまで第一の行為G—Wにおいて買われた商品であり、その商品の価値ではないはずだ。というのも、そこでは等価物が交換されており、商品には価値どおりのものが支払われているからだ。だとすれば、変化は商品の使用価値そのものから、つまり商品の消費から生じたとしか考えられない。ところで、ある商品の消費から価値を引きだすためには、貨幣所有者は流通圏内部、すなわち市場において、その使用価値自体が価値の源泉となるような独特の性質を持った商品を運よく発見しなければならないだろう。その商品は、現実にそれを消費すること自体が労働の対象化、すなわち価値創造となるような商品だ。そして貨幣所有者は、市場でこのような特殊な商品を見つけだす——労働能力すなわち労働力を。

(38)「貨幣の形態では……資本が利潤を生みだすことはない」(リカード『経済学および課税の原理』、二六七ページ)。

ここでいう労働力あるいは労働能力とは、一人の人間の身体、すなわち生ける人格のなかに存在する肉体的精神的諸能力の総体だ。人間はなんらかの種類の使用価値を生産するたびに、こうした諸力を動員する。

しかし、貨幣所有者が商品としての労働力を市場で見つけるためには、さまざまな条件が満たされなければならない。商品交換は、それ自体としては、自分の本来の性質に由来する以外の依存関係を一切含んでいない。その前提のもとでは、労働力が商品として市場にあらわれるのは、ひとえに労働力がその持ち主である個人、すなわち労働力の所有者自身によって商品として提供ないし売却されるからであり、また提供、ないし売却される時だけだ。労働力の所有者が労働力を商品として売却できるためには、その所有者は労働力の自由処分権を持っていなければならず、自分の労働能力の、あるいは彼という人格の自由な所有者でなければならない(39)。そのような彼と貨幣所有者とが市場で出会い、対等な商品所有者としてたがいに関係を結ぶ。両者を区別するのは、一方が売り手で他方が買い手だということだけであり、したがって両者は法的には平等な人格だ。この関係が持続するためには労働力の所有者が労働力をつねに一定時間についてだけ売るということが必要条件となる。なぜなら、労働力をまるごと最終的に売りわたしてしまえば、その人は自分自身を売ることになり、自由人から奴隷へ、一人の商品所有者から一個の商品へと姿を変えることになるからだ。一個の人格としての彼は、自分の労働力に対して、つねにそれを自分自身の財産として、それゆえ自分自身の商品として処理しうる関係を保たねばならない。

これが可能になるのは、彼が自分の労働力の処理と消費を、いつでも一時的に、一定の時間を限って買い手に委ねる場合に限られる。言い換えれば、労働時間の売却によって労働時間の所有権まで放棄することがない場合に限られる。(40)

(39) 古典古代に関する百科事典のなかには、古代世界でも資本は「自由な労働者と信用制度が存在しなかったことを除けば」完全な発達をとげていたなどと、ばかげた説明をしているものがある。モムゼン氏も『ローマ史』のなかで繰り返しその種の取り違いをしている。

(40) それゆえ各種の法律は労働契約上の上限を定めている。自由労働が認められている諸国民の法律はすべて、契約の解除予告条件を定めている。さまざまな国、たとえばメキシコでは(アメリカ南北戦争以前はメキシコから分離した諸準州でも、またクザの改革[*]以前は実質的にドナウ諸州でも)、ピオネージ(債務奴隷)の形で奴隷制がひそかに温存されていた。そこでは、労働によって返済されることになっている前貸しがおこなわれ、それが世代から世代へと継承されていく。それによって個々の労働者のみならず、その家族も事実上、他の人間や家族の所有物となる。フアレスはピオネージを廃止した。皇帝と称されるマクシミリアン[**]は一勅令によってこれを再導入した。ワシントンの議会がこれをメキシコにおける奴隷制再導入のための勅令であるとして非難したのは当然のことだった。「わたしは自分のもつ特別な肉体的精神的熟練や活動可能性の一部を、時間を限って他人に使用させるために売りわたすことはできる。なぜなら時間を限ることによって、こうした熟練や可能性はわたしのもつ全体性や普遍性と一つの外的な関係をもつにいたるからだ。ところが労働を通じて具体化するわたしの全時間とわたしの生産物の全体を譲りわたしてしまうならば、その実体をなすもの、すなわちわたしの一般的活動と現実、そしてわたしの人格を、他人の所有物にしてしまうことになるだろう」(ヘーゲル『法の哲学』ベルリン、一八四〇年、一〇四ページ、第六七節)。

〔*〕アレクサンドル・クザはモルダヴィアとワラキアの合併によって成立したルーマニア公国の首長。一八六四年に貴族が支配する議会を抑えて農奴解放令を発布した。

〔**〕マクシミリアン〔一八三二―六七〕はオーストリア皇帝フランツ・ヨーゼフ一世〔一八三〇―一九一六〕の弟。フランスのナポレオン三世とメキシコ王党派の支援を受け、メキシコ皇帝に即位した。

貨幣所有者が労働力を商品として市場で見つけるための第二の重要な条件は、労働力の所有者が、自分の労働が対象化された商品を売ることができず、生身の身体のなかにしか存在しない労働力そのものを商品として提供しなければならないということだ。

だれかが自分の労働力とは別の商品を売ろうとすれば、もちろん原料や労働用具等の生産手段を持っていなければならない。革がなければ長靴は作れない。その他にも生活手段が必要となる。だれ一人として、かの未来音楽家でさえ、未来の生産物を、あるいはまだ生産が終わっていない使用価値を食って生きるわけにはいかない。地上の舞台に登場した第一日目と同様、人間は生産を開始する以前にも、生産しつつある時にも日々消費しなければならない。生産物を商品として生産する場合には、生産した後でそれを売らねばならない。そして商品は、それが売れた後でようやく生産者の欲求を満たすことができる。生産期間には売りに必要な時間も加わる。

このように、貨幣が資本に変容するためには、貨幣所有者が自由《フライ》な労働者を商品市場で見つけねばならない。この自由《フライ》には二重の意味がこめられている。一つは労働者が自由《フライ》な人間として自分の労働力を自分の商品として処理できるという意味であり、もう一つは彼が労働力以外に売るべき商品を持たず、労働力を現実化するために必要な一切のものから切り離されている《フライ》という意味だ。

こうした自由な労働者が流通圏で貨幣所有者と向きあうことになるのは、いったいなぜなのか。この問いは労働市場を商品市場の特別部門としか見ていない貨幣所有者の関心事ではない。また当面はわれわれの関心事でもない。ただし、貨幣所有者が実践的に固執するこの事実に、われわれは理論的に固執する。しかし一つだけ明らかなことがある。一方に貨幣所有者あるいは商品所有者がおり、他方に自分の労働力しか所有していない者がいるという状態は、自然が作りだしたものではないということだ。この関係は自然史にもとづく関係ではなく、またすべての歴史時代に共通する社会的な関係でもない。それは明らかに先行する歴史発展の結果であり、多くの経済的変革の産物であり、また古くから連綿と続く社会的生産体制の没落の産物だ。

われわれがすでに見てきた経済的カテゴリーもまた歴史の痕跡をとどめている。生産物が商品として存在していることのなかには一定の歴史的条件が内包されている。生産物が商品となるためには、それが生産者自身の直接的な生存手段として生産されていてはならない。いったいどのような事情のもとですべての、あるいは少なくとも大半の生産物が商品形態をとるにいたったのか。このことをさらに探究していれば、それがきわめて特殊な一つの生産様式、すなわち資本主義的生産様式を土台にしてはじめて起こりうるものであることが分かったはずだ。しかしこうした研究は商品の分析には疎遠なものだった。商品生産および商品流通自体は、商品用よりもはるかに多い生産量が直接、自家用にふりむけられ、商品に変容しないような状況下でもすなわち社会的生産過程が交換価値にまだそれほど深く広く支配されていないような状況下でも、発生しうる。しかし、生産物が商品となってあらわれてくるためには、社会の内部で一定の分業が発達していること、すなわち直接的な物々交換から始まる使用価値と交換価値との分離がすでに実現していることが不可欠な条件となる。こうした発展段階は、歴史的にきわめて多様な形をとる経済的社会体制のいずれにも共通して見られる。

あるいはまた貨幣に目を向ければ、商品交換がある一定レベルに達していることが貨幣成立の前提となる。貨幣形態には、単なる商品等価物、流通手段、支払手段、退蔵貨幣、世界貨幣など、特別な諸形態がある。こうした諸形態は、それぞれの機能の広がり具合や、どの機能が他の機能よりも相対的に重視されているかに応じて、社会的生産過程のきわめて多様な段階を明るみにだす。それでも経験的には、多少貧弱でも商品流通が発達していれば、すべての形態が十分に成立する。しかし、こと資本に関してはそうではない。商品流通と貨幣流通が存在しているからといって、資本の歴史的存立条件が存在しているとはけっしていえない。資本は生産手段と生活手段の所有者が、労働力を売る自由《フライ》な労働者を市場で見つけた時にはじめて成立する。そしてこの一つの歴史的条件に一つの世界史が組みこまれている。それゆえ資本は、当初から社会的生産過程の一時代を告知しているのだ。(41)

(41) したがって資本主義時代の特徴は、労働力が労働者自身にとって自分に帰属する商品の形態をとること、したがって彼の労働が賃金労働の形態をとることにある。他方、この瞬間から労働生産物の商品形態がはじめて一般化する。

この労働力という特異な商品をもう少し詳しく見てみよう。他のすべての商品と同様に、この商品も一つの価値をもつ。(42) その価値はどのようにして決まるのか?

(42) 「一人の男の価値〔value or worth〕は他のあらゆるものの価値と同様、その価格に等しい。ということは、その男の力の使用に対して支払われる額に等しいということだ」(Th・ホッブズ『リヴァイアサン』、モールズワース編『著作集』ロンドン、一八三九—四四年、第三巻、七六ページ)。

労働力の価値は他のあらゆる商品の価値と同じように、この特殊な品目の生産に、したがってまた再生産に必要とされる労働時間によって決まる。労働力が価値であるかぎり、労働力自体はそのなかに対象化された社会的な平均労働の一定量を代表しているにすぎない。労働力は生きた個人の素質としてのみ存在している。したがって労働力の生産にはその個人の生存が前提となる。個人の生存が確保されていれば、労働力の生産とは、実質的にはその個人の自己再生産あるいは自己維持だ。生きている個人が自分を維持していくためには一定量の生活手段が必要とされる。労働力生産に必要な労働時間は、こうして生活手段の生産に必要な労働時間となって消えていく。言い換えれば、労働力の価値とは、その労働力の所有者を維持するために必要な生活手段の価値だ。とはいえ、労働力はその発揮を通じてのみ現実となり、労働のなかでのみ活性化される。ただし、その活性化、すなわち労働によって、人間の筋肉、神経、頭脳その他の一定量が支出されるため、それは再度、補給されねばならない。支出が増えれば補給も増える必要がある。(43)労働力の所有者は、今日働いたならば明日もまた同じ過程を、同じ力と健康を保った条件下で反復できなければならない。したがって生活手段の総量は、労働する個人が労働する個人として普通の生活水準を維持するのに十分なものでなければならない。食料、衣服、暖房、住居その他の自然的欲求自体は、それぞれの国の気候、あるいはその他の自然条件によってさまざまに異なる。他方、いわゆる必要な欲求の程度やその充足の仕方は、それ自体が歴史的産物であり、したがって大部分は一国の文化段階に依存している。なかでも、自由《フライ》な労働者の階級が、どのような条件のもとで形成され、それゆえ彼らがどのような習慣や生活要求を持っているかに決定的に左右される。[44] だから他の商品の場合とは異なり、労働力の価値決定には歴史的および文化的要因が含まれる。とはいえ、ある特定の国の、ある特定の時代に限れば、必要な生活手段の平均値の範囲はおのずと決まってくる。

(43) それゆえ、古代ローマで農耕奴隷の最上位に位置したヴィリクス villicus と呼ばれる管理者は「奴隷よりも労働が軽かったため、奴隷よりも給金が少なかった」(Th・モムゼン『ローマ史』一八五六年、八一〇ページ)。

(44) W・Th・ソーントン『過剰人口とその解決策』ロンドン、一八四六年、参照。

労働力の所有者は不死身ではない。したがって市場への彼の登場は、継続的なものでなければならない。それは貨幣が資本に継続的に変容していくための前提でもある。だとすれば、労働力の売り手はみずからを永続化しなければならない。「あらゆる生きた個体が生殖を通じてみずからを永続化させるように」[45]。消耗と死によって市場からとりのぞかれた労働力は最低でも同じ人数の新たな労働力によってたえず補充されなければならない。したがって労働力の生産のために必要な生活手段の総量には、この補充要員、すなわち労働者の子供たちの生活手段も含まれており、これによって、この独特な商品所有者の種族は、商品市場で永続化される。[46]

(45) ペティ。

(46) 「その」(労働の)「自然価格とは……労働者を扶養し、かつ市場への労働供給を減らすことなく維持できるだけの家族を彼が養えるために、一国の気候や習慣に応じて必要とされる生活手段と享楽手段の量をいう」（R・トレンズ『穀物貿易論』ロンドン、一八一五年、六二ページ）。労働という言葉が、ここでは労働力という意味で誤用されている。

人間一般にそなわった性質に手を加えて、ある特定の労働部門での技能と熟練を得させ、高度で特殊な労働力とするためには、ある一定の訓練や教育が必要とされる。それに対しても、額の多少はあるにせよ商品等価物を支払わねばならない。労働力がどの程度、媒介された性格を持っているかによって、その教育費は異なってくる。この学習費用は通常の労働力に対しては、ほとんどとるに足らぬほど少額だが、労働力生産のために支出される価値の範囲に含まれる。

労働力の価値は、ある一定量の生活手段の価値に解消する。したがって、この生活手段の価値が変われば、言い換えれば、この労働力を生産するために必要な労働時間の量が変われば労働力の価値もまたそれに応じて変化する。

生活手段の一部、たとえば食料品、暖房用燃料その他は日々新たに消費されるので、日々新たに補給されねばならない。他の生活手段、たとえば衣類、家具その他は比較的長い時間をかけて消費されるので、比較的長い時間のうちに補給すればよい。ある種の商品は毎日、他の商品は週ごとに、四半期ごとにといった具合に買われ、支払われねばならない。しかし、これらの支出の総額は、たとえば一年のあいだにどんなふうに割り振られようとも、平均収入によって日々まかなっていかねばならない。労働力の生産のために、一日ごとに必要とされる商品量をA、一週ごとに必要とされる商品量をB、四半期ごとに必要とされる商品量をC等々とすれば、これらの商品の一日あたりの平均量は三六五A＋五二B＋四C＋…／三六五となる。平均日に必要なこの商品量に、たとえば六時間の社会的労働が含まれているとすれば、労働力には、日々、半日の社会的平均労働が対象化されていると言える。言い換えれば、労働力の日々の生産には半労働日が必要だということだ。労働力を日々生産するのに必要なこの労働量が、労働力の日価値、すなわち日々再生産される労働力の価値をなす。同様に、社会的平均労働の半日が三シリングあるいは一ターラーの金量であらわされるならば、この一ターラーが労働力の日価値に相当する価格となる。労働力の所有者が一日一ターラーでその労働力を提供するならば、その労働の販売価格はその価値に等しく、自分のターラーを資本に変容させることに血道をあげている貨幣所有者は、われわれの前提に従えば、この価値を支払う。

労働力の価値の最後の限界、すなわち最低限度は、労働力の担い手である人間が生命過程を更新していくために日々摂取せざるをえない商品量の価値、すなわち身体的に不可欠な生活手段の価値によって決まる。労働力の価格がこの最低値まで下落すると、その価格は労働力の価値を下回るようになる。なぜなら、そのような労働力は衰弱した形でしか自己を維持し、発展させることができないからだ。しかし、あらゆる商品の価値は、その商品をあくまで正常な品質で提供するために必要な労働時間によって決められる。

労働力のこうした価値規定は事の本質に由来するものであり、ロッシなどと口をあわせてこれを粗雑だと嘆くのは、きわめて安っぽいセンチメンタリズだ。ロッシは言う。「生産過程中に労働を維持するために必要となる生存手段を捨象して、労働能力だけをとらえようとするのは、幻影をとらえようとするのと同じだ。労働を語り、労働能力を語るということは、同時に、労働者を語り、その生存手段を、すなわち労働者と労働賃金を語るということだ[47]」。

労働能力を語ったからといって、労働を語ったことにはならない。それは消化能力を語ったからといって消化を語ったことにならないのと同じだ。消化というプロセスを語るには、だれでも知っているように単なる丈夫な胃以上のものが必要とされる。労働能力について語ったからといって、労働能力を保持するために必要不可欠な生活手段を捨象したことにはならない。むしろ生活手段の価値こそが、労働能力の価値に表現されているのだ。労働能力は、もし売れなければ労働者にとって何の役にも立たない。労働能力を生産するためには一定量の生存手段が必要だった。そして、それを再生産するためには、今後ともたえず新たな生存手段が必要となる。だからこそ労働者は、この事実をむしろ残酷な自然の必然性だと感じている。こうして労働者は、シスモンディとともに発見する。「労働能力は……売られないかぎり無に等しい[48]」ということを。

(47) ロッシ『経済学教程』ブリュッセル、一八四三年、三七〇、三七一ページ。
(48) シスモンディ『新経済学原理』第一巻、一一三ページ。

労働力というこの特殊な商品の独特の性質は、買い手と売り手とのあいだに契約が結ばれても、現実にはまだその商品の使用価値が買い手の手中に移行していないところにある。他のあらゆる商品の価値と同様に、この商品の価値は流通に入る前に決まっていた。なぜなら社会的労働の一定量が労働力の生産のためにすでに支出されているからだ。しかし労働力商品の使用価値は、のちにその力が発揮された時点ではじめて存在するにいたる。だから力の譲渡と、力の発揮すなわち使用価値としてのあり方とのあいだには、時間差が生じる。売りによる使用価値の名目的な譲渡と、買い手への現実的な引渡しとが時間的にずれるこうした商品にあっては、(49) 買い手の貨幣はたいていの場合、支払手段としての機能を果たす。資本主義的生産様式をとる国ではどこでも、労働力への支払いは、買入契約に定められた期間、労働力が使用されたあとで、たとえば各週末に、はじめてなされる。したがってどこでも、労働者は資本家に労働力の使用価値を前貸ししている。労働者は労働力の代金を払ってもらう前に労働力を買い手に消費させている。だから労働者はいずれの場所でも資本家に信用貸しをおこなっている。この信用貸しは、けっして虚妄などではない。(50) そのことは、資本家の倒産時に、信用貸ししていたこの賃金が時に失われることからも、あるいは、もっと持続的な作用を及ぼす一連の事例からも分かる。(51) とはいえ、貨幣が購買手段として機能しているか、支払手段として機能しているかによって、商品交換自体の性質が変わることはない。労働力の価格は、たとえ現実に現金化されるのが後からであっても、家賃と同様に契約によってあらかじめ決められている。代金は後払いではあっても、労働力はすでに売られている。しかし当面は、諸関係を純粋に理解するために、労働力の所有者が労働力を売るたびに、毎回その場で契約に定められた価格を受けとるものと仮定しておくのが簡便だ。

(49)「労働に対する報酬はすべて、労働が終わってから支払われる」（『需要の性質と消費の必要性に関する諸原理の研究』、一〇四ページ）。「商人的信用は、生産の最初の創造者たる労働者が、自分の蓄えによって、一、二週間、あるいは一カ月、三カ月等々のあいだ、自分の労働賃金を待てるようになった時点ではじめて始まったにちがいない」（Ch・ガニル『経済学の諸体系』第二版、パリ、一八二一年、第二巻、一五〇ページ）。

(50)「労働者は自分の勤労を貸し付けている」とシュトルヒは書いている。しかし、と彼は抜け目なく付け加えている。労働者は「自分の賃金を失う以外のリスクはおかさない。……労働者は物質的なものはいっさい譲り渡さない」と（シュトルヒ『経済学教程』ペテルスブルク、一八一五年、第二巻、三六、三七ページ）。

(51) 一例をあげよう。ロンドンには二種類のパン屋がある。パンを価値どおりの価格で売る「フル・プライスド」と、価値以下の価格で売る「アンダーセラーズ」だ。アンダーセラーズはパン屋総数の四分の三以上を占めている（『パン焼き職人から提出された不平』に関する政府調査委員

H・S・トリメンヒーアの『報告』ロンドン、一八六二年、ローマ数字三二ページ)。これらのアンダーセラーズはほぼ例外なく、ミョウバン、石鹸、真珠灰、石灰、ダービシャー石粉、あるいはその他、口あたりがよく栄養があり、身体《からだ》によい成分を混入することによって、まがいもののパンを売っている(同政府報告書のほか、『パンの不正製造に関する一八五五年委員会』の報告、あるいはドクター・ハッサルの『露見した不正製造』第二版、ロンドン、一八六一年、参照)。サー・ジョン・ゴードンは一八五五年の委員会に対して次のような説明をおこなっている。「こうした不純物混入の結果、一日二封度《ポンド》のパンで生活している貧民は健康への有害な作用にさらされているだけではなく、実際にはとれるはずの栄養素の四分の一も摂取していない」。なぜ「労働者のきわめて多くの部分が」不純物混入について十分知らされているにもかかわらず、ミョウバンや石粉その他の混入したパンを買う危険をおかすのかについて、トリメンヒーアは次のように説明している(上掲書、ローマ数字四八ページ)。「彼らにとってはいきつけのパン屋や雑貨屋で、すすめられるままにパンを買うのはやむをえないことだ」。彼ら労働者は一週間の労働が終わらないうちは賃金を受けとれないため、「週のあいだに彼らの家族が食べるパン代も週末にしか払えない」。そしてトリメンヒーアは証人の発言を引用してこう付け加えている。「こうした混ぜものによって作られたパンが、この種の客を目当てに作られているのは周知のことだ」。「イングランドの多くの農業地帯では」(しかし、スコットランドではさらに多くの農業地帯で、)「労働賃金は二週間後にようやく支払われる。さらには一カ月後という場合さえある。この長い支払い間隔のために農業労働者は商品をつけで買わざるをえない。……農業労働者はより高い価格を支払わねばならず、実際には、かけ売りをする店に縛られている。たとえば月末に支払いがなされるウィルトシャーのホーニングシャムでは、他では一ストーンあたり一シリング一〇ペンスで買える小麦粉が二シリング四ペンスもする」(『枢密院医務官他』による「公衆衛生」に関する『第六次報告書』一八六四年、二六四ページ)。「ペイズリーやキルマーノック(西スコットランド)のキャラコ手捺染工は、一八五三年のストライキを通じて支払間隔を一カ月から二週間に短縮させた」(『工場監督官報告書、一八五三年一〇月三一日』、三四ページ)。労働者から資本家への信用供与がさらにみごとに発達した例としては、イギリスの多くの炭鉱所有者たちの方法があげられる。そこでは労働者が月末にならないと賃金を受けとれず、それまでのあいだ、資本家から前貸しを受ける。それは商品の形をとることが多く、その商品に対して労働者は市場価格を上回る価格を支払わねばならない(現物支給制度 Trucksystem)。「労働者に月一度賃金を支払い、そのあいだの週末ごとに前貸しをおこなうというのは炭鉱経営者たちの通常のやり口だ。この前貸しは店で労働者に手渡される」(トミィ・ショップ、つまり事業主自身が所有する小売店で)。「男たちは店の片側でこの前貸しを受けとり、もう片側でそれをふたたび支出している」(『児童労働調査委員会、第三次報告書』ロンドン、一八六四年、三八ページ、一九二号)。

こうしてわれわれは、貨幣所有者が労働力というこの独特な商品の所有者に支払う価値がどのようにして決まるかを知るにいたった。貨幣所有者がこの交換によって手に入れる使用価値は、現実に使用される段になって、つまり労働力の消費過程においてはじめてあらわれてくる。この消費過程に必要なすべての物、たとえば原料その他を、貨幣所有者は商品市場で買い、それに対して正価を支払う。労働力の消費過程は、同時に商品の生産過程であり、また剰余価値の生産過程でもある。労働力の消費は、他のあらゆる商品の消費と同様、市場や流通圏の外側でおこなわれる。そこでわれわれも貨幣所有者や労働力所有者と一緒に、この騒々しい、見かけは湧き立っていて皆の目を引く流通圏を立ち去って、彼らの後について隠れた生産の現場へと歩を進めることにしよう。その場所への入り口にはこんな立て札が立っている。関係者以外立入禁止（No admittance except on business）。ここに踏みこめば、いかにして資本が生産をおこなっているかだけではなく、いかにして資本自体が生産されているのかも明らかになるだろう。貨殖の秘密がいよいよ暴かれなければならない。

労働力売買の外枠を規定している流通圏ないし商品交換圏は、事実、天賦の人権にとっての真の楽園だ。ここで唯一幅をきかせているのは自由、平等、財産、そしてベンサムだ。自由！　なぜなら、一つの商品、たとえば労働力の買い手と売り手は自分たちの自由意志にしか制約されないからだ。彼らは自由な、そして法的に対等な人格として契約を結ぶ。契約は、双方の意志が共通の法的表現をとったことを示す最終結果だ。平等！　なぜなら彼らはいずれも商品所有者としてのみたがいに関係しあい、等価物同士を交換しているからだ。財産！　なぜならどちらも自分の所有物だけを自由に処理できるからだ。ベンサム！　なぜなら、どちらも自分のことにしか関心がないからだ。両者を結びつけ、一つの関係へともたらす唯一の力は、彼らの私利私欲、彼らの特殊利益、彼らの私的利害の力だ。

そしてまさに各自が自分自身のことしか念頭になく、だれも他人のことを考えようとしないからこそ、全員が事物の予定調和の結果として、あるいはすべてお見とおしの天の摂理にしたがって、相互の利益、共通の利益、全体の利害のために働くことになる。

俗流の自由貿易論者たちは、資本と賃金労働とからなる社会についての直観、概念、判断基準などを、単純な流通圏ないし商品交換圏から引きだしてくる。しかし、いざこの圏域を立ち去ることになると、われらが登場人物たちの顔つきもすでにいくらか変化しているようだ。かつての貨幣所有者は資本家として一歩前を歩み、労働力の所有者は彼の労働者としてそのあとに続く。前者はもったいぶった笑《え》みを浮かべ、事業に心を奪われ、後者はおずおずと抵抗しながらついていく。まるで身を粉《こ》にして尽くしたあげく、屠殺場でなめし革屋を待つほかない家畜のように。

第三篇　絶対的剰余価値の生産

第五章　労働過程と価値増殖過程

第一節　労働過程

労働力の使用とは、労働そのものだ。労働力の買い手は、労働力の売り手を働かせることによって労働力を消費する。それまでは潜勢的に（potentia）労働力、労働者であるにすぎなかった労働力の売り手は、これによって現実に（actu）活動する労働力、労働者となる。彼が労働を商品として提示するためには、なによりもまず使用価値として、つまりなんらかの種類の欲求充足に役立つ物として提示しなければならない。したがって資本家が労働者に作らせるものは、ある特別な使用価値、ある特定の品物だ。使用価値ないし財の生産は、資本家のために、資本家の監督下でおこなわれるが、それによって、その生産の一般的性質が変わることはない。したがって労働過程はさしあたって、いかなる特定の社会的形態からも切り離して観察すべきだ。

労働は第一に人間と自然とのあいだに介在する一過程であり、そのなかで人間は自分自身の行為を通じて自然との物質代謝を仲介し、調節し、制御する。人間は自然素材に対して自分もまた一つの自然力として向きあう。人間は自然素材を自分自身の生活に利用できる形で摂取するために、腕、脚、頭、手など、自分の肉体に備わっている自然力を働かせる。この運動を通じて人間は自分の外なる自然《ナトゥーア》に働きかけ、それを変化させるが、同時にそれによって自分自身の本性《ナトゥーア》をも変化させる。人間は自分の本性のなかに眠っていた潜在能力を発展させ、その力の活動を自分の統率下におく。ただし、ここでは最初期の、動物に近い本能的な労働形態は扱わない。労働者が自分の労働力の売り手として商品市場に登場する状態と比べれば、人間の労働が原始的本能的形態をまだ脱していない状態はもはや遠い昔の話だ。それゆえわれわれは、人間にしか見られないような形態の労働を念頭に置いて論を進める。たしかにクモも織匠と似た作業をこなし、ミツバチは大工の棟梁顔負けの巣を建設する。しかしどんなに下手な大工でも、どんなに上手なミツバチよりはじめから優れている点がある。それは大工がロウで巣を作る場合には、それに先だって頭のなかですでにそれを作り上げているということだ。労働過程の終わりに出現するのは、その開始時点にすでに労働者の表象のなかに、つまり観念として存在していたものにほかならない。労働者は自然に存在する物の形態を変化させるだけではない。彼は自然に存在する物のなかに、同時に自分の目的を実現する。彼はこの目的を知っており、この目的は法律のように彼の行為のあり方を決定し、彼はこの目的に自分の意志を従属させなければならない。しかもこの従属はばらばらの行為ではない。労働する諸器官の行使のほか、目的に向かう意志が注意力という形をとってあらわれ、それが労働の全継続期間を通じて必要とされる。しかも労働自体の内容や手法が労働者にとって魅力に欠けるものであればあるほど、つまり労働者が肉体的精神的諸力の遊戯として労働を楽しむ度合が少なければ少ないほど、この意志はいっそう必要となる。

労働過程を構成する単純な要素は、第一に目的を持った行為、すなわち労働そのもの、第二にその対象、第三にその手段だ。

もともと人間のために食糧や、そのまま利用できる生活手段を提供している大地（経済的には水もそこに含まれる）[1]は、人間の手を加えなくとも人間労働の一般的対象として存在している。労働によって大地との直接的な結びつきから引き離されるだけのものは、すべて天然に存在する労働対象と言える。たとえば自分の生活基盤である水から引き離され捕らえられる魚、原生林で伐採される木、鉱脈から採取される鉱石などがそうだ。これに対して労働対象自体がすでに過去の労働によっていわば濾過されている場合、われわれはそれを原料と呼ぶ。たとえばすでに採掘されて洗鉱を待つ鉱石はこれにあたる。すべての原料は労働対象だが、すべての労働対象が原料であるとはいえない。労働対象が原料と呼べるのは、それがすでに労働によって媒介された変化をこうむっている場合に限られる。

（1）「大地からそのまま得られる生産物は少量であり、人間とはまったく独立に存在している。しかしこれらが自然によってわれわれに与えられている様子は、ちょうど若者を勤勉と成功に向かわせるために、彼らに少額の小遣い銭しか与えないでおくというのと同じやり方のように見える」（ジェイムズ・ステュアート『経済学原理』ダブリン版、一七七〇年、第一巻、一一六ページ）。

労働手段とは、労働者が自分と労働対象とのあいだに割りこませ、労働対象に対する彼の働きかけの導き手として利用する物ないし物の複合体をいう。労働者は物の機械的物理的化学的性質を利用し、自分の目的に応じて他のものに力を及ぼす手段としてこれを用いる。(2) 労働者が直接支配している対象は――そのまま利用できる生活手段、たとえば果実などをもぎとる場合のように、自分の身体器官だけを労働手段として用いる場合は別として――労働対象ではなく労働手段のほうだ。こうして自然物自体が労働者の活動器官となる。この器官を、彼は自分の身体器官に付け加え、聖書の教えにそむいて、[*] 自分の自然の姿を延長する。大地は彼にとって根源的な食糧倉庫であり、同時に彼の労働手段の根源的な武器庫でもある。たとえば大地は彼に石を提供し、彼はそれを投げ、またそれでこすったり、つぶしたり、切ったりする。大地そのものがすでに一つの労働手段であるが、しかしそれが農業における労働手段として役立つためには、他の一連の労働手段や、比較的高度に発達した労働力が前提となる。(3) 一般に労働過程が多少なりとも発達すれば、加工された労働手段がすぐにでも必要となる。人類最古の洞窟にも石製の道具や武器が見つかる。加工された石、木、骨、貝殻のほかにも、飼い慣らされた動物、つまりそれ自体がすでに労働による変化をこうむった飼育動物も、人類史の黎明《れいめい》期には労働手段として主要な役割を演じている。(4) 労働手段の使用と創作は、ある種の動物にも萌芽としては見られるが、やはり人類に特有な労働過程の特徴であり、それゆえフランクリンは人間を「道具を作る動物」("a toolmaking animal") と定義している。骨の化石が絶滅動物種の身体構造を知るのに重要であるように、労働手段の遺物は没落した経済的社会体制を判断する重要な手がかりとなる。何がなされるかではなく、いかに、どのような労働手段を用いてなされるかが、経済上の時代区分の目安となる。(5) 労働手段は人間労働力の発達度の測定器であるだけでなく、労働をとりまく社会的諸関係の表示器でもある。労働手段自体のなかにも、生産の骨格筋肉系統とでも総称できるような機械的な労働手段もあれば、たとえば筒、樽《たる》、籠《かご》、壺《つぼ》などのように、労働対象の容器として利用されるだけの労働手段、きわめて一般的にいえば生産の脈管系統とでも総称できるような労働手段もある。ただし、社会的な生産時代を特徴づける指標としては、前者のほうが後者よりもはるかに重要な意味をもつ。(5a) 後者の脈管系統が重要な役割を果たすようになるのは、化学工業が出現してからのことだ。

(2)「理性は強力であると同時に狡猾だ。その狡猾さは一般に理性がもつ媒介作用にある。この媒介作用は各客体に働きかけ、それぞれがその性質に応じて相互に作用を及ぼしあい、切磋琢磨しあうようにしむけ、しかも自分自身はその過程に介入することなく、それでもなお自分の目的だけを遂行していく」(ヘーゲル『エンチクロペディー』第一部『論理学』ベルリン、一八四〇年、三八二ページ)。

(3) ガニルの著書『経済学の理論』(パリ、一八一五年)は他の点では内容に乏しいが、重農主義者に対抗して、本来の農業の前提をなす労働過程を数多く列挙している点では的を射ている。

(4) テュルゴーは『富の形成および分配に関する省察』(一七六六年)で、飼育動物が文化の黎明期に果たした重要な役割を巧みに論じている。

(5) さまざまな生産時代の技術論的な比較をするさい、あらゆる商品のなかで一番役に立たないのは、本来の意味での贅沢品だ。

(5a) 第二版への註。従来の歴史記述は、物質的生産の発達について、すなわちあらゆる社会生活の基盤であり、それゆえあらゆる現実の歴史の基盤であるものについて、ほとんど扱ってこなかった。しかし少なくとも先史時代については、いわゆる歴史的研究ではなく自然科学的研究にもとづいて、道具と武器の素材をもとに石器時代、青銅器時代、鉄器時代に区分されている。

[＊] 「お前たちのうちの誰が、思い煩《わずら》って身の丈《たけ》一尺を加えることができようか」(ルター訳聖書、マタイ伝六章二七節)。ただし、日本聖書協会訳はこの箇所を「寿命を延ばす」の意と解釈している。

さらに広い意味で、労働過程が手段とみなすものには、労働対象への働きかけを仲介するもの、つまりなんらかの仕方で活動の伝達役を果たすもののほか、労働過程がそもそも生じるために必要とされるあらゆる客観的条件なども含まれる。そうした条件は労働過程のなかに直接入りこむわけではないが、それなしには労働過程がまったく進捗《しんちょく》しないか、きわめて不完全にしか進捗しない。この種の一般的な労働手段は、ここでもまた大地自身だ。なぜなら大地は労働者にその立つ場所（locus standi）を与え、彼の活動過程に作業の場（field of employment）を提供するからだ。この種の労働手段のなかで、それ自体がすでに労働によって媒介されているものには、たとえば労働用建物、運河、道路などがある。

こうして労働過程のなかでは、人間の活動が労働手段を通じて、最初からの目的である労働対象の変化を引き起こす。この過程は生産物となって消失する。その生産物は一つの使用価値であり、形態変化を通じて人間の欲求に取りこまれた一つの自然素材だ。労働はみずからの対象と結合した。労働は対象化され、対象は加工された。労働者の側では落ち着きのない形態をまとってあらわれていたものが、生産物の側では落ち着きはらった特性として、存在の形態をまとってあらわれる。労働者は紡ぎ、生産物は紡がれたものとして存在する。

この過程全体をその結果である生産物の立場から見ると、労働手段と労働対象はともに生産手段として、(6) 労働そのものは生産的労働としてあらわれる。(7)

（6） たとえば、まだ捕まえていない魚を漁獲のための生産手段と呼ぶのはパラドクスのように感じられる。しかしいまのところ、魚の住んでいない水から魚を捕る芸はまだ発明されていない。

（7） 生産的労働のこの定義は、あくまで単純な労働過程の観点から得られたものであり、資本主義的生産過程を記述するには、けっして十分なものではない。

ある使用価値が生産物として労働過程のなかからでてくるとすれば、以前の労働過程の生産物である別の使用価値は、生産手段としてその労働過程のなかに入ってくる。労働の生産物である同じ使用価値が、先の労働の生産手段となる。したがって生産物は労働過程の結果であると同時に、労働過程の条件でもある。

採鉱、狩猟、漁獲など（農耕は処女地を最初に自分で開墾する場合に限る）のような採取産業では、労働対象は自然のなかに存在している。しかし、それらを除くすべての産業部門では、原料、すなわち労働によってあらかじめ濾過された、それ自体がすでに労働生産物であるような対象を扱う。たとえば農業における種子などもそれにあたる。一般に自然生産物とみなされがちな動物や植物も、時には前年の労働の生産物であるだけでなく、現在の形態をとるまで幾世代ものあいだ人間の管理下で人間の労働を通じてたえず変化をこうむってきた生産物だ。とくに労働手段に関しては、ごく表面的に見ても、その圧倒的大部分が過去の労働の痕跡をとどめている。

原料は生産物の主要実体をなす場合もあれば、単に補助材料として生産物の形成に参加する場合もある。蒸気機関が石炭を消費し、歯車が油を消費し、馬車馬が干し草を消費するように、労働手段は補助材料を消費する。補助材料はまた、たとえば未漂白の亜麻布に塩素が、鉄に石炭が、羊毛に染料が添加されるように、素材の変化を引き起こすために原料に添加されることもある。あるいは作業場の照明や暖房に使われる燃料のように、補助材料が労働そのものの遂行を支援する場合もある。ただし本来の意味での化学工業では、利用された原料が生産物の実体としてふたたび姿をあらわすことがないため、主要材料と補助材料との区別は曖昧《あいまい》になる。(8)

（8）シュトルヒは本来の原料を matière、補助材料を matériaux と呼んで両者を区別している。シエルビュリエは補助材料を matières instrumentales と呼んでいる。

すべての事物には多くの特性があり、それゆえさまざまな利用法がある。したがって同じ生産物でもきわめて多様な労働過程の原料となりうる。たとえば穀物は製粉業者、でんぷん製造業者、酒造業者、家畜飼育業者等にとっての原料となる。それはまた種子としてそれ自身の生産のための原料となる。同様に石炭は生産物として鉱山業から取りだされると同時に、生産手段としてそこに入りこんでいく。

同じ生産物が同じ労働過程のなかで、労働手段として役立つと同時に、原料としても利用されることがある。たとえば家畜の肥育では、家畜が加工された原料となると同時に、肥料製造の手段ともなる。

また、ブドウがワインの原料になるように、そのままの形でも消費できる生産物が新たに他の生産物の原料となることもある。あるいは労働が生産物を、原料として再利用するしかない形態で送りだすこともある。こうした状態の原料は半製品と呼ばれるが、むしろ中間製品と呼んだほうがよいだろう。綿花、糸、撚糸などがそれにあたる。最初の原料は、それ自身がすでに生産物であったとしても、なおさまざまな過程からなる全段階を通過しなければならないかもしれない。そしてそのなかで、たえず形を変え、たえず新たに原料として機能し、最終的な労働過程に達して、はじめて完成した生活手段ないし完成した労働手段として労働過程から送りだされる。

以上から分かるように、一つの使用価値が原料の姿をとってあらわれるか、労働手段あるいは生産物の姿をとってあらわれるかは、労働過程のなかでそれが果たす特定の機能、あるいはそれが占める位置によって全面的に決まる。したがって、その位置が変化すれば、その規定もまた変化する。

だから生産物は、生産手段として新しい労働過程に入ることで、生産物としての性格を失う。こうした生産物は、生きた労働の対象側の要因としてしか、もはや機能しなくなる。紡績工は紡錘を、自分が紡ぐための手段としてしか扱わず、亜麻を自分が紡ぐ対象としてしか扱わない。(*)もちろん紡ぐ材料と紡錘がなければ紡ぐことはできない。その意味では、これらの生産物の存在は、紡績を開始するための前提となっている。しかし、この過程自身にとっては、亜麻と紡錘が過去の労働の生産物であるかどうかは問題ではない。それは、栄養摂取という点から見れば、パンが農民、製粉業者、パン屋などの過去の労働の生産物であるかどうかはどうでもよいのと同じだ。むしろ話は逆であって、労働過程のなかで生産手段の欠陥が表面化した時にのみ、それが過去の労働の産物であったという性格が思いだされる。切れない庖丁やしょっちゅう切れる糸などにでくわすと、刃物職人のAやロウ引き職人Eのことがしきりに思いだされる。できのよい生産物であれば、その使用属性が過去の労働によって媒介されたものだということは消え失せている。

（＊）第四版では「この生産物」となっている。

労働過程に貢献しない機械は無用の長物だ。しかも機械は自然の物質代謝がもつ破壊力によって劣化する。鉄は錆び、木は朽ちる。織物にもならず、編み物にもならない糸は無駄になった綿花にすぎない。生きた労働は、こうしたものをつかみ取り、死者のなかからよみがえらせ、可能性にすぎなかった使用価値を、現実的で効果的な使用価値へと変容させなければならない。これらのものは、労働の火になめられ、労働の肉体として取りこまれ、労働過程でみずからの概念と職分にあった機能を果たすべく活性化され、そして消尽される。ただしそれは、あくまで新たな使用価値、新たな生産物の構成要素として、目的を持って消尽される。そしてその新たな生産物は、生活手段として個人消費に入りこみ、あるいは生産手段として新たな労働過程に入りこむことができる。

このように、現存する生産物は労働過程の結果であるだけでなく、労働過程の存立条件でもある。もしそうであれば、生産物を労働過程に投入し、生きた労働と接触させることは、過去の労働の生産物を使用価値として維持し、実現するための唯一の手段でもある。

労働はその素材的要素、その対象、その手段を消費し、食べ尽くす。それゆえ労働は消費過程だ。この生産的消費が個人消費と異なる点は、個人消費が生産物を生きた個人の生活手段として使い果たすのに対して、生産的消費は生産物を労働の生活手段、活動する労働力の生活手段として使い果たすところにある。したがって個人消費が生産するのは消費者自身であり、生産的消費が生みだす結果は消費者とは異なる生産物だ。

労働手段および労働対象自体がすでに生産物である以上、労働は生産物を生みだすために生産物を消費する。言い換えれば、生産物の生産手段として生産物を使い果たす。しかし、労働過程はもともと、人間と、人間の助けなしに存在している大地とのあいだにのみ生じたものだ。したがっていまでも労働過程では天然に存在する生産手段が用いられている。そうした生産手段には、自然素材と人間労働との結びつきは見られない。

以上、われわれは単純で抽象的な契機に着目して労働過程を記述してきた。こうした労働過程は使用価値を産出するという目的を持った活動であり、人間の欲求を満たすための自然の摂取であり、人間と自然とのあいだの物質代謝の一般的条件だ。労働過程は人間の生活をなりたたせている永遠の自然条件であり、それゆえ、それは人間の生活のいかなる形態にも依存することなく、むしろすべての社会形態に等しく共通するものだ。われわれが労働者を他の労働者との関係において描く必要がなかった理由はここにある。一方に人間とその労働を置き、他方に自然とその素材を置いて観察すれば、それで十分だった。小麦の味見をしても、だれがそれを栽培したのかは分からないのと同じように、この過程を見ても、それがどのような条件のもとで進行しているのかは分からない。それが奴隷監督の残忍な鞭のもとでおこなわれているのか、資本家の不安げな眼差しのもとでおこなわれているのか、あるいはキンキナトゥス〔*〕のような人物が少しばかりの農地を耕しながらおこなっているのか、あるいは石で野獣を殺す原始人がおこなっているのか。それはだれにも分からない(9)。

(9) このきわめて論理的な根拠から、おそらくトレンズ大佐は原始人の石のなかに発見したのだろう――資本の起源を。「追いかけていた獣に原始人が投げた最初の石に、あるいは手では取れない果物を枝から落とすためにつかんだ最初の棒に、われわれはある物を手に入れるために別の物を取得するという行為を見いだす。こうして発見するのだ――資本の起源を」(R・トレンズ『富の生産についての一論』、七〇、七一ページ)。英語の棒 stock に、資本 stock の意味もある理由は、おそらくこの「最初の棒」から説明できるだろう。

〔*〕 古代共和政ローマの将軍。ローマの危機にさいして田園生活から呼びだされ、平和回復とともに田園に戻ったとされる。

ここでもう一度、われらが将来の資本家のもとに戻ろう。先にわれわれが彼のもとを去ったのは、彼が商品市場で労働過程に必要なすべての要素、すなわち対象的要素である生産手段と人的要素である労働力を購入した後だった。彼は抜け目のない玄人の目で自分の特定事業である紡績や靴製造等に適した生産手段と労働力を選びだした。こうしてわれらが資本家は、購入した商品である労働力の消費に着手する。言い換えれば、労働力の担い手である労働者に労働を通じて生産手段を消費させる。労働者がこの労働過程をこなすのは、自分のためではなくあくまで資本家のためだが、もちろん、それによって労働過程の一般的性格が変わることはない。また長靴を作ったり糸を紡いだりする特定の様式も、資本家が間に割って入ったからといって、とりあえず変わることはない。資本家は当面、労働力を市場で見つけたとおりの形で受けとらねばならず、それゆえその労働力がなす労働も、資本家がまだ存在していなかった時代に発生した形のままで受けとらねばならない。労働が資本に従属することによって生じる生産様式自体の変容は、後になってからはじめて起こりうることで、それゆえその考察もまた後になってはじめて可能となる。

ところで、資本家による労働力の消費過程として進行する労働過程には、二つの特有な現象が見られる。

第一に、労働者は彼の労働を所有する資本家の監督下で労働をおこなう。資本家は、労働が整然となされ、生産手段が目的にあった形で使用されるように、すなわち原料がむだにされず、労働器具が大切にされ、労働器具の消耗が労働における使用によって避けられない最小限度内にとどまるように、監視の目を光らせる。

第二に、生産物は資本家の所有物であり、直接の生産者である労働者の所有物ではない。資本家はたとえば労働力の一日分の価値を支払う。その労働力の使用は、他のあらゆる商品、たとえば資本家が日借りする馬の使用と同じように、その一日については資本家の自由にまかされている。商品の使用は商品を買った人にまかされている。労働力の所有者は、自分の労働を引きわたすことによって、実際には、自分が売った使用価値を引きわたしているにすぎない。労働者が資本家の仕事場に足を踏み入れた瞬間から、彼の労働力の使用価値、つまり労働力の使用、すなわち労働は、資本家のものになっている。資本家は労働力の購入を通じて、労働そのものを生きた酵母として、同じく資本家のものである死せる生産物の構成要素と合体させた。資本家の立場から見れば、労働過程は自分で購入した商品である労働力の消費にすぎない。ただし資本家は、この商品に生産手段を付加することによってはじめてそれを消費できるようになる。労働過程は資本家が買った物と物、資本家に帰属する物と物とのあいだの一過程だ。したがってこの過程が生みだす生産物もまた、彼のワイン醸造所で醱酵過程が生みだす生産物とまったく同じように彼のものだ(10)。

(10)「生産物は資本に変容する以前に取得されている。この変容によって生産物が以前の取得から逃れることはない」(シェルビュリエ『富か貧困か』パリ版、一八四一年、五四ページ)。「プロレタリアは一定量の生活手段と引き換えに自分の労働を売ることによって、生産物のうちの自分の取り分を完全に放棄する。生産物の取得は以前と変わらぬまま継続する。この取得状態が上に述べた取り決めによって変化することはまったくない。生産物は原料と生活手段を提供した資本家だけのものだ。これが取得の法則の厳然たる帰結だ。しかし、この法則の根本原理は逆に、すべての労働者が自分の生産物に対する排他的所有権を有する点にあった」(同前、五八ページ)。ジェイムズ・ミル『経済学綱要』、七〇、七一ページには次のように述べられている。「労働者が労働賃金と引き換えに働くのであれば、資本家は単に資本」(ここでは生産手段の意)「の所有者であるばかりでなく、労働の所有者でもある。労働賃金として支払われるものを、慣例どおりに資本の概念に含ませるのであれば、労働を資本から切り離して語るのはばかげている。この意味での資本という言葉には、資本と労働の両方が含まれている」。

第二節　価値増殖過程

生産物――資本家の所有物――は糸や長靴などの使用価値だ。しかし、たとえば長靴がある程度社会的進歩の土台をなしており、われわれの資本家が断固たる進歩派であったとしても、資本家は長靴を長靴自体のために生産するわけではない。商品生産においては、使用価値はそれ自体のために愛されるもの(qu'on aime pour lui-même)ではない。ここで使用価値がそもそも生産されるのは、それが交換価値の物質的土台かつ担い手だからであり、またそのかぎりでのことだ。その時、われわれの資本家は、次の二つのことを念頭に置いている。第一に、彼は交換価値をもつ使用価値、売ることを目的とした品物、すなわち商品を生産したいと思っている。第二に、彼は商品生産に必要な二つの商品、すなわち生産手段と労働力の価値総額を上回る価値をもつ商品を生産したいと思っている。なんといっても、この二つの商品を得るために、彼は商品市場で相当な金額を前貸ししているのだ。彼は一つの使用価値を生産したいと思っているだけではなく、一つの商品を生産したいと思っているのであり、使用価値だけでなく価値を、いや価値だけでなく剰余価値をも生産したいと思っている。

ここでの焦点はあくまで商品生産にある。だから、実際にわれわれがここまで見てきたのは、明らかにこの過程の一つの側面でしかなかった。商品自体が使用価値と価値との統一体であるように、商品の生産過程もまた労働過程と価値形成過程との統一体でなければならない。

そこでわれわれは生産過程を価値形成過程としても考察してみよう。

われわれが知っているように、いかなる商品の価値も、その商品の使用価値に物質化されている労働量によって、言い換えれば、その生産に社会的に必要とされる労働時間によって決まる。同じことは、労働過程の結果としてわれわれの資本家にもたらされる生産物にもあてはまる。したがって、まずはこの生産物に対象化されている労働を算出してみる必要がある。

たとえば生産物が糸だとしよう。

糸を生産するには第一にその原料が必要だ。これをたとえば一〇封度《ポンド》の綿花としよう。この綿花の価値がどれほどかは、とりあえず詮索する必要はない。なぜなら資本家は市場でそれを価値どおりの価格、たとえば一〇シリングで買ったからだ。綿花のこの価格には、その生産に要した労働がすでに一般的な社会的労働として表現されている。さらに綿花の加工のために使い果たされた紡錘の量が二シリングの価値をもつと仮定しよう。そのほかにも使用されたすべての労働手段については、この紡錘で代表させることにする。ここで、一二シリングの金が二四時間の労働時間、すなわち二日の労働日の生産物であるとすれば、とりあえず、この糸のなかには二労働日が対象化されていることになる。

綿花がその形態を変化させ、消耗した紡錘が完全に消滅したという事態に目をくらまされてはならない。「四〇封度《ポンド》の糸の価値」＝「四〇封度《ポンド》の綿花の価値」＋「丸一本の紡錘の価値」という等式がなりたつなら、言い換えれば、この等式の両辺を生産するのに同じ労働時間が必要とされるなら、「一〇封度《ポンド》の糸」は、「一〇封度《ポンド》の綿花」＋「四分の一個の紡錘」と等価値だというのが一般的な価値法則だ。この場合、同じ労働時間が一辺においては糸という使用価値に表現され、他辺においては綿花と紡錘の使用価値に表現されている。つまり価値にとっては、糸となってあらわれるか、紡錘あるいは綿花となってあらわれるかはどうでもよいということだ。紡錘と綿花は静かに横に並んでいるのではなく、紡績過程でたがいに結合し、この結合が両者の使用形態を変化させ、それを糸に変容させる。しかし、それによってその価値が変わることはない。それは紡錘と綿花とが、単純な交換を通じて糸という等価物と置き換えられても、その価値に変化が生じないのと同じことだ。綿花生産に要する労働時間は、綿花を原料とする糸の製造に要する労働時間の一部分であり、それゆえ糸のなかに含まれている。同じことは紡錘の生産に必要な労働時間についても言える。紡錘の摩耗あるいは消費なしには、綿花は紡げない(11)。

(11)「商品に直接投じられた労働だけでなく、直接支出された労働を支えていた器具、道具、建物などに投じられた労働もまた商品の価値に影響を及ぼす」(リカード『経済学および課税の原理』、一六ページ)。

綿花自体を生産し、かつ消耗した紡錘に代わる紡錘を生産し、最後には綿花と紡錘から糸を作るためには、時間的にも空間的にも切り離されたさまざまの特別な労働過程を経る必要がある。しかし糸の価値、すなわちその生産のために必要とされる労働時間に着目するならば、こうしたさまざまな労働過程は、同じ一つの労働過程の連続するさまざまな局面とみなすことができる。糸に含まれる労働はすべて過去の労働だ。たしかに、糸の構成要素を生産するのに要した労働時間は以前にすぎさった、いわば過去完了形の出来事であるのに対して、紡績という最終過程に直接投じられた労働はより現在に近い、いわば現在完了形の出来事だ。しかし、これはまったくとるに足りない違いにすぎない。一軒の家を建てるのに、ある特定の労働量、たとえば三〇日の労働日が必要だとしよう。その場合、三〇日目の労働日は一日目の労働日に比べて二九日間遅れて生産に加わる。しかしそれによって、その家にとりこまれる労働時間の総量が変化することはない。したがって労働材料と労働手段に含まれる労働時間はすべて紡績過程の初期段階で、つまり最終的に紡績という形で労働が付加される以前の段階で投じられたかのようにみなしてさしつかえない。

　したがって一二シリングの価格に表現された生産手段の価値、つまり綿花と紡錘の価値は、糸の価値の構成要素、すなわち生産物の価値の構成要素をなす。

　ただしそのさい、二つの条件だけは満たされなければならない。第一は、綿花と紡錘が現実に、一つの使用価値の生産に役立っていなければならないということだ。われわれの例でいえば、そこから糸が生みだされていなければならない。いかなる使用価値が価値を担っているかは、価値にとって大した問題ではないが、なんらかの使用価値が価値を担っていることは必要だ。第二は、与えられた社会的生産条件のもとで必要な労働時間だけが生産に投じられたという前提だ。一封度《ポンド》の糸を紡ぐのに一封度《ポンド》の綿花しか必要ないとすれば、一封度《ポンド》の糸を作るには一封度《ポンド》の綿花しか消費してはならない。紡錘についても同様だ。資本家が気まぐれに鉄の紡錘の代わりに金の紡錘を使ったとしても、糸の価値に算入されるのは社会的に必要な労働のみ、すなわち鉄の紡錘の生産に必要な労働時間のみとなる。

　こうしてわれわれは、生産手段である綿花と紡錘が糸の価値のどれだけの部分を占めているかを知るにいたった。その合計は一二シリング、すなわち二労働日が物質化したものに等しい。したがって次に問題になるのは、紡績工の労働が綿花に付け加える価値部分だ。

いまやわれわれは、この労働を労働過程のなかで観察した時とはまったく異なる視点から観察しなければならない。労働過程の中心をなすのは、綿花を糸に変えるという目的を持った行為だった。他の条件がすべて同じであれば、労働が目的に合致していればいるほど糸の質は向上する。紡績工の労働は他の生産労働とは違う独自のものであり、その違いは主観的にも客観的にも目の前にあらわれてくる。たとえば、紡績工の特別な目的のなかに、彼の特別な作業方法のなかに、彼の生産手段の特別な性質のなかに、彼の生産物の特別な使用価値のなかに、その違いはあらわれてくる。綿花と紡錘は紡績労働の生活手段としては役立つが、それでライフル砲を製造するわけにはいかない。これとは対照的に、紡績工の労働が価値形成的なもの、すなわち価値源泉であるかぎりでは、紡績工の仕事は砲身穿孔《せんこう》工の労働となんら変わるところがない。あるいはここでの手近な例でいえば、糸の生産手段に実現されている綿花栽培人や紡錘製造人の労働とも、なんら変わるところがない。この同一性があればこそ綿花栽培と紡錘製造と紡績とは、同一の総価値、すなわち糸の価値を構成する各部分となりうるのであり、各部分の違いは単に量的なものでしかなくなる。ここではもはや労働の質や性質や内容が問われることはなく、その量だけが問題となる。量は簡単に数えることができる。ここでは紡績労働が単純労働であり、社会的な平均労働であると想定している。しかし、これと逆の想定をしても、事情はまったく変わらないことを、われわれは後に確認することになるだろう。

労働過程を通過するあいだに、労働はせわしない形態から存在の形態へと、運動の形態から対象化された形態へとたえず変化する。一時間が終わると紡績運動はある量の糸となってあらわれる。言い換えれば、一定量の労働、一労働時間が綿花に対象化される。ここでわれわれが一労働時間、つまり紡績工の生命力の一時間にわたる支出、という言い方をするのは、ここでの紡績労働が、紡績という特殊な労働ではなく、単なる労働力の支出としてしか、意味をなしていないからだ。

ここできわめて重要なのは、綿花の糸への変容というこの過程が持続するあいだ、社会的に必要な労働時間だけが消費されるという点だ。かりに、正常な、すなわち平均的な社会的生産条件のもとでは一労働時間中にa封度《ポンド》の綿花がb封度《ポンド》の糸に変容していなければならないとしよう。その時、一二時間の労働日とみなしうるのは、一二×a封度《ポンド》の綿花を一二×b封度《ポンド》の糸に変容させる労働日だけだ。なぜなら社会的に必要な労働時間だけが価値形成的なものと認めうるからだ。

労働そのものと同様に、ここでは原料と生産物も、本来の労働過程の観点から見る時とはまったく異なる姿であらわれる。ここでの原料は一定量の労働を吸収する物としてのみ意味をもつ。この吸収によって原料が実際に糸へと変容するのは、労働力が紡績の形態で支出され、原料に付加されたからだ。しかし、そうなれば生産物である糸は、もはや綿花に吸収された労働の測定器でしかない。一時間に一封度《ポンド》三分の二の綿花が紡がれる、すなわち一封度《ポンド》三分の二の糸に変容するとすれば、一〇封度《ポンド》の糸は、吸収された六労働時間をあらわしている。経験的に定められてきた特定量の生産物とは、いまや特定量の労働、特定量の凝固した労働時間以外のなにものでもない。それは一時間分、二時間分、一日分の社会的労働が物質化したものにすぎない。

そうであれば、労働がほかならぬ紡績労働であり、その素材が綿花であり、その生産物が糸であるといったことはたいした問題ではなくなる。同様に労働対象自体がすでに生産物であり、原料であるということも問題ではなくなる。労働者が紡績工場ではなく炭鉱で雇われていたとすれば、労働対象である石炭は天然に存在する。それでもなお、炭層のなかから掘りだされた一定量の石炭、たとえば一ツェントナーの石炭は、やはり吸収された一定量の労働をあらわしている。

労働力の売りのところで、われわれは労働力の日価値を三シリングとし、その三シリングには六労働時間が具現しており、これがすなわち日々の労働者の平均的生活手段を生産するために必要な労働量であると想定した。ここで、われわれの紡績工が一労働時間中に一封度《ポンド》三分の二の綿花を一封度《ポンド》三分の二の糸に変容させると仮定しよう。(12) すると六時間で一〇封度《ポンド》の綿花が一〇封度《ポンド》の糸に変容する。つまり紡績過程の経過中に綿花は六労働時間を吸収する。この六労働時間は三シリングの金量に表現される。つまり綿花には紡績によって三シリングの価値が付加される。

(12) これらの数字はまったく任意の仮定によるもの。

さてここで、生産物である一〇封度《ポンド》の糸の総価値を見てみよう。一〇封度《ポンド》の糸には、二日半の労働日が対象化されている。そのうち二日分の労働は綿花と紡錘に含まれ、半日分の労働は紡績過程中に吸収されている。この二日半の労働時間は一五シリングの金量で表現される。つまり一〇封度《ポンド》の糸の価値に相当する価格は一五シリング、一封度《ポンド》の糸の価格は一シリング六ペンスとなる。

われわれの資本家は腰を抜かす。これでは生産物の価値は前貸しされた資本の価値と等しい。前貸しされた価値は増殖せず、いかなる剰余価値も生みださなかった。したがって貨幣は資本に変容しなかった。一〇封度《ポンド》の糸の価格は一五シリングであり、この一五シリングは商品市場で生産物の構成要素を手に入れるために、あるいは同じことだが、労働過程の諸要素を調達するために支出された。つまり一〇シリングは綿花のために、二シリングは消耗した紡錘の代替のために、三シリングは労働力のために。たしかに糸の価値は膨れ上がったが、それは何の役にも立たない。なぜならその価値は、かつて綿花、紡錘、労働力に分散していた価値の総計にすぎないからだ。こうした既存の価値を単純に加算してみても剰余価値は永久に生まれない。(13) これらの価値はいまやすべて一つのものに集中したが、それらは三商品の購入のために離ればなれになる前には、もともと一五シリングという貨幣量のなかに一体化していたものだった。

(13) これこそ、非農業労働はすべて非生産的だという重農主義者たちの説の根拠となっている根本命題だ。この根本命題は経済学者――ただし専門の――には覆しえないものだ。「ただ一つの対象に、他のもろもろの対象の価値を」(たとえば亜麻布に織工の生活費を)「上乗せしていくというこのやり方、すなわち、さまざまな価値をいわば層のように、ただ一つの価値の上に重ねていくやり方では、価値はこの上乗せ分しか増えていかない。……加算という表現は、手工業生産物の価格が成立していく様式を実にうまくとらえている。その価格は消費され、加算されたいくつかの価値の合計額にすぎない。しかし、足し算をすることは掛け算をすることではない」(メルシエ・ド・ラ・リヴィエール『政治社会の自然的本質的秩序』、五九九ページ)。

この結果は、それ自体としては奇異なものではない。一封度《ポンド》の糸の価値は一シリング六ペンスであり、それゆえわれわれの資本家は一〇封度《ポンド》の糸を買うには市場で一五シリングを払わねばならないだろう。自分の家を完成品として市場で買おうが、自分で建築を依頼しようが、家を手に入れるために支出される貨幣はいずれの操作によっても増えることはないだろう。

俗流経済学に通じている資本家なら、自分が前貸しをしたのは、自分の貨幣からより多くの貨幣を作りだすという意図があってのことだったと言うかもしれない。しかし地獄への道はさまざまな良き意図で舗装されているものだ。資本家は、生産せずに金を作るという意図さえもつことができた[14]。そこで資本家は脅しをかける。こんな不意打ちはもうくわない。これからは商品を自分で製造せずに、できあいの商品を市場で買うことにするぞ、と。しかし、彼の兄弟である資本家がすべて同じことをすれば、どこの市場で商品を見つけられるというのか？　かといって彼は貨幣を食って生きるわけにはいかない。そこで資本家は説教を垂れる。わたしが節制していることにも配慮すべきだ。自分はこの一五シリングで遊びほうけることもできたのだ。しかし自分はそうしないで、その貨幣を生産のために消費し、そこから糸を作ったのだ、と。しかし、その報酬として彼は良心の呵責《かしやく》の代わりに糸を所有している。彼は断じて貨幣退蔵者の役割に後戻りするわけにはいかない。節欲から何が生じるかは、貨幣退蔵者がすでにわれわれに教えてくれている。だからついでに言えば、なにも存在しないところでは皇帝といえども権利を失ってきた。だから資本家の資本家の節制にどんな功績があろうとも、その節制に特別の報酬を支払う理由などまったくない。なぜなら、労働過程から生みだされた生産物の価値は、単に投じられた商品価値の総体に等しいということでしかないからだ。だから彼は、徳の報酬は徳ということで納得すべきだ。それでも資本家は納得せずに、いこじになっていく。それならわたしには糸など無用だ。わたしは売るために糸を生産したのだ、と。ならば彼はそれを売ればよい。あるいはもっと簡単に、これからは自分に必要な物だけを生産すればよい。実際これは、資本家の主治医マカロックが過剰生産という疫病の特効薬として、すでに彼に与えていた処方箋だ。それでもまだ資本家は俵に足をかけて抵抗する。じゃあ、労働者は自分の手足だけで虚空に労働製品を生みだし、商品を生産できるとでもいうのか？　わたしは労働者に材料を与えたではないか？　それがあればこそ、その材料で、その材料のなかに労働者は自分の労働を血肉化できるのだ。そもそも社会の大部分がその手の文無し連中からなっているのだから、わたしはわたしの生産手段、わたしの綿花や紡錘によって社会に、そして労働者にも計り知れないサービスを提供したのではないか？　そのうえ労働者には生活手段まで支給してやったではないか？　このサービスを計算に入れてはいけないというのか？　と。しかし、労働者もまた資本家に対して、綿花と紡錘を糸に変容させるという返礼をしたのではなかったか？　ちなみにそれはサービスなどと呼べるものではない[15]。サービスというのは、商品であれ労働であれ、ある使用価値が有益な作用を及ぼすことにほかならない[16]。しかし、ここで重要なのは交換価値だ。資本家は労働者に三シリングの価値を支払った。労働者は資本家に、綿花に付加された三シリングの価値で正確な等価を返した。価値に対して価値を返したのだ。つい先ほどまであれほど資本を鼻にかけていたわれらの友は、ここで急に、自分自身も自分の労働者なのだという控えめな態度をとって、こう言う。わたし自身だって、働かなかったとでもいうのですか？　紡績工を監視し、監督する仕事をしたではないですか？　このわたしの労働だって価値を形成するのではないですか？　と。彼のもとで働いていた現場監督と支配人は肩をすくめる。そうこうするうちに資本家はすでに明るいほほえみをたたえて、もとの顔つきをとり戻す。長々とした繰り言で彼はわれわれをからかったのだ。しかも、それでビタ一文損するわけではない。資本家は、これに類する見えすいた言い訳や空疎な思いつきを、この目的のためにわざわざ金を払っておいた経済学の教授たちに一任する。資本家自身は実務的人間であり、商売以外のところで何を言うかについては、いつでも考えているわけではない。しかし商売のなかで何をするかについては、つねに心得ているのだ。

(14) たとえば一八四四年から一八四七年のあいだに、資本家は鉄道株に投機するために、自分の資本の一部を生産的な事業から引き上げ、それを失った。またアメリカの南北戦争時代には、リヴァプールの綿花取引所で投機をするために資本家が工場を閉鎖し、工場労働者を路上に放りだした。

(15)「自慢し、飾りたて、装いたければ、そうするがよい……しかし」(自分が与えるよりも)「より多くのもの、よりよきものを受けとる者、それは高利貸しであり、泥棒や強盗と同じように、自分の隣人に奉仕ではなく、害をなしたのだ。人が奉仕と呼び、善行と呼ぶものすべてが、隣人への奉仕であり善行であるわけではない。なぜなら姦淫をなす男女もまた、たがいに大いなる奉仕と満足を提供しあうからだ。騎士もまた、放火殺人者が通りで盗みを働き、国と人々を略奪するのを助けることで、大いなる騎士の奉仕をなす。教皇至上主義者も、われわれ全員を水に投じ、火に投じ、殺戮し、獄死させることはなく、若干の者を生かし、追放し、彼らから持ち物を取り去ることで、われわれに大いなる奉仕をしている。悪魔でさえ自分に奉仕する者たちには大いなる、計りしれぬ奉仕をする。……要するに世界は、大いなる、優れた、日ごとの奉仕と善行に満ちているのだ」（マルティン・ルター『牧師諸氏へ、高利に反対して』ヴィッテンベルク、一五四〇年）。

（16）これについてわたしは『経済学批判』、とくにその一四ページで以下のように言及している。「〝奉仕〟（service）というカテゴリーが、J・B・セーやF・バスティアのような部類の経済学者に、どのような〝奉仕〟をせずにはおかないかが、これで分かるだろう」。

さらに詳しく見てみよう。労働力の日価値は三シリングだった。なぜなら労働力自身に半日の労働日が対象化されているからだ。言い換えれば、労働力を生産するために日々必要な生活手段を得るには、半労働日を要するからだ。しかし労働力に含まれている過去の労働と、労働力がなしうる生きた労働とは、すなわち労働力の日々の維持費と労働力の日々の支出とは、まったく異なる二つの量だ。前者は労働力の交換価値を決めているが、後者は労働力の使用価値を作りだす。労働者を二四時間生かしておくために半労働日が必要だということは、労働者がまる一日働くことをけっして妨げない。つまり労働力の価値と労働過程でのその価値増殖とは二つの異なる量だということだ。資本家が労働力を買った時に目をつけていたのは、まさにこの価値の差額だった。糸や長靴を作るという労働力の有益な性質が不可欠な条件だったのは、単に、価値を形成するには労働が有益な形態で支出されねばならなかったからにすぎない。しかし決定的だったのは、労働力というこの商品が、価値の源泉、しかもそれ自身の価値以上の価値を生みだす源泉となるという特殊な使用価値を備えていたことだった。これこそ資本家がこの商品から期待した特殊な奉仕だった。しかもそのさい、資本家は商品交換の永遠の法則にしたがって事を処理する。事実、労働力の売り手は、他のあらゆる商品の売り手と同様、その交換価値を現実化し、使用価値を譲渡する。労働力の売り手は使用価値を手放すことなしに交換価値を手に入れることはできない。労働力の使用価値、すなわち労働そのものは、売られた油の使用価値が油商人の所有物ではなくなるのと同じように、もはや売り手のものではなくなる。貨幣所有者は労働力の日価値を支払った。したがって、その一日の労働力の使用、一日の労働は買い手のものだ。そのさい、労働力は一日中活動し働くことができるのに、その労働力を日々維持するのには半労働日しか必要としない。言い換えれば、労働力を一日使用することで生みだされる価値は、その労働力自体の日価値の二倍に相当する。この事情は、買い手にとっては特別に幸運なことだが、しかし売り手に対する不法ではけっしてない。

われわれの資本家をにんまりとさせるこの事情〔ゲーテ『ファウスト』第一部からの借用〕は、彼には前から分かっていた。だからこそ労働者が作業場にいくと、六時間ではなく、一二時間の労働過程に必要な生産手段が用意されている。一〇封度《ポンド》の綿花が六労働時間を吸収し一〇封度《ポンド》の糸に変容したとすれば、二〇封度《ポンド》の綿花は一二労働時間を吸収し二〇封度《ポンド》の糸に変容するだろう。この延長された労働過程の生産物を観察してみよう。二〇封度《ポンド》の糸には、いまや五労働日が対象化されている。すなわち使い果たされた綿花量と紡錘量には、四労働日が対象化されており、さらに紡績過程を通じて綿花に一労働日が吸収されている。五労働日を金で表現すれば三〇シリング、つまり一ポンド一〇シリングだ。これがすなわち二〇封度《ポンド》の糸の価格だ。一封度《ポンド》の糸はあいかわらず一シリング六ペンスだ。しかし、この過程に投入された商品の総額は二七シリングだった。糸の価値は三〇シリングだ。生産物の価値はその生産のために前貸しされた価値に比べて九分の一増加した。こうして二七シリングは三〇シリングに変容した。三シリングの剰余価値を生んだのだ。手品はついに成功した。貨幣は資本に変容した。

問題の条件はすべて解決し、しかも商品交換の諸法則はいっさい破られていない。等価物が等価物と交換された。資本家は買い手としてすべての商品に価値どおりのものを支払った。綿花にも、紡錘にも、労働力にも。そして他の商品の買い手ならだれもがすることをした。すなわち商品の使用価値を消費した。労働力の消費過程は同時に商品の生産過程でもあり、その過程を通じて三〇シリングの価値をもつ二〇封度《ポンド》の糸が生産された。そこで資本家は、以前、商品を買った市場にとってかえし、今度は商品を売る。彼は一封度《ポンド》の糸を一シリング六ペンスで、つまりその価値よりびた一文高くもなく安くもない価格で売る。それでも彼はこの流通から、もともとそこに投入したものより三シリング多く取りだすのだ。この全過程、すなわち彼の貨幣の資本への変容は流通圏のなかで生じるものであると同時に、流通圏のなかで生じるものではない。労働力を市場で買うことが条件となっているという意味では流通に媒介されて生じたものだが、流通が生産部門で発生する価値増殖過程の導入役にすぎないという意味では流通のなかで生じたものではない。こうして「ありうべき最善の世界では、すべてが最善の状態にある」（"tout pour le mieux dans le meilleur des mondes possibles."）〔ライプニッツの弁神論を諷刺したヴォルテールの小説『カンディード』の一説〕ということになる。

資本家は貨幣をまず商品に変容させる。それは、新しい生産物の素材形成物として、あるいは労働過程の諸因子として役立つような商品だ。資本家は次にそうした商品の死せる対象性に生きた労働力を合体させる。それによって資本家は価値、すなわち過去の対象化された死せる労働を資本に、すなわち増殖する価値、命を吹きこまれた怪物に変容させる。そしてこの怪物は、まるでその身体に恋心でも宿しているかのように〔ゲーテ『ファウスト』第一部からの借用〕、「はたらき」始める。

価値形成過程と価値増殖過程とを比較してみると、価値増殖過程とはすなわち、ある一点を超えて延長された価値形成過程にほかならないことが分かる。もし価値形成過程が、資本に買われた労働力の価値が新たな等価物に置き換えられる時点までしか続かないとすれば、それは単純な価値形成過程にすぎない。価値形成過程がこの点を越えて持続した時、はじめてそれは価値増殖過程となる。

さらに価値形成過程を労働過程と比較してみると、労働過程の本質は使用価値を生産する有用労働にあることが分かる。そこでは運動が質的な観点から、つまりその特別な様式や目的、内容などから観察される。ところがこの同じ労働過程が、価値形成過程のなかではその量的な側面だけを見せる。そうなれば、残るのは労働が作業のために必要とする時間、あるいは労働力が有効に支出される持続時間しかない。そこでは、労働過程に入りこむ商品も、目的を持って活動する労働力の機能や素材に関する要素ではなくなる。商品はもはや、対象化された労働の一定量としてしか意味をなさなくなる。生産手段に含まれているにせよ、労働力によって付加されるにせよ、労働はその時間尺度によってのみ測られる。つまり何時間労働、何日労働等といった具合に。

しかし労働が計算に入ってくるのは、使用価値の生産のために費やされた時間が社会的に必要なものである場合に限られる。ここにはいろいろなことが含まれている。労働力は正常な条件のもとで機能しなければならない。紡績に紡績機械を使うことが社会的大勢を占める労働手段であるならば、労働者に手回しの紡ぎ車が与えられてはならない。正常な品質の綿花の代わりに、たえず切れてしまうクズ綿が労働者に渡されてはならない。両方の場合とも、労働者は一封度《ポンド》の糸を生産するのに社会的に必要な時間よりも多くの時間を費やすことになるだろう。しかし、この超過時間は価値も貨幣も作りださないだろう。ただし、対象となる労働因子が正常な性格を持っているかどうかは、労働者にではなく資本家にかかっている。次に条件となるのは労働力そのものの正常な性格だ。労働力が使用される部門では、労働力は大方の平均値となる熟練、技能、作業速度を備えていなければならない。しかし、われわれの資本家は労働市場で正常な品質の労働力を買った。この力は通常の平均的勤勉さと、社会的にみて普通の密度で支出されねばならない。それについては、資本家は神経質に監視する。それは、労働がおこなわれないまま時間が浪費されることに対する監視と同じだ。資本家は労働力をある一定期間について買い取った。資本家は自分の取り分に固執する。彼は自分の物を盗られたくない。最後に——この点については、この御仁は独自の刑法典 code pénal を持っている——原料や労働手段が目的に反して消費されるようなことはあってはならない。なぜなら浪費された原料や労働手段は対象化された労働の不必要な支出量を示すもので、それゆえ勘定に入らず、価値形成の生産物に入りこまないからだ。(17)

(17) これは奴隷制に立脚する生産が高コストになる理由の一つだ。奴隷労働者は、的を射た古人の表現によれば、言葉を話す道具(instrumentum vocale)にすぎず、それが鳴き声を発する道具(instrumentum semivocale)である動物、声なき道具(instrumentum mutum)である生命なき労働用具との唯一の違いだ。しかし奴隷労働者自身は、自分が動物や労働用具のたぐいではなく一個の人間であることを、動物や道具に思い知らせようとする。労働者はそれらを虐待し、熱意をこめてこき使うことによって、自分が彼らとは違う存在だという自負を得ようとする。だからこの生産様式では、非常に粗雑で鈍重だが、使い勝手が極端に悪いゆえに容易には壊れないような労働用具しか使わないことが、経済原則にかなっている。それゆえ南北戦争勃発時まで、メキシコ湾沿いの奴隷制諸州では、古代中国で用いられていたのと同じ構造の鋤が使われていた。これは豚やモグラと同じように土を掘るだけの道具で、土をくだいたり、おこしたりすることはできなかった。これについてはJ・E・ケアンズ『奴隷の力』ロンドン、一八六二年、四六ページ以下参照。オルムステッドはその『沿岸奴隷制諸州』〔四六、四七ページ〕において、たとえば次のように述べている。「ここでわたしがみせてもらった道具は、良識ある人間なら自分が労賃を払っている労働者に、とてもわたそうとはしないような代物だった。そのとてつもない重さと使い勝手の悪さは、わたしの意見では、わが国で普通に用いられている道具を使うよりも、労働を少なくとも一割増し困難にするにちがいない。ところが、人々がわたしに断言するには、奴隷たちがそうした道具を使うずさんで乱暴なやり方では、かりにもっと軽くてましな道具をあてがってみても、とても成功はおぼつかないという。われわれがいつも労働者に与えているような、しかもわれわれにとってもよい収益源となっているような道具を、ヴァージニアのトウモロコシ畑に投入したら――ヴァージニアの土地はわれわれの土地よりも軽くて石が少ないにもかかわらず――わずか一日ももたないだろう。わたしはまた、農場でなぜ馬の代わりにラバが広く使われているのかをたずねてみた。そこであげられた第一の、そして実のところ決定的な理由もまた、馬では黒人たちからたえずこうむる扱いにとても耐えられないからだ、というものだった。馬なら彼らによってすぐに動けなくなったり、殴打されてけがをしたりするだろうが、ラバは殴られたり、時には一、二度エサを抜かれても、身体が傷つくことはない。ラバは放っておかれても過度労働をさせられても、風邪を引いたり病気になったりはしないという。しかし、わたしが書きものをしている部屋の窓辺に近づきさえすれば、ほとんどいつでも、この地の家畜がどんな扱いを受けているかが目に飛びこんでくる。そのひどさは北部の農場で同じことをやれば、すぐにでも家畜番が首になるであろうようなものだ」。

すでにわれわれは、使用価値を作る労働と、同じ労働でありながら価値を作る労働との違いを、商品の分析から説明してきた。いまやその違いは、生産過程の異なる側面間の区別として示されたということだ。

労働過程と価値形成過程の統一体とみなされる時、生産過程はあくまで商品の生産過程だ。しかし、労働過程と価値増殖過程の統一体とみなされる時、生産過程は資本主義的生産過程となり、商品生産の資本主義的形態となる。

すでに指摘したように、資本家に取得された労働が単純な社会的平均労働であるか、より複雑な労働であるか、さらにはより高度で特殊な重要性をもつ労働であるかは、価値増殖過程にとってはどうでもよい。社会的平均労働に比べて、より高度で複雑な労働とみなされる労働は、より高い教育費を含み、その生産のためにより多くの労働時間が費やされ、それゆえ単純な労働力よりも高い価値をもつ労働力の発現となる。この力の価値がより高ければ、それはまたより高度な労働となって発現し、それゆえ同じ時間内に相対的により高い価値として対象化される。しかし、紡績労働と宝石細工労働とのあいだにどんな等級差があろうとも、宝石細工労働者が自分自身の労働力の価値を置き換えているにすぎない労働部分と、彼が剰余価値を作りだしている追加的な労働部分とは、質的にはまったく区別がつかない。剰余価値はあいかわらず労働の量的な超過と、同じ労働過程の継続時間の延長とによってのみ発生する。ある場合にはそれが糸の生産過程であり、ある場合には宝石の生産過程であるというだけのことだ(18)。

(18) より高度な労働と単純な労働との区別、「熟練労働」と「非熟練労働」との区別は、一部は単なる幻想によるものか、少なくとももとうの昔に現実性を失い、伝統的な因習のなかで生き延びているにすぎない区別だ。また一部は、労働者階級のある層が他に比べてより絶望的な状態におかれているために、みずからの労働力の価値を認めさせることが他の層より難しいことから生じている。また偶然的な事情が大きく作用して、同じ種類の労働がその地位を換えることもある。たとえば資本主義的生産が発達した国では、どこでも労働者階級の身体的土台が弱体化し、相対的に消耗している。そうしたところでは、一般に多くの筋力を要する苛酷な労働がより高い地位に戻り、逆に、これよりずっと繊細な労働が単純労働の等級に落ちていく。たとえばイングランドでは、煉瓦積み職人の労働が綾織り職人の労働よりずっと高い地位を占めている。その一方で綿ビロードの剪毛職人の労働は、身体的にははるかに大きな緊張を強いられ、そのうえきわめて不健康な仕事であるにもかかわらず、「単純」労働とみなされている。ちなみに、いわゆる「熟練労働」が国民労働のなかで量的に大きな規模をしめているなどと思いこんではならない。レイングの計算によれば、イングランド(およびウェールズ)では、一一〇〇万人を超える人々が単純労働によって生計を立てている。この文書が書かれた当時の一八〇〇万人の人口から一〇〇万人の貴族と、一五〇万人の受救貧民、浮浪者、犯罪者、売春婦その他を除くと、四六五万人の中流階級が残る。ここには小金利生活者、公務員、著述家、芸術家、学校教師などが含まれている。この四六五万人を抜きだすさいに、レイングは銀行家などのほか、比較的高給をとっている「工場労働者」(!)も中流階級の労働従事者部分に加えている。煉瓦積み職人さえも「高度労働者」のなかに数えられている。こうして最後に残ったのが、先にあげた一一〇〇万人だ(S・レイング『国民の困窮』ロンドン、一八四四年〔四九―五二ページ各所〕)。「食いつないでいくために、普通の労働以外には何一つ提供できない大きな階級が国民の大部分をしめている」(ジェイムズ・ミル『ブリタニカ百科事典補遺』一八三一年、「植民地」の項)。

他方、どのような価値形成過程においても、より高度な労働は、たとえば一日の高度な労働は単純労働のx日分といった具合に、つねに社会的平均労働に還元されねばならない(19)。つまり、資本によって使用される労働者は単純な社会的平均労働をおこなうものと仮定することで、余分な操作を省くことができ、分析が容易になるということだ。

(19)「価値尺度としての労働が問題にされる場所では、必然的にある特定の種類の労働が念頭に置かれることになる。……他の種類の労働がその労働とどのような関係にあるかは、容易に確認することができる」(〔J・ケイズノーヴ〕『経済学要論』ロンドン、一八三二年、二二、二三ページ)。

第六章　不変資本と可変資本

労働過程を構成するさまざまなファクターは、それぞれに異なる分担で生産物価値の形成に加わる。

労働がもつ特定の内容、目的、技術的性格などを別とすれば、労働者は一定の労働量を付加することによって労働対象に新しい価値を付け加える。他方、使い果たされた生産手段の価値は、たとえば綿花と紡錘の価値が糸の価値のなかに再現するように、生産物価値の構成要素として再現する。つまり生産手段の価値は生産物に移転することによって保存される。この移転は、生産手段の生産物への変容過程、すなわち労働過程のなかで生じる。それを媒介しているのは労働だ。しかし、いったいどのようにして？

労働者は同一時間内に二度働くわけではない。たとえば一度は自分の労働によって綿花に価値を付加するために働き、もう一度は綿花の古い価値を保存するために、あるいは同じことだが、自分が加工した綿花や使用した紡錘の価値を生産物である糸に移転するために働くというわけではない。彼は単に新しい価値を付け加え、それによって古い価値を保存する。しかし、労働対象に新しい価値を付け加えることと、生産物のなかに古い価値を保存することとはまったく異なる二つの結果だ。労働者は同一時間内に一度しか働いていないにもかかわらず、同一時間内に異なる二つの結果をもたらしている。だとすれば、この二面性は、彼の労働自体がもつ二面性から説明するほかないのは明らかだ。労働は同一の時点で、ある属性においては価値を創造し、もう一つ別の属性においては価値を保存ないし移転していなければならない。

あらゆる労働者はどのようにして労働時間を、したがって価値を付け加えるのだろうか？　それはひとえに彼特有の生産的な労働様式という形態を通じてだ。紡績工は紡ぐことによってのみ、織工は織ることによってのみ、鍛冶工は金属を鍛えることによってのみ、労働時間を付け加える。しかし、彼らが労働一般を、したがって新しい価値を付け加えるのは、紡績、機織、鍛冶といった目的のきまった形態を通じてだ。それによって綿花と紡錘、糸と織機、鉄と鉄床などの生産手段はある生産物、すなわち一つの新しい使用価値の構成要素となる。(20)それらの使用価値の古い形態は消失するが、それはひとえに新たな形態の使用価値として再登場するためだ。しかし、価値形成過程の観察から明らかになったように、ある使用価値が新しい使用価値の生産のために目的どおりに消費されるかぎり、消費された使用価値の生産に必要とされた労働時間は、新しい使用価値の生産に必要な労働時間の一部をなす。つまりそれは消費された生産手段から新しい生産物に移転される労働時間だ。消費された生産手段の価値を労働者が保存し、それを価値構成要素として新たな生産物に移転できるのは、彼が労働一般を付け加えるからではない。あくまでこの付け加えられた労働が特別に有用な性格を持ち、独自の生産的な形態を備えているからだ。紡績、機織、鍛冶といった目的にかなった生産的活動としての労働は、生産手段と触れあうだけでそれらを死者のなかからよみがえらせ、命を吹きこんで労働過程の諸要因となし、それらと結びつくことによって生産物となる。

(20)「労働は、破壊された創造物の代わりに新しい創造物を提供する」(『諸国民の経済学に関する一論』ロンドン、一八二一年、一三ページ)。

労働者の特殊な生産労働がかりに紡績でなかったならば、彼は綿花を糸に変容させることはなく、したがって綿花と紡錘の価値を糸に移転することもなかっただろう。しかし、この同じ労働者が職をかえて指物師《さしもの》になったとしても、やはり彼は一労働日を通じて彼の扱う原料に価値を付け加え続けるだろう。つまり彼が労働によって価値を付け加えるのは、それが紡績労働であり、指物労働だからではなく、あくまで抽象的な社会的労働一般だからだ。彼が一定の価値量を付け加えるのは、その労働が特別に有益な内容を持っているからではなく、それが一定時間継続されるからだ。労働がもつ抽象的一般的属性においては、言い換えれば、人間労働力の支出としては、紡績労働は綿花と紡錘の価値に新しい価値を付加する。そして、労働がもつ具体的で特殊かつ有用な属性においては、つまり紡績過程としては、同じ労働がこれらの生産手段の価値を生産物に移転し、その価値を生産物のなかに保存する。だからこそ同一時点における労働の結果に二面性が生じるのだ。

一方では、労働を単に量的に付け加えることによって新しい価値が付加される。他方では、付け加えられた労働の質によって生産手段の古い価値が生産物のなかに保存される。同一労働のこの二面的作用は労働自体の二面的性格に起因するものであり、それはいろいろな現象に具体的に見てとれる。

たとえばなんらかの発明によって紡績工がこれまで三六時間かけて紡いでいた量の綿花を六時間で紡げるようになったとしよう。目的にかなった有用な生産活動としては、彼の労働はその力を六倍に増やした。その生産物は六倍に、すなわちいままで六封度《ポンド》だった糸は三六封度《ポンド》の糸となる。しかし、この三六封度《ポンド》の綿花は以前に六封度《ポンド》の綿花が吸収したのと同じ労働時間しか吸収していない。古い方法に比べれば、綿花にはかつての六分の一しか新しい労働が付け加わっておらず、したがって価値もまた以前の六分の一しか付け加わっていない。他方で生産物、すなわち三六封度《ポンド》の糸のなかには、かつての六倍の価値の綿花が存在している。同じ原料に以前の六分の一の新しい価値しか付け加わっていないにもかかわらず、六時間の紡績時間中に六倍の原料の価値が保存され、生産物に移転される。この例から分かるように、同一の不可分な労働過程のなかにあっても、価値を保存する労働の属性は、価値を創造する労働の属性とは本質的に異なっている。同じ量の綿花を紡ぐ操作に必要な労働時間が増せば増すほど、綿花に付け加えられる新しい価値は大きくなる。しかし、同じ労働時間内に紡がれる綿花の重量が増せば増すほど、生産物のなかに保存される元の価値が大きくなる。

逆に、紡績工の生産性が変化せず、一封度《ポンド》の綿花を糸に変えるのに紡績工が以前と同じだけの時間を要するものと仮定しよう。ここで綿花自体の交換価値が変化し、一封度《ポンド》の綿花の価格が六倍、あるいは六分の一に増減したとする。増減どちらの場合にも、紡績工は引き続き同量の綿花に同一労働時間を、したがって同一価値を付け加える。そしていずれの場合にも同じ時間内に同じ量の糸を生産する。にもかかわらず、彼が綿花から生産物、すなわち糸に移転する価値は、一方の場合には六倍に、他方の場合には六分の一になる。同じことは、労働手段が騰貴あるいは暴落しながらも労働過程のなかで同じ働きをしているような場合にも生じる。

紡績過程の技術的条件が変わらず、かつその生産手段にも価値変動が生じない場合には、紡績工は同じ労働時間内に、以前と同じ価値をもつ同量の原料と機械装置を消費する。この時、彼が生産物のなかに保存する価値は、彼が付け加える新しい価値に正比例する。彼が二週間働けば一週間働いた場合に比べて二倍の労働、すなわち二倍の価値を付け加え、同時に二倍の価値をもつ二倍の原料を消費し、二倍の価値をもつ二倍の機械装置をすり減らす。こうして二週間分の生産物のなかに、一週間分の生産物の場合と比べて二倍の価値を保存する。生産条件が以前と同じであれば、労働者は多くの価値を付け加えれば加えるほど多くの価値を保存することになる。ただし、彼がより多くの価値を保存するのは、より多くの価値を付け加えるからではなく、その価値を以前と同じ条件のもとで付け加えるからだ。その条件は彼自身の労働とは無関係に決まる。

もっとも、相対的な意味でならば、労働者は新しい価値を付け加えるのとつねに同じ比率で古い価値を保存しているという言い方はできる。綿花が一シリングから二シリングに値上がりしようが、六ペンスに値下がりしようが、労働者が一時間を投入した生産物に保存される綿花価値は、二時間を投入した生産物に保存される綿花価値のつねに半分だ。そのことは綿花価値自体がどのように変動しようが変わらない。あるいは彼自身の労働の生産性が上がるにせよ落ちるにせよ変化したとすれば、一労働時間につき彼は以前より多い、あるいは少ない綿花を紡ぐことになり、一労働時間により多い、あるいは少ない綿花価値を生産物のなかに保存することになるだろう。しかしいずれの場合でも、彼が二労働時間で一労働時間の二倍の価値を保存することに変わりはない。

価値は、価値記号による単なる象徴的表示を別とすれば、一つの使用価値、すなわち一個の物のうちにしか存在しない（人間自身も労働力の単なる存在様式だとみなすなら、一個の自然対象にすぎず、生きた自意識をもつ物ではあっても、一個の物であることに変わりなく、労働自体はその力の物的な表出ということになる）。したがって使用価値が失われれば、同時に価値も失われる。しかし、生産手段は使用価値を失ったからといってその価値まで同時に失うことはない。というのも生産手段が労働過程を通じて使用価値の最初の形態を失うのは、実のところ、それによって生産物のなかで別の使用価値の形態を獲得するためにすぎないからだ。価値にとっては、なんらかの使用価値のなかに存在していることはきわめて重要だ。しかし、どんな使用価値のなかに存在しているかは、商品の形態変容のところで見てきたように、たいした問題ではない。ここから次の結論が得られる。すなわち、労働過程のなかでは、生産手段が独立した使用価値とともにその交換価値を失う程度に応じてのみ、生産手段の価値が生産物へと移行する。つまり、生産手段は自分が生産手段として失った価値だけを生産物にわたすということだ。ただし、労働過程を構成する対象側のファクターは、この点に関してはさまざまに異なった様相を呈する。

機関を熱するための石炭はあとかたもなく消え去り、車軸の潤滑油として用いられる油もまた消失する。染料その他の補助材料は姿を消すが、生産物の属性のなかには残る。原料は生産物の実体をなすが、その形態を変える。すなわち原料と補助材料は使用価値として労働過程に入りこんだ時の自立的形態を失う。しかし、本来の意味での労働手段は様相を異にする。道具、機械、工場の建物、容器その他は、もともとの形態を保持し、昨日と同じように明日もまた同じ形態で労働過程に入っていくことで、はじめて労働過程で役に立つ。こうした労働手段は、生きて活動しているあいだ、すなわち労働過程にあるあいだだけでなく、その死後においてもなお生産物に対して自立的形態を保つ。機械、道具、作業場等は、死せる残骸になってからも自分たちが製作を助けた生産物から分離して存在する。いま、こうした労働手段が役に立った期間全体を、仕事場にそれが持ちこまれた最初の日から、物置場に追放される最後の日までとおして考えてみるならば、この期間を通じて、その使用価値は労働によって完全に使い果たされ、したがってその交換価値は完全に生産物に移行したことになる。たとえばある紡績機械の寿命が一〇年間でつきたとすれば、一〇年にわたる労働過程のあいだに、この機械の総価値は一〇年分の生産物に移行したことになる。つまり一つの労働手段の寿命には、それを用いて日々新たに反復された大小さまざまの労働過程が含まれているということだ。労働手段も人間と同じだ。人間はだれしも日々、二四時間分の寿命を失っている。しかし、ある人がすでに何日分の寿命を使い果たしたかなどということは、だれにも正確には分からない。しかしだからといって、生命保険会社が人間の平均寿命をもとに、きわめて正確な、そしてはるかに重要なことだが、きわめて高い収益をもたらす結論を引きだすことができないわけではない。労働手段も同じだ。一つの労働手段、たとえばある種の機械が平均どれくらいの期間もつかは経験によって分かっている。たとえば労働過程におけるその使用価値が六日間しかもたないとしよう。するとその労働手段は、平均してその使用価値の六分の一を日々失い、したがって自分の価値の六分の一を日々の生産物に移している。このような仕方で、すべての労働手段の消耗、たとえば一日あたりのその使用価値喪失や、それに対応する生産物への一日あたりの価値移転が計算される。

こうして、ある生産手段は労働過程でみずからの使用価値の消滅によって失う以上の価値を生産物に付与することはないということが明確になる。生産手段が失うべき価値をいっさいもたない、つまりそれ自身が人間労働の生産物でないならば、そもそれが生産物に価値を付与することはないだろう。それは交換価値の形成者として役立つことのないままに、使用価値の形成者として役立ったのだ。大地、風、水、あるいは鉱脈のなかの鉄、原始林のなかの木などのように、人間の働きかけなしに自然に存在するすべての生産手段はこうした例の一つだ。

ここでもう一つ別の興味深い現象がわれわれの前に出現する。たとえばある機械が一〇〇〇ポンドの価値を持ち、それが一〇〇〇日間で使い果たされるとしよう。その場合、機械の価値の一〇〇〇分の一が日々この機械自身によって、それが作りだす日々の生産物へとわたされる。しかし同時に機械装置は、その活力こそ日々衰えても、あくまで全体として労働過程のなかで活動する。つまり労働過程の一要素たる生産手段は全体として労働過程に入りこむが、価値増殖過程には部分的にしか入りこまないということだ。同一の生産手段が同一の生産過程のなかで、労働過程の要素としては全体として、価値形成の要素としては部分きざみに数えられる。こうして労働過程と価値増殖過程との差異は、ここではその対象側のファクターに反映することになる。(21)

(21) 機械、建物等の労働手段の修繕はここでは問題にしない。修繕される時の機械は労働の手段としてではなく、労働の原料として扱われている。修繕される機械はそれを用いて労働する手段ではなく、その使用価値を修復するためにそれ自身が労働の対象となるからだ。こうした修繕労働は、われわれの目的にとっては、労働手段の生産に必要とされる労働のなかにつねに含めて考えることができる。本文でとりあげているのは、どんな医者にも治せない、次第に死に近づいていく摩耗だ。それは「時々、取り替えるということのできない種類の摩耗、たとえばナイフでいえば、刃物屋がもう刃先を付ける価値がないという状態にまでいたるような種類の摩耗だ」。本文で見たように、一つの機械は全体として個々の労働過程すべてに入りこんでいるが、同時に進行する価値増殖過程には部分きざみでしか入りこまない。次のような概念のとり違いも、こうした観点から見る必要がある。「リカードは、靴下製造機の製作に費やされた機械工の部分労働」が、たとえば一足の靴下の価値に含まれる「と述べている。しかしあらゆる靴下を製造した全労働のなかに含まれているのは……機械工の全労働であって部分労働ではない。というのも、一台の機械は多くの靴下を製造しているが、もし機械部品が一つでも不足していればその一足たりとも製造できなかっただろうからだ」(『経済学におけるある種の言葉争いについての考察、とくに価値、および需要と供給に関して』ロンドン、一八二一年、五四ページ)。この著者はひどくうぬぼれの強い「知ったかぶり」の男ではあるが、彼の混乱も、したがってまた論駁も、次の点についてだけは正しい。すなわち、リカードも彼の前後の経済学者たちも一人として労働の両面を厳密に区別せず、したがって価値形成にしめる両面の役割の違いについてはなおのこと分析を怠っているという指摘においては。

他方では逆に、ある生産手段が労働過程には部分きざみでしか入りこんでいないのに、価値増殖過程には全体として入りこんでいるという場合もある。たとえば綿花紡績で、一一五封度《ポンド》あたり日々一五封度《ポンド》が、糸ではなく綿くずになるとしよう。その場合でも、もし一五封度《ポンド》の綿くずが綿花の平均的加工から不可避的に生じる標準的なものであれば、糸の要素にはなっていない一五封度《ポンド》の綿花価値もまた、糸の実体をなす一〇〇封度《ポンド》の綿花価値とまったく同じように糸の価値のなかに入りこんでいる。一一五封度《ポンド》の綿花の使用価値は、一〇〇封度《ポンド》の糸を作るためには屑とならざるをえない。つまりこの綿花の廃棄は糸の生産条件の一つなのだ。だからこそ、それは自分の価値を糸に引きわたしている。このことは、労働過程の廃棄物すべてにあてはまる。ただし、廃棄物のなかには再度新しい生産手段となり、新しい独立した使用価値を形成するものもあるため、そうはならない範囲でのことだ。たとえば、マンチェスターの大機械工場では山のような鉄くずが巨大な機械によってカンナ屑のように削られ、夕方には大きな車に乗せられて工場から製鉄所に送られるのが見られる。これなどは、他日ふたたび大量の鉄として製鉄所から工場に戻ってくる。

生産手段は労働過程を通じてもとの使用価値の姿をとった価値を失い、ちょうどその分だけ、生産物の新しい姿へと価値を移転する。だから明らかに、労働過程で生産手段がこうむる価値喪失の最大値は、その生産手段が労働過程に入りこんださいのもとの価値量によって、すなわちそれを生産するために要した労働時間によって制限されている。それゆえ生産手段は、みずからが奉仕する労働過程とは無関係に所有している価値以上の価値を、生産物に付け加えることはできない。ある労働原料、ある機械、ある生産手段がいかに有用なものであろうとも、たとえばそれが一五〇ポンド、あるいは五〇〇労働日の価値であれば、それらを用いて作られる総生産物に一五〇ポンド以上の価値を付け加えることはできない。その価値は、それが生産手段としてこれから入りこんでいく労働過程によって決まるのではなく、その生産手段自体が生産物として生みだされてきた労働過程によって決まる。労働過程のなかでは、生産手段は単に使用価値として、つまり有用な特性を備えた物として役立っているにすぎない。それゆえ労働過程に入りこむ以前にすでに価値を所有していなかったならば、それが生産物に価値を付け加えることはない。(22)

(22) したがって間抜けなJ・B・セーのように、大地、道具、皮革等の生産手段がその使用価値を通じて労働過程で果たしている「生産的奉仕」から、剰余価値(利子、利潤、地代)を導きだそうとするのが、いかにピントはずれかも分かるだろう。慇懃《いんぎん》な弁護論的思いつきを書き残すことをなかなかやめられないヴィルヘルム・ロッシャー氏は、こんなかけ声をかける。「J・B・セーの指摘はまったく正しい。『概論』第一巻第四章で彼が指摘しているように、搾油機によってもたらされた価値から、すべてのコストを差し引いた残りの価値は、何か新しいものであり、搾油機自体を製造した労働とは本質的に異なる」(『国民経済学の基礎』第三版、一八五八年、八二ページ註)。たしかにまったく正しい! 搾油機によってもたらされた「油」は搾油機の製造に要した労働とはまったく異なる何かだ。そしてロッシャー氏が「価値」という言葉で理解しているのは「油」のような物のことだ。なぜなら「油」は価値を持っているから。しかし「自然のなかにも」、量は相対的に「それほど多く」はないが、石油がある。おそらくはそのことを指して、彼は別のコメントでこう述べている。「それ」（自然！）「が交換価値をもたらすことはほとんどない」（同前、七九ページ）。ロッシャー流の自然が交換価値をあつかうやり方は、子供を産んだ愚かな少女が、でも子供は「ほんの小さかった」と言っているようなものだ。この同じ「学者」が上の箇所ではこんなことまで言ってのける。「リカード学派はふつう資本もまた〈貯蓄された労働〉として労働の概念のなかに組み入れる。しかしこれは手ぎわの悪い（！）やりかただ。なぜなら（！）、なんといっても（！）資本所有者（！）は単に（!?）それを（何を?）作りだし（?）かつ（??）維持する以上のこと（！）をともかくも（！）おこなったのだから。すなわち（?!?）自分の享楽を節制し、その代わりにたとえば（!!!）利子を要求するといったふうに」（同前、八二ページ）。単なる「欲求」からほかならぬ「価値」をひねりだす経済学のこの「解剖学的・生理学的」方法の、なんと「手ぎわのよい」ことか！

生産的労働によって生産手段が新しい生産物の構成要素に変容すると、生産手段の価値には魂の遍歴が生じる。それは使い果たされた肉体を離れ、新しく形成された肉体へと移っていく。しかしこの魂の遍歴はいわば現実の労働の背後で生じる。労働者は古い価値を保存しないかぎり、新しい労働を付加することはできず、したがって新しい価値を創造することもできない。なぜなら労働者はつねに特定の有用な形態で労働を付け加えなければならないからだ。しかもそれをするには、生産物を新しい生産物の生産手段に変え、それによってもとの価値を新しい生産物へと移転しなければならない。つまり労働力は価値を付け加えることによって価値を保存するのであり、これは活動する労働力、生きた労働の天賦の資質だ。この資質は労働者にはいかなる出費も強いないが、資本家には既存の資本価値の保存という多大な利益をもたらす。(22a) 事業が順調にいっているかぎり、資本家は利益追求にあまりにも没頭しているため、労働のこの無償提供が目に入らない。労働過程の暴力的中断である恐慌によって、資本家ははじめてそれを痛切に感じとれるようになる。(23)

(22a)「農業のためのあらゆる道具のなかで、人間の労働は……農場主が自分の資本の代替物として最も頼りにしているものだ。他の二つの物——労働用家畜および……荷車、鋤《すき》、鍬《くわ》等——は一定量の人間労働なしには何の役にも立たない」(エドマンド・バーク『穀物不足に関する意見と詳論。もと一七九五年一一月にW・ピット閣下に提出さる』ロンドン、一八〇〇年、一〇ページ)。

(23) 一八六二年一一月二六日の『タイムズ』紙上には、一人の工場主の嘆きが掲載されている。彼の紡績工場では八〇〇人の労働者を雇い、週平均一五〇梱《こり》の東インド産綿花、あるいは一三〇梱のアメリカ産綿花を加工している。彼は自分の工場の休止にともなう年間失費について読者に嘆いている。彼の見積りによれば、それは六〇〇〇ポンドにのぼる。この失費のなかには、地代、租税、保険料、一年契約の労働者、支配人、簿記係、技師たちの俸給など、われわれのここでの議論には関係のない多くの費目が含まれている。しかし次に彼は、工場を時々暖めたり、蒸気機関を時折作動させるための石炭のほか、機械装置の「円滑な動き」を維持するために臨時に雇う労働者の賃金として一五〇ポンドを計上している。最後に、機械装置の劣化が一二〇〇ポンドと見積もられている。というのも、「蒸気機関が回転を止めたからといって、天候や腐蝕をもたらす自然原因がその働きを停止することはないからだ」。しかもこの一二〇〇ポンドという額は、機械装置がすでに非常に摩耗した状態にあるので、相当に低く見積もられていると、彼ははっきりと述べている。

そもそも生産手段において使い果たされるのはその使用価値であり、それを消費することによって労働は生産物を作りだす。しかし生産手段の価値は実際には消費されることはなく、[24]したがって再生産されることもない。生産手段の価値は保存されるが、ただし労働過程のなかでその価値自体に操作が加えられるから保存されるわけではない。もともと価値を宿していた使用価値が、自身は消滅するものの、他の使用価値となることによってのみ消滅するからこそ、価値が保存されるのだ。それゆえ生産手段の価値は生産物の価値のなかにふたたびあらわれる。しかし厳密にいうと、この価値は再生産されるわけではない。生産されるのはあくまで新しい使用価値であり、この使用価値のなかに古い交換価値がふたたびあらわれるのだ。[25]

(24)「生産的な消費とは、ある商品の消費が生産過程の一部となっている消費であり、……こうした場合には価値の消費は生じない」(S・P・ニューマン『経済学概要』、二九六ページ)。

(25) おそらく二〇版は重ねたと思われる北アメリカのある概説書には次のように書かれている。

「資本がどのような形態で再現するかということはたいした問題ではない」。そしてあらゆる生産要素のなかでその価値が生産物のなかに再現するものをかたっぱしから列挙したあとで、著者は最後にこう述べている。「人間の生存と快適さのために必要とされるさまざまな種類の食物、衣服、住居もまた変化をこうむる。それらは時には使い果たされるが、使い果たされることによって人間の心身に新しい力を与え、その新しい力のなかにそれらの価値が再現する。こうしてこの価値は新しい資本となり、この資本がふたたび生産過程のなかで使用される」（F・ウェイランド『経済学概要』、三一、三二ページ）。ほかにもいろいろある同書の珍妙な説にはすべて目をつぶるとしても、たとえば更新された力のなかに再現するのはパンの価格ではなく、あくまで血液を作るパンの実体だ。それとは逆に、力の価値として再現するのは、生活手段そのものではなく、生活手段の価値だ。同じ生活手段であれば、その価格が半分であっても同じ筋肉、骨等を、要するに同じ力を生産するが、だからといって同じ価値の力を生産することはない。「価値」を「力」に置き換えるこの論法と、そのパリサイ人《びと》的な曖昧さの背後には、前貸しされた価値の単なる再現から剰余価値をひねりだそうとする、しょせんは無駄な試みが隠されている。

労働過程を構成する主体側のファクター、すなわち活動している労働力については、これとは事情が異なる。労働は目的にかなった形態を通じて生産手段の価値を生産物に移転し、保存する。その一方で、この運動のあらゆる契機は付加的な価値、新しい価値を作りだす。いま、かりに労働者が自分自身の労働力価値の等価物を付け加えた時点で、たとえば六時間の労働を通じて三シリングの価値を付け加えた時点で、生産過程が中断したとしよう。生産物の価値には生産手段の価値に負っている構成部分があるが、三シリングの価値はこの構成部分を超える生産物価値の超過分にあたる。この価値はこの労働過程の内部で発生した唯一の原初的価値であり、この過程自身によって生産された生産物の唯一の価値部分だ。もっとも、この価値は、労働力購入のさい資本家によって前貸しされ、労働者自身によって生活手段に支出された貨幣を補塡するものでしかない。支出された三シリングに目を向ければ、三シリングの新しい価値は再生産されたものでしかないように見える。しかし、その新しい価値は、生産手段の価値のように見かけ上再生産されたのではなく、現実に再生産されている。一つの価値を他の価値で補塡するために、ここでは新しい価値創造がその媒介役を果たしている。

ところが、われわれがすでに知っているように、労働過程は労働力価値の単なる等価物が再生産され、それが労働対象に付け加えられる時点を越えて継続される。労働過程は、ここでは十分なはずの六時間では終わらず、たとえば一二時間継続される。つまり労働力を活動させることによってそれ自身の価値が再生産されるだけではなく、ある超過的な価値が生産される。この剰余価値は、使い果たされた生産物形成者の価値を超える、すなわち労働手段と労働力の価値を超える生産物価値の超過分をなしている。

われわれは労働過程の種々のファクターが生産物価値の形成に果たす種々の役割について述べてきた。それによってわれわれは、実のところ、資本の種々の構成部分が資本自身の価値増殖過程で果たしている機能の特徴をも明らかにしてきた。生産物の総価値のうち、生産物の構成要素の価値合計を超える超過分は、最初に前貸しされた資本価値を超えて価値増殖した資本の超過分だ。一方には生産手段が、他方には労働力が存在しているが、両者はそれぞれ、最初の資本価値が貨幣形態を脱ぎ捨て、労働過程の要素に変容するさいにとった異なる存在形態にすぎない。

以上から分かるように、資本のうちで生産手段に、すなわち原料、補助材料、労働手段に転換された部分は、生産過程のなかでその価値量を変化させることはない。それゆえわたしはこの部分を不変的資本部分、あるいは簡単に不変資本と呼ぶことにする。

これとは逆に、資本のうちで労働力に転換された部分は、生産過程のなかでその価値を変化させる。この部分はそれ自身の等価物と、それを超える過剰部分、すなわち剰余価値を再生産する。剰余価値はそれ自身変動しうるものであり、比較的大きい場合もあれば小さい場合もある。資本のこの部分は不変量から可変量へとたえず変容する。それゆえわたしは資本のこの部分を可変的資本部分、あるいは簡単に可変資本と呼ぶことにする。労働過程の視点から見ると、資本の構成要素は客体的なファクターと主体的なファクターとに、つまり労働手段と労働力とに区分される。この同じ資本の構成要素が、価値増殖過程の視点から見ると、不変資本と可変資本とに区分される。

不変資本という概念は、その構成要素の価値革命をけっして排除してはいない。今日は六ペンスだった一封度《ポンド》の綿花が、収穫減により明日には一シリングに騰貴したとしよう。六ペンスの価値で買われた古い綿花は引き続き加工されるが、いまやそれが生産物に一シリングの価値部分を付け加える。また、すでに紡績された綿花、あるいはもう糸となって市場に流通しているかもしれない綿花も、同様に最初の価値の二倍を生産物に付け加える。しかし、この価値変動が紡績過程自体のなかで綿花に生じた価値増殖とは無縁であることはすぐに分かるだろう。かりに古い綿花がまだまったく労働過程に入っていなくても、いまなら六ペンスではなく一シリングでふたたび売れるだろう。いやむしろ逆だ。労働過程を経ている度合が少なければ少ないほど、むしろ確実に売れるだろう。だからこうした価値革命のさいには、加工度の最も低い原料に、つまり織物よりは糸に、糸よりは綿花自体に、投機するのが投機の鉄則となる。こうした価値変動は、綿花自体を生産する過程のなかで発生するのであり、綿花を生産手段として、すなわち不変資本として利用する過程のなかで生じるわけではない。ある商品の価値は、たしかにそのなかに含まれる労働量によって決まるが、しかしこの労働量自体は社会的に決まる。その商品の生産のために社会的に要求される労働時間が変化すれば——たとえば同量の綿花であっても凶作時には豊作時よりも多くの労働量を表示している——、かつての商品にも遡及的に影響が及ぶ。その商品はいつでもそれが属する類《るい》の個別例としかみなされず、(26)その価値はつねに社会的に必要な労働によって、言い換えれば、つねに現在の社会的条件下で必要な労働によって測られる。

(26)「同じ種に属するすべての生産物は、本来は一つの集合体にすぎず、その価格は特殊な事情にかかわりなく一般的に決定される」(ル・トローヌ『社会的利益について』、八九三ページ)。

原料の価値と同様、すでに生産過程で役立っている労働手段、たとえば機械装置などの価値もまた変動するかもしれない。そうなれば、その労働手段が生産物に引きわたす価値部分も変動する。たとえば新発見によって同種の機械装置がより少ない労働支出で再生産されるようになれば、古い機械装置は多かれ少なかれ価値を減じ、その結果、それに比例して生産物に移転する価値も小さくなる。しかしここでもまた、この価値変動はその機械が生産手段として機能している生産過程の外側で発生している。この生産過程のなかでは、この過程とは無関係にこの機械が所有している価値以上のものを機械が引きわたすことはない。

このように生産手段の価値変動は、生産手段が生産過程のなかにすでに入りこんだあとで遡及的に作用することがある。それでもこの価値変動は、生産手段がもつ不変資本としての性格を変化させることはない。同様に不変資本と可変資本の比率が変化しても、それが両者の機能的な区別に影響を及ぼすことはない。労働過程の技術的諸条件が大きく変化して、たとえばこれまでは一〇人の労働者が価値の小さい一〇個の道具を用いて比較的少量の原料を加工していたのに、いまでは一人の労働者が一台の高価な機械を用いてその一〇〇倍の原料を加工するようになったとしよう。この場合には、不変資本、すなわち使用される生産手段の価値量は非常に大きくなり、労働力のために前貸しされる資本の可変部分は非常に小さくなるだろう。しかし、この変動は単に不変資本と可変資本の大きさの比率、あるいは総資本が不変資本部分と可変資本部分に分割されるさいの比率を変化させるにすぎず、不変性と可変性の区別自体に影響を与えることはない。

第七章　剰余価値率

第一節　労働力の搾取度

前貸しされた資本Cが生産過程で生みだした剰余価値、すなわち前貸しされた資本価値Cの増殖分は、まずは生産物価値のうちで、生産要素の価値総計を超える超過部分として示される。

資本Cは二つの部分、すなわち生産手段のために支出される貨幣額cと、労働力のために支出される貨幣額vとに分けられる。cは不変資本に変容した価値部分を、vは可変資本に変容した価値部分をあらわす。したがって最初はC＝c＋vであり、たとえば前貸しされた五〇〇ポンド（C）＝四一〇ポンド（c）＋九〇ポンド（v）などとなる。生産過程の最後には商品が生みだされるが、その価値は、剰余価値をmとすれば（c＋v）＋mであらわされ、たとえば（四一〇ポンド（c）＋九〇ポンド（v））＋九〇ポンド（m）となる。こうして最初の資本CはC′に変容し、五〇〇ポンドは五九〇ポンドとなった。両者の差＝mは、九〇ポンドの剰余価値だ。生産要素の価値は前貸しされた資本価値に等しい。したがって、生産物価値のうち生産要素の価値を超える超過分は、前貸しされた資本の価値増殖分に等しいとか、生産された剰余価値に等しいという言い方は、実際には同語反復にすぎない。

それでもこの同語反復はもう少し詳しく調べてみる必要がある。ここで生産物の価値と比較されているのは、生産物の価値が形成される過程で消費された生産要素の価値だ。しかしすでに見てきたように、使用された不変資本のうち労働手段からなる部分は、その価値の一部しか生産物にわたさず、他の部分はもとの存在形態にとどまり続ける。この部分は価値形成に何の役割も果たさないので、ここではそれを捨象することにしよう。もっとも、その部分を計算に入れたとしても、なにも変わりはしないだろう。いまc＝四一〇ポンドとし、その内訳を原料三一二ポンド、補助材料四四ポンド、労働過程で損耗する機械装置五四ポンドとしよう。実際に使用された機械装置の価値は一〇五四ポンドとする。ただし生産物価値を生みだすために前貸しされた分として計算するのは、機械装置がその機能を果たすことによって失う価値、つまり生産物へと引きわたす五四ポンドのみだ。もし蒸気機関等のようにもとの形態で存続する一〇〇〇ポンド分も計算に入れるならば、前貸しされた価値と生産物価値の双方にそれを繰り入れなければならないだろう。(26a) その場合は、それぞれが一五〇〇ポンド、一五九〇ポンドとなり、その差ないし剰余価値はあいかわらず九〇ポンドだ。それゆえ価値生産のために前貸しされた不変資本とわれわれが言う時には、前後の関連から明らかに違うことが言われているのでないかぎり、つねに生産過程で消耗された生産手段の価値だけを指すものとする。

(26a)「使用された固定資本の価値を、前貸しされた資本の一部として計算するのなら、この資本のうち年度末に残った価値分は年間収入の一部として計算しなければならない」(マルサス『経済学原理』第二版、ロンドン、一八三六年、二六九ページ)。

これを前提として、C=c+vの式に戻ろう。この式はC′=c+v+mに変容し、それによってCはC′に変容する。すでに見てきたように、不変資本の価値は生産物のなかに再現したにすぎない。したがって、この過程で現実に新しく生みだされる価値生産物は、この過程から得られる生産物価値とは異なる。一見すると価値生産物はc+v+m、すなわち四一〇ポンド+九〇ポンド+九〇ポンドのように見えるが、実際にはv+m、すなわち九〇ポンド+九〇ポンドであり、五九〇ポンドではなく一八〇ポンドだ。かりに不変資本c=0の場合、言い換えれば、資本家が、生産ずみの生産手段、原料、補助材料、労働用具などを一切必要とせず、ただ天然に存在する材料と労働力だけを利用すればいいような産業部門があったとすれば、そこではいかなる不変的価値部分も生産物には移転されないだろう。したがって、生産物価値のうちのこの要素、われわれの例でいえば四一〇ポンドは消えるだろう。それでも、九〇ポンドの剰余価値を含む一八〇ポンドの価値生産物の方は、cが最大の価値量をとる場合と比べても、大きさをまったく変えないだろう。この場合にはC=(0+v)=v、価値増殖した資本C′=v+mとなるが、C′-Cの値はあいかわらずmだ。逆に、m＝0の場合、言い換えれば、可変資本の前貸しによってその価値を買いとった労働力が単に等価物しか生産しない場合には、C＝c＋v、C′（生産物価値）＝c＋v＋0となり、C＝C′となるだろう。この場合には前貸しされた資本が価値増殖しなかったことになる。

実のところ、われわれがすでに知っているように、剰余価値は労働力に転換された資本部分vに生じる価値変化の結果にすぎない。したがってv＋m＝v＋Δv（vとvの増加量との和）だ。しかし、可変的構成部分が成長すると、結果として前貸しされた総資本も成長するため、現実に生じた価値変化および価値変化率は見えにくくなる。総資本はかつて五〇〇ポンドであったのが、いまは五九〇ポンドになっている。したがってこの過程を純粋に分析しようとするなら、生産物価値のうち不変的資本価値が再現しているにすぎない部分については、これを完全に捨象すること、すなわち不変資本c＝0とおくことが必要だ。つまり、変数と定数からなる数式で、定数が加減算によってのみ変数と結びついているような場合に数学で用いられる法則を、ここでも応用するわけだ。

もう一つの難しさは可変資本の最初の形態から生じている。たとえば右の例ではC′＝不変資本四一〇ポンド＋可変資本九〇ポンド＋剰余価値九〇ポンドだった。しかし九〇ポンドは所与の値、すなわち不変量であり、したがってこれを可変量として扱うことには違和感がある。しかしここでの九〇ポンド、すなわち九〇ポンドの可変資本は、実のところ、この価値が通過していくプロセスを象徴しているにすぎない。たしかに労働力の購入のために前貸しされた資本部分は、一定量の対象化された労働であり、購入された労働力の価値と同様に不変的な価値量だ。しかし、生産過程そのものには、前貸しされた九〇ポンドに代わって活動する労働力があらわれてくる。死んだ労働に代わって生きた労働があらわれてくる。静止量に代わって流動量が、不変量に代わって可変量があらわれてくる。その結果がvとvの増加分との和の再生産だ。資本主義的生産の立場から見ると、この過程全体は労働力に転換された価値、もともとは不変的な価値の自己運動だ。その過程も、その結果も、この自己運動をする価値のおかげで成立している。九〇ポンドの可変資本あるいは増殖する価値という言い方がどんなに矛盾しているように聞こえても、それはあくまで資本主義的生産に内在する矛盾の一つを表現しているにすぎない。

不変資本を0とおくのは、一見奇異な感じがするかもしれない。しかしこれは、日常生活のなかでいつでもおこなわれていることだ。たとえば綿工業でのイギリスの利益を計算しようとする人は、収入から、まず合衆国、インド、エジプトなどに支払われた綿花価格を差し引くだろう。つまり生産物価値のなかに再現しているにすぎない資本価値＝0とおいているのだ。

とはいえ、剰余価値と、剰余価値の直接的発生源である資本部分——この部分の価値変動が剰余価値に示されている——の比率だけでなく、剰余価値と前貸しされた総資本の比率もまた大きな経済学的意味を持っている。したがってわれわれはこの関係を第三巻で詳しく扱うことにする。資本の一部を労働力に転換することによって増殖させるためには、不変資本の他の部分が生産手段に変容しなければならない。可変資本が機能するためには、不変資本もまたそれに相応しい割合で、つまり労働過程の特定の技術的性格に対応する形で前貸しされなければならない。しかし、化学的過程には蒸溜器等の容器が必要だからといって、分析のさいに蒸溜器自体を捨象できないわけではない。価値創造と価値変化を純粋にそれ自体として考察するかぎり、不変資本の素材的形態である生産手段は、流動的な価値形成力を固定するための素材を提供しているにすぎない。だからこの素材の性質も、綿花であろうが、鉄であろうがかまわない。素材の価値もまた問題ではない。素材は、生産過程で支出される労働量を吸収するのに十分な量さえあればよい。その量さえあれば、その価値が上昇しようが下落しようが、あるいは大地や海のように価値がゼロになろうが、かまわない。それによって価値創造と価値変化の過程が影響を受けることはない。(27)

(27) 第二版への註。ルクレティウスの言ったように「無からはなにも生じない」ことは自明の理だ。「価値創造」とは労働力の労働への転換だ。また労働力は労働力で、なによりもまず人間の生体に転換された自然素材だ。

以上の理由から、さしあたっては資本の不変部分を0とおく。その時、前貸しされた資本は c＋v から v に減らされ、生産物価値 c＋v＋m は価値生産物 v＋m に減らされる。

いま、価値生産物＝一八〇ポンドとしよう。そこには生産過程の全期間を通じて流動化される労働が表現されている。この時、剰余価値＝九〇ポンドを得るためには、全体から可変資本の価値＝九〇ポンドを差し引く必要がある。ここでの九〇ポンド＝剰余価値mという数字は、生産された剰余価値の絶対量をあらわしている。しかしその相対量、すなわち可変資本が価値増殖する比率は、当然ながら可変資本に対する剰余価値の比率によって決まり、m／vであらわされる。つまり、この例では九〇／九〇＝一〇〇％となる。可変資本に対する価値増殖の比率、ないしは剰余価値のこの比率を、わたしは剰余価値率と名づける。(28)

(28) これはイギリス人が「利潤率 rate of profits」「利子率 rate of interest」などと言うのと同じ用法だ。第三巻で見るように、剰余価値の法則さえ知っていれば利潤率はすぐに理解できる。しかし逆方向をたどると、両方が理解できなくなる。

すでに見てきたように、労働者は労働過程のある部分では単に自分の労働力の価値を、すなわち自分に必要な生活手段の価値を生産しているにすぎない。ただし労働者は社会的分業を基盤とする状態のなかで生産をおこなっているため、自分の生活手段を直接生産するわけではない。その代わりに、たとえば糸という特別な商品の形で、自分の生活手段の価値と等しい価値を、言い換えれば、生活手段を購入するための貨幣と等しい価値を生産する。そのために費やされる彼の労働日の部分は、彼の平均的な日々の生活手段の価値によって大きくもなれば小さくもなる。つまりそれは、生活手段を生産するために必要とされる平均的な日々の労働時間によって変わる。たとえば日々の生活手段の価値が平均して六時間の対象化された労働時間に相当するならば、労働者はこの価値を生産するのに日々平均六時間働かなければならない。かりに労働者が資本家のためではなく、自分自身のために独立独歩で働いたとしても、他の条件が同じであれば、一日のうちの同じ割合は依然として働かなければならない。そうしてはじめて自分の労働力の価値を生産し、それによって自己保存に必要な、つまり持続的な自己再生産に必要な生活手段を得ることができる。労働日のうち、労働力の日価値、たとえば三シリングを生産する部分では、労働者は資本家がすでに支払った(28a)労働力価値の等価物を生産しているだけだ。つまり、新たに創造された価値で、前貸しされた可変的資本価値を穴埋めしているにすぎない。それゆえこの部分での価値の生産は単なる再生産としてあらわれる。労働日のこの部分、すなわち再生産がおこなわれる部分を、わたしは必要労働時間と呼び、この時間内に支出される労働を必要労働と呼ぶ(29)。労働者にとってそれが必要であるのは、それが彼の労働の社会的形態とは無関係に必要とされるからだ。資本および資本の世界にとってそれが必要であるのは、労働者がいつでも存在していることが資本と資本の世界の土台をなしているからだ。

(28a)〔第三版への註。著者は、ここでは「支払う」という一般に流布している経済用語を用いている。一三七ページ(ディーツ版、一八八ページ、〔本訳書、三二三頁〕)に論じられているように、実際には資本家が労働者にではなく、労働者が資本家に前貸ししているのだということを思いだしていただきたい。――F・エンゲルス〉

(29) 本書ではここまで「必要労働時間」という言葉を、ある商品を生産するために社会的に必要とされる労働時間という意味で用いてきた。これ以降はこの表現を、労働力という特殊な商品の生産のために必要とされる労働時間という意味でも用いることにする。同じ術語をいろいろな意味で用いるのは好ましくないが、いずれの科学でもこれを完全に避けることはできない。たとえば数学の高等部門と初等部門とを比べてみてほしい。

労働過程の第二の期間になると、労働者は必要労働の限度を超えて働く。この期間にも労働者には労働が、すなわち労働力の支出が課されるが、この期間が彼のために価値を形成することはない。それが形成するのは剰余価値であり、この剰余価値は無からの創造がもつ魅力をふんだんに発揮して資本家にほほえみかける。労働日のこの部分を、わたしは剰余労働時間と呼び、この時間内に支出される労働を剰余労働と呼ぶ。価値一般の認識にとっては、価値を労働時間の単なる凝固体、対象化されたにすぎない労働として理解することがきわめて重要だった。これと同様に、剰余価値の認識にとっても、剰余価値を剰余労働時間の単なる凝固体、対象化されたにすぎない剰余労働として理解することが決定的に重要だ。直接的な生産者である労働者からこうした剰余労働が搾りとられるさいの形態の違いだけが、さまざまな経済的な社会構成体、たとえば奴隷制社会と賃金労働社会とを、

たがいに区別している。(30)

(30) まさにゴットシェート流のひらめきでヴィルヘルム・トゥキュディデス・ロッシャー氏はこんな発見をする〔ロッシャーは『国民経済学の基礎』の序文で「経済学のトゥキュディデス」を自称していた〕。剰余価値ないし剰余生産物の形成、およびそれと結びついた蓄積は、今日では資本家の「節約」のおかげで可能となっている。資本家はその代償として「たとえば利子を要求する」。これとは対照的に「きわめて低い文化段階では……弱者が強者によって節約を強いられる」(『国民経済学の基礎』、八二、七八ページ)。弱者が強いられる節約とは、労働の節約なのか? あるいは存在もしない過剰生産物の節約なのか? 資本家は目の前の剰余価値を着服していることについて、多少はもっともらしい弁明理由を述べたてる。ロッシャーとその一派は、そうした弁明理由を剰余価値の発生理由にねじまげようとしている。彼らをこうした行為に駆りたてているのは、彼らの実際の無知だけではない。彼らは価値や剰余価値を良心的に分析することに、そしてそこからやっかいな反警察的な結論がでてくることに、御用学者として怖じ気を感じてもいるのだ。

可変資本の価値は、この資本によって買われた労働力の価値に等しい。かつ、この労働力の価値によって労働日の必要部分が決まる。ところが剰余価値のほうは、労働日の超過部分によって決まる。それゆえ、剰余価値と可変資本の比は、剰余労働と必要労働の比、すなわち剰余価値率m/v=(剰余労働)/(必要労働)に等しい。この二つの比は同じ比例関係を別の形で、すなわち一方は対象化された労働の形態で、他方は流動的な労働の形態であらわしたものだ。

それゆえ剰余価値率は資本による労働力の搾取度、あるいは資本家による労働者の搾取度を正確に表現している。(30a)

(30a) 第二版への註。ただし、剰余価値率は労働力搾取度の正確な表現ではあっても、搾取の絶対量の表現ではない。たとえば、必要労働が五時間、剰余労働が五時間とすれば、搾取度は一〇〇%、搾取量は、ここでは五時間という時間によって計られる。これに対して必要労働=六時間、剰余労働=六時間とすると、搾取度一〇〇%は変わらないが、搾取量は五時間から六時間へと二〇%増加する。

われわれの仮定によれば生産物の価値=四一〇ポンド+九〇ポンド+九〇ポンドであり、前貸しされた資本は五〇〇ポンドだった。剰余価値=九〇ポンド、前貸資本=五〇〇ポンドだから、通常の計算方法による剰余価値率(利潤率と混同された剰余価値率)は一八%となり、この率の小ささはケアリー氏などの調和論者を感動させるかもしれない。しかし実際には、剰余価値率はm/Cでもm/(c+m)でもなくm/vであり、九〇/五〇〇ではなく九〇/九〇=一〇〇%、すなわち見かけの搾取率の五倍以上だ。このケースでは、労働日の長さの絶対値も労働過程の期間(日、週、その他)も、あるいは九〇ポンドの可変資本が同時に動かす労働者数も与えられていない。にもかかわらず剰余価値率m/vは(剰余労働)/(必要労働)に換算可能であるがゆえに、労働日の両構成部分の比率を正確にわれわれに示している。それは一〇〇％だ。すなわち労働者は一日の半分を自分のために、残り半分を資本家のために働いていたのだ。

したがって剰余価値率の計算方法は次のように要約できる。まず生産物価値の全体をとり、そのなかに再現しているにすぎない不変資本価値を0とおく。残った価値総額が商品の形成過程で現実に生みだされた唯一の価値生産物だ。剰余価値が分かっていれば、それをこの価値生産物から差し引き、可変資本を割りだす。逆に可変資本が分かっていれば、同じようにして剰余価値を求める。両方が分かっていれば、あとは剰余価値の可変資本に対する比率m／vを計算するだけだ。

方法はこのようにいたって簡単だが、その方法の基礎になっているものの見方は読者にはまだ不慣れであると思われるので、いくつかの例によって習熟してもらうのがよいだろう。

まず一万個のミュール紡錘をもつ紡績工場を例にとろう。この工場ではアメリカ産の綿花を用いて三二番手の糸を紡ぎ、一紡錘あたり週に一封度《ポンド》の糸を生産する。くず糸の発生率は六％とする。つまり週に一万六〇〇封度《ポンド》の綿花が一万封度《ポンド》の糸と六〇〇封度《ポンド》のくず糸に加工される。一八七一年四月時点でのこの綿花の価格は封度《ポンド》あたり七ペンス三／四、一万六〇〇封度《ポンド》では約三四二ポンドとなる。一万個の紡錘価格は粗紡機と蒸気機関を含めて一紡錘あたり一ポンド、総計一万ポンドとする。紡錘の損耗率は年一〇％＝一〇〇〇ポンド、週あたり二〇ポンドとする。工場の建物の賃貸料は年三〇〇ポンド、週あたり六ポンドとする。石炭は（建物の暖房用を含めて一時間一馬力につき四封度《ポンド》とし、それが一〇〇馬力［指示器による新馬力］、週六〇時間必要として）週あたり一一トン、石炭一トンあたり八シリング六ペンスとすると、週あたり四ポンド一／二となる。ガスは週あたり一ポンド、油は週あたり四ポンド一／二とすれば、補助材料は週あたり合計一〇ポンドとなる。こうして不変的な価値部分は週あたり合計三七八ポンドとなる。労働賃金は週あたり五二ポンドとする。糸の価格は封度《ポンド》あたり一二ペンス一／四、一万封度《ポンド》では五一〇ポンドとなる。この時、剰余価値は五一〇－四三〇＝八〇ポンドとなる。三七八ポンドの不変的価値部分は週ごとの価値形成には参加していないので、われわれはそれを0とみなす。その時、週ごとの価値生産物として残るのは五二＋八〇＝一三二ポンドだ。すなわち剰余価値率は八〇／五二＝一五三％一一／一三となる。一〇時間の平均的労働日ならば必要労働＝三時間三一／三三、剰余労働＝六時間二／三三となる。(31)

(31) 第二版への註。第一版で用いられた一八六〇年の紡績工場の例には、いくつか事実に反するまちがいが含まれていた。この本文で用いられているきわめて詳細なデータはマンチェスターのある工場主からわたしに提供されたものだ。――イギリスでは、旧馬力はシリンダーの直径にもとづいて算定されていたが、新馬力は指示器の示す実際の力をもとに算定されていることに注意。

ジェイコブは一八一五年について、一クォーターあたりの小麦価格八〇シリング、一エーカーあたりの平均収穫量二二ブッシェル、すなわちエーカーあたりの収益一一ポンドと仮定して以下のような計算を立てている。この計算は、さまざまな項目間で前もって補整がおこなわれているため、きわめて不完全なものだが、われわれの目的には十分だ。

一エーカーあたりの価値生産

種子(小麦)	一ポンド九シリング	十分の一税、地方税、国税	一ポンド一シリング
肥料	二ポンド一〇シリング	地代	一ポンド八シリング
労働賃金	三ポンド一〇シリング	借地農業者利潤および利子	一ポンド二シリング
計	七ポンド九シリング	計	三ポンド一一シリング

ここでは生産物の価格はつねに生産物の価値に等しいという前提のもとで、剰余価値が利潤、利子、十分の一税等さまざまな項目に分配される。しかし、これらの項目はわれわれにはどうでもよい。われわれはそれらを総計して三ポンド一一シリングの剰余価値を得る。種子と肥料に支出される三ポンド一九シリングは不変資本部分とみなして、これを0と置く。その残りは前貸しされた三ポンド一〇シリングの可変資本であり、それに代わって三ポンド一〇シリング＋三ポンド一一シリングという新しい価値が生産されている。すなわちm／vは（三ポンド一一シリング）／（三ポンド一〇シリング）となり一〇〇％を超

える。労働者は労働日の半分以上を剰余価値の生産に費やし、その剰余価値をいろいろな人間がいろいろな口実をたてて自分たちのあいだで分配している。(31a)

(31a) ここでおこなった計算は単なる例証にすぎない。というのも、ここでは価格＝価値という仮定がなされているからだ。第三巻で見るように、この仮定は平均価格についてさえ、これほど単純な形ではなりたたない。

第二節　生産物の比例部分における生産物価値の表示

さてここで、資本家がどのようにして貨幣を資本にするのかを教えてくれた先の例に戻ろう。紡績工の必要労働は六時間、剰余労働も同じく六時間、それゆえ労働力の搾取度は一〇〇％だった。

一二時間の労働日が生みだす生産物は二〇封度《ポンド》の糸、その価値は三〇シリングだ。この糸の価値の少なくとも八割（二四シリング）は、消費された生産手段（二〇封度《ポンド》の綿花二〇シリング、紡錘等四シリング）が再現しただけの価値、言い換えれば不変資本からなっている。残りの二割が紡績過程を通じて発生した六シリングの新しい価値であり、その半分は前貸しされた労働力の日価値、すなわち可変資本を補塡し、もう半分の三シリングは剰余価値となる。つまり二〇封度《ポンド》の糸の総価値は次のような内訳になる。

糸の価値三〇シリング＝二四シリング（c）＋（三シリング（v）＋三シリング（m））

この総価値が二〇封度《ポンド》の糸という総生産物で表示されているとすれば、いろいろな価値要素も生産物を比例配分した各部分で表示できなければならないだろう。

三〇シリングの糸価値が二〇封度《ポンド》の糸のなかにあるとすれば、この価値の八割、つまり二四シリングの不変部分は、生産物の八割、つまり一六封度《ポンド》の糸のなかにある。この一六封度《ポンド》のうち一三封度《ポンド》一／三は原料すなわち紡績された綿花の価値二〇シリングをあらわしており、残りの二封度《ポンド》二／三は消費された補助材料や労働手段の価値、たとえば紡錘など四シリングをあらわしている。

言い換えれば、一三封度《ポンド》一／三の糸は二〇封度《ポンド》の糸という総生産物へと紡がれた全綿花、つまり総生産物の原料をあらわしている。ただし、それ以外のものはなにもあらわしてはいない。もちろん実際には、そのなかには一三シリング一／三の価値をもつ一三封度《ポンド》一／三の綿花しか含まれていない。しかし、そこに付け加えられた六シリング二／三の価値は、残りの六封度《ポンド》二／三の糸へと紡がれた綿花の等価物をなしている。それはあたかも六封度《ポンド》二／三の糸から綿花を引き抜いて、総生産物中の全綿花を一三封度《ポンド》一／三の糸のなかにつめこんだようなものだ。そのかわり、消費された補助材料や労働手段の価値、あるいは紡績過程で創造された新しい価値などは、そのなかにいっさい含まれていない。

同様に、不変資本から綿花分を除いた残り（四シリング）が含まれている別の二封度《ポンド》二／三の糸は、二〇封度《ポンド》の糸という総生産物のなかで消費された補助材料と労働手段の価値以外、何もあらわしていない。

生産物の八割、一六封度《ポンド》の糸は、生きた使用価値である糸として見れば、たしかに生産物の残りの部分と同じく、あくまで紡績労働の形成物だ。しかしこの連関では、そこには紡績労働も含まれていなければ、紡績過程自体で吸収された労働も含まれていない。あたかもそれは、紡績されることなく糸に変容したもののように見え、糸の姿は純粋なみせかけのように見える。実際、資本家がこの糸を二四シリングで売り、その代金で彼の生産手段を買い戻せば、一六封度《ポンド》の糸は単に綿花や紡錘や石炭などが仮装したものにすぎないことが判明する。

逆に、生産物の残りの二割をなす四封度《ポンド》の糸は、一二時間の紡績過程で生産された六シリングの新しい価値以外にはなにもあらわしていない。消費された原料と労働手段の価値のうち、この部分に含まれていたものはすでに抜きとられ、最初の一六封度《ポンド》の糸に取りこまれた。二〇封度《ポンド》の糸に具現化された紡績労働は生産物の二割に濃縮されている。それはあたかも紡績工が四封度《ポンド》の糸を空中で紡いだか、あるいは、人間の労働とは無関係に天然に存在していて、生産物に何の価値も付け加えない綿花と紡錘を用いて紡いだかのようだ。

この四封度《ポンド》の糸には日々の紡績過程が生みだす全価値生産物が含まれている。そして、そのうちの半分は消費された労働力を補塡するための価値、すなわち三シリングの可変資本だけをあらわし、残り半分の二封度《ポンド》の糸は三シリングの剰余価値だけをあらわす。

紡績工の一二労働時間は六シリングに対象化される。したがって三〇シリングの糸価値には、六〇労働時間が対象化されている。この労働時間は二〇封度《ポンド》の糸のなかに存在し、その八割すなわち一六封度《ポンド》は、紡績過程以前にすぎさった四八労働時間の労働が物質化されたもの、つまり糸の生産手段に対象化された労働が物質化されたものだ。これとは逆に、その二割にあたる四封度《ポンド》は紡績過程自体のなかで支出された一二労働時間が物質化されたものだ。

すでに見たように、糸の価値は、生産のなかで生みだされた新しい価値の総額と、生産手段のなかにあらかじめ存在していた価値との合計だ。そしていま分かったことは、生産物価値のなかで機能的ないし概念的に異なる構成部分については、生産物自体の各部分にそれを按分して表示できるということだ。

生産物——すなわち生産過程の成果——を次のように三つの部分に分けて考えることは簡便であると同時に重要なことだ。第一は、生産手段に含まれる労働だけをあらわす、つまり不変資本部分だけをあらわす定量の生産物だ。第二は、生産過程で付け加えられる必要労働だけをあらわす、つまり可変的資本部分だけをあらわす別の定量の生産物だ。そして第三は同じ生産過程で付け加えられる剰余労働だけを、つまり剰余価値だけをあらわす最後の定量の生産物だ。この区分の重要性は、のちにこれをこみ入った未解決の問題に適用する段になって分かるだろう。

われわれはこれまで、総生産物を一二時間の労働日が終わったあとの結果として観察してきた。しかしわれわれは総生産物ができあがっていく過程に随伴しながら、それを観察することもできる。それでもなお、各部分生産物を機能的に異なる生産物部分として示すことができる。

紡績工は一二時間で二〇封度《ポンド》の糸を生産する。したがって一時間あたり一封度《ポンド》二／三、八時間なら一三封度《ポンド》一／三だ。この部分生産物は、一労働日全体で紡がれる綿花の総価値に相当する。同じ方法で計算すれば、次の一時間三六分の部分生産物は二封度《ポンド》二／三の糸であり、これは一二労働時間のあいだに消費される労働手段の価値をあらわしている。同様に、紡績工は次の一時間一二分に二封度《ポンド》の糸＝三シリングを生産する。この生産物価値は、彼が六時間の必要労働のなかで作りだす価値生産物に等しい。最後に彼は残りの一時間一二分で同じく二封度《ポンド》の糸を生産するが、その価値は彼の半日分の剰余労働によって生みだされた剰余価値に等しい。この種の計算法はイギリスの工場主が日頃から利用しているもので、たとえば自分は最初の八時間、すなわち二／三労働日で綿花分を回収するなどという言い方をする。見てのとおりこの式は正しい。実のところこれは、最初の式では生産物の各部分をできあがったものとして空間的に横に並べていたものを、第二の式ではこれを時間に翻訳して相前後に並べ直しただけのことだ。しかし、この式にはきわめて粗雑な考え方がついてまわる可能性がある。ことに実践面では価値増殖過程に関心をいだいていると同時に、理論面ではそれをねじ曲げて理解することに利益を感じる人々にあってはそうだ。たとえばこんな思いこみがありうる。われわれの紡績工は、たとえば労働日の最初の八時間で綿花の価値を生産し、続く一時間三六分で、消費された労働手段の価値を生産し、続く一時間一二分で労働賃金の価値を生産ないし補填し、そしてかの有名な「最後の一時間」だけを工場主に、すなわち剰余価値の生産にささげた、などという思いこみだ。こうして紡績工には二重の奇跡をおこなう義務が負わされる。彼らは綿花、紡錘、蒸気機関、石炭、石油等を用いて紡績をおこなっている同じ瞬間に、それらのものを生産しなければならず、そのような密度の一労働日を、同じ密度の五労働日に変えなければならない。というのも、われわれのケースでは原料と労働手段の生産には二四／六＝四日の一二時間労働日が必要であり、それを糸に変えるにはさらに一二時間労働日が一日必要となるからだ。強欲のあまりこのような奇跡を信じる輩《やから》がおり、またそれを証明しようとする教条主義的なお追従者にもけっしてこと欠かないことを、歴史的に有名な一つの例が以下に示してくれるだろう。

第三節　シーニョアの「最後の一時間」

一八三六年のある晴れた朝、経済学の学識と美しい文体とで名をはせていたイギリス経済学者界のクラウレン〔一九世紀前半のドイツの流行作家〕ともいうべきナッソー・W・シーニョアは、オクスフォードからマンチェスターに招聘された。オクスフォードで経済学を教える代わりに、ここマンチェスターで経済学を学ぶためだ。その少し前に制定された工場法と、そのさらに先をいく一〇時間労働要求運動に反対するために、工場主たちは彼をお雇い用心棒に選んだ。しかし工場主たちは、身に付けた実務的才覚から、この教授先生には「まだまだ最後の仕上げ」が足りないことを見抜いていた。だから彼をマンチェスターに呼び寄せたのだ。教授は教授で、マンチェスターで工場主たちから受けたレッスンを『綿工業に及ぼす影響からみた工場法についての書簡』ロンドン、一八三七年、なる小冊子にまとめた。そこにはたとえば、次のようなありがたい教えが書かれている。

「現行法のもとでは、一八歳未満の人間を雇用する工場は一日平均一一時間半以上の労働を課すことはできない。つまり最初の五日間に一二時間、土曜日に九時間というのが上限となる。以下の分析（！）が示すように、こうした工場では純粋な利益はすべて最後の一時間から引きだされている。ある工場主が一〇万ポンドを投資するとしよう。うち八万ポンドは工場の建物と機械装置に、二万ポンドは原料および労働賃金に充てられるものとする。資本が毎年一回転し、その総利得が一五％と仮定すれば、工場の年間売上高は一一万五〇〇〇ポンドの価値をもつ商品でなければならない。……〔以下では、三〇分の労働時間を一ハーフと記述する。一日の平均労働時間は二三ハーフとなる〕その時、各ハーフが生産するのは一日平均五／一一五＝一／二三だ。二三／二三、つまり全額にあたる一一万五〇〇〇ポンドのうち二〇／二三、すなわち一〇万ポンドのうちの一〇万ポンドは、資本の補塡にのみあてられる。一／二三、すなわち総利得（！）一一万五〇〇〇ポンドのうちの五〇〇〇ポンドは工場や機械装置の損耗の補塡にあてられる。こうして残った二／二三、すなわち毎日の最後の二ハーフ、すなわち一時間だけが一〇％の純利得を生産していることになる。したがって価格が同じで、工場が一一時間半ではなく一三時間稼働することが許されれば、流動資本を約二六〇〇ポンド追加するだけで純利得は二倍以上になることだろう。逆に労働時間が一日一時間減らされれば純利得が消失し、さらに一時間半減らされれば総利得も消失するだろう[32]」。

(32) シーニョア、前掲書、一二、一三ページ。われわれの目的には無関係な珍説については、ここではとりあわない。たとえば工場主たちが、摩耗した機械装置その他、つまり資本の一構成部分の補塡分を、総利得であれ純利得であれ、純であれ不純であれ、利得に算入するという主張などがその一例だ。また掲げられた数値が正しいか間違っているかも問わない。これらがいわゆる「分析」以上には値しないことは、レナード・ホーナーが『シーニョア氏への一書簡』ロンドン、一八三七年、のなかですでに証明している。レナード・ホーナーは一八三三年の工場調査委員の一人であり、一八五九年まで工場監督官、実のところは工場検閲官を務め、イギリス労働者階級のために不滅の業績を残した。彼は、怒れる工場主たちを相手に闘っただけではない。工場における「人手」の労働時間を数えるより、下院での工場主の「票数」を数えることのほうがはるかに重要と考えていた大臣たちとも、生涯を通じて闘った。

(32)への追補　シーニョアの叙述は、その内容のまちがいを除いてもなお混乱している。彼が本来言いたかったのは次のようなことだった。工場主は労働者を日々一一時間半、つまり二三ハーフ働かせている。ここで日々の労働日と同じように、年間労働もまた一一時間半、すなわち二三ハーフからなるとみなす（実際にはこれに年間の労働日合計を掛ける）。こう仮定すると二三ハーフで一一万五〇〇〇ポンドの年間生産物が生産されることになる。一ハーフでは一／二三×一一万五〇〇〇ポンド、二〇ハーフでは二〇／二三×一一万五〇〇〇ポンド＝一〇万ポンドだ。つまりこれは前貸しされた資本を補塡する額でしかない。残りは三ハーフで、これは三／二三×一一万五〇〇〇ポンド＝一万五〇〇〇ポンドを生産し、これが経費こみの総利得となる。この三ハーフのうちの一ハーフは一／二三×一一万五〇〇〇ポンド＝五〇〇〇ポンドを生産するが、これは工場と機械装置の損耗の補塡にしかならない。最後の二ハーフ、すなわち最後の一時間は二／二三×一一万五〇〇〇ポンド＝一万ポンドを生産し、これが純利潤となる。本文でのシーニョアは、生産物の最後の二／二三を労働日そのものの一部に変えてしまっている。

これを教授は「分析」！と、のたまう。工場主たちは、労働者が一日の一番いい時間帯を建物、機械装置、綿花、石炭等の価値の生産、つまり再生産ないしは補塡のために浪費していると嘆く。教授がこんな嘆きをもし信じていたのなら、分析などいっさい無用だった。教授は単にこう答えればよかった。諸君！　君たちが労働者に一一時間半労働ではなく一〇時間労働を課せば、他の条件が同じであるかぎり、綿花や機械装置の日々の損耗は一時間半分減るだろう。だから君たちは失うのとまったく同じものを得ることになる。君たちの労働者は今後、前貸しされた資本価値の再生産や補塡のために浪費する時間を一時間半減らすことになるだろう、と。逆にもし、教授が彼らの言葉を信じておらず、専門家としての分析が必要だと思っていたのなら、純利得と労働時間の比率だけにかかわる問題については、工場主諸氏になによりこう要請すべきだった。機械装置、工場建物、原料、労働などをいっしょくたに扱わないでいただきたい。ここはぜひ、一方には工場建物、機械装置、原料などに含まれる不変資本をおき、他方には労働賃金に前貸しされた資本をおき、両者を区別していただきたい、と。そのうえで工場主たちの計算にあるように、労働者が二ハーフ、すなわち一時間で労働賃金を再生産ないし補塡するという結果がでたのであれば、分析家としては次のように続けるべきだった。

諸君の言い分によれば、労働者は最後から二番目の一時間で自分たちの労働賃金を生産し、最後の一時間で君たちの剰余価値すなわち純利得を生産している。労働者は同じ時間内に同じ価値を生産するのだから、最後から二番目の一時間の生産物も最後の一時間の生産物も同じ価値を持っている。さらに労働者は労働を支出するかぎりでのみ価値を生産し、彼の労働量は彼の労働時間によって測られる。この労働時間は、諸君の言い分によれば一日につき一一時間半だ。この一一時間半の一部を、労働者は、自分の労働賃金を生産ないし補塡するために費やし、他の一部を諸君の純利得を生産するために費やしている。それ以上のことは、労働者は労働日にいっさいおこなっていない。しかし、申し立てによれば、労働者の賃金と彼によって提供される剰余価値とは同価値なのだから、労働者は明らかに労働日の半分にあたる五時間三／四で自分の賃金を生産し、残りの五時間三／四で諸君の純利得を生産していることになる。さらに、二時間分の糸生産物の価値は、労働者の労働賃金と諸君の純利得の合計に等しいのだから、この糸の価値は一一時間半の労働時間に相当するものとみなされねばならない。すなわち最後から二番目の一時間の生産物は五時間三／四の労働時間によって測られねばならず、最後の一時間の生産物についても同様だ。われわれは、こうしてやっかいな地点にさしかかる。だから注意していただきたい！　最後から二番目の一時間は最後の一時間と同様、ふつうの労働時間だ。それ以上でも、それ以下でもない。とすれば紡績工はいったいどうやって五時間三／四の労働時間に相当する糸の価値を一時間の労働時間で生産できるのだろうか？　実際には労働者はそのような奇跡を何一つおこなうわけではない。彼が一時間の労働時間で生産する使用価値は一定量の糸だ。この糸の価値は五時間三／四の労働時間によって測られる。そのうち四時間三／四は、労働者の助けを借りることのないまま、毎時間消費される生産手段、すなわち綿花、機械装置等のなかに隠れており、残りの四／四時間すなわち一時間が労働者自身によって付加される。つまり彼の労働賃金は五時間三／四で生産され、一紡績時間の糸生産物も同じく五時間三／四の労働時間を含んでいる。それゆえに彼の五時間三／四の紡績時間の価値生産物が一紡績時間の生産物価値と等しくても、なんの不思議もない。諸君がもし、労働者は綿花、機械装置等の価値の再生産や「補塡」によって労働日の一瞬でも失うと思っているのなら、諸君は思い違いをしている。彼の労働が綿花と紡錘から糸を作ることによって、つまり彼が紡ぐことによって、綿花と紡錘の価値はおのずから糸へと移行する。この移行は彼の労働の質によって生じるのであり、その量によって生じるのではない。もちろん彼が一時間をかけて糸に移す綿花の価値は一／二時間をかけて移す量よりも多い。しかしそれは単に彼が一時間で紡ぐ綿花が一／二時間で紡ぐ綿花よりも多いからにすぎない。これで諸君はお分かりだろう。労働者が最後から二番目の一時間で労働者の労働賃金の価値を生産し、最後の一時間で純利得を生産しているという君たちの表現は、彼の労働日の二時間で生産される糸生産物のなかに、その前後関係はどうあれ、一一時間半の労働時間、すなわち、まる一日の労働日と同じ時間が対象化されているということしか意味していない。そして労働者が最初の五時間三／四で労働賃金を、後の五時間三／四で諸君の純利得を生産しているという表現は、諸君が最初の五時間三／四に対しては支払いをおこなっているが、後の五時間三／四時間についてはなにも支払っていないと言っているにすぎない。わたしがここで労働力に対する支払いとは言わずに、労働に対する支払いと言っているのは、諸君の俗語にあわせているにすぎない。さて君たち紳士諸君は君たちが報酬を支払っている労働時間と、支払っていない労働時間との割合を比べてみてほしい。するとそれが半日対半日、つまり一〇〇%であることが分かるだろう。けっこうなパーセンテージだ。もし諸君が諸君の「人手」を一一時間半ではなく一三時間酷使し、いかにも諸君らしいやり方で、余分な一時間半をまるまる剰余価値に加えるならば、支払っていない労働時間は五時間三/四から七時間一/四となり、それにともない剰余価値率が一〇〇%から一二六%二/二三になることに疑問の余地はない。これに対して、一時間半の労働時間を付加することによって剰余価値率が一〇〇%から二〇〇%に、いやそれどころか「二倍以上」とあるように二〇〇%以上に上昇するだろうなどと期待しているのなら、諸君はなんとも救いがたい楽天家だ。他方――人間の心というのは、とくに財布のことを気にかけている時には不思議なものだ――、君たちが労働時間を一一時間半から一〇時間半に減らすと純利得が全額失われるなどと恐れているのなら、諸君は気のふれた悲観論者だ。断じてそんなことはない。他の条件がすべて同じままであるならば、五時間三/四の剰余労働は四時間三/四に減るだろうが、それでもなお八二%一四/二三という十分な剰余価値率が残る。わざわいにみちた「最後の一時間」について、諸君は、千年王国信者が世界の終末について広めた以上の空想物語をくりひろげているが、これはまったくのナンセンスだ。最後の一時間が失われたところで、諸君の「純利得」が失われることもなければ、諸君に使い果たされている少年少女の「魂の純潔」が失われることもけっしてないだろう。(32a)

（32a）　シーニョアは、工場主たちの純利得とイギリス綿工業の存亡とイギリスの世界市場規模が、ひとえに「最後の一時間」にかかっていることを証明したが、ドクター・アンドルー・ユアはもう一つ別のことを証明した。ユアによれば、工場で働く児童や一八歳未満の少年たちを、まる一二時間、暖かく純粋な道徳的雰囲気を備えた作業場に閉じこめておかずに、冷酷で猥雑な外の世界に「一時間」早く放りだすようなことをすれば、彼らの魂の平安がその怠惰と悪徳のために奪われることになるそうだ。一八四八年以来、工場監督官たちは半年ごとの「報告書」のなかで、「最後の」「わざわいの一時間」をとりあげて、工場主たちを飽くことなく揶揄している。たとえばハウエル氏は一八五五年五月三一日の工場報告で次のように述べている。「以下のごとき抜け目のない計算が」（そこでシーニョアの文章が引用されている）「正しいとするならば、連合王国のすべての綿工場は一八五〇年以来、赤字続きで営業したことになるだろう」（『工場監督官報告書、一八五五年四月三〇日にいたる半年についての報告』、一九、二〇ページ）。一八四八年、十時間労働法案が議会を通過した時、工場主たちはドーセット州とサマセット州のあいだに点在する田舎の亜麻紡績所で働く何人かの正規労働者をむりやり動員し、反対誓願をださせた。そこにはたとえば次のような一節が見られる。「われわれ請願者は人の親として、子供たちにいまよりさらに一時間多い余暇を加えることが子供たちに堕落しかもたらさないことを信じる。なぜなら怠惰こそはあらゆる悪徳のはじまりだからだ」。これに対して一八四八年一〇月三一日の工場報告は次のような注釈を加えている。「これら道徳的で情け深い親たちの子供たちが働く亜麻紡績所の空気は、原料から発する無数の綿ぼこりや繊維片に満たされ、一〇分たりともこの紡績作業場で過ごすのは不快きわまりない。逃れようのない亜麻の綿ぼこりで目、耳、鼻、口がすぐにつまり、極度の苦痛なしにはそこにいられないからだ。しかも機械が非常に高速で運転されるため、労働自体にもとぎれることなく技能と運動を傾注せねばならず、一瞬たりとも気が抜けない。食事時間を除いてまる一〇時間、このような仕事と、このような空気のなかに縛りつけられているわが子に向かって、その親たちに「怠惰」という表現を使うようしむけるのは、いささか苛酷なように思われる。……これらの子供たちは、近隣の村の農僕たちより長時間の労働をこなしている。……「怠惰と悪徳」について、このような冷酷きわまる駄弁を弄することは、純粋な詭弁として、このうえなく恥知らずな偽善として断罪されるべきだ。……一二年ほどまえになるが、工場主たちの「純利得」は「最後の一時間」の労働から生みだされており、それゆえ労働時間を一時間短縮すると、その純益は無に帰するという主張が、高官たちのお墨付きを得て公然と大まじめで宣伝されたことがある。その自信たっぷりな口ぶりには一部の公衆がおおいに憤慨したものだ。その公衆がもし今日の状況をまのあたりにしたならば、ほとんど自分の目を疑うだろうと、われわれは言いたい。すなわち、「最後の一時間」の功徳に関する最初の発見には、その間に格段の改良がほどこされ、いまやそれは「道徳」と「利潤」の両方を包含するまでになった。なにしろ児童労働を一〇時間に短縮すると、児童使用者の純利得がなくなるだけではなく、児童たちの道徳も消え失せるというのだから。この二つはともにこの最後の決定的な一時間にかかっているというのだ」(『工場監督官報告書、一八四八年一〇月三十一日』、一〇一ページ)。この同じ報告書は、これら工場主諸氏の「道徳」と「功徳」の実例もとりあげている。工場主たちが、ごくわずかな、まったく身を守るすべのない労働者に圧力をかけ、あのような請願書に署名をさせ、それを一産業部門全体の請願書、全州の請願書として議会に提出するために、どのような計略、策謀、誘惑、脅迫、偽造等々を用いたかの実例を。シーニョアは後に名誉挽回のため工場法の成立に精力的に尽力したが、そのシーニョア自身も、また彼に最初から反対していた人も、後になってから反対した人も、「最初の発見」の一見もっともらしいごまかしを解明できなかった。ここに、いわゆる経済学という「学問」の今日的レベルが如実にあらわれている。彼らは事実的な経験に訴えはしたが、なぜ、なんのためにという疑問は謎のままに残った。

いつの日か諸君の「最後の一時間」が現実となった時には、あのオクスフォードの教授のことを思いだされるがよい。ではまた、あの世で諸君のご厚誼をたまわらんことを、さらば！(33)……シーニョアによって一八三六年に発見された「最後の一時間」の進撃ラッパは、一八四八年四月一五日、経済学のボスの一人ジェイムズ・ウィルソンによって十時間労働法反対論として『ロンドン・エコノミスト』誌上でふたたび吹き鳴らされることになる。

(33) にもかかわらず、この教授先生もマンチェスターへの旅からは、なにがしか得るところがあった！『工場法についての書簡』のなかでは、純利得、「利潤」、「利子」、さらには「それを超える何か」までが、労働者の不払労働時間によるものとされているのだ！教授はその一年前にはまだ、オクスフォードの学生や教養俗物の娯楽のために書かれた『経済学概要』のなかで、価値を労働時間によって定義するリカードに反対して、利潤は資本家の労働から、利子は資本家の禁欲、「節制 abstinence」から生みだされることを「発見」していた。この愚にもつかぬ思いつき自体は古くからあるが、abstinenceという言葉は目新しかった。ロッシャー氏はこれをドイツ語に直す時に正しく「Enthaltung（自制）」という語をあてたが、彼ほどラテン語が達者ではない彼の同国人、ヴィルト某、シュルツェ某、ミヘル某といった連中は、それを「Entsagung（断念）」という宗教くさい表現に訳した。

第四節　剰余生産物

生産物のうち剰余価値が表示されている生産物部分（第二節の例では二〇封度《ポンド》の糸の一／一〇、すなわち二封度《ポンド》の糸）をわれわれは剰余生産物と呼ぶ。剰余価値率が資本総額に対する剰余価値の比率ではなく、資本の可変的構成部分に対する剰余価値の比率によって決まるように、剰余生産物の大きさも、総生産物の残余に対する剰余生産物の比率ではなく、必要労働が表示されている生産物部分に対する剰余生産物の比率によって決まる。剰余価値の生産が資本主義的生産の最重要の目的であるように、生産物の絶対的な大きさではなく、剰余生産物の相対的な大きさが富の水準を決定する。(34)

(34)「二万ポンドの資本をもつある個人が年間二〇〇〇ポンドの利益をあげていたとする。その時、利益が二〇〇〇ポンド以下にさえならなければ、彼の資本で一〇〇人の労働者が雇われていようが一〇〇〇人の労働者が雇われていようが、あるいは生産された商品が一万ポンドで売れようが二万ポンドで売れようが、その個人にとってはまったくどうでもいいことだろう。ある国民の現実的利害についても同じことが言えるのではないか？　その国民の真の純所得、その地代、利潤が同じであれば、その国民が一〇〇〇万の人口からなっていようが一二〇〇万の人口からなっていようが、まったくとるに足りないことだ」（リカード『原理』、四一六ページ）。剰余生産物の熱狂的信奉者アーサー・ヤングは、饒舌で無批判な著述家であり、功績と名声が反比例しているような人物ではあるが、リカードよりずっと以前に次のように述べている。「いまだに古代ローマ時代のやり方で零細な自営農民によって耕作がおこなわれている地方がある。たとえ耕作がうまくいっている場合であっても、こうした地方全体は近代の王国にとってどれほどの有用性を持っているだろうか？　人間を繁殖させるという、それ自体には何の目的もない目的以外に、そこにどんな目的があるのだろうか」（アーサー・ヤング『政治算術』ロンドン、一七七四年、四七ページ）。

(34)への追補　奇妙なのは「純所得を労働者階級にとって有益なものとみなす強い傾向があることだ……しかし、それが有益なのは、なにもそれが純所得だからではないということは明らかだ」（トマス・ホプキンズ『地代について』ロンドン、一八二八年、一二六ページ）。

必要労働と剰余労働との合計、すなわち労働者が彼の労働力の補塡価値および剰余価値を生産する時間の合計は、彼の労働時間の絶対量――すなわち労働日（working day）を構成している。

第八章　労働日

第一節　労働日の限界

われわれは労働力がその価値どおりに買われ、また売られるという前提から出発した。労働力の価値は他のあらゆる商品の価値と同じように、その生産のために必要とされる労働時間によって決まる。したがって労働者の日々の平均的生活手段を生産するのに六時間を要するとすれば、労働者は自分の労働力を日々生産するために、あるいは自分の労働力を売って得られる価値を再生産するために、一日平均六時間働かなければならない。その時、彼の労働日の必要部分は六時間となり、したがってその他の条件が同じであれば、一つの与えられた量となる。しかし、これだけでは労働日自体の長さはまだ与えられていない。

いまa――――bという線分で必要労働時間の継続または長さ、たとえば六時間をあらわすとしよう。労働がabを超えて一時間、三時間、六時間等々延長されると、次のような三つの異なる線分が得られる。

労働日Ⅰ

a————b—c

労働日Ⅱ

a————b——c

労働日Ⅲ

a————b————c

これらは、それぞれ七時間、九時間、一二時間という、長さの異なる三つの労働日をあらわしている。延長線ｂｃは剰余労働の長さをあらわす。労働日はａｂ＋ｂｃすなわちａｃだから、その値は可変量ｂｃとともに変化する。ａｂの値はあらかじめ与えられているので、ｂｃとａｂの比はいつでも測定することができる。労働日Ⅰでは、その比はａｂの一／六、労働日Ⅱでは三／六、労働日Ⅲでは六／六となる。さらに（剰余労働時間）／（必要労働時間）の比は剰余価値率を決定するゆえ、この比から剰余価値率を求めることができる。三つの異なる労働日についてみると、剰余価値率はそれぞれ一六％二／三、五〇％、一〇〇％となる。逆に剰余価値率だけが与えられていても、そこから労働日の長さを求めることはできない。たとえば剰余価値率が一〇〇%であっても、労働日の長さは八時間、一〇時間、一二時間等々である可能性がある。それは労働日の二つの部分、すなわち必要労働と剰余労働とが相等しいということを示してはいるが、それぞれの部分が実際に何時間であるかについてはなにも言っていない。

すなわち労働日は不変量ではなく可変量だ。その二つの部分の一方は労働者自身のたえざる再生産のために必要とされる労働時間によって決まるが、その全体の大きさは剰余労働の長さや持続時間によって変化する。したがって労働日は確定可能なものではあるが、それ自体としては不確定なものだ(35)。

(35)「一日の労働日というのは不確定な量で、長い場合もあれば、短い場合もある」(『貿易および商業に関する一論。租税についての考察を含む』ロンドン、一七七〇年、七三ページ)。

さて労働日はこのように固定的ではなく流動的な値をとるが、しかし他面、その変動には一定の限度がある。ただしその最低限度は確定できない。もちろん延長線bcすなわち剰余労働=0とおけば、最低限度を、すなわち一日のうち労働者が自己保存のためにどうしても働かねばならない労働日部分を求めることはできる。しかし、資本主義的生産様式の土台の上では、必要労働はつねに労働日の一部でしかありえない。つまり労働日はけっして最低限度にまで引き下げられることはない。これに対して労働日には最大限度がある。労働日はある一定の限度以上には延長できない。この最大限度は二重に規定されている。

一つは労働力の肉体的限度だ。二四時間からなる自然日のあいだに、人間は一定量の生命力しか支出できない。たとえば馬は毎日八時間以上は働けない。一日のある部分では、生命力は休息と睡眠をとらねばならず、また人間は別の一部で食物を摂取したり、身を清めたり、服を着たりといった身体的欲求を満たさねばならない。こうした純粋に肉体的限度に加えて、労働日の延長には文化的限度がある。労働者は精神的社会的欲求を満足させるための時間を必要とする。その時間の規模や時間数は一般的な文化状態によって決まる。そのような理由から、労働日の変域は肉体的社会的限度の範囲内で動く。しかし二つの限度は非常に弾力的な性質を持ち、きわめて大きな変動の余地を許す。実際、八、一〇、一二、一四、一六、一八時間といったように、じつにさまざまな長さの労働日が見られる。

資本家は労働力をその日価値で買いとった。その一労働日のあいだ、労働力の使用価値は資本家のものだ。つまり資本家は労働者を一日中、自分のために働かせる権利を手に入れた。しかし一労働日とは何なのか？(36) 少なくともそれは自然の一生活日よりは短い。では何時間短いのか？ その極限、労働日のやむをえざる限界について資本家は独自の見解を持っている。資本家としての彼は人間の姿をとった資本にすぎない。資本家の魂は、資本の魂だ。ところが資本はたった一つの生の衝動しか持っていない。すなわち自分の価値を増殖し、剰余価値を作りだし、(37)その不変部分である生産手段を用いてできるだけ大量の剰余労働を吸いとろうとする衝動だ。資本は死んだ労働であり、吸血鬼のように生きた労働の血を吸いとることによって生きる。吸いとる量が多ければ多いほど、それだけ多く生きることができる。労働者が労働する時間は、資本家が自分で買いとった労働力を消費する時間だ。(38) 労働者が自分の自由時間を、労働者自身のために消費すれば、労働者は資本家のものを盗んだことになる。(39)

(36) この問いは、サー・ロバート・ピールがバーミンガム商工会議所に向けて発したあの有名な問い、「一ポンドとは何か?」よりは、はるかに重要だ。ピールの問いなどは、ピールがバーミンガムの「小シリング論者」〔アトウッド兄弟などが主導した経済思想の一派。金本位制に反対し、完全雇用のための拡張的なマネタリー政策を提唱した〕と同様、貨幣の本質を分かっていないからこそ発しえたものにすぎない。

(37) 「支出された資本を用いて可能なかぎり多くの労働量を取りだすのは資本家の任務だ」(J・G・クルセル゠スヌイユ『工業、商業、農業企業の理論と実際、あるいは実務便覧』第二版、一八五七年、六二ページ)。

(38) 「一日に一時間の労働時間を失うことは商業国家にとって莫大な損失だ」。「この王国の労働貧民たちのあいだでは、贅沢品の消費がきわめて多い。それはとくに工場労働者に顕著だ。こうして彼らは自分たちの時間をも消費している。これは他のいかなる消費にもまして有害なものだ」(『貿易および商業に関する一論』、四七、一五三ページ)。

(39) 「自由な日雇労働者が一瞬でも休息をとろうものなら、落ち着かない眼で彼を追いかけている薄汚い経済は、彼が盗みを働いていると主張する」(N・ランゲ『民法理論』ロンドン、一七六七年、第二巻、四六六ページ)。

つまり資本家がよりどころにしているのは、ほかならぬ商品交換の法則だ。他の買い手と同じように、資本家も自分が買った商品の使用価値から最大限の効用を引きだそうとする。しかし、その時、突如として労働者の声があがる。疾風怒濤の生産過程のなかで黙してきた次のような声が。

僕が君に売った商品は以下の点で他のありふれた商品とは異なる。僕が売った商品は使用することによって価値を生む、しかもそれ自身の価値以上の価値を生む。これこそ君がこの商品を買った理由だった。君の側で資本の価値増殖と見えるものは、僕の側では労働力の過剰支出だ。君も僕も市場ではただ一つの法則しか知らない。つまり商品交換の法則だ。そして商品の消費は商品を譲渡した売り手ではなく、商品を手に入れた買い手にゆだねられている。だから僕の日々の労働力使用は君にゆだねられている。しかし労働力を毎日売っているその価格で、僕は自分の労働力を日々再生産し、それを新たに売ることができなければならない。年齢その他の自然な消耗は別とすれば、僕は明日もまた今日と同じような力と健康と活力にみちた標準状態で働くことができなければならない。君は僕にたえず「倹約」や「我慢」の説法を垂れる。よし、それなら分かった! かしこい倹約家の主人のように僕だって自分の唯一の財産である労働力を倹約し、労働力のばかげた無駄遣いはやめようじゃないか。僕はこれから日々、労働力を、その標準的持続と健全な発達にさしさわりのない範囲でのみ支出し、運動や労働に転換することにしよう。君は君で、労働日を際限なく延長することによって、僕が三日かけても補給できないほどの労働力を一日で放出させることができる。しかし、君がそこで得る労働の分だけ僕は労働実体を失っていく。僕の労働力を利用することと僕の労働力を奪うこととは、まったく別のことだ。平均的労働者が常識的な規模の労働をしながら生きる平均期間をかりに三〇年としよう。その時、君が僕に日々支払う僕の労働力の価値は、その総価値の一／(三六五×三〇)、つまり一万〇九五〇分の一だ。しかしそれを君が一〇年で消費するとすれば、君は僕に全価値の三六五〇分の一を払うべきところ、毎日一万〇九五〇分の一しか、つまり労働力の日価値の一／三しか払っていないことになる。つまり僕の商品価値の二／三を日々僕から盗んでいるのだ。君は三日分の労働力を消費しているのに、僕には一日分しか支払っていない。これは、われわれの契約と商品交換の法則に反している。だから僕は標準的な長さの労働日を要求する。しかも僕はその要求にさいして君の心情に訴えることはしない。金の問題に情は無用だからだ。君は模範的市民かもしれない。ひょっとすると動物虐待撤廃協会の会員かもしれないし、それどころか聖人君子の誉れ高い人物かもしれない。しかし君が僕に対して代表しているものには、胸の鼓動がない。鼓動しているように見えるのは僕自身の心臓の鼓動なのだ。僕は標準労働日を要求する。他のあらゆる売り手と同様、僕は僕の商品にみあう価値を要求するからだ。(40)

(40) 一八六〇―一八六一年、ロンドンの建設労働者が労働日を九時間に短縮することを求めて大規模なストを打ったさい、労働者委員会はこのわれわれの労働者の抗弁とほとんど一致する声明を発した。その声明は「建設業者」のなかで最も貪欲な者サー・M・ピートーなる人物が「聖人の誉れ高い」人物であることを皮肉をこめてほのめかしている(このピートーは、一八六七年以後没落した――シュトラウスベルク〔鉄道王と呼ばれたドイツの企業家。一八七五年に破産〕と同じように!)。

これでお分かりだろう。限界はきわめて弾力性に富んでいるものの、労働日の限界、したがって剰余労働の限界は商品交換そのものの性質からは生まれない。資本家は労働日をできるだけ延長し、できれば一労働日を二労働日にしようとし、そのさい買い手としての権利を主張する。他面、売られた商品の特殊な性質には、買い手がそれを消費するさいの限界がおりこまれている。そして労働者は労働日を一定の標準値に制限しようとし、そのさい売り手としての権利を主張する。つまり、ここには権利と権利との二律背反が生じており、しかも双方の権利は同じように商品交換の法則によって太鼓判を押されている。同じ権利同士のあいだでは力が事を決する。こうして資本主義的生産の歴史においては労働日の標準化が労働日に関するさまざまな制限をめぐる闘争となってあらわれる――それはすべての資本家、すなわち資本家階級と、すべての労働者、すなわち労働者階級とのあいだの一つの闘争だ。

第二節　剰余労働への渇望　工場主とボヤール

資本が剰余労働を発明したわけではない。社会の一部が生産手段を独占しているところではどこでも、自由身分であれ奴隷身分であれ、労働者は自己保存に必要な労働時間に超過労働時間を付け加え、それによって、生産手段所有者の生活手段を生産しなければならない。[41] 生産手段所有者が、アテナイの貴族 καλὸς κἀγαθός〔美しく、善き者。古代ギリシアの貴族の呼称〕であれ、エトルリアの神政統治者であれ、ローマの市民 civis romanus であれ、ノルマンの領主であれ、アメリカの奴隷所有者であれ、ワラキヤのボヤール〔中世ロシアやスラブ系諸国に存在した支配階級〕であれ、近代の大地主あるいは資本家であれ、このことに変わりはない。[42] とはいえ、ある経済的社会体制のもとで、生産物の交換価値ではなく使用価値が重きをなしている場合は、剰余労働が、大小の差はあれ、欲求の範囲によって制限されることは明らかだ。そこでは、剰余労働への際限なき欲求が生産そのものの性格から生じることはない。逆に、古代でも金銀生産のように、自立した貨幣形態で交換価値を獲得しようとしたところでは、超過労働が凄惨を極めた。致死労働がそこでの超過労働の公認形態だった。このことはディオドロス・シクルスを読めばすぐに分かる。[43] もっとも、これは古代世界ではまだ例外だった。しかし、奴隷労働や賦役労働等といった低次の形態で生産をおこなっていた諸民族が、資本主義的生産様式がいきわたった世界市場に引き入れられ、生産物の外国への販売が世界市場の主たる関心となると、奴隷制や農奴制等といった原始的残酷さはすぐさま超過労働という文明化された残酷さに接《つ》ぎ木された。たとえばアメリカ合衆国南部諸州における黒人労働は、生産労働が主として直接の自己需要に向けられていたあいだは、まだ適度な家父長制的性格を保持していた。しかし、綿花輸出がそれらの州の死活問題になるにつれ、黒人の超過労働は計算されたシステムの要素となり、またそれ自身が計算をおこなうシステムの要素となった。黒人労働は往々にして七年間の労働で生命を消耗し尽くすようなものだった。こうなると眼目はもはや一定量の有用な生産物をそこから取りだすことなどではない。肝心なことは剰余価値それ自体の生産だ。同じことは、たとえばドナウ諸侯国での賦役労働についても言える。

(41)「労働している人間は……自分自身を養っているだけではなく、実際には金持ちといわれる年金受給者たちをも養っている」(エドマンド・バーク『穀物不足に関する意見と詳論』ロンドン、一八〇〇年、二、三ページ)。

(42) ニーブールはその『ローマ史』のなかできわめて無邪気にこう述べている。「目を見張るばかりの遺跡を残したエトルリアの建築物のようなものが小国(!)において作られるには領主と奴隷の存在が前提となるということは何人《なんぴと》も認めざるをえない」。シスモンディははるかに深い含蓄をこめて次のように言った。「ブリュッセルのレース」は、雇い主と雇い人の存在を前提にしている、と。

(43)「(エジプト、エチオピア、アラビアにまたがる金鉱山で働く)これら不幸な人々は自分の身体を清めることさえできず、その裸体を包むことさえできない。彼らの姿を目にすればだれもがその悲惨な運命を嘆かずにはいられない。というのも病人、虚弱者、老人、か弱い女性に対する配慮やいたわりなどは、そこにはみじんも見られないからだ。すべての人々が鞭によって強制され、死が彼らの苦痛と困窮に終止符を打つまで、ひたすら働き続けなければならない」(ディオドロス・シクルス『歴史文庫』第三巻、第一三章〔二六〇ページ〕)。

ドナウ諸侯国に見られた剰余労働への飽くなき渇望とイギリスの工場におけるそれとを見比べてみるのはきわめて興味深い。なぜなら賦役労働では、剰余価値が自立的かつ感覚的に知覚可能な形をとるからだ。

かりに労働日が六時間の必要労働と六時間の剰余労働とからなっているとしよう。その時、自由な労働者は資本家に週あたり六×六=三六時間の剰余労働を提供することになる。これは週に三日は自分のためにだけ働き、週に三日は資本家のために無償労働をするというのと同じだ。しかしこの区別は、目には見えない。剰余労働と必要労働とは渾然一体となっている。だから同じ関係を、たとえば労働者は一分のうち三〇秒は自分のために働き、残り三〇秒は資本家のために働くなどと表現することもできる。しかし、賦役労働では事情が異なる。たとえばワラキヤの農民は彼の自己保存のために必要労働をおこなうが、それは彼がボヤールのためにおこなう剰余労働とは空間的に切り離された場所でおこなわれる。彼は前者を自分自身の畑でおこない、後者を領主の農場でおこなう。したがってそれぞれの部分の労働時間は独立に併存している。賦役労働の形態では、剰余労働と必要労働とが明確に区別される。賃金労働か賦役労働かという現象形態の違いによって、剰余労働と必要労働との量的関係は明らかに変化しない。週に三日の剰余労働は、賦役労働と呼ばれようが、賃金労働と呼ばれようが、労働者にとっては等価の代償を与えられない三日間の労働であることに変わりはない。しかし、資本家にあっては剰余労働への渇望が労働日の無際限な延長への衝動となってあらわれるのに対して、ボヤールにあってはもっと単純に、賦役労働日を直接に追い求める形をとる。(44)

(44) 以下の記述は、クリミア戦争後の変革以前に既にできあがっていたルーマニア諸州の状態に関するものだ。

ドナウ諸侯国における賦役労働は、現物地代やその他の農奴制の付随物と組みあわされていた。それでも賦役労働は支配者階級への最も重要な貢租だった。このような状況下では賦役労働が農奴制から派生することはめったにない。むしろほとんどの場合は逆に、農奴制のほうが賦役労働から派生した。(44a) ルーマニアの諸州でもそうだった。そこでの元来の生産様式は土地共有制にもとづくものだった。ただしそれはスラヴ的な、いわんやインド的な形態の土地共有制ではなかった。土地のある部分は自由な私有地として共同体のメンバーによって独立に経営され、他の一部——共有農地——は彼らによって共同で耕作された。この共同労働の生産物の一部は凶作その他不慮の災害に備えるための備蓄として、また別の一部は戦費、宗教費その他の共同体支出をまかなうための国庫として用いられた。しかし時がたつにつれ、軍や宗教組織の上層部はこの共有地とともに、この共有地のための活動をも横領した。こうして自由農民が自分たちの共有地でおこなう労働は、共有地の横領者たちのための賦役労働に変容した。それによって同時に農奴関係も発達したが、ただしそれは事実上の発達であり、法律上の発達ではなかった。その後、世界解放者ロシアは、農奴制を廃止するという口実のもとに農奴制を法律にまで高めた。ロシアの将軍キセリョフが一八三一年に宣言した賦役労働の法典は、もちろんボヤールたちが自分たちで起草したものだった。こうしてロシアは一挙にドナウ諸侯国の貴族たちを支配すると同時に、全ヨーロッパの自由主義的うすのろたちの拍手喝采を勝ちえたのだ。

（44 a）〔第三版への註。これはドイツについても同じように言えることで、とくにエルベ以東のプロイセンによくあてはまる。一五世紀のドイツ農民はほとんどどこでも生産と労働の面で一定のノルマを課されていたが、その他の点では少なくとも事実上の自由人だった。それどころかブランデンブルク、シュレージエン、東プロイセンの植民地開拓者たちは法的にも自由人として認められていた。農民戦争での貴族の勝利はこの状態に終止符を打った。しかもふたたび農奴と化したのは、敗れた南ドイツの農民だけではなかった。一六世紀なかば以降、東プロイセン、ブランデンブルク、ポンメルン、シュレージエンの自由農民が、そしてまもなくシュレスヴィヒ＝ホルシュタインの自由農民が農奴に転落した（マウラー『賦役農地』第四巻。マイツェン『プロイセン国家の土地』。ハンセン『シュレスヴィヒ＝ホルシュタインの農奴制』）。――F・エンゲルス〕

「レグルマン・オルガニク」と呼ばれる賦役労働法典によれば、ワラキヤの全農民は細かく規定された一定量の現物貢租のほかに、いわゆる土地所有者に対して以下のものを提供する義務を負う。(一)一二日間の一般労働日、(二)一日の耕作労働、(三)一日の木材運搬。合計で年一四日だ。しかしそこには経済学への深い洞察があり、労働日の長さはありきたりの意味には解されていない。それは日々の平均的生産物を生産するのに必要な労働日という意味なのだ。ところがその日々の平均的生産物たるや、実に巧妙に定められている。これではいかなる巨人でも、二四時間ではとうてい終えることはできないだろう。それゆえ「レグルマン」自身もそっけない言葉でこう説明する。これはロシア的アイロニーの真骨頂ともいうべきものだろう。一二労働日とは、三六日間の手仕事による生産物という意味に解されねばならない。一日の耕作労働とは三日分の耕作労働という意味に、一日の木材運搬も同様にその三倍という意味に解されねばならない、と。合計すると四二日の賦役労働だ。しかもそれに、いわゆるヨバギーと呼ばれる奉仕作業が付け加わる。これは規定外の生産の必要のために領主に提供される奉仕作業だ。各村はその人口に応じて毎年一定の割り当て分をヨバギーとして供出しなければならない。この追加的な賦役労働はワラキヤの農民一人あたり一四日と見積もられる。こうして規定の賦役労働は年間五六日間となる。ところがワラキヤは気候が悪いため、年間の農耕可能日数は二一〇日にすぎない。そこから日曜祭日として四〇日間、悪天候日として平均三〇日間、合計七〇日が除かれる。残りは一四〇日間の労働日だ。必要労働に対する賦役労働の割合は八四分の五六、つまり六六%三分の二となり、これはイギリスの農業労働者、あるいは工場労働者の労働を規制している剰余価値率よりもはるかに小さい。しかしこれは単に法的に規定された賦役労働にすぎない。そして「レグルマン・オルガニク」は、イギリス工場法より「さらに自由主義的な」精神で、法の網を容易にかいくぐるすべを心得ている。まず一二日間の賦役労働日を五四日間に延ばした上で、その五四日の各賦役労働日について、名目上の一日仕事を定めている。ところがその一日仕事たるや、続く何日かを追加せずには果たせない代物なのだ。たとえばある土地の除草は一日で済まさなければならないとされる。ところがその作業には、ことにトウモロコシ畑であれば、その二倍はかかるように仕組まれている。個々の農業労働に関する法定の一日仕事については、あたかもその一日が五月に始まり、一〇月に終わるかのように解釈できるようになっている。モルダウ地方の規定はさらに厳しい。

「レグルマン・オルガニクが定める一二日間の賦役労働日は」、と勝利に酔った一人のボヤールが叫んだ。「年に三六五日になる!」[45]

(45) さらに詳しいことは、E・ルニョー『ドナウ諸侯国の政治と社会の歴史』パリ、一八五五年、〔三〇四ページ以下〕参照。

ドナウ諸侯国の「レグルマン・オルガニク」は剰余労働に対する渇望の積極的表現であ

り、その各条はこの渇望を合法化したものだった。これに対してイギリスの工場法は同じ渇望の消極的表現だと言える。これらの工場法は国家、それも資本家と大地主が支配している国家の側から労働日を強制的に制限し、それによって際限なく労働力を吸い取ろうとする資本の衝動を制御するものだ。そこには日々、脅威をましながら拡大する労働運動の影響もあったろう。しかし、それを度外視したとしても、工場労働の制限は、イギリスの農地にグアノ肥料を施さざるをえなかったのと同様、必然性の命じるところだった。同じ盲目的な略奪欲が、農地の場合には大地を疲弊させ、工場の場合には国民の生命力の根幹を脅かした。イギリスでは周期的な疫病が、ドイツとフランスでは兵士の身長低下が、ともにこのことをはっきりと物語っていた。(46)

(46)「一般的に言えば生物がその種の平均的な大きさを超えることは、一定の限度内でその生物の繁栄を証明するものだ。人間について言えば、自然的条件によるにせよ、社会的条件によるにせよ、繁栄が阻害されれば身長は低くなる。徴兵制が敷かれているヨーロッパの諸国ではどこでも、徴兵制導入後に成人の平均身長と全般的な兵役への適格性が低化した。革命(一七八九年)以前には、フランスの歩兵に要求された最低身長は一六五センチだった。それが一八一八年(三月一〇日の法律)には一五七センチ、一八三二年三月二一日の法律以後は一五六センチとなった。フランスでは身長不足および虚弱のために平均して半数以上が不適格となっている。ザクセンでは、軍の最低身長基準が、一七八〇年には一七八センチだったが、現在では一五五センチ、プロイセンでは一五七センチだ。一八六二年五月九日の『バイエルン新聞』にドクター・マイヤーがあげている数字によれば、過去九年間の平均でプロイセンでは一〇〇〇人の兵役志願者のうち七一六人が軍務不適格となった。三一七人が身長不足のため、三九九人が虚弱のためだ。……ベルリンでは一八五八年に補充兵の割り当て人数を集めることができず、一五六人が不足した」（J・v・リービヒ『農業と生理学への化学の応用』一八六二年、第七版、第一巻、一一七、一一八ページ）。

現在（一八六七年）施行されている一八五〇年の工場法は、平日平均一〇時間の労働日を許容している。すなわち、最初の五日間の週日については朝六時から夕方六時までの各一二時間、ただし、朝食のための三〇分、昼食のための一時間は、法律上、この時間から除外される。したがって労働時間は一〇時間半となる。そして土曜日は朝六時から午後二時までの八時間、そこから朝食の三〇分が差し引かれる。結局、五日間の週日は各一〇時間半、土曜日は七時間半で、その合計は六〇時間となる(47)。この法律には専門の監視人がおかれている。すなわち内務省直属の工場監督官がそれであり、その報告書が半年に一度、議会によって公表される。したがってそれらの報告書は、剰余労働を求める資本家の渇望について、継続的な公式統計を提供している。

（47）一八五〇年の工場法の歴史については、本章の進行のなかで取り上げられる。

ここで少し工場監督官たちの声を聞いてみよう(48)。

（48）イギリスでの大工業の始まりから一八四五年までの時期については、ここではところどころで触れるにとどめ、これについてはフリードリヒ・エンゲルスの『イギリス労働者階級の状況』ライプツィヒ、一八四五年、を参照されるよう読者に勧めたい。エンゲルスがいかに深く資本主義的生産様式の精神を把握していたかは、一八四五年以後に刊行された工場報告書、鉱山報告書などを見ればすぐに分かる。またエンゲルスがいかにみごとに状況をその細部にいたるまで描きだしているかは、彼の著作と、その一八年後から二〇年後に刊行された児童労働調査委員会の公式報告書（一八六三―一八六七年）をほんの表面的に比較してみるだけでも分かる。これらの公式報告は、一八六二年まで工場法が導入されなかった産業部門、ないし一部は現在もまだ導入されていない産業部門を扱っている。したがってこうした部門では、エンゲルスが描写した状況に対して、多少とも大きな改革が外部から強制されることはなかった。わたしがあげた例は、主として一八四八年以後の自由貿易時代からとられている。それは、大口を叩く、学問的にも頽廃した自由貿易の行商人どもが黄金時代と称して、ドイツ人におとぎ話のように吹聴するあの時代だ。――ちなみにイギリスがここで前景に立っているのは、単にイギリスが資本主義的生産の古典的な代表例だからであり、ここでの考察対象について継続的な公式統計を持っている唯一の国だからだ。

「詐欺的な工場主は、朝は六時ではなく、時によって多少前後することはあるが、その一五分前にすでに仕事を開始する。夕方は六時ではなく、時によって多少前後することはあるが、その一五分後にようやく仕事を終える。また名目上、朝食のために定められた三〇分の最初と最後の五分をかじりとり、また昼食のために定められた一時間の最初と最後の一〇分をかじりとる。土曜日には、午後二時をすぎてからも、その時によって多少の違いはあるが、一五分間働かせる。こうして工場主の利得は以下のようになる。

午前六時以前	一五分
午後六時以後	一五分
朝食時	一〇分
昼食時	二〇分
計	六〇分
五日間の合計	三〇〇分
土曜日	
午前六時以前	一五分
朝食時	一〇分
午後二時以後	一五分
週の総利得	三四〇分

すなわち週に五時間四〇分、年間五〇週から祭日や臨時休業日の二週間分を差し引いた

ものをこれに掛けると、年間にして二七日の労働日となる」[49]。

(49)『工場取締法。下院の命により一八五九年八月九日印刷』所収の「工場監督官L・ホーナー氏による提案」、四、五ページ。

「労働日が一日につき五分、標準時間を超えて延長されれば、年間で二日半の生産日が付加されることになる」[50]。「こちらで少し、あちらで少しという具合に時間を切り取り、毎日一時間の追加時間をとれば、一年は一二カ月ではなく一三カ月になる」[51]。

(50)『工場監督官報告書、一八五六年上半期、一〇月』、三五ページ。

(51)『工場監督官報告書、一八五八年四月三〇日』、九ページ。

恐慌によって生産が中断され、「時間短縮」によって週二、三日しか労働がおこなわれないような場合でも、労働日延長への衝動はもちろん変化しない。仕事が少なくなればなるほど、なされた仕事がもたらす利潤はいっそう大きくなければならない。労働時間が減れば減るほど剰余労働時間はいっそう増えなければならない。たとえば一八五七年から一八五八年にいたる恐慌期について、工場監督官たちは次のような報告をしている。

「景気がこれほど悪い時代になんらかの超過労働がおこなわれるというのは、つじつまがあわないと思う人がいるかもしれない。しかし不景気こそが、無法な人々を違法行為に駆りたてる。彼らはこうして特別利潤を確保する……」。レナード・ホーナーは言う。「わたしの地区では一二二の工場が完全廃業、一四三工場が操業停止、その他すべての工場が操業短縮に追いこまれている。その同じ時に、法定時間を超える超過労働がなお継続されている」[52]。ハウエル氏は言う。「ほとんどの工場では経営状態の悪化から操業時間が半分に短縮されている。それにもかかわらず、いまなおわたしのもとには、労働者に法的に保障された食事、休養時間に仕事をくいこませることによって、毎日半時間あるいは三／四時間が引[53]ったくられている（snatched）という訴えが、以前と同じように多く寄せられている」。

（52）『工場監督官報告書、一八五八年四月三〇日』、一〇ページ。

（53）同前、二五ページ。

同じ現象は、一八六一年から一八六五年までの深刻な綿花恐慌のさいにも、やや小規模ながら繰り返されている[54]。

（54）『工場監督官報告書、一八六一年四月三〇日までの下半期』付録二参照。『工場監督官報告書、一八六二年一〇月三一日』、七、五二、五三ページ。法律違反は一八六三年下半期にふたたび増加している。『工場監督官報告書、一八六三年一〇月三一日』、七ページ参照。

「労働者たちが食事時間その他の違法な時間中に就労している現場をわれわれがとりおさえると、時にはこんな言い訳がなされる。すなわち、労働者たちがどうしても工場を去りたがらず、だからとくに土曜日など、彼らの仕事」（機械のクリーニングその他）「をやめさせるには強制が必要だというのだ。しかし機械装置が停止した後も「人手」が工場に残っているとすれば、その理由は、法定労働時間である朝六時から夕方六時までの労働時間内に、そうした仕事をこなす時間的余裕が彼らに与えられなかったということに尽きる」[(55)]。

(55)『工場監督官報告書、一八六〇年一〇月三一日』、一二三ページ。工場主たちの法定陳述によると、工場労働を少しでも中断しようとすると工場使用人たちがどんなに頑強に抵抗するかは、次のような珍事を見れば分かるという。一八三六年六月はじめに、デューズベリー（ヨークシャー）の治安判事のもとに告発状が届いた。それによるとバトリー近郊の八大工場の経営者たちが工場法に違反したという。これら紳士たちの一部は、一二歳から一五歳までの五人の少年を金曜日の朝六時から翌日の土曜日午後四時まで、食事時間および深夜の一時間の睡眠時間以外にはまったく休息を与えずに働かせたという理由で告訴された。しかも少年たちは「くず穴」と呼ばれる洞窟のような場所で休息なしに三〇時間労働をこなさねばならない。そこでは毛のボロが引き裂かれるため、空中には埃や毛くずが充満しており、成人の労働者でさえたえず口をハンカチでしばって肺を守らねばならない！　被告諸氏は宣誓をおこなわず――クエーカー教徒であった彼らはあまりに気の小さい信心家だったので宣誓まではできなかった――、その代わりにこう明言した。哀れな子供たちに自分たちは非常に温情深く四時間の睡眠を許可したのです。それなのに強情な子供たちはどうしても床に就こうとしなかったのです！　と。クエーカー諸氏には二〇ポンドの罰金が科された。ドライデンはこうしたクエーカー教徒を予感していた。

「見かけは信心深そうな狐だ
宣誓にはおじけづくが、悪魔のように嘘をつく

受難節のような表情と聖人のような横目
そして罪を犯すのも、お祈りをささげてから！」〔「雄鶏《おんどり》と狐」〕

「法定時間を超える超過労働によって得られる特別利潤は、多くの工場主にとって抵抗しがたいほど大きな誘惑のようだ。彼らは見つからずにすむ幸運をあてにしており、かりに露見したとしても、わずかな罰金や裁判費用を差し引いてなお黒字決算が確保されることは計算ずみだ」[56]。「一日のあちこちで小さな時間泥棒を積み重ねる（a multiplication of small thefts）という手法で追加時間を稼がれると、監督官がその証拠を集めるのがきわめて難しくなる」[57]。

労働者の食事時間や休息時間を盗む資本のこの「小さな泥棒行為」を工場監督官たちは「数分のちょろまかし」（petty pilferings of minutes）[58]とか「数分のひったくり」（snatching a few minutes）[59]、あるいは労働者の仲間言葉を使って「食事時間のつまみぐい」（nibbling and cribbling at meal times）[60]などと称している。

(56)『工場監督官報告書、一八五六年一〇月三一日』、三四ページ。
(57) 同前、三五ページ。
(58) 同前、四八ページ。
(59) 同前。
(60) 同前。

これで分かるように、こうした雰囲気のなかで剰余労働による剰余価値が形成されていることは公然たる秘密だ。

きわめてりっぱな一人の工場主がわたしに言った。「もしあなたが毎日一〇分でも超過労働を課すことを許可してくださるなら、わたしどものふところには毎年一〇〇〇ポンドが入ってくることになります(61)」。「一刻一刻が利得の要素なのです(62)」。

(61) 同前、四八ページ。

(62) "Moments are the elements of profit."(『工場監督官報告書、一八六〇年四月三〇日』、五六ページ)。

この点で、全時間働く労働者を「全日工」(フルタイマーズ)、六時間労働しか許されていない一三歳未満の子供を「半日工」(ハーフタイマーズ(63))と呼んでいるのはいかにも特徴的だ。労働者はここでは人間の姿をした労働時間以上のものではない。あらゆる個人差は「全日工」と「半日工」との差に解消してしまう。

(63) この表現は工場でも、工場報告書でも正式な市民権を得ている。

第三節　搾取に対する法的制限がないイギリスの産業部門

労働日の延長を求める衝動、剰余労働への飽くなき貪欲を、これまでわれわれは一つの産業部門について見てきた。そこには、あるイギリスのブルジョワ経済学者が言うように、アメリカ原住民に対するスペイン人の残虐さにもおとらぬ常軌を逸した違法行為が見られた(64)。そしてこれがついに資本を法的規制の鎖につなぎとめることになった。そこで次にわれわれは、労働力の搾取が今日なお規制を受けていない生産部門、あるいはごく最近まで受けてこなかった生産部門のいくつかに目を向けてみよう。

(64)「工場主たちの貪欲さが利潤追求のさいにみせる残忍さは、スペイン人がアメリカ征服のさい、金鉱探しにみせたあの残忍さに劣らぬものだった」(ジョン・ウェイド『中産階級と労働者階級の歴史』第三版、ロンドン、一八三五年、一一四ページ)。この本の理論篇は一種の経済学概論と言えるもので、当時としては、たとえば商業恐慌などについていくつか独創的なものを含んでいる。しかし歴史篇のほうはサー・M・イーデン『貧民の状態』(ロンドン、一七九七年)からの破廉恥な剽窃に終わっている。

「州治安判事ブロートン氏は一八六〇年一月一四日、ノッティンガム市公会堂で開催されたある会議の議長として、市の住民のうちレース製造業に就労している人々は他の文明世界では考えられないほどの辛酸と困窮のうちにおかれている、と明言した。……夜中の二時、三時、四時に、九歳から一〇歳の子供たちが汚いベッドのなかからたたき起こされ、ただ露命をつなぐためだけに夜の一〇時、一一時、一二時までむりやり働かされる。彼らの手足はやせ細り、体軀は縮み、顔の表情は鈍麻し、その人格はまったく石のように無気力にこわばり、見るも無残な様相を呈している。われわれはマレット氏その他の工場主たちがあらゆる議論に抗議するために姿をあらわしたことに、驚きはしない。……この制度はモンタギュー・ヴァルピ師が述べているとおり、無制限な奴隷状態、社会的、肉体的、道徳的、知的な意味での奴隷状態の上に立つ制度だ。……男性の労働時間を一日一八時間に制限すべきだ！　などと誓願するために公けの集会を開くような一都市を人はいったいどう思うだろうか。……われわれはヴァージニアやカロライナの農園主たちのことを非難する。しかし、資本家の利益のためにヴェールやカラーを製造する目的で人間を緩慢に屠殺するようなやり方がはたして、鞭で脅して人肉取引をする黒人奴隷市場よりましだなどと言えるだろうか？」(65)

(65)　ロンドン『デイリー・テレグラフ』一八六〇年一月一七日。

スタッフォードシャーの陶器製造業は過去二二年間に三度、議会の調査対象となった。その結果は「児童労働調査委員会」にあてた一八四一年のスクリヴィン氏の報告、枢密院医務官の命令によって公表された一八六〇年のドクター・グリーンハウの報告（『公衆衛生、第三次報告書』第一巻、一〇二―一一三ページ）、そして最後に『児童労働調査委員会、第一次報告書』（一八六三年六月一三日）に収録された一八六三年のロンジ氏の報告にそれぞれ記載されている。わたしの課題を果たすためには、搾取された子供たち自身の証言を一八六〇年と一八六三年の報告のなかからいくつか抜きだしておけば十分だ。子供たちの状況を知れば、大人たちの状況、とくに少女や女性たちの状況も推して知るべしだ

ろう。しかもそれは、綿紡績業やそれに類するものがきわめて快適で健康的なものにさえ思えてくるほどの産業部門だ。(66)

(66) エンゲルス『イギリスにおける労働者階級の状態』、二四九―二五一ページ参照。

九歳のウィリアム・ウッドが「働きはじめたのは七歳と一〇カ月の時だった」。彼の仕事は最初から「型運び」(型に流しこんだ商品を乾燥室に運び、あとで空の型を持ち帰る)だった。平日には毎朝六時にやってきて仕事が終わるのは夜の九時頃だった。「平日には毎日夜九時まで働く。たとえばここ七、八週間はそうだった」。つまり、七歳の子供に一五時間労働を課しているのだ! 一二歳の少年J・マレーはこう証言している。「僕は型運びと、ろくろ回しをしている。朝六時、時には朝四時にくる。昨晩は徹夜で今朝は六時まで働いた。昨日の夜からベッドには入っていない。僕のほかにも八、九人の少年が、昨晩は徹夜で働いた。一人を除いて全員が今朝またやってきた。僕は週に三シリング六ペンス」(一ターラー五グロッシェン)「もらっている。徹夜で働いても余分にはもらえない。先週は二晩徹夜で働いた」。

一〇歳の少年ファニーホウの証言。「昼食に、いつでも一時間とれるとは限らない。三〇分だけということもよくある。木、金、土曜日はいつもそうだ」。(67)

(67) 『児童労働調査委員会、第一次報告書、一八六三年』付録、一六、一九、一八ページ。

ドクター・グリーンハウはストーク・アポン・トレントとウルスタントンの製陶業地域では寿命が特別に短いことを証言している。ストーク地方で製陶業に就いているのは二〇歳以上の男性住民の三六・六％、ウルスタントンでは三〇・四％にすぎないのに、二〇歳以上の男性の胸部疾患による死亡者のうち、ストーク地区では半数以上が、またウルスタントン地区では約五分の二が陶工によって占められている。ハンリーの開業医ドクター・ブーズロイドはこう述べている。

「陶工たちの下の世代はすべて上の世代に比べて体軀が小さく虚弱だ」。

同じく別の医師マックビーン氏も言う。

「わたしは二五年前に陶工たちの居住地区で開業したが、それ以来、この階級の顕著な退化が進んでおり、それが身長と体重の減少にあらわれている」。

これらの証言は一八六〇年のドクター・グリーンハウの報告から引用したものだ(68)。

(68)『公衆衛生、第三次報告書』、一〇三、一〇五ページ。

一八六三年の委員たちの報告には次のような証言が見られる。ノース・スタッフォードシャー病院の医長、ドクター・J・T・アーレッジはこう述べている。

「一つの階級として見た陶工たちは、男女ともに……肉体的、精神的に退化した住民層を代表している。通常彼らは発育不全で、体格が悪く、しばしば胸部に奇形が見られる。彼らは早くに老化し、短命だ。鈍重で血の気がなく、消化不良、肝臓・腎臓障害、リウマチなどの痼疾《こしつ》に罹患することから彼らの虚弱体質がうかがわれる。しかし、とりわけよく見られるのは肺炎、肺結核、気管支炎、喘息などの胸部疾患だ。喘息のある種の型は陶工たちに特有のもので、陶工喘息あるいは陶工肺病の名前で知られている。扁桃、骨、その他の身体部分をおかす瘰癧《るいれき》は陶工たちの三分の二以上に見られる病気だ。この地区の住民の退化がさらに悪化しないですんでいるのは、近隣農村地区からの補充と、より健康な人々との婚姻のおかげにすぎない」。

　少し前まで同病院の外科医員であったチャールズ・パーソンズ氏はロンジ委員宛ての書簡でたとえば次のように書いている。

「わたしは自分自身の観察からしか申しあげられず、統計的なことは分かりませんが、これらの哀れな子供たちを目にするたびに、何度も何度も憤怒がこみあげてきたことを断言するのに躊躇はありません。彼らの健康は、両親と雇い主の貪欲を満たすために犠牲にされてきたのです」。彼は陶工の病気の原因を数え上げ、その頂点をなすものとして最終的に「長時間労働」をあげている。この委員会報告は次のように要望している。

「世界が注視するなかで、かくも重要な地位をしめている一つの製造業がこれ以上、汚名を背負うことがないように要望する。この製造業の偉大な成功が、労働者人口の身体的退化、さまざまな身体的苦難と短命に支えられているという汚名を。これほど大きな成果は、ひとえに彼らの労働と技能によって達成されたものだ[69]」。

イングランドの製陶業について言えることは、そのままスコットランドの製陶業にもあてはまる。[70]

(69)『児童労働調査委員会、一八六三年』、二四、二二ページ、およびローマ数字一一ページ。

(70) 同前、ローマ数字四七ページ。

マッチ製造業は一八三三年、リンを軸木に直接塗りつけるという発明によって始まった。それは一八四五年以降、イギリスで急成長をとげ、ロンドンの人口集中地区から、さらにマンチェスター、バーミンガム、リヴァプール、ブリストル、ノリッジ、ニューカスル、グラスゴーへと拡がった。それにともなって、ウィーンの一医師がすでに一八四五年にマッチ職人特有の病気として発見していた顎痙攣症《がくけいれんしょう》も各地に拡がっていった。労働者の半数は一三歳未満の児童と一八歳未満の青少年だ。マッチ製造業は、その不衛生と不快さのためにきわめて評判が悪く、飢餓に貧した寡婦等、労働者階級でも最も零落した層しかわが子を送りこまないようなところだった。送られてくるのは「ぼろをまとい、飢え死にしかけた、まったく放擲され教育を受けていない子供たち」[71]だった。ホワイト委員が（一八六三年に）聞き取りをおこなった証人のうち二七〇人が一八歳未満、四〇人が一〇歳未満、そのうちの一〇人はわずか八歳、五人はわずか六歳だった。労働日は一二時間から一四、一五時間にわたり、夜勤、不規則な食事、しかもほとんどがリン毒に汚染された作業場内での食事だ。ダンテがこの工場を目にすれば、自分が描いた最も残忍な地獄絵もこれにはかなわないと思うだろう。

(71) 同前、ローマ数字五四ページ。

壁紙工場では粗雑な種類は機械刷りで、精巧な種類は手刷り(木版刷り)で印刷される。最も仕事が忙しい時期は一〇月はじめから四月末にかけてだ。この期間には仕事が頻繁に、しかもほとんど中断なく、朝六時から夜一〇時、さらには深夜まで続く。

J・リーチは次のように証言している。「昨冬」(一八六二年)「には、一九人の少女のうち六人が超過労働による病気のため欠勤した。彼女たちを眠らせないように、わたしは彼女たちを怒鳴りつけていなければならない」。W・ダフィ「子供たちはしばしば疲労のため目を開けていられなくなる。実際われわれ自身もほとんど目を開けていられないことがよくあった」。J・ライトボーン「僕は一三歳です。……この冬、僕たちは夜九時まで働きましたが、その前の冬は一〇時まででした。この冬は足の傷が痛くて、ほとんど毎晩泣いて過ごしました」。G・アスプドゥン「わたしはこの子が七歳の時、この子をおんぶしてよく雪の上を往復したものです。そしてこの子は一六時間働くのが普通でした! ……わたしはこの子が機械について立っている時、よくひざまずいて口に食べ物を運んでやったものです。機械の前を離れたり機械を止めたりすることはこの子には許されていなかったからです」。マンチェスターのある工場の業務担当役員スミス「われわれは」(彼が言うわれわれとは「われわれ」のために働く「人手」のことだ）「食事時間中も中断なく働くので、一〇時間半の一日労働は午後四時半に終わり、それ以後はすべて超過時間だ」[72]（このスミス氏が一〇時間半のあいだ、はたして自分の食事をとらないものかどうか？）。「われわれ」（この同じスミス）「は、めったに夕方六時前にやめることはない」（なにをやめないかといえば、「われわれ」の労働力機械の消費を、だ）。「だからわれわれは」（またもや登場）「実際、一年中超過労働をしている。……ここ一八カ月は子供と大人」（児童および一八歳未満の青少年計一五二人と、成人一四〇人）「が同じように、平均すると週に少なくとも七日と五時間、つまり七八時間半は働いた。今年」（一八六三年）「の五月二日までの六週間は、平均すればそれ以上――週に八日、すなわち八四時間！　働いた」。

（72）この超過時間を、われわれの意味での剰余労働時間と理解してはならない。これらの諸氏は一〇時間半の労働を標準労働日とみており、したがってそこには標準の剰余労働がすでに含まれている。そのあとで、若干単価の高い「超過時間」が始まる。後に触れる機会があるだろうが、いわゆる標準日のあいだでも、労働力の使用に対しては価値以下の支払いしかなされていない。したがって「超過時間」はさらに多くの「剰余労働」を絞りだすための資本家の単なるトリックにすぎない。ちなみに、このことは「標準日」に使用される労働力に対して完全な支払いがおこなわれた場合でも変わりはない。

しかし、ごたいそうな「われわれ」という言い方にご執心のスミス氏は、にやりとしながらこう付け加える。「機械労働は軽い仕事だ」と。ところが同じように、木版刷りを採用している人たちも言う。「手作業は機械作業よりも健康的だ」と。総じて工場主諸氏は「最低限、食事時間中くらいは機械を止めてはどうか」という提案にいきりたって反対する。(ロンドンの) バラにある壁紙工場支配人オトリー氏は次のように言っている。「朝六時から夜九時までの労働時間を許容する法律があれば、われわれ(!)には非常に好ましいだろうが、朝六時から夕方六時までという工場法の定める時間はわれわれ(!)には適さない。……われわれの機械は昼食のあいだは停止される(なんという気前のよさ)。この停止で生じる紙や絵の具の損失はたいしたものではない」。「しかし」と彼は同情的に付け加える。「それに付随する損失が好まれないことは理解できる」と。

委員会報告は無邪気にこう述べている。いくつかの「大手会社」は、時間すなわち他人の労働を取得する時間を失うことで「利潤を失う」のではないかと恐れている。しかしそれは、一三歳未満の児童や一八歳未満の青少年たちに一二時間から一六時間ものあいだ、昼食を「与えない」でおく「十分な理由」にはならない、と。そしてまた生産過程自体のなかで蒸気機関に石炭や水を補給したり、綿花に石鹸を加えたり、歯車に油を差したりするのと同じように、昼食を単なる労働手段の補助材料としてあてがっておけばよいという理由にはならない、と。(73)

(73)『児童労働調査委員会、一八六三年』付録、一二三、一二四、一二五、一四〇ページ、およびローマ数字六四ページ。

イギリスの全産業部門を見渡しても（最近ようやく始まった機械製パンは別として）、製パン業ほど古風な生産様式を今日まで続けている部門はない。それはあたかも、帝政ローマ時代の詩人たちの作品からうかがえる前キリスト教的生産様式を見ているかのようだ。しかし、前にも述べたとおり、資本は自分が征服する労働過程の技術的性格には当初は無関心だ。資本は労働過程をまずはあるがままの姿で取りこむ。

信じがたいパンの不正製造、ことにロンドンのそれは「食品の不正製造に関する」下院委員会（一八五五―一八五六年）とドクター・ハッサルの著作『露見した不正製造』[74]によってまず暴かれた。この露見の結果、成立したのが一八六〇年八月六日の「飲食料品不正製造防止」法だった。しかし、この法律はもちろん、まがいもの商品を売り買いして「まじめにコツコツ稼ごう」とする自由商業主義者に非常に寛大なものだったため、効果のない法律だった[75]。自由商業とは、本質的にまがい物の取引であり、あるいはイギリス人流のウィットでいえば「見栄えをよくした（sophisticated）品物」の取引だということを、委員会自身が確信しており、それを多かれ少なかれ無邪気に表明していた。実際この種の「ソフィスト流詭弁」はプロタゴラス以上にうまく白を黒と黒を白と言いくるめ、エレア学派以上にうまく、すべての実在が単なる仮象にすぎないことを目の前で実証する術《すべ》を心得ている[76]。

(74) 粉末にしたり、塩を混ぜたりしたミョウバンは、「パンのもと」というそれらしい名前でふつうの商品として売られている。

(75) ススはよく知られているように炭素のきわめて強力な形態であり、資本力のある煙突清掃業者がイギリスの借地農民たちに肥料として売っている。一八六二年、イギリスの「陪審員」はある訴訟で、購入者に知らされないまま九〇%の塵埃と砂をまぜたススが、「商業的」意味での「本物の」ススなのか、それとも「法律的」意味での「まがい物」のススなのかを決定しなければならなかった。「商業の友」たる陪審員たちはそれを「本物の」商業的ススであると決定し、原告の借地農民たちの訴えを退け、そのうえ農民たちは訴訟費用まで負担させられた。

(76) フランスの化学者シュヴァリエは商品の「不正製造」に関する論文のなかで、彼が検査した六百余種の商品の多くについて、一〇とおり、二〇とおり、三〇とおりの不正製造法を列挙している。それでも自分はすべての方法を知っているわけではなく、また知っている方法のすべてをあげているわけでもないと彼は付け加えている。彼は砂糖について六種類、オリーヴオイルについて九種類、バターについて一〇種類、塩について一二種類、牛乳について一九種類、パンについて二〇種類、ブランデーについて二三種類、小麦粉について二四種類、チョコレートについて二八種類、ワインについて三〇種類、コーヒーについて三二種類、等々の不正製造法をあげている。主なる神といえどもこの運命から逃れられないことについては、ルアル・ド・カール著『聖体の偽造について』パリ、一八五六年、を参照のこと。

ともあれ委員会は公衆の目を彼らの「日々のパン」へ、そしてそれとともに「パン屋」

へと向けさせた。同時にロンドンのパン職人たちからは、公けの集会や議会への誓願を通じて、超過労働等についての悲痛な叫びが発せられた。この叫びのあまりの切実さに、すでに何度も登場した一八六三年委員会のメンバーでもあるH・S・トリメンヒーア氏が、勅命調査委員に任命された。彼の報告および証人陳述は公衆を憤激させた。(77) ただし彼らの心ではなく胃袋を。聖書に詳しいイギリス人のことゆえ、恩寵によって選ばれた資本家や地主や無任有給牧師でもないかぎり、人間は額《ひたい》に汗してパンを食するよう定められていることは分かっていた。それでも自分の食べているパンに、実際に日々一定量の人間の汗が混入していることまでは知らなかった。しかもミョウバン、砂、その他の結構なミネラル成分はまだいいとしても、腫れ物の膿やクモの巣、ゴキブリの死骸や腐ったドイツ酵母まで混ぜこまれていたとは知らなかった。こうして神聖なる「自由商業」への配慮はかなぐりすてられ、それまで「自由」であった製パン業者は国家監督官の監視下におかれることになる(一八六三年議会会期末)。同議会条例により、夜九時から朝五時までの労働時間内に一八歳未満のパン職人を働かせることが禁止された。この最後の条項は、かくも古色蒼然たる産業部門でいかに深刻な超過労働がおこなわれていたかをあますところなく語っている。

(77) 『パン職人より提出された苦情に関する報告書』ロンドン、一八六二年。および『第二次報告書』ロンドン、一八六三年。

「ロンドンのあるパン職人の労働は通常、夜中の一一時に始まる。この時間に彼は生地をこねる。これは、パンの大きさと品質にもよるが、三〇分から四五分はかかるきわめて骨の折れる行程だ。それから彼は、生地を作るための槽の蓋を兼ねたこね板の上に横になる。彼は一つの粉袋を頭の下に、もう一つを腹の上に置いて、その板の上で二、三時間眠る。それから五時間のあわただしい間断のない仕事が始まる。生地を投げ、計量し、型に入れ、かまどに入れ、かまどから取りだす等々。あるパン焼き部屋の温度は摂氏二四—三二度に達し、小さなパン焼き部屋では温度は低くなるよりむしろ高くなる。食パンやロールパン等を作る仕事が一段落すると、パンの配達が始まる。日雇人の多くがいま述べたようなきつい夜勤を終えたあと、日中はパンをかごに入れて運び、あるいは荷車に乗せて家から家へと押し歩く。そしてその合間に、時々パン焼き部屋に戻って作業をする。季節と扱い量にもよるが、その仕事が終わるのは午後一時から六時のあいだで、その間に職人たちの別の一団は夜遅くまでパン焼き部屋で働く」(78)。「ロンドンのかきいれどきには、パンを〈正規〉価格で売るウェストエンドのパン屋の職人たちは、毎日夜中の一一時に仕事をはじめ、途中に一、二度、たいていはごく短い中休みをとる以外は、翌朝八時までパン焼きに従事する。それから夕方の四時、五時、六時、場合によっては七時までパンの配達に使われ、また時にはパン焼き部屋でビスケットを焼かされる。仕事が終わると彼らは六時間の睡眠をとるが、五時間、四時間しかとれないこともよくある。金曜日はいつも仕事が早めに、たとえば夜一〇時に始まり、パンの仕こみであれ、配達であれ、中断することなく翌日の土曜日夜八時まで続く。しかし、たいていはそれが日曜日の早朝四時、五時まで延びる。パンを〈正規価格〉で売る一流パン屋でも、日曜日には翌日のために四、五時間の準備作業をしておかなければならない。……前にも述べたように、ロンドンでは、パン屋の四分の三以上が（パンを正規価格以下で売る）「安売り親方店」〔underselling master〕だ。そこのパン職人となると労働時間はさらに長くなる。ただし、その労働はほとんどパン焼き部屋での仕事に限られる。というのは、そうした店の親方たちは小さな小売店に納入するほかは、すべて自分の店でのみ販売するからだ。週も終わりに近づき……つまり木曜日になると、こうした店では仕事は夜の一〇時に始まり、ごくわずかな中断をはさむだけで日曜日の深夜まで続く(79)」。

(78) 前掲『第一次報告書』、ローマ数字六、七ページ。

(79) 同前、ローマ数字七一ページ。

「安売り親方店」〔underselling master〕については、ブルジョワ的な立場からさえ「職人たちの不払労働（the unpaid labour of the men）こそが、彼らの競争力の基盤となっている(80)」と理解されている。そして「正規価格製パン業者」〔full priced baker〕は、「安売り」をする自分たちの競争相手が、他人の労働の略奪者であり、不正業者であるとして調査委員会に告発している。

「彼らは大衆を欺き、一二時間分の労賃で職人たちから一八時間をしぼりとることによってのみ成功を収めている」[81]。

（80）ジョージ・リード『製パン業の歴史』ロンドン、一八四八年、一六ページ。
（81）『報告書（第一次）、証拠資料』、「正規価格製パン業者」チーズマンの陳述、一〇八ページ。

パンの不正製造と、パンを正規価格以下で売る製パン業者階級がイギリスに登場してきたのは、一八世紀初頭以降のことだ。それはちょうど、製パン業のギルド的な性格が解体し、名目上のパン焼き親方の背後に、資本家が製粉業や粉問屋の姿をとってあらわれてきた時期と重なる[82]。これによって資本主義的生産の土台が、すなわち労働日の無際限な延長と夜間労働のための土台が築かれた。もっとも、夜間労働に関しては、ロンドンでさえ本当の意味で定着したのは一八二四年になってからのことだ[83]。

（82）ジョージ・リード、前掲書。一七世紀末から一八世紀初頭の時点では、あらゆる業界に浸透しつつあった問屋（仲介業者）は、まだ当局から「公益破壊者」として非難されていた。たとえばサマセット州の四半期治安判事開廷期に開かれた大陪審は下院に対して一つの「告発書」を提出したが、そこにはたとえばこう記されていた。「ブラックウェル・ホールのこれら仲介業者は公益破壊者であり、服地業界に損害を与えており、有害なものとして取り締まるべきだ」（『われわれイギリス羊毛業の事例』ロンドン、一六八五年、六、七ページ）。
（83）前掲『第一次報告書』、ローマ数字八ページ。

以上によって、委員会報告がパン職人たちを短命労働者のなかに数え上げている理由も分かるだろう。労働者階級すべてに普通に見られる幼時死亡を幸いにして免れたとしても、彼らが四二歳まで生きることは稀だった。にもかかわらず製パン業には志願者がいつも溢れている。ロンドンへのこうした「労働力」の供給源は、スコットランド、イングランド西部農業地帯、そして——ドイツだ。

一八五八—一八六〇年、アイルランドのパン職人たちは夜間労働と日曜労働に反対する大規模な抗議集会を自腹を切って組織した。たとえば一八六〇年のダブリンでの五月集会では、民衆がアイルランド人らしい人情で彼らを応援した。実際、この運動によってウェクスフォード、キルケニー、クロンメル、ウォーターフォードなどでは夜間労働の禁止が実現した。「賃職人の苦しみが度を越していることがよく知られていたリメリクでは、この運動はパン職人親方たち、とくに製パン兼製粉業者たちの反対に遭って失敗した。リメリクでの失敗例は、エニスとティペラリーでの敗退につながった。コークでは民衆の怒りが最も激烈な形で表明されたが、親方たちは職人を解雇する権限を行使することによってこの運動を頓挫させた。ダブリンでは親方たちが最も頑強に抵抗し、運動の先頭に立っていた職人たちを迫害することによって、他の職人に屈服を余儀なくさせ、夜間労働と日曜労働に服することを強制した(84)」。

アイルランドでは完全武装をしていたイギリス政府の委員会も、ダブリン、リメリク、コークなどのパン職人親方たちの苛酷さに対しては、深刻ぶった調子で苦言を呈している。「労働時間は自然法則によって制限されており、これに違反するものは処罰されるべきであると本委員会は考える。親方たちは解雇をちらつかせて労働者を脅すことによって、労働者に自己の宗教的信念に違反することを、国法に従わないことを、世論を軽侮することを強いている」(これはすべて日曜労働に関して言われている)。「これによって親方たちは資本と労働とのあいだに悪感情を生ぜしめ、宗教、道徳、公的秩序にとって危険な前例を作っている。……一二時間を超えて労働日を延長することは、労働者の家庭生活と私生活への収奪的介入であり、一人の男性としての家庭生活に介入し、息子、兄弟、夫、父としての家族義務の遂行を妨げることによって、不幸な道徳的結果をもたらすものと本委員会は考える。一二時間を超す労働は、労働者の健康を損ねる傾向があり、労働者の早期の老化と早死をもたらす。そうなれば労働者家族は、まさに一番必要な時に家族の大黒柱による扶養と保護を奪われることになり、労働者家族に不幸がもたらされる」(85)。

(84)『アイルランドの製パン業に関する委員会報告、一八六一年』。

(85) 同前。

ここまではアイルランドの話だ。海峡の対岸スコットランドでは、耕作者たる農業労働者がこのうえなく厳しい気候のなかで一三―一四時間労働を課されていると訴えている。

しかも（安息日にやかましいこの国で！）日曜日には四時間の追加労働がともなう。[86] 他方ロンドンの大陪審では同時に三人の鉄道労働者が訴えられている。旅客車掌、機関手、信号手だ。ある大きな鉄道事故が何百人もの乗客をあの世に送り届けた。鉄道労働者たちの不注意がこの事故の原因だった。彼らは異口同音に陪審員たちの前でこう説明する。一〇年から一二年前までは、自分たちの仕事は一日八時間にすぎませんでした。ここ五、六年の間にそれが一四時間、一八時間、二〇時間に延長され、行楽列車の季節のように旅行好きがとくに殺到する時期になると、労働時間は中断なく、四〇時間から五〇時間になることがよくあります。わたしたちとて普通の人間に変わりなく、超人ではありません。ある時点がくると自分たちの労働力は支障をきたすようになるのです。わたしたちは麻痺に襲われます。頭は考えることをやめ、目は見ることをやめてしまいます、と。申し分なく「ご立派なイギリスの陪審員たち」は、彼らを「殺人」のかどで陪審裁判に送るという判決をもってこれに応じた。そして穏便な補足を付け加え、鉄道を経営する資本家諸氏におかれては、今後は「労働力」の必要数を調達するさいに従来ほど出費を惜しむことなく、支払われた労働力の搾取にさいしては、より「節度」と「禁欲」と「倹約」をもってされたいというつつましい願望を表明した。[87]

(86) 一八六六年一月五日、グラスゴー近郊ラスウェイドでの農業労働者の公開集会（一八六六年一月一三日の『ワークマンズ・アドヴォケイト』紙を参照）。一八六五年末以来、スコットランドを皮切りに農業労働者のあいだで労働組合が結成されたことは一つの歴史的事件だ。イングランドで最も抑圧の強かった農業地域の一つバッキンガムシャーでは一八六七年三月、賃金労働者が週給を九―一〇シリングから一二シリングに引き上げるよう求めて大規模なストライキを打った（これまで述べてきたことから分かるように、イギリスの農業プロレタリアートの運動は一八三〇年後の暴動デモの鎮圧以来、またとくに新しい救貧法の導入以来、完全に頓挫していたが、六〇年代になってふたたび開始され、一八七二年についに画期的なものとなる。この点について、および一八六七年以来出版されているイギリス農村労働者の状況に関する青書については、第二巻で再度とりあげる。第三版への追補）。

(87)『レイノルズ・ペーパー』一八六六年一月［二一日］。同週刊誌は、このすぐ後に毎週のように「恐怖の死亡事故」「凄惨な悲劇」等々といった「センセーショナルな見出し」を掲げて新しい一連の鉄道事故をとりあげている。これに対してノース・スタッフォード線のある労働者は次のように答えている。「機関手や火夫の注意力が一瞬でも鈍ればどんなことが起こるかはだれでも知っている。しかし際限のない労働時間の延長、最悪の天候、休憩も休養も与えられない状態で、いったいどうやってそれを避けられるというのか？　たとえば毎日のように起こっている次のようなケースを例にとってみればいい。先週の月曜日に、ある火夫は非常に朝早くから彼の日課をはじめた。彼がその仕事を終えたのはそれから一四時間五〇分後のことだ。それから茶を飲む間もないまま、また次の仕事に呼ばれた。こうして彼は二九時間一五分のあいだ、休む間もなく働かねばならなかった。彼の残りの週間勤務予定は次のように組まれていた。水曜日一五時間三五分、金曜日一四時間半、土曜日一四時間一〇分、合計週八八時間三〇分。しかもそれに対してたった六日の労働日に対する支払いしか受けとれなかった時の彼の驚きを考えてみてほしい。この男は新米だったので、一日の仕事とはどういうものなのかと雇用者に尋ねた。返ってきた答えは一三時間、つまり週七八時間だった。しかし、それでは余分の一〇時間三〇分に対する支払いはどうなっているのか？　長い争議の末、彼は一〇ペンス（一〇銀グロッシェンにも満たない）の手当を受けとった」（『レイノルズ・ペーパー』一八六六年二月四日号）。

あらゆる職業、年齢、性別からなる労働者の多種多様な群れが、かのオデュッセウスのもとに押しかけた戦死者の魂よりも、さらに大きな熱意を持ってわれわれのもとに押し寄せている。その人々の群れを見れば、彼らが政府刊行物を脇にかかえていなくとも、一目でその超過労働が見てとれる。こうした労働者の群れのなかから、われわれはもう二つの例――女性服製造女工と鍛冶工――をとりあげよう。両者はきわだったコントラストをなしているが、にもかかわらずそれは、資本の前にあってはあらゆる人間が平等であることを証明している。

一八六三年六月後半の週に、ロンドン中の日刊新聞が「センセーショナル」な見出しの記事を掲載した。「単なる過度労働による死」。それは非常に格式の高い宮廷用女性服製造所に勤める二〇歳の女性服製造女工メアリー・アン・ウォークリーの死亡記事だった。――彼女を搾取していたのは、エリーズというしゃれた名前の女性だった。彼女昔よく聞かされた話が、またもや新たに露見した(88)。つまり、これらの女工たちは平均一六時間半、シーズンにはしばしば三〇時間もぶっ続けで働かされるという話だ。彼女たちの「労働力」が支障をきたせば、時々シェリー酒やポートワインやコーヒーなどを飲ませてはっぱをかける。その時も、ちょうど社交シーズンのまっ盛りだった。外国から輸入したばかりのイギリス皇太子妃〔エドワードの妻、デンマーク王女アレクサンドラ〕のもとで臣従儀礼舞踏会が開かれたため、高貴な女性たちの衣装を瞬時に仕立てあげる魔法が必要だった。メアリー・アン・ウォークリーは、六〇人の少女たちとともに二六時間半、休みなく働いた。三〇人ずつ、必要な空気量の三分の一も供給されない一部屋におしこまれ、夜は夜で二人ずつ一つのベッドに入れられる。しかもそのベッドは、一つの寝室をいくつかの板壁で所せましと仕切った息の詰まる穴ぐらの一つに置かれていた[89]。しかもこれが、ロンドンではよいほうの衣装工場の一つだった。メアリー・アン・ウォークリーは金曜日に病気になり、日曜日に死んだ。エリーズ夫人が驚いたことには、最後の一着を仕上げもせずに。遅ればせながら死の床に呼ばれた医師キーズ氏は、「検死陪審」を前にして飾り気のない言葉でこう証言した。

「メアリー・アン・ウォークリーは過密な作業場での長時間労働と、狭すぎる通気性の悪い寝室のために死亡しました」。

これに対して「検死陪審」は、もう少し品のいいものの言い方をこの医師に教えるために、次のように宣言した。

「故人は卒中のために死亡したが、彼女の死が過密な作業場における超過労働等によって早められた恐れはなしとしない」と。

わが国の「白人奴隷は」、と自由貿易主義者コブデンとブライトの機関紙『モーニング・スター』紙は書きたてた。「わが国の白人奴隷は、墓に入るまでこき使われ、疲れ果てて、声もあげられずに死んでいく(90)」。

(88) F・エンゲルス『イギリスにおける労働者階級の状態』、二五三、二五四ページ参照。

(89) 保険局勤務の医師ドクター・リーズビーは当時、次のように説明している。「成人の場合、最低限、寝室には三〇〇立方フィート、居室には五〇〇立方フィートの空気が必要とされる」。あるロンドンの病院の医長ドクター・リチャードソンはこう述べている。「女性服製造女工、衣服製造女工、通常の縫子など、あらゆる種類の裁縫女工は超過労働、空気不足、栄養不良ないし消化不良という三重苦にあえいでいる。一般にこの種の労働はなんといっても男性よりも女性に向いている。しかし、この業種が厄災を招いている原因は、それが、とくに首都では、二六人ほどの資本家たちに独占されていることだ。彼らは資本から生じる権力手段を用いて、労働から無理やり経済性を引きだしている(force economy out of labour. ここで彼が言おうとしているのは、労働力の濫用による経費の節約)。資本家たちの権力は、この部類の女性労働者たちがかかわるすべての領域で感じられる。一人の女性仕立屋がわずかな得意客を獲得できたとしよう。彼女は競争にさらされているために、その得意客を確保するために自宅で死にものぐるいで働かざるをえない。そうなると同じ超過労働を彼女は自分の助手たちにも強いざるをえない。彼女の商売が失敗するか、独立営業がなりたたなくなれば、仕事は同じように多くても、支払いが確実な店に頼んで雇ってもらうしかなくなる。こうなると彼女は純粋な奴隷となり、社会の潮の満ち引きのたびにあちこちに投げだされ、ある時には自宅の小部屋で飢えているか、飢えかけている。そして次にはふたたび、二四時間のうちの一五、一六時間、いや一八時間を、ほとんど耐えがたい空気のなかで働かねばならない。与えられる食べものは、きれいな空気が足りないために、たとえよいものであっても消化できない。こうした犠牲者たちを食い物にして肺病が生き延びるのであり、それは一種の空気疾患にほかならない」(ドクター・リチャードソン「労働と過度労働」。『社会科学評論』一八六三年七月一八日、所収)。

(90)『モーニング・スター』一八六三年六月二三日。ブライトたちに対抗して、『タイムズ』紙はこの事件を、むしろアメリカの奴隷主たちを弁護するために利用した。「われわれの大多数はこう考えている」と『タイムズ』紙は書いている。「われわれが自国の若い女性たちに、ムチのうなりの代わりに飢餓の責苦を与えて、彼女たちを死ぬまで働かせているあいだは、奴隷主に生まれた家族に集中砲火を浴びせる権利はほとんどない。奴隷主たちは、少なくとも自分の奴隷に十分な食事を与え、適度な働かせかたをしているからだ」(『タイムズ』一八六三年七月二日)。同じ調子でトーリー党の機関紙『スタンダード』(一八六三年八月一五日)はニューマン・ホール師を罵倒した。「彼は奴隷主を破門しているが、彼が祈りをともにしている立派な人々はといえば、ロンドンの御者やバスの車掌たちを雀の涙のような賃金で毎日ほんの一六時間ばかり働かせている連中だ」。最後にトマス・カーライル氏の御託宣がくだった。カーライルについては、わたしは一八五〇年にすでに「天才は地に堕ち、崇拝が残った」と書いたことがある。カーライルは、ある短い寓話のなかで現代史の唯一の大事件、アメリカ南北戦争をこんな単純な話に還元している。北部のピーターは南部のポールの脳天を思いっきり叩こうとしているのです。なぜといって、北部のピーターは自分の労働者を「一日単位」で雇っているのに、南部のポールは「生涯単位」で雇っているからです、と（『マクミランズ・マガジン』、アメリカの小イリアス、一八六三年八月号）。都市部の――断じて農村部のではない！――賃金労働者に対するトーリー党的同情バブルは、こうしてついにはじけた。その核心は――奴隷制だ！

「死ぬまで働くことは日常茶飯事のことだ。それは女性服製造女工の仕事場に限らず、何千もの場所、いや事業が順調にいっているすべての場所にあてはまる……大物鍛冶工を例にとろう。詩人たちを信用するなら、彼ほど生命力に富んだ愉快な男はいない。彼は早くに起きだし、太陽より先に火花を散らす。彼ほどよく食べ、よく飲み、よく眠る者はほかにいない。実際、純粋に肉体の負担だけを考えれば、適度な働きかたをしているかぎり、大物鍛冶工ほどいい身分はない。しかし彼の後について都市にいき、どんな労働の重荷がこの屈強な男に負わされているかを見てみよう。そしてわが国の死亡率一覧表で彼がどんな順位を占めているのか？　ということも。メリルボーン（ロンドンで最も大きい市街区の一つ）では、大物鍛冶工は一〇〇〇人につき年間三一人の割合で死んでおり、これはイギリスの成人男性の平均死亡率を一一人上回る。人類のほとんど本能的な技芸ともいうべき、それ自身としては非の打ちどころのないこの仕事が、単なる労働過重のために、この男の破壊者となる。彼は日々、ある一定の回数のハンマーを打ち、ある一定の歩数を歩き、ある一定の回数の呼吸をし、ある一定の量の仕事をこなし、たとえば五〇年生きることができるとしよう。その彼にむりやりもっと多くの回数のハンマーを打たせ、もっと多くの歩数を歩かせ、もっと多くの回数の呼吸をさせ、あれこれすべて合算して、その生命の支出を日々四分の一、増やすように強いる。彼がこんな試みをすれば、その結果はどうなるか。彼はある限られた期間に四分の一多くの仕事をこなし、五〇歳ではなく三七歳で生涯を閉じることになる(91)」。

(91) ドクター・リチャードソン「労働と過度労働」。

第四節　昼間労働と夜間労働　交替制

不変資本、生産手段は、価値増殖過程の観点から見れば、単に労働を吸い取り、一滴一滴の労働からそれに比例する量の剰余労働を吸いとるためにのみ存在している。それをしないかぎり、生産手段の単なる存在は資本家にとっての消極的損失となる。なぜなら生産手段は、それが停止しているあいだは、無駄な資本前貸しを代表するものだからだ。さらに、中断したことによって作業の再開に追加的支出が必要になれば、この損失はたちまち積極的損失と化す。日没までの自然な一日の限度を超えて夜間にまで労働日を延長することも緩和剤程度の効果しかなく、労働の生き血を求める吸血鬼の渇きをほんのわずか癒やすにすぎない。だから一日全二四時間にわたる労働の取得こそが、資本主義的生産の内在的衝動となる。しかし、同一の労働力を昼も夜も継続して吸いとることは肉体的に不可能だ。そこで、この肉体的障壁を乗り越えるために、夜に食い尽くされる労働力と昼に食い尽くされる労働力との交替が必要となる。この交替にはさまざまな方法がある。たとえば労働人員の一部が、ある週は日勤を、次週には夜勤をおこなうといった配置などが考えられる。周知のように、イギリス綿工業等の意気盛んな成長期には、こうした交替制、輪番制が主流をなしていた。また、たとえばモスクワ県〔帝政ロシアの行政区、グベールニアの一つ〕の綿紡績工業では現在でも主流をなしている。この二四時間生産過程は、これまで規制を免れてきたグレートブリテンの「自由な」産業部門の多くに、制度としてはまだ存在している。なかでもイングランド、ウェールズ、スコットランドの熔鉱炉、鍛冶工場、圧延工場、その他の金属工場にまだ存在している。こうしたところでは、週日六日間の各二四時間に加えて、ほとんどの場合、日曜日の二四時間も労働過程に含まれている。労働者には男もいれば女もおり、大人もいれば子供もいる。子供のなかにも男女がいる。児童および青少年の年齢は八歳（いくつかの例では六歳）から一八歳までのあらゆる年齢層にわたっている。[92] いくつかの部門では少女や女性も男性従業員と一緒に夜間に労働している。[93]

(92)『児童労働調査委員会、第三次報告書』ロンドン、一八六四年、ローマ数字四、五、六ページ。

(93)「スタッフォードシャーでもサウス・ウェールズでも、少女や女性が炭坑やコークス置場で昼間のみならず、夜間にも使用されている。これが重大かつ明白な弊害をともなう慣行であることは、議会に提出された諸々の報告書のなかでもしばしば指摘されてきた。男性と一緒に働き、衣服からは男女の区別がつかず、泥と煙にまみれたこれらの女性は、こうした非女性的仕事の避けられない結果として自尊心を失い、品性劣化の危険にさらされている」（同前、一九四ページ、ローマ数字二六ページ。『第四次報告書』一八六五年、六一号、ローマ数字一三ページも参照）。この事情はガラス工場でも同様だ。

夜間労働がもたらす一般的な悪影響をかりに度外視したとしても、(94) 生産過程を中断することなく二四時間継続することは、名目的な労働日の限界をふみ超える絶好のチャンスを雇用主に与えることになる。たとえば、すでに述べたきわめて苛酷な産業部門では、各労働者の公称の労働日は夜勤昼勤ともに、たいていは一二時間だ。しかしこの限度を超える過度労働がおこなわれており、それは多くの場合、イギリスの公式報告の言葉を使えば「実におそるべきもの」（truly fearful）(95) だ。そこにはこんなふうに書かれている。「証言によれば九歳から一二歳までの少年によってなされているという、この労働量を思う時、両親と雇用主によるこうした権力の濫用は、これ以上許すべからざるものであるという結論に、心ある者ならだれしも達せざるをえない(96)」。

(94) 子供を夜間労働に使用しているある製鋼業者はこう述べた。「夜間に働いている少年たちが、昼間に眠ったり、しっかり休息をとったりできず、次の日も休みなく動き回っているのは、当然のことのように思える」（同前、『第四次報告書』六三号、ローマ数字一三ページ）。身体の維持と発育にとって日光がいかに重要かについては、ある医者がたとえば次のように述べている。「光はまた直接に身体組織に作用し、それに強靭性と柔軟性を与える。通常の光量を与えずにおくと、動物の筋肉はぶよぶよになり、弾力性がなくなり、神経の力は刺激不足により緊張力を失い、発育過程にあるあらゆるものの成熟が妨げられる。……子供の場合、たえず十分な日照が確保され、一日のある部分では直射日光をあびることが、健康のためにどうしても必要だ。光は食物を良質の成形的な血液に変えることを助け、形成された繊維についてはそれを強化する。光はまた視覚器官への刺激媒体として作用し、それによってさまざまな脳機能の活性を高める」。この箇所はウースター「総合病院」医長W・ストレンジ氏の「健康」に関する著作（『健康の七つの源泉』）（一八六四年）から引用したものだ。同氏は調査委員の一人ホワイト氏にあてた書簡で次のように書いている。「わたしは以前ランカシャーで、夜間労働が工場児童に及ぼす諸影響について観察する機会を得ました。子供たちの健康は自分たちが保証するとすぐに言いたがる雇用主たちがいますが、彼らの言とはまったく逆に、夜間労働によって子供たちの健康はすぐにも損なわれるということを、わたしは断固として明言します」（『児童労働調査委員会、第四次報告書』二八四号、五五ページ）。そもそもこうした事柄が真剣な論争の対象になること自体、資本主義的生産が資本家とその配下たちの「脳機能」にいかなる作用を及ぼしているかを最もよく示している。

(95) 同前、五七号、ローマ数字一二ページ。

(96) 同前（『第四次報告書、一八六五年』）、五八号、ローマ数字一二ページ。

「一般に、少年たちを昼夜交替制で働かせる方法は、事業の繁忙期だけでなく、平素においても労働日の法外な延長をもたらす。この延長は多くの場合、残酷であるのみならず、まさに信じがたい域に達している。なんらかの原因で次に交替するはずの少年がところどころで欠勤することは避けられない。そうなると自分の労働日をすでに果たした一人、あるいは数人の少年たちが、その穴埋めをしなければならない。このシステムはよく知られたもので、わたしがある圧延工場の支配人に、交替要員の少年が欠勤した場合、その役割はどのように穴埋めするのかと尋ねた時など、支配人は「あなただってわたし同様にご存じだということは、分かっていますよ」とさらりと言ってのけ、事実を隠そうともしなかった」[(97)]。

(97) 同前。

「ある圧延工場では、名目上の労働日は朝六時から夕方五時半までとなっていたが、ある少年は毎週四夜、少なくとも翌日の夜八時半まで働いていた……しかもそれが六カ月、続いた」。「別の少年は九歳の時、一二時間交替の三回分を連続でこなしたこともあり、一〇歳の時には二日二晩、ぶっとうしで働いた」。「現在一〇歳の三人目の少年は、朝六時から夜中の一二時まで三夜とおしで働き、残りの日は夜九時まで働いた」。「現在一三歳の四人目の少年は、まる一週間、夕方六時から翌日の昼一二時まで働き、時には交替勤務を連続して三回こなした。たとえば月曜日の朝から火曜日の夜までだ」。「現在一二歳の五人目の少年は、ステーヴリーの鋳鉄工場で一四日間、朝六時から夜一二時まで働き、これ以上続けられなくなっている」。九歳のジョージ・アリンズワースはこう語っている。「僕は先週の金曜日にここにきました。僕たちは翌朝の三時からはじめなければならなかったので、僕は一晩中ここに残っていました。家はここから五マイル離れているんです。革の前掛けを床に敷いて、小さな上着を掛けて寝ました。そのあとの二日間は、朝六時にここに来ました。いやあ！ それにしてもここは暑いです！ ここへくる前にも、まる一年、ある熔鉱炉で働いていました。地方の大きな工場でした。土曜日も朝三時からはじまりました。でも家が近かったので最低限、家に帰って眠ることはできました。他の日は朝六時にはじまり、晩の六時か七時に終わりました」、等々。(98)

(98) 前掲書、ローマ数字一三ページ。これらの「労働力」の教育水準が、調査委員の一人との以下の対話から窺えるような水準だったのは、当然のことだ！ ジェリマイヤ・ヘインズ、一二歳、「……四×四は八、でも四が四つあれば一六。……王様というのは全部のお金と金《きん》を持ってる人。僕たちには王様がいる。でも女王だと聞いている。みんなはアレクサンドラ皇女と呼んでる。その人は女王様の息子と結婚したらしい。皇女は男だ」。ウィリアム・ターナー、一二歳、「僕が住んでいるのはイングランドじゃない。そんな国があるとは思うけど、これまでそれについて聞いたことはなかった」。ジョン・モリス、一四歳、「神様が世界を作ったとか、一人だけ残して全部の人がおぼれ死んだとか、だれかが言ってたのを聞いた。その一人は小鳥だったと聞いた」。ウィリアム・スミス、一五歳、「神様が男を作って、男が女を作った」。エドワード・テイラー、一五歳、「ロンドンのことはなにも知らない」。ヘンリー・マシューマン、一七歳、「時々は教会にいく……説教でてきた一つの名前はイエス・キリストとかいったけど、他の名前はあげられない。そのイエスのことについてもなにもいえない。その男は殺されたんじゃなくて、他の人と同じように死んだ。その男は、どこかちょっと他の人とは違っていた。それはその男がどこかちょっと信心深かったのに、他の人はそうじゃなかったからだ」(同前、七四号、ローマ数字一五ページ)。「悪魔はいい人だ。悪魔がどこに住んでいるかは知らない。キリストは悪いやつだった」。「この少女(一〇歳)は God を Dog と綴り、女王の名前も知らなかった」(『児童労働調査委員会、第五次報告書』一八六六年、五五ページ、二七八号)。既に述べた金属工場のシステムと同じものが、ガラス工場、製紙工場でも広く見られる。機械で紙を製造している製紙工場では屑の仕分け以外の全行程について夜間労働が常態となっている。いくつかのケースでは、夜間労働が交替制で一週間を通じて休みなくおこなわれており、日曜日の夜から次の土曜日の夜中一二時まで続くのが普通だ。日勤にあたっている組は最初の五日間に一二時間ずつ、最後の一日に一八時間、夜勤の組は最初の五日間に一二時間ずつ、最後の一日は六時間勤務し、これが毎週繰り返される。また別のケースでは、すべての組が一日おきに二四時間交替で働く。うち一組は、月曜日に六時間、土曜日に一八時間労働して、合計二四時間とする。さらに別のケースでは、その中間システムが導入され、製紙機械装置に配属された人員は全員、一週間のうち毎日一五—一六時間働く。調査委員のロードによると、このシステムは一二時間交替制と二四時間交替制の悪いところをすべて寄せ集めたようなものに思えるという。一三歳未満の児童、一八歳未満の青少年、そして女性たちがこうした夜勤システムのもとで働いている。一二時間交替制では、時に交替者の欠勤のために、二回り、計二四時間の連続勤務を強いられることがあった。証人陳述によれば、きわめて頻繁に少年少女が時間外労働をしており、それが二四時間、さらには三六時間の連続労働に延長されることも稀ではない。うわ薬を塗る部屋では「連続的で変化のない」工程のなかで、一二歳の少女がまる一カ月間、毎日一四時間働いており、しかも「二回か、せいぜい三回の三〇分間の食事休憩以外には、規則的な休息や中断はいっさいない」。正規の夜間勤務が完全に廃止されたいくつかの工場では、おそるべき多くの時間外労働がおこなわれており、しかもそれが「往々にして最も不潔で、暑く、単調な工程」で実施されている（『児童労働調査委員会、第四次報告書』一八六五年、ローマ数字三八、三九ページ）。

さてここで、資本自身がこの二四時間制度をどう考えているかを聞いてみよう。制度のいきすぎや、「残忍で、信じがたいほどの」労働日延長をもたらしている制度の乱用については、資本はもちろん黙殺する。資本は、あくまで「正常な」形で運用されたこの制度についてしか語らない。

ネイラー・アンド・ヴィカーズ鉄鋼工場は六〇〇人から七〇〇人の従業員を雇用している。一八歳未満はそのうちの一〇％にすぎず、夜勤についている少年も二〇人にすぎないが、工場側は次のように語る。

「少年たちが高温に苦しむことはまったくない。温度はたぶん摂氏三〇度から三二度というところだろう。……鍛鉄工場、圧延工場では職工が昼夜交替で働いているが、その他の作業はすべて昼間作業で、朝六時から夕方六時までだ。鍛鉄工場では、一二時から一二時まで作業がおこなわれる。何人かの職工はいつも夜間に働き、昼夜交替はない。……昼間労働か夜間労働かによって、健康に」（ネイラー氏とヴィカーズ氏の健康に、か?）「なんらかの違いがでてくるとは、われわれには認められない。ただ職工たちは、交替制よりも同じ休息時間をもらうほうがおそらくよく眠れるだろう。……一八歳未満の少年、約二〇人が夜勤組といっしょに働いている。……われわれのところでは、一八歳未満の少年の夜間労働がなければうまくいかないだろう。われわれとしての言い分は――やめた場合の生産費の上昇だ。熟練工や部門の長を雇うのは難しいが、少年ならいくらでもいる。……もちろん、われわれが使っている少年の割合の低さを考えれば、夜勤が制限されたところで、われわれにとってはたいした問題でもないし、たいした利害もないだろう[(99)]」。

(99)『第四次報告書』一八六五年、七九号、ローマ数字一六ページ。

ジョン・ブラウン製鋼製鉄工場では、三〇〇〇人の成人男性および少年を使用し、製鋼、製鉄の重労働の一部については「昼夜交替制」をとっている。この工場のJ・エリス氏の説明によれば、重製鋼工場では、大人二人に対して少年一人ないし二人の割合だという。彼らの事業には一八歳未満の少年が五〇〇人雇われており、その約三分の一、一七〇人が一三歳未満だという。提案されている法律改正についてエリス氏は次のように述べている。「一八歳未満の従業員を二四時間のうち一二時間以上は働かせないようにするというのは、それほど非難すべきことだとは思わない。しかし、一二歳以上の少年に夜勤をさせないですむように、どこかで一線を引けるとは思えない。いったん雇った少年を夜間に使用することを禁止するくらいなら、いっそのこと一三歳未満の、いや場合によっては一五歳未満の少年の使用を一切禁止するような法律のほうがまだしも受け入れやすい。昼番で働いている少年には交替で夜番でも働いてもらわなければならない。なぜなら大人たちもずっと夜勤を続けるわけにはいかないからだ。そんなことをすれば彼らの健康が害されるだろう。しかし夜間労働も、一週間交替でおこなえば害にはならないと思う」。

（ネイラー・アンド・ヴィカーズ社の方は逆の意見だった。彼らは、自分たちの事業の都合にあわせて、継続的な夜間労働よりも、むしろ交替制の夜間労働のほうが害をなすおそれがあると考えた。）

「われわれの見るところ、交替制で夜間労働をしている人々の健康状態は、昼間しか労働しない人々の健康状態と変わらない。……一八歳未満の少年の夜間労働禁止にわれわれが異議をさしはさむとすれば、それが支出増につながるからであり、それがまた唯一の理由でもある」（なんと冷笑的で、無知蒙昧なことか！）。「事業が当然の責務として経営の成功に配慮するならば、この支出増は公平にみて耐えうる限度を超えるだろうとわれわれは信じる」（なんという奥歯に物の挟まったような言い方か！）。「労働はここでは稀少であり、このような規制が導入されれば労働力不足が生じる可能性がある」。

（つまりエリス、あるいはブラウン社は労働力の価値を全額支払わなければならないという致命的窮状に陥るかもしれないというわけだ。）[100]

(100)『第四次報告書』、八〇号、ローマ数字一六、一七ページ。

キャメル社の「サイクロプス〔一つ目巨人〕製鋼製鉄工場」も先のジョン・ブラウン社と同様、大規模経営をおこなう工場だ。同社の業務執行取締役は、ホワイト政府委員に自分の証言を一旦は文書で手わたしたが、しかし後に修正のために戻された原稿をにぎりつぶすほうが得策と判断した。しかしホワイト氏はすぐれた記憶力の持ち主だった。このサイクロプスにとっては、児童および少年の夜間労働禁止など「まったく不可能であり、工場を停止しろというに等しい」などと、そこに書かれていたことを、ホワイト氏はきわめて正確に覚えていた。ところがこの会社には、一八歳未満の少年など全体の六％強しかおらず、一三歳未満にいたっては一％しかいない！[101]

(101) 同前、八二号、ローマ数字一七ページ。

アッタクリフの製鋼圧延鍛鉄工場、サンダソン兄弟商会のE・F・サンダソン氏は同じテーマについて次のように説明している。

「一八歳未満の少年の夜間労働を禁止すると非常に難しい問題が生じるだろう。最大の難問は、少年労働を成人労働に置き換えることによって必然的に生じるコスト増だ。それがどれほどの額になるかはいえないが、たぶんそれは、それを理由に工場主が鉄鋼価格を上げられるほどの額にはならないだろう。そうなると、その損失分は工場主がかぶることになる。なぜなら大人の工員たちは」(なんというへそ曲がりの連中か!)「当然ながらこの損失をかぶるのを拒否するだろうからだ」。

サンダソン氏は自分が子供たちにいくら払っているのかを知らない。しかし、「それはおそらく週に一人四ないし五シリングほどだろう……少年労働は一般的には」(もちろん「個別的には」いつもそうとは限らない)「少年の力でもちょうど足りるくらいの種類の仕事であり、それゆえそれに大人の大きな力を投じても、損失を穴埋めできるほどの利益は生まれないだろう。かりに利益がでたとしても、それは金属が非常に重いといったような、ごくわずかな場合に限られる。大人たちも配下に子供がいなくなることは歓迎しないだろう。大人は子供ほど従順ではないからだ。それに少年たちも仕事を覚えるには子供のうちからはじめなければならない。少年を昼間労働だけに限ってしまうと、この目的が果たせないだろう」。

いったいなぜ果たせないのか? なぜ少年たちは、日中に職人仕事を学べないのか? 君があげる理由とは?

「その理由はこうだ。大人が一週間交替で、ある時は昼間に、ある時は夜に働くと、夜間労働のあいだ、同じ組の少年から切り離されてしまい、その少年たちから得られるはずの利益の半分を失ってしまうからだ。というのも、大人たちが少年たちに与える訓練は、その少年たちの労賃の一部として計算され、それによって大人たちは少年労働を安く手に入れることができるのだ。だから大人たちは、少年たちから得られる利益の半分を失うことになるだろう」。

言い換えれば、サンダソン社は大人の労賃の一部を、これまでのように少年たちの夜間労働によって払う代わりに、自分の財布から払わねばならなくなるということだ。サンダソン社の利益は、これを機にいくぶん落ちこむだろう。そしてこれこそ、少年たちがなぜ昼間に職人仕事を学べないかという、サンダソン側のもっともな理由なのだ(102)。さらに、少年が昼間労働に回されれば、少年と交替させられる大人に、正規の夜間労働が負わされる。そして彼らはそれに耐えられないだろう。とどのつまり、困難は非常に大きく、それによっておそらくは夜間労働の全面撤廃へとつながっていくだろう。「それでも鉄鋼そのものの生産に関しては、まったく違いは生じないだろう。しかし!」と、E・F・サンダソンは言う。しかし、サンダソン社は鉄鋼を作るよりもっと多くのことをしなければならない。鉄鋼作りなど、利益作りの単なる口実にすぎない。熔鉱炉、圧延工場その他、建物、機械、鉄、石炭、等々は、みずから鉄鋼に変容する以上のことをしなければならない。それらはすべて剰余労働を吸い上げるために存在している。そしてもちろん、二四時間で吸い上げる量は一二時間で吸い上げる量よりも多い。実際それらのものは、法と神によって、サンダソン社に、一定数の職工からまる一日二四時間の労働時間を吸い上げる手形を与えている。ところがひとたびその労働吸い上げ機能が中断されると、それらはたちまち資本としての性格を失い、それゆえサンダソン社には純粋な損失となる。「しかしそうなると、これほど高価な機械装置が半分の時間停止することで損失が生じるだろう。すると目下の体制でわれわれが達成できる生産量を確保するには、場所と機械設備を倍増しなければならず、支出もまた倍増することになるだろう」。

しかし、他の資本家たちもまた昼間しか職工たちを働かせることができず、建物や機械装置や原料が夜間には「遊んで」いる状態になるというのに、なぜまたほかならぬサンダソン社だけが他の資本家たちに許されない特権を要求できるのか？「たしかに」とサンダソン社全体を代表してサンダソン氏は答える。「たしかに休止した機械装置のこの損失は、昼間労働しかおこなわれていない工場すべてにかかってくる。しかし、われわれの場合は熔鉱炉の使用が特別損失の原因となるだろう。熔鉱炉の火を落とさないでおくと」（現在のように、労働者の生命原料が浪費される代わりに）「燃料が浪費され、またいったん火を落とすと再度火を入れ、必要な温度を得るまでに時間損失が生じ」（他方では、八歳の子供までが睡眠時間を損失し、それがサンダソン一族の労働時間の利得となっている）、「そして熔鉱炉自体も温度変化によって傷むだろう」（ところがその同じ熔鉱炉が、労働の昼夜交替によっては少しも傷まないのだ）[103]。

(102)「反省に富み、理由づけを求めるいまの時代にあっては、いかに悪しきもの、いかに理不尽なものであっても、あらゆることについて十分な理由づけができない人は、たいした人物とはいえないに違いない。この世界にあって落ちぶれたものは、ことごとく十分な理由があって落ちぶれたのだ」(ヘーゲル『エンチクロペディー』第一部、「論理学」、二四九ページ)。

(103)『児童労働調査委員会、第四次報告書』一八六五年、八五号、ローマ数字一七ページ。これと似たこまやかな懸念をガラス製造業者が表明している。彼によれば子供たちに「規則的な食事時間」を与えることなど不可能だという。なぜなら、そのあいだに、炉が発する一定の熱量が「純粋な損失」となり、「無駄使い」になるからだ。この懸念に対する調査委員ホワイトの回答は、ユアやシーニョア、あるいはロッシャーのごときドイツの偏狭な亜流たちとはまったく異なる。彼らのように、資本家が自分の貨幣を支出するさいの「節制」「禁欲」「倹約」に感動したり、ティムール゠タメルラン〔一三三六─一四〇五、ティムール朝の建国者〕風の人命の「浪費」に感動したりすることなく、ホワイトは次のように答える。「たしかに規則正しい食事時間を確保することによって、一定の熱量は目下の水準を超えて浪費されるかもしれない。しかしガラス工場に雇われている成長期の子供たちが快適に食事を摂取し、それを消化する余裕すら与えられていないことからこの国に生じている生命力の浪費(the waste of animal power)に比べれば、そのような浪費は貨幣価値に換算しても無に等しい」(同前、ローマ数字四五ページ)。しかもこれが「進歩の年」一八六五年のことだ! ビンやフリントガラスの製造工場で働くこうした子供は、ものを持ち上げたり運んだりする力仕事とは別に、途切れることのない労働をこなすあいだに、六時間に一五マイルから二〇マイルもの距離を歩き回っている! しかもその仕事が一四時間から一五時間続くことがよくある！　こうしたガラス工場の多くでは、モスクワの紡績業と同じく、六時間の交替制がとられている。「週の労働時間のなかで六時間が最長の連続した休み時間であり、この時間のなかから、工場への行き帰りの時間、洗濯、着替え、食事など、時間を要するすべてのことのための時間を捻出しなければならない。こうして実際には、ごく短い休息時間しか残らない。遊びや新鮮な空気を吸うための時間をとろうとすれば、睡眠時間を削る以外にはない。しかし、これほどの暑い空気のなかでこれほど苛酷な作業をおこなう子供たちにとって睡眠時間は欠かすことのできない時間だ。……その短い睡眠でさえ、子供が夜中に自分で起きなければならなかったり、昼間は昼間で外の騒音に起こされたりして、中断される」。ホワイト氏は、ある少年が三六時間連続で働いたという例や、一二歳の少年たちが夜中の二時まで酷使された後、工場で朝の五時まで眠り（三時間！）、ふたたび昼間仕事を開始した！　などという例を、いくつかあげている。一般報告書の監修者トリメンヒーアとタフネルはこう述べている。「少年、少女、女性たちが昼間または夜間の勤務時間帯（spell of labour）にこなす労働量には想像を絶するものがある」（前掲書、ローマ数字四三、四四ページ）。そんな頃、おそらく夜更けの道を「禁欲的な」ガラス資本は、ポートワインでほろ酔いになって、クラブから千鳥足で自宅に向かっているだろう。〔＊〕「ブリトンの民は断じて、断じて奴隷とはならじ！」（Britons never, never shall be slaves!）などと、愚にもつかぬ独り言をつぶやきながら。

〔＊〕　イギリスの愛国歌「統《す》べよ、ブリタニア」（Rule, Britannia!）の一節。

第五節　標準労働日のための闘争
一四世紀なかばから一七世紀末にいたる労働日延長のための強制法

「一労働日とは何か?」資本が日価値を支払って手に入れた労働力を、資本はどれくらいの時間にわたって消費することが許されるのか? 労働日は、労働力自体の再生産に必要な労働時間を超えてどこまで延長しうるのか? すでに見たように、これらの問いに資本はこう答える。労働日とは、日々の全二四時間から、労働力がふたたび役に立つためには絶対に欠かせないわずかな休息時間を差し引いた残りすべてだと。ここで第一に自明なことは、労働者は一日の生活日全体を通じて、労働力以外のなにものでもないということだ。したがって労働者が自由に使える時間はすべて、自然に照らしても法に照らしても労働時間であり、したがって資本の自己増殖過程に帰属している。ここでは、人間形成のための時間、精神的成長のための時間、社会的役割を果たすための時間、社交のための時間、肉体的、精神的な生命力を自由に発揮するための時間、さらには日曜日の安息時間までもが──この安息日厳守の国においてさえ(104)──まったくの無駄だ! だが、剰余労働を求める際限のない盲目的衝動、その底なしの貪欲のなかで、資本は労働日の道徳的限界のみならず、純粋な肉体的限界さえも踏み越えていく。資本は肉体の成長や発達、そして健全な維持のための時間を簒奪《さんだつ》する。外気や日光を吸収するために必要な時間を奪いとる。資本は食事時間を削りとり、できればそれを生産過程自体に取りこもうとする。あたかもボイラーに石炭が補給され、機械装置にグリースや油が差されるように労働者にあてがわれる食物は、単なる生産手段への補給にすぎない。生命力を回復し、更新し、活性化するためには、健康な睡眠が必要だ。ところが資本はその睡眠を、徹底的に消耗しきった有機体の蘇生に不可欠な最低時間の昏睡にまで絞りこむ。ここでは、労働力の正常な維持が労働日の限界を決めているのではない。逆に、労働力の日々の最大支出が、いかにそれが病的な無理強いや苦痛をともなうものであっても、労働者の休息時間の限界を決めている。労働力の寿命など、資本は問題にしない。資本の関心はただ一つ、一日の労働日に活用できる労働力の最大値だけだ。資本はこの目標を、労働力の寿命を切りつめることによって達成する。それは欲深い農夫が、土地から養分を奪うだけ奪って収穫高を上げるのと同じやり方だ。

(104) たとえばイギリスの田舎では、労働者が自宅前の小さな庭で仕事をしたとして、安息日冒瀆のかどで禁錮刑に処せられることが、いまでも時々ある。その同じ労働者が、たとえ偏屈な宗教上の理由であっても、日曜日に金属工場、製紙工場、ガラス工場等を欠勤すれば契約違反で処罰される。安息日冒瀆が資本の「価値増殖過程」のなかでおこなわれてさえいれば、正統派信仰を自認する議会もどこ吹く風だ。ロンドンの魚屋と鶏肉屋の日雇労働者たちが日曜労働の廃止を求めた陳情書（一八六三年八月）によれば、彼らの仕事は週日の六日間は一日平均一五時間、日曜日には八時間から一〇時間に及ぶという。同時にこの陳情書から見てとれるのは、エクセター・ホール〔*〕に集まる貴族的偽善者たちの小うるさい食道楽が、とりわけこうした「日曜労働」を後押ししていることだ。これらの「聖人君子」たちは自分の「肉体を喜ばせること」〔ホラティウス『書簡詩』第一巻二、二九〕にはあれほど熱心でありながら、第三者の過度労働と窮乏と飢餓には、静かに耐えることで、自分たちのキリスト教信仰を立証している。満腹は彼ら（労働者）の身体には有害だ〔ホラティウス『諷刺詩』第二巻七のもじり〕というわけだ。

〔*〕エクセター・ホールは、宗教団体や慈善団体の集会に使用されたロンドンの大ホール。マルクスの時代には、奴隷貿易反対を唱える一方で、原住民をキリスト教化するためのアフリカ進出を支持する支配層の象徴的ホールだった。

資本主義的生産は本質的に剰余価値の生産であり、剰余労働の吸収だ。だからそれは労働日の延長によって人間労働力の萎縮を促し、労働力から正常な精神的肉体的な発達条件と活動条件を奪いとる。しかしそれだけではない。それはまた労働力自体の早すぎる消耗と死滅を生みだす。(105) 資本主義的生産は、労働者の寿命を短縮することによって、与えられた期間内での労働者の生産時間を延長する。

(105)「われわれが以前の報告書に掲げたように、経験豊かな何人かの工場主たちは、超過労働には人間の労働力を早期に枯渇させてしまう危険が潜んでいるという旨の発言をしている」（『児童労働調査委員会、第四次報告書』一八六五年、六四号、ローマ数字一三ページ）。

しかし、労働力の価値には労働者の再生産や労働者階級の子孫作りのために必要な商品の価値も含まれている。だから資本が、自己増殖を求める無際限の衝動にかられて、必然的に、自然の摂理に反する労働日の延長を追求するようになれば、そしてそれによって、一人ひとりの労働者の生存期間と労働力の持続時間が短縮されれば、消耗した労働力をより迅速に補充する必要性が生じ、より大きな消耗補充費が労働力の再生産に入りこんでくる。それは、機械の消耗が速ければ速いほど、機械によって日々再生産されねばならない価値部分が大きくなるのとまったく同じことだ。それゆえ資本は、自分自身の利益を考えても、いずれ標準労働日を設定せざるをえなくなるように見える。

奴隷所有者が労働力を買うのは馬を買うのと同じだ。だから奴隷を失うということは、一つの資本を失うということであり、その資本は奴隷市場での新たな支出によって補充されねばならない。しかし、以下の記述に留意されたい。

「ジョージアの稲作地やミシシッピーの沼沢地は、人体にとりかえしのつかない破壊的影響を与えるかもしれない。それでもこうした地域での人命の浪費は、ヴァージニアやケンタッキーの活気ある飼育場からの供給で穴埋めできないほど大きくはない。奴隷を長持ちさせることは経済的に見ても主人の利益と一致すると考えられているあいだは、経済的配慮が奴隷を人間的に扱うことへの一種の保証となるかもしれない。しかし、奴隷貿易が始まると、この経済的配慮は一転して、逆に奴隷を極端に酷使し、使いつぶす理由となる。

なぜなら国外の黒人飼育場からの供給で欠員の穴埋めができるとなれば、とたんに奴隷の寿命よりも、生きているあいだの奴隷の生産性のほうが重要になるからだ。それゆえ奴隷輸入国での奴隷経済の一つの格言は、最も効率的な経済は、できるだけ短期間に、できるだけ多くの労働を人間家畜からしぼりだすことにあり、となる。熱帯栽培では、しばしばプランテーションの総資本にも匹敵する年間利潤が得られる。そしてまさにそこで、黒人の生命が最も容赦なく犠牲にされている。何世紀にもわたって夢物語のような富を生みだしてきた西インド諸島の農業こそは、幾百万ものアフリカの種族を食い尽くしてきた元凶にほかならない。その今日の舞台はキューバだ。キューバの収入は何百万にも達し、農園主たちは王侯さながらの生活を送っている。そこでわれわれが目にするのは、粗悪きわまる食物と絶え間のない極度の酷使に加えて、過度労働や睡眠、休息の不足といった緩慢な拷問によって、その一大部分が毎年一直線に死へと向かう奴隷階級の惨状だ(106)」。

(106) ケアンズ『奴隷の力』、一一〇、一一一ページ。

名前こそ違え、ここに語られているのは君自身のことだ!〔ホラティウス『諷刺詩』第一巻一〕奴隷貿易を労働市場に、ケンタッキーとヴァージニアをアイルランドに、あるいはイングランド、スコットランド、ウェールズの農業地帯に、アフリカをドイツに読みかえてみるがよい！あまりの過度労働がロンドンのパン職人を一掃してしまうと、われわれは聞かされた。にもかかわらず、ロンドンの労働市場は、いつ見てもドイツその他からパン職人をめざしてやってくる死亡候補者であふれかえっている。製陶業は、すでに見たように職人が最も短命な産業部門の一つだ。だからといって、そのために陶工は不足しているだろうか？　近代的製陶業の発明者であり、自身、普通の労働者の出であったジョサイア・ウェッジウッドが一七八五年に下院で証言したところによると、この製造業全体で当時は一万五〇〇〇人から二万人の人員を雇っていたという。[107] それが一八六一年になると、グレートブリテンの都市部に住むこの産業の従事者だけで一〇万一三〇二人にのぼった。「綿工業は九〇年間続いてきた……イギリス人のこの三世代の間に、この産業は綿工業労働者の九世代分を食い尽くした[108]」。

たしかに熱にうかれた好景気の時期には、時として労働市場に深刻な人手不足が生じることもあった。たとえば一八三四年がそうだった。しかしこの時、工場主諸氏は、農業地帯の「過剰人口」を北部に送るよう救貧法委員に提案し、「工場主たちが彼らを吸収し、消費するだろう[109]」と説明した。これが彼らの本音だった。

「救貧法委員の同意を得て、斡旋人の事務所がマンチェスターに設置された。農業労働者の一覧表が作成され、これらの斡旋人たちに提出された。工場主たちはこの事務所に駆けこみ、自分の希望にあったものを選びだすと、選ばれた家族たちがイングランド南部から送られた。この人間荷物は貨物と同じように荷札を付されて運河や荷馬車でとどけられた。ある者は徒歩であとについていき、多くの者が道に迷い、なかば餓死状態で工業地帯をさまよった。この斡旋業はまぎれもない一商業部門にまで発展した。下院はそれをほとんど信じないだろう。この定期的な取引、この人肉売買はその後も続き、黒人が南部諸州の綿花農場主たちに売られていったのとまったく同じように、彼らもまた定期的にマンチェスターの斡旋業者に買い取られ、マンチェスターの工場主へと売りわたされた。……一八六〇年という年は綿工業の絶頂期だった。……またもや人手不足がやってきた。工場主たちはふたたび人肉斡旋業者たちに頼った。……そして斡旋業者たちはドーセットの砂丘地を、デヴォンの丘陵地を、ウィルツの平野を探し回った。しかし過剰人口はすでに食い尽くされていた」。

『ベリー・ガーディアン』紙は、英仏通商条約の締結後には、もう一万人の追加人員を吸収しうるようになり、まもなく三万人から四万人の人手がさらに必要となるだろうと嘆いている。人肉取引の斡旋業者や下請斡旋業者たちは一八六〇年、農業地帯をあさったが、これといった成果があがらなかった。そこで、

「一人の工場主代表が救貧局長ヴィリアズ氏に、救貧院の貧困児童や孤児の供給をふたたび許可するよう請願した(110)」。

(107) ジョン・ウォード『ストーク・アポン・トレント市の歴史』ロンドン、一八四三年、四二ページ。

(108) 一八六三年四月二七日の「下院」におけるフェランドの演説。

まの言葉だった」（同前）。

(109)「That the manufacturers would absorb it and use it up. これが綿工業者たちが使ったそのまま言葉だった」（同前）。

(110) 同前。ヴィリアズは、協力する意志はあっても、「法的」には工場主たちの請願を拒否しなければならない立場にあった。しかし、工場主たちは各地区の救貧局の温情によって目的を達成した。工場監督官A・レッドグレイヴ氏は、孤児や貧児を「法的」に徒弟とみなす今回の制度は「以前のような弊害」をともなってはいないと保証した（この「弊害」についてはエンゲルス『イギリス労働者階級の状態』参照）。――ただし、「スコットランドの農業地域からランカシャーやチェシャーに連れてこられた少女や若い女性たちについてはこのシステムが悪用された」ケースもあったと彼は述べている。この「制度」では、工場主が一定期間、救貧院当局と契約を交わす。工場主は子供たちに衣食住を与え、少額の手当てを現金で支給する。以下に紹介するレッドグレイヴ氏のコメントは、とくに次のような事情を考えあわせると奇妙に思える。すなわち一八六〇年という年は、イギリス綿工業の繁栄の年月のなかでもきわだった好況年で、そのうえ労働賃金が高止まりしていた。というのも、異常に大きな労働需要がアイルランドの人口減少と重なり、同時に、イングランドやスコットランドの農業地帯からオーストラリアとアメリカへの類例のない大量移住と重なったからだ。さらに、いくつかのイングランドの農業地帯では、一部は生命力の破壊が好首尾におこなわれたために、一部は調達可能な人口が人肉売買人のために底をついていたために、積極的な人口減少が生じていた。こうした事情にもかかわらずレッドグレイヴ氏はこう述べている。（救貧院の子供たちの）「この種の労働は、他の人手が見つからない時にのみ求められる。なぜならそれは高くつく労働（high-priced labour）だからだ。一三歳の少年が受けとる通常の労賃は週に約四シリングだ。しがしこうした少年五〇人、一〇〇人に衣食住を支給し、医者の援助と適当な監督を付け、さらに現金で少額の手当てを支給するとなると、週に一人あたり四シリングではまかなえない」(『工場監督官報告書、一八六〇年四月三〇日』、二七ページ)。レッドグレイヴ氏が言い忘れていたのは、もし工場主が五〇人、一〇〇人の少年をいっしょに住まわせ、食べさせ、監督して、なおかつ四シリングではまかなえないというのなら、いったい労働者自身はどうやって四シリングの労賃で彼らの子供たちにこうしたものすべてを与えることができるのかということだ。ただし、このテキストから誤った結論が引きだされることのないように言っておかねばならないのは、イギリス綿工業は、一八五〇年の工場法、およびそこに盛りこまれた労働時間等の規定に服するようになって以来、イギリスの模範産業とみなされなければならないということだ。同じ運命を共有する大陸の労働者に比べると、イギリスの綿工業労働者はあらゆる点で上をいっている。「プロイセンの工場労働者はイギリスの競争相手に比べて一週につき少なくとも一〇時間は多く働いている。しかも彼が自宅におかれた自分の織機で仕事をする場合には、追加労働時間のこの制限さえもなくなる」(『工場監督官報告書、一八五五年一〇月三一日』、一〇三ページ)。前述の工場監督官レッドグレイヴは、一八五一年の産業博覧会の後、大陸、とくにフランスとプロイセンを旅行して工場の現状調査をおこなった。彼はプロイセンの工場労働者についてこう述べている。「工場労働者の受けとる賃金は、簡素な食料とわずかな日用品を購入するのにぎりぎり間にあう程度のものだが、彼らはそれに慣れており、満足している。……イギリスの競争相手と比べると、彼らの生活水準は低く、労働はより厳しい」(『工場監督官報告書、一八五三年一〇月三一日』、八五ページ)。

資本家たちが経験から一般的に知っているのは、人口がつねに過剰状態にあること、すなわち資本の当面の価値増殖欲求に比べれば過剰状態にあることだ。とはいえ、こうした過剰人口の流れは、発育不全で、短命で、やつぎばやに世代交替し、いわば未熟なまま摘み取られていく人間世代をつなぎあわせてできたものにすぎない[111]。もちろん、分別ある観察者ならば、他方で次のことも経験から分かるはずだ。すなわち資本主義的生産が、歴史的に見ると、ついこのあいだはじまったばかりだというのに、いかに急速に、深く、民衆の生命力の根幹を痛めつけてきたかということを。そして、工業人口の退化を緩和しようとすれば、いかに絶え間なく、農村で自然に育った生命力を吸収し続けなければならないかということを。そして、その農村部の労働者でさえ、まだ新鮮な空気があり、自然淘汰原理が強力に作用してきたために最強の個体しか残っていないにもかかわらず、いかに衰弱しはじめているかということを[112]。資本が、資本を取り巻く労働者世代の苦しみを認めないのには、それなりに「理の通った理由」があると資本はいう。そんなことをいう資本が、人類の将来的な衰弱や、最終的にはとどめようのない人口減少が見こまれるからという理由で、実際の運動を自制するなどと思うのは、いつか地球が太陽のなかに落下するかもしれないという理由で彼らが自制すると思うのと同じだ。どんな株式投機でも、いつか雷が落ちるに違いないことは全員が分かっている。だが、その全員が、雷は自分自身が黄金の雨をたっぷり浴びてから安全な場所に逃げおおせたあとで、隣の人の頭上に落ちるだろうと思っている。わが亡きあとに洪水よきたれ！（Après moi le déluge!）〔ルイ一五世の寵姫ポンパドール夫人の言葉〕

これこそ、あらゆる資本家と資本家国家の合言葉だ。だからこそ資本は、社会によって強制されないかぎり、労働者の健康と寿命に配慮することはない(113)。肉体的、精神的衰弱、早すぎる死、過度労働による虐待、こうしたことについての訴えに、資本はこう答える。その苦しみはわれらの快楽（利潤）を増やしているのだから、それがわれわれを苦しめるはずなどあろうか、と〔ゲーテ『西東詩集』ティムールの巻、「ズライカへ」より〕。しかし、全体として言えば、これは個々の資本家の善き意図や悪しき意図によって生じたものではない。自由競争のもとでは、資本主義的生産に内在する法則が、個々の資本家に対する外在的な強制法則として作用するのだ(114)。

(111)「過度な労働を課されている者は異様なほど早く死んでいく。しかし斃《たお》れていく者たちの空席はただちに埋められ、登場人物が頻繁に交替しても、舞台上には何の変化も生じない」（『イギリスとアメリカ』ロンドン、一八三三年、第一巻、五五ページ）（著者はE・G・ウェイクフィールド）。

(112)『公衆衛生、枢密院医務官第六次報告書、一八六三年』ロンドン、一八六四年刊行を参照。この報告書はとくに農業労働者を取り上げている。「サザーランド州は非常に改善の進んだ州とされてきたが、最近の調査によると、かつては美しい男たちと勇敢な兵士たちで有名だったこの州の各地区でも、住民たちが痩せて虚弱な種に退化していることが判明した。海をのぞむ丘の中腹というこれ以上ない健康的な立地条件のところでも、子供たちの顔は、ロンドンの場末の朽ちはてた空気のなかでしか見られないほどに痩せて、青白い」（ソーントン『過剰人口とその解決策』、七四、七五ページ）。実際彼らは、グラスゴーの路地や中庭で売春婦や泥棒たちとともに寝かされている三万人の「雄々しいスコットランド高地人」と似た状態にある。

(113)「住民の健康は国の資本のきわめて重要な一要素であるにもかかわらず、資本家たちはこの宝を維持し尊重するつもりがまったくないことをわれわれは認めざるをえない。……労働者の健康への配慮は、工場主たちに強制されたものだ」（『タイムズ』一八六一年一一月五日）。「ウェスト・ライディングの男たちは人類のための織物製造人となった。……労働民衆の健康は犠牲にされた。このままいけば数世代のうちに種が退化していたことだろう。しかし一つの反動が生じた。児童労働の時間が制限されたのだ、云々」（『戸籍本署長官、第二二次報告書』一八六一年）。

(114) だからこそ、J・ウェッジウッド父子商会を含めて、スタッフォードシャーに大きな製陶工場をもつ二六の会社は、一八六三年初頭に「国家の強制的介入」を求める請願書を提出したのだ。そこには児童労働時間の「自主的な」制限などは「他の資本家たちとの競争」が許さない、と書かれていた。「したがって上記のような弊害をいかにわれわれが訴えてみても、工場主のあいだでなんらかの協定を結んでこれを防止することは不可能だろう。……こうした点をすべて考慮して、われわれは強制法が必要だという確信に達した」（『児童労働調査委員会、第一次報告書』一八六三年、三二二ページ）。

(114)への追補　最近、これよりはるかに驚くべき事例が見られた。綿花価格が上昇し、景気が過熱した時期に、ブラックバーンの綿織物工場の所有者たちは、これを機に相互協定を結び、彼らの工場の労働時間を一定の期間、短縮することを決めた。その期限は一一月末（一八七一年）前後に切れた。その間に、紡績と織物の両部門をあわせもつ裕福な工場主たちは、その協定によって生じた生産の減少を利用して自分たちの事業を拡大し、弱小業者たちの犠牲の上に大きな利潤を得ようとした。その時、弱小業者たちが窮余の一策として頼ったのが、なんと工場労働者たちだった。弱小業者たちは工場労働者たちに九時間労働運動を熱心に推進するよう呼びかけ、その目的のための寄付まで約束した！

標準労働日の制定は、資本家と労働者とのあいだの数百年にわたる闘争の結果として得られたものだ。しかしこの闘争の歴史には逆方向に向かう二つの潮流が見られる。たとえば現代のイギリスの工場法を、一四世紀から一八世紀なかばまでのイギリスの労働法規と比べてみるとよい(115)。近代の工場法が労働日を強制的に短縮するためのものであるのに対して、過去の法規は労働時間を強制的に延長することをめざしていた。資本がまだ発生したばかりの胎児状態の時には、資本は単なる経済的諸関係の力だけでなく、国家権力の助けをも借りて十分な量の剰余労働を吸収する権利を確保できた。もちろん、その段階での資本の要求は、後に成人となった資本がぶつくさ言いながらいやいや譲歩せざるをえなくなる段階と比べれば、まだ非常に控えめなものだったように見える。のちに資本主義的生産様式が発達すると、「自由」になった労働者たちは、自分たちが慣れ親しんできた生活手段の価格で、自分の全活動時間を、いやそれどころか自分の労働能力そのものを、自分の方から、ということは社会的にやむなく、売りわたすようになる。まるでレンズ豆の煮物のために家督をゆずったあの旧約聖書の人物のように〔『旧約聖書』創世記、第二五章、イサクの長子エサウの物語〕。しかし、その段階にいたるまでには、まだ数世紀の時が必要だった。資本は一四世紀なかばから一七世紀末にいたるまで、国家権力の助けを借りて成人労働者に労働日の延長を押しつけようとした。しかし一九世紀後半になると子供の血を資本に変えることが、時おり国家によって制限されるようになる。それゆえ、かつて成人に押しつけられた労働日の上限が、のちに子供に課された労働時間の上限とほぼ一致するのは自然なことだ。たとえば、いままでのところ北アメリカ共和国で最も自由な州であるマサチューセッツ州が、今日、一二歳未満の児童労働の上限と定めているものは、一七世紀なかばまで、イギリスの働き盛りの職人やたくましい農僕、巨漢の大物鍛冶工たちの標準労働日だったものだ。(116)

(115) こうした労働者法規はフランスやオランダその他にも見ることができるが、イギリスでは一八一三年になって、すなわち生産関係によってとうの昔に排除された後で、ようやく正式に廃止された。

(116) 「一二歳未満の児童は、いかなる工場においても一日一〇時間以上就業させてはならない」(『マサチューセッツ一般法規』第六〇章第三条。これらの法令は一八三六年から一八五八年にかけて制定された)。「すべての木綿、羊毛、絹、紙、ガラス、亜麻の製造工場、あるいは鉄および真鍮工場においては、一日一〇時間のあいだになされる労働が、一法定日労働とみなされねばならない。今後はいずれの工場に雇われている未成年者に対しても一日一〇時間以上、あるいは週六〇時間以上の労働をおこなうよう引き留め、あるいは要求してはならない。さらに今後は、州内のいかなる工場においても一〇歳未満の未成年者を労働者として就労させてはならない」(『ニュージャージー州、労働時間等制限法』第一条および第二条、一八五一年三月一八日の法律)。「一二歳以上一五歳未満の未成年者はいずれの工場においても一日一一時間以上就業させてはならず、また午前五時以前、および午後七時半以降に就業させてはならない」(『ロード・アイランド州改正法』第一三九章第二三条、一八五七年七月一日)。

最初の「労働者法令」(一三四九年、エドワード三世〔在位一三二七—七七〕治世二三年)が制定された直接の口実はペストの大流行だった(ただしこれは原因ではない。この口実がなくなった後も、この種の法令は数世紀にわたって続くことになるからだ)。このペストは人口を激減させ、あるトーリー党の著述家の言葉を借りれば、「労働者をリーズナブルな価格で」(つまり使用者にリーズナブルな量の剰余労働を残す価格で)「雇うことが、実際に耐えがたいほど難しくなった」[117]。こうしてリーズナブルな労賃が、労働日の限界と同様に、強制法によって定められた。われわれがここでとりあげるのは労働日のほうだけだが、こうした労働日制限は一四九六年(ヘンリー七世〔在位一四八五—一五〇九〕治下)の法令でも繰り返された。当時は、すべての手工業者および農業労働者の三月から九月までの労働日は、実際にはけっして厳守されていなかったものの、朝は五時から始まり、夜は七時と八時のあいだに終わることになっていた。それでも食事時間は、朝食が一時間、昼食が一時間半、四時の間食が三〇分とされており、現行の工場法と比べるとちょうど二倍にあたる。[118]冬は朝の五時から日没まで働くことになっており、食事休憩は同じだった。一五六二年に制定されたエリザベス朝のある法令は「日給または週給で雇われている」すべての労働者について以下のことを定めている。この法令は労働日の長さには触れていないが、休憩時間を夏は二時間半に、冬は二時間に制限しようとしている。昼食時間は一時間までとし、五月中旬から八月中旬までの期間に限って「三〇分間の昼寝」を許可している。欠勤については、一時間につき一ペニー（約八ペニッヒ）が賃金から差し引かれる。しかし実際の状況は、法文にあるよりもはるかに労働者に有利だった。経済学の父であり、ある程度は統計学の創始者とも言えるウィリアム・ペティは、一七世紀後半に刊行されたある文書で次のように書いている。

「労働者」（当時はじつのところ農業労働者）「は毎日一〇時間ずつ働き、週に二〇回の食事をとっている。つまり仕事日には毎日三回、日曜日には二回の食事をとっている。ここから明らかなように、もし彼らが金曜日の晩は断食をするつもりになり、現在午前一一時から一時までの昼食時間を二時間から一時間半に減らせば、言い換えれば二〇分の一だけ多く働き、二〇分の一だけ食事を減らす気になれば、先に述べた税金の一〇分の一は工面できるだろう[119]」。

ドクター・アンドルー・ユアは、一八三三年の十二時間労働法案を、かつての暗黒時代への逆戻りだとして非難したが、それももっともなことではなかったか？　もちろん、こうした法令に謳われ、ペティも言及していた諸規定は「徒弟」にも適用される。しかし、一七世紀末にはまだ児童労働がどのようなものであったかは、次のような嘆きからも見てとれる。

「ここイギリスの少年たちは、徒弟になる年齢までまったくなにもしない。だからもちろん一人前の職人になるまで長い時間、七年もの歳月が必要となる」。

これとは対照的に、ドイツは褒められている。ドイツではゆりかごの時代から、少なくとも「少しは仕事をするよう仕こまれている」からだ。(120)

(117)［J・B・バイルズ］『自由貿易の詭弁』第七版、ロンドン、一八五〇年、二〇五ページ。ちなみに、トーリー党員であるこの同じ人物は、以下のことも認めている。「労働賃金を労働者側に不利に、雇い主側に有利になるよう規制してきた種々の議会条例は四六四年という長きにわたって存続した。人口は増加した。これらの法はいまでは不必要かつ煩わしいものとなっている」（同前、二〇六ページ）。

(118) J・ウェイドがこの法令について次のように述べているのはもっともなことだ。「一四九六年の法令から見てとれるのは、食料費が手工業者の所得の三分の一、農業労働者の所得の二分の一に相当するものとみなされていたことだ。これは労働者の独立性が現在の一般的水準より高かったことを示している。現在では、農業労働者であれ工場労働者であれ、食料費が賃金に占める割合はこれよりはるかに高い」（J・ウェイド『中産階級と労働者階級の歴史』、二四、二五、五七ページ）。この差異は現在と当時の食料品と衣料品の価格比の違いによるものだというような意見は、次の資料を一瞥するだけでまちがいだと分かる。ビショップ・フリートウッド『物価年表』初版、ロンドン、一七〇七年、第二版、ロンドン、一七四五年。

(119) W・ペティ『アイルランドの政治的解剖、一六七二年』一六九一年版、一〇ページ。

(120)『機械工業奨励の必要性についての一論』ロンドン、一六九〇年、一三ページ。ホイッグ党とブルジョワジーの利益にあわせてイギリス史を捏造したマコーリーは次のように熱弁をふるっている。「子供を早くから仕事につかせる慣習は、一七世紀には、当時の工業の状態からはほとんど信じられないほど広く根づいていた。羊毛工業の中心地ノリッジでは六歳の子供が労働能力ありとみなされた。その時代のいろいろな作家たちは、なかにはきわめて慈悲深い人物とみられていた人も少なからずいたが、この都市だけで少年少女が自分たちの生活費を年に一万二〇〇〇ポンドも上回る富を作りだしている事実を「感激」しながら述べている。過去の歴史を詳しく調べれば調べるほど、われわれの時代を新しい社会悪の温床とみなす人々の見解がまちがいである理由がますます豊富に得られる。新しく登場したのは、悪を発見する知性であり、それを癒やす人間性だ」（『イギリス史』第一巻、四一七ページ）。一七世紀には、オランダの救貧院で四歳の子供が働かされており、それを「きわめて慈悲深い」商業の友たちが「感激」をもって物語っていたこと。また「実践に移された徳」のこうした例は、アダム・スミスの時代にいたるまで、マコーリー流の人道主義者のあらゆる文章に見られること。そんなこともマコーリーは語ろうと思えば語れただろう。マニュファクチュアの出現によって、手工業では目立たなかった児童搾取の痕跡が表面化してきたという指摘は正しい。実際、児童搾取は以前からある程度、農民たちのあいだにも存在し、農夫に負わされるくびきが重くなればなるほどその程度はひどくなっていった。資本の傾向は紛れもないが、事実そのものは、まだ双頭児の出現のように散発的だ。だからこそ、目はしがきく「商業の友」たちはあれほど「感激」して、こうした事実を特別な注目と称賛に値するものとして同時代と後世のために書きとめ、これを見習うように勧めたのだ。スコットランド生まれのお追従者で演説達者なこの同じマコーリーは、こんなことも言っている。「今日、耳にするのは退歩のことばかりだが、目にするのは進歩ばかりだ」。いったいどんな目をしており、ことにどんな耳をしているのか！

大工業時代が始まる以前の一八世紀の大半を通じて、イギリスの資本が達成できなかったことがある。それは、農業労働者を別として、労働力の一週間分の価値を支払うことによって労働者の一週間すべてをわがものにすることだ。労働者たちは四日分の賃金で一週間暮らすことができた。だから残りの二日まで資本家のために働く十分な理由はないように思われた。イギリス経済学者の一派は資本の肩を持ち、労働者たちのこのわがままを憤然と非難したが、他の一派は労働者を弁護した。一例として、ポスルスウェイトと、前に引用した『貿易および商業についての一論』の著者との論争を見てみよう。(121) ポスルスウェイトの商業事典は、今日のマカロックやマグレガーの同種の著作と同様、当時高い評価を受けていた。

(121) 労働者をやり玉にあげる者のなかで最も攻撃的なのは、本文でとりあげた『貿易および商業についての一論、租税に関する考察を含む』ロンドン、一七七〇年、の匿名著者だ。彼の以前の著作『租税についての考察』ロンドン、一七六五年、も同様だった。度しがたい無駄話をまき散らす統計屋のポローニアス〔『ハムレット』に登場するおしゃべり宮内大臣〕、アーサー・ヤングなども同系列に連なる。労働者を擁護する側に立つ論者の筆頭は、『貨幣万能論』ロンドン、一七三四年、の著者ジェイコブ・ヴァンダーリント、『現在の食糧高価格の原因に関する研究』ロンドン、一七六七年、の著者、神学博士ナサニエル・フォースター師、それにドクター・プライス、そしてなかでも『商工業大辞典』の補遺および『グレートブリテンの商業利益の説明と改善』第二版、ロンドン、一七五九年、の著者ポスルスウェイトだ。事実そのものについては、他の多くの同時代の著述家たち、とくにジョサイア・タッカーによって確認されている。

ポスルスウェイトはたとえば次のように述べている。

「この小論を閉じるにあたって、ぜひとも一言述べておきたいことがある。それは、労働者は五日働いて十分生きていけるだけのものを手に入れられるなら、六日間めいっぱいに働こうとはしなくなるという、あまりにも多くの人が口にする陳腐な言い草についてだ。だから、手工業者やマニュファクチュア労働者を週六日休みなく働かせるためには、税その他の手段で、生活必需品といえども高値に保つことが不可欠だというのが、彼らの結論だ。まことに失礼ながら、わたしはこの王国の労働者の永続的奴隷化に手を貸すこうした大物政治家たちとは、意見を異にする。彼らが忘れているのは「働いてばかりいて遊ばないとばかになる」というあのことわざだ。イギリス人はこれまで、イギリス製品に広く信用と名声を与えてきたイギリスの手工業者とマニュファクチュア労働者の才能と技術を自慢してこなかっただろうか？　この信用と名声はいったいどのような状況のおかげで得られたのか？　それはおそらく、われわれの労働民衆が思い思いのやり方で気晴らしをすることができたおかげだろう。もし彼らが一年中働きづめで週六日間、ひたすら同じ作業の反復を強制されたなら、彼らの才能は鈍麻し、彼らは活発で聡明になるより、むしろ鈍重でのろまになってしまうだろう。そして彼らは、こうした永遠の奴隷状態の結果として、その名声を維持するどころか、それを失ってしまうのではないだろうか？　……このように酷使されている動物から、いったいわれわれはどんな熟練技能を期待できるというのか？　……彼らの多くは、フランス人なら五日か六日かかる仕事を四日で仕上げる。しかし、イギリス人が永遠の苦役労働者と化すようなことがあれば、イギリス人はフランス人よりさらに退化するおそれがある。わが国民が戦争での勇敢さのゆえに名を馳せると、われわれはこんなふうに言うではないか。それは一つには、自分たちの腹におさまった上等なイギリス製ローストビーフとプディングのおかげだが、もう一つには、それに劣らず立憲的な自由精神のおかげだと。ならば、われわれの職人と工場労働者たちの優れた独創性や活力や熟練もまた、彼らが自分なりのやり方で気晴らしができる自由のおかげだと、なぜ言えないのか？　わたしは、彼らがこうした特権を、そしてこの良き生活を二度と失うことがないように望む。彼らの創意工夫も勇気も、ともにこの良き生活から生みだされているのだ！」[122]

（122）ポスルスウェイト、前掲書、「第一序論」、一四ページ。

これに対して、『貿易および商業についての一論』の著者は次のように答える。「週の七日目を休日とすることが神の掟だとするならば、他の週日は労働のためにある」（すぐ分かるように彼は、資本のためにある、と言いたいのだ）「ということも、この掟には含まれている。だからこの神の命令を強制するのが残酷だという非難は当たらない……一般に人類が生まれつき安逸と怠惰に流れやすいことは、われわれのマニュファクチュア下層民たちの態度によって、われわれはいやというほど経験させられてきた。彼らは生活手段が騰貴した時以外は、週平均四日以上働きはしない。……労働者の全生活手段を一ブッシェルの小麦であらわすとしよう。いま一ブッシェルの小麦の価格が五シリングで、労働者が労働を通じて一日に一シリングを稼ぐとすると、彼は週に五日間しか働く必要がない。一ブッシェルが四シリングなら四日でよい。……しかしこの王国の労働賃金は生活手段の価格と比べるとはるかに高いので、マニュファクチュア労働者は四日働けば、週の残りは遊んで暮らしていけるだけの余分な貨幣を手にすることになる。……これだけいえばもう十分お分かりのことと思うが、週に六日の適度な労働は奴隷労働などではない。われわれの農業労働者たちはこれを実行しており、しかもどこからみても、彼らは労働者のなかで最も幸福な人々だ[123]。しかし、オランダ人はマニュファクチュアでもこれを実行しており、非常に幸福な国民に見える。フランス人も多くの休日が割って入らないかぎり、同じようにおこなっている[124]。……しかし、われわれの下層民たちは固定観念にとりつかれており、イギリス人である自分たちには、生得の権利によって、他のいかなるヨーロッパの国の者」(労働民衆)「より自由で自立的である特権が与えられていると思いこんでいる。たしかに、われわれの兵士たちの勇敢さに影響するかぎりでは、この固定観念も多少の役には立つかもしれない。しかしマニュファクチュア労働者については、こうした固定観念は少なければ少ないほど、彼ら自身にとっても、国家にとってもよい。労働者は自分が上司から自立しているなどとゆめゆめ思いこむべきではない。……全人口のおそらく八分の七までが、ほとんど資産を持たないか、あるいは無産者で占められているわが国のような商業国家においては、下層民たちを勇気づけるのはきわめて危険だ[125]……われわれの工業貧民が、現在四日間で得ている同じ報酬で六日間働くことに甘んじるまでは、治療が完全に済んだとはいえない[126]」。

この目的のために、あるいはまた「怠惰、放縦、ロマン主義的な自由の夢想などを根絶するために」、はたまた「救貧税の引き下げ、勤労精神の発揚、マニュファクチュアでの労働価格の引き下げのために」、われらが資本の忠臣エッカルト〔ドイツの伝説に登場する忠臣〕は特効薬を提案する。いわく、公的慈善に頼っている労働者、一口でいえば受救貧民を、「理想的救貧院」に監禁すべしというのだ。「こうした施設は恐怖の家にならねばならない(127)」。こうした「恐怖の家」「理想的救貧院」では「日々一四時間、ただしこれは適当な食事時間を含んでいるため、実質一二時間の労働時間が残るように(128)」労働が課されるべきだという。

(123)『貿易および商業についての一論』。彼自身、九六ページでは、イギリス農業労働者の「幸福」が、すでに一七七〇年の時点でどのようなものであったかを語っている。「彼らの労働力はつねに極限まで酷使されている。彼らの生活以上にひどい生活は考えられず、彼らの労働以上のきつい労働はありえなかった」。

(124) プロテスタンティズムは、昔ながらの祝日をほとんどすべて労働日に変え、そのことだけでも資本の発生に重要な役割を果たした。

(125)『貿易および商業についての一論』、四一、一五、九六、九七、五五、五六、五七ページ。

(126) 同前、六九ページ。ジェイコブ・ヴァンダーリントは、一七三四年にすでに、資本家が労働民衆の怠惰について嘆くひそかな理由は単純なもので、彼ら資本家が同じ賃金で四日間ではなく六日間の労働日を要求していたことによる、と説明している。

(127)『貿易および商業についての一論』、二四二、二四三ページ。「このような理想的救貧院は「恐怖の家」とならねばならず、十分な食事と、暖かく見苦しくない衣類を支給され、わずかの労働しか課されないような貧民の逃避場所にしてはならない」。

(128) "In this ideal workhouse the poor shall work 14 hours in a day, allowing proper time for

meals, in such manner that there shall remain 12 hours of neat labour."（同前、二六〇ページ）。彼は述べている。「フランス人は、われわれの熱狂的な自由の理念を笑っている」（同前、七八ページ）、と。

日々一二時間の労働を課す「理想の救貧院」、これが一七七〇年の恐怖の家だった！ところがその六三年後の一八三三年、イギリス議会は四つの工場部門で一三歳から一八歳までの年少者の労働日を正味一二時間労働時間にまで引き下げた。その時には、まるでイギリス工業界に最後の審判の日がやってきたかのようだった！　一八五二年、ルイ・ボナパルトが法定労働日を覆してブルジョワ層に足場を築こうとした時、フランスの労働者民衆［第三版、第四版では民衆］は異口同音に叫んだ。「労働日を一二時間に短縮する法律は、共和国の法案のうち、われわれの手に残った唯一の財産だ！」[129]と。チューリヒでは一〇歳以上の児童の労働時間が一二時間に制限されている。アールガウ［スイスの州］では一八六二年に、一三歳から一六歳までの児童の労働時間が一二時間半から一二時間に短縮され、オーストリアでは一八六〇年に、一四歳から一六歳までの児童労働が同じく一二時間に短縮されている。[130]なんとすばらしい「一七七〇年以来の進歩だろう」とマコーリーなら「歓喜」の声を上げるだろう！

(129)「彼らが一日一二時間を超す労働に反対するのは、この時間数を定めた法律が共和国の立法のうち彼らの手に残った唯一の財産だったからだ」（『工場監督官報告書、一八五五年一〇月三一日』、八〇ページ)。一八五〇年九月五日のフランスの十二時間労働法は一八四八年三月二日の臨時政府の布告をブルジョワ版に改定したものだが、すべての仕事場に区別なく適応される。この法律以前には、フランスの労働日の長さは無制限だった。工場の労働日は一四、一五時間、あるいはそれ以上に及んでいた。ブランキ『一八四八年におけるフランスの労働者階級について』を参照のこと。これは革命家のブランキではなく、経済学者のほうで、労働者の状況についての調査を政府から依頼されていた。

(130) ベルギーは労働日規制に関してもブルジョワ的な模範国家であることを立証している。ブリュッセル駐在イギリス公使ロード・ハワード・ド・ウォルデンは、一八六二年五月一二日、外務省に以下の報告をしている。「ロジェ大臣からわたしへの説明によれば、一般法も地方条例も児童労働についてはなんら制限を設けていないという。過去三年間にわたって政府は会期のたびごとに、この議題に関する法律を議会に提出しようと考えてきたが、労働の完全自由の原則に反するいかなる立法措置に対しても、つねに猜疑心に満ちた不安があり、これが乗り越えがたい障害として立ちはだかったとのことだ」!

受救貧民のための「恐怖の家」など、一七七〇年にはまだ資本の魂が思い描く夢でしかなかった。それがわずかな年月の後、この恐怖の家がマニュファクチュア労働者自身にとっての巨大な「救貧院」として出現した。それは工場と呼ばれた。そして今回は、かつての理想さえ、現実を前に色あせてみえた。

第六節　標準労働日のための闘争　強制法による労働時間の制限
一八三三―一八六四年のイギリスの工場立法

労働日をまずは標準的な上限にまで延長し、さらにはそれを超えて自然日の限界である一二時間にまで延長するのに[131]、資本は数世紀を要した。しかしその後、一八世紀も三分二がすぎたころに大工業が誕生すると、それ以後、雪崩のような凶暴かつ際限のない突進が始まった。風習と自然、年齢と性別、昼と夜など、あらゆる垣根が踏みにじられた。昼と夜の概念など、古い法規なら農夫でも分かる単純なものだった。ところがその概念でさえ、いまやきわめて曖昧になり、あるイギリスの裁判官は一八六〇年になってもまだ、昼とはなんであり、夜とはなんであるかを「判決上有効に」[132]説明するために、まさにタルムード〔ユダヤ教の口伝律法註釈集〕註解者さながらの叡智を必要としたほどだ。資本はわが世の春を謳歌していた。

(131)「ある階級の人々が毎日一二時間、苛酷な労働を強いられるのはまちがいなくきわめて痛ましいことだ。これに食事時間や仕事場への行き帰りの時間を加えれば、その時間は実際には二四時間のうち一四時間にものぼる。……健康面からは言うに及ばず、道徳的見地からしても、一三歳という年少時から、あるいは「自由な」産業部門ではそれよりずっと小さい時から、間断なく、労働者階級の時間をこれほど根こそぎ吸いとることはきわめて有害であり、おそるべき悪弊であることは、だれでも躊躇なく認めるだろう。……公共道徳を守るために、真面目な民衆を育てるために、そして多くの一般大衆に適度な生活の楽しみを与えるために、あらゆる事業部門において毎労働日の一部を休養と余暇のために確保することを強く要求しなければならない」(『工場監督官報告書、一八四一年一二月三一日』所収、レナード・ホーナーの見解)。

(132)『一八六〇年ヒラリー開廷期〔イギリスの年初の開廷期〕でのアントリム州ベルファーストのJ・H・オトウェイ氏の判決』を参照のこと。

生産の騒音に茫然としていた労働者が、いくらか冷静さをとり戻すと、すぐさま彼らの抵抗が始まった。先鞭をつけたのは大工業の生誕地イギリスだった。とはいえ最初の三〇年間に彼らが奪いとった譲歩は、純粋に名目的なものにとどまった。一八〇二年から一八三三年までの間に、議会は五つの労働法を制定したが、狡猾にも、その強制的な実施や必要な官吏等のための支出は一文たりとも議決しなかった。(133)「一八三三年の法律が制定されるまでは、子供や青少年が終夜、終日、あるいはその両方で、雇用者の思いどおりに働かされるのが現実だった」(134)。

(133) フランスでは、ルイ＝フィリップの統治下で唯一、一八四一年三月二二日の工場法が制定されたが、いかにもこのブルジョワ王らしいやり方で、この法律は一度も実施されなかった。しかも、この法律の対象は児童労働に限られていた。それは八歳から一二歳までの児童については八時間、一二歳から一六歳までの少年については一二時間、等々と定めていたが、八歳の子供にまで夜間労働を認めるような多くの例外規定が含まれていた。ネズミ一匹にまで警察の監視が及んでいたこの国で、この法律の監視と励行は「商業の友」たちの良識に任された。ようやく一八五三年になって、唯一、ノール県に一人の有給政府監督官が配置された。ありとあらゆるものに法の網を掛けるフランスの法律工場で、このルイ・フィリップの工場法が一八四八年の革命にいたるまで唯一のものだった！ということもまた、先の例に劣らず、フランス社会一般の発展の特徴をよく物語っている。

(134) 『工場監督官報告書、一八六〇年四月三〇日』、五〇ページ。

一八三三年に木綿、羊毛、亜麻、絹の各工場を包括する工場法が制定され、ここからようやく近代工業に対する標準労働日の歴史が始まる。一八三三年から一八六四年にいたるイギリス工場立法の歴史ほど、資本の精神を明確に特徴づけるものはほかにない！

一八三三年の法律には、通常の工場労働日は朝五時半に始まり、夜八時半に終わるべきことがはっきりと謳われている。この制限内、つまり一五時間の範囲内ならば、少年（すなわち一三歳から一八歳までの人員）を一日のどの時間に使用しても適法とみなされる。ただし、そのさいつねに前提とされるのは、同一の少年が、あらかじめ定められたいくつかの特例を除き、一日に一二時間以上の労働を課されないことだ。この法律の第六節では「労働時間を制限されたこれらの者たち全員に、毎日少なくとも一時間半の食事時間が認められるべきこと」が定められている。九歳未満の児童の使用については、後述の例外を除いて禁止され、九歳から一三歳までの児童の労働は一日八時間に制限された。夜間労働、すなわちこの法律によれば夜八時半から朝五時半までの労働は、九歳から一八歳までの人員すべてについて禁止された。

立法者たちは、成人労働力を搾取する資本の自由を、あるいは彼らの言い方によれば「労働の自由」を侵害しようなどとは夢にも思っていなかった。そこで彼らは工場法がもたらす恐ろしい結果を予防するために独自のシステムをひねりだした。

一八三三年六月二五日の委員会中央審議会の第一次報告は次のように述べている。「現在実施されている工場制度の大きな弊害は、児童労働を成人労働日の最長時間にまで延長する必然性を生みだす点にある。かといって成人労働を制限すれば、防ぐべき弊害より大きな別の弊害を生みだすことになるだろう。それゆえ成人労働を制限することなしに、上の弊害を取り除く唯一の手段は、児童を二班に分けて使用する案であるように思われる」。そこでこの「案」はリレー制度という呼び名（リレーとは英語でもフランス語でも郵便馬車の馬を駅々で交換することをいう）で実行に移された。たとえば朝の五時半から午後の一時半までは九歳から一三歳までの児童の一班が、午後一時半から夜の八時半までは別の一班が交替で馬車につながれる。

工場主諸氏は、過去二二年間に制定された児童労働関連のあらゆる法律をこのうえない厚かましさで無視してきた。そのご褒美として、いままた、にがい丸薬が金色の糖衣に包まれて彼らに提供された。すなわち議会は、児童が一工場で八時間以上労働することを禁じるにあたって、一八三四年三月一日以降は一一歳未満に、一八三五年三月一日以降は一二歳未満に、一八三六年三月一日以降は一三歳未満に、これを適用すると定めたのだ！　もともとドクター・ファー、サー・A・カーライル、サー・B・ブローディ、サー・C・ベル、ガスリー氏等、要するにロンドンの最も有名な内科医と外科医は、下院の証人陳述で「先延ばしは危険だ！」と証言していた。それを思えば、「資本」に対するかくも思いやりのある「自由主義」は、ますます見上げたものだった。ドクター・ファーなどはさらに無遠慮に次のように言った。

「あらゆる形での早死を防ぐために、立法化はただちに必要であります。そしてまちがいなく、これ」（工場のやり方）「は死を招く最も残忍な方法の一つとみなされねばなりません[135]」。

（135）"Legislation is equally necessary for the prevention of death, in any form in which it can be prematurely inflicted, and certainly this must be viewed as a most cruel mode of inflicting it."

「改革」議会〔一八三二年の選挙法改正後の議会〕は工場主たちへの思いやりから、その後もまだ何年かにわたって一三歳未満の子供たちを週七二時間の工場労働の地獄に閉じこめた。その同じ議会が、やはり自由を一滴ずつ与えようとしていた奴隷解放令では、最初から農園主たちに週四五時間以上の奴隷の使役を禁じていたのだ！

しかし資本は、こうしたなだめすかしに屈する気配はみじんもなく、いまや、何年にもわたることになる騒々しい煽動を開始した。この煽動の争点は主として、児童の名のもとに八時間の労働時間制限を受け、また一定の就学義務を課されているカテゴリーの年齢規定だった。資本主義の人類学にしたがえば、児童年齢は一〇歳あるいは高くても一一歳をもって終わる。工場法の完全実施の期限である悪夢の一八三六年が近づくにつれて、工場主一味はいっそう傍若無人になった。実際、彼らは政府を威嚇することに成功し、政府は一八三五年に児童年齢の適応限界を一三歳から一二歳に引き下げる提案をするにいたった。しかし、外圧は危険なほどに高まった。下院の勇気はくじけた。一三歳の少年を日々八時間以上、資本のジャガノート車輪の下敷き〔*〕にすることを下院は拒否し、一八三三年の法律は完全に発効した。この法律はその後、一八四四年六月まで修正されなかった。

〔*〕ヒンドゥー教のヴィシュヌ神の化身を乗せた巨大な山車の車輪。祭のさいに熱狂的信者が救済を求めて車輪の下に身を投げたと、キリスト教宣教師によって伝えられた。

この法律は、一〇年のあいだ、最初は部分的に、後には全面的に、工場労働を規制した。その間にだされた工場監督官たちの公式報告は、この法律を施行することの不可能性に関する苦情に満ち満ちている。なぜなら一八三三年の法律は、朝の五時半から夜の八時半までの一五時間の範囲内であれば、どの「青少年」にも、どの「児童」にも、任意に一二時間ないし八時間の労働を開始させ、中止させ、終了させる自由を、資本の主人に認めていたからだ。しかも、いろいろな人間にいろいろな食事時間を割り当てる自由も認められていた。そこで主人たちはまもなく新しい「リレー制度」をあみだした。この制度では、労働馬たちは決まった駅で交替させられるのではなく、たえず違う駅であらたな荷馬車につなぎかえられる。この制度の卓抜さについては後にもう一度取り上げねばならないので、ここではこれ以上ふれない。しかし一見して明らかなのは、このリレー制度が工場法全体の精神のみならず、その文面をも無効化したということだ。個々の子供と青少年についてこれほど複雑な帳簿管理がおこなわれていては、いったいどのようにして工場監督官たちが法定労働時間の遵守や法定食事時間の付与を強制することができようか？　こうして多くの工場で、かつての残酷な不法行為が処罰を受けることなく、ふたたびさかんにおこなわれるようになった。内務大臣との会合（一八四四年）で、工場監督官たちは新しくひねりだされたリレー制度のもとではいかなる監督も不可能であることを論証した。[136] しかしその間にも、状況は大きく変化した。工場労働者は、とくに一八三八年以降、人民憲章[*]を政治面での選挙スローガンにすると同時に、十時間労働法案を経済面での選挙スローガンとして掲げた。また工場主自身のなかでも一八三三年の法案を守って工場経営を規制してきた一部の人々は、「不正な仲間たち」の不謹慎な「競争」について山のような陳情書を議会に提出した。彼ら不正な仲間たちは、人並み以上の鉄面皮か、そうでなければほかより幸運な地域事情によって法律違反を容認されてきたというのだ。加えて、個々の工場主がどんなに昔ながらの強欲を思いのまま満たしたいと思っていても、工場主階級の代表者や政治リーダーたちは、労働者に対するこれまでの態度と言葉をあらためるように彼らに命じた。リーダーたちは、すでに穀物法撤廃に向けての戦いを開始しており、その勝利のためには労働者の助けが必要だったのだ！ だから彼らは、自由貿易の千年王国が到来したあかつきには、パンの大きさが二倍になるだけでなく、十時間労働法も採用されると約束した。(137) したがって、一八三三年の法律を現実化しようとするにすぎない措置に反対することなど、彼らにはますますできなくなった。逆に、自分たちの最も神聖な利益たる地代をおびやかされたトーリー党は、ここにいたってついに自分たちの敵の「不埒な策謀(138)」に憤慨し、博愛主義をふりかざして騒ぎ立てた。

(136)『工場監督官報告書、一八四九年一〇月三一日』、六ページ。

(137)『工場監督官報告書、一八四八年一〇月三一日』、九八ページ。

(138) ちなみにレナード・ホーナーは「不埒な策謀 nefarious practices」という表現を公式に用いている（『工場監督官報告書、一八五九年一〇月三一日』、七ページ）。

[＊] 成人男性の普通選挙権など六項目の要求を掲げた一八三八年の憲章（People's Charter）。いわゆるチャーティスト運動の出発点となった。

こうして一八四四年六月七日、追加工場法が成立した。それは一八四四年九月一〇日に発効した。この工場法は労働者の新たなカテゴリー、すなわち一八歳以上の女性労働者を保護されるべき人たちに加えた。彼女たちは労働時間の一二時間制限、夜間労働禁止など、あらゆる点で青少年と同じように位置づけられた。こうしてはじめて立法は成人の労働を直接かつ正式に取り締まることを余儀なくされた。一八四四／四五年の工場報告には皮肉まじりにこう書かれている。

「われわれの知るかぎり、成人女性が自分たちの権利へのこの介入について不服を申し立てたケースは一件もなかった」[139]。

一三歳未満の児童労働は六時間半に、一定の条件のもとでは七時間に短縮された[140]。

(139) 『工場監督官報告書、一八四四年九月三〇日』、一五ページ。

(140) この法律は、連日ではなく隔日に使用するならば、子供を一〇時間使用することを許容している。全体としてこの条項は効果のないままに終わった。

不正な「リレー制度」の濫用を排除するために、この法律は、とくに次のような重要な細則を定めている。

「児童および青少年の労働日は、朝番の児童ないし青少年がいずれか一人でも工場で労働を開始した時点から数え始めるものとする」。

たとえばAが朝八時に仕事をはじめ、Bが一〇時にはじめたとしても、Bの労働日はAの労働日と同時刻に終わらねばならない。労働日の開始時刻は公設の時計、たとえば最寄りの鉄道駅の時計にしたがって告知されねばならず、工場の時計はその時計にあわせなければならない。工場主は工場内に大きな字で労働日の開始時刻、終了時刻、休憩時間を記したものを掲示しなければならない。午前中の仕事を一二時前に開始した子供を午後一時以降に再度使用してはならない。したがって午後の班は、午前の班とは別の子供たちで編成しなければならない。食事のための一時間半は保護を受けているすべての労働者につねに同一時刻に、しかも午後三時前に少なくとも一時間は与えられなければならない。児童ないし青少年を午後一時前に五時間以上使用する場合には、その間に少なくとも三〇分の食事休憩を与えなければならない。児童、青少年、女性が食事をとるさいには、なんらかの労働過程がおこなわれている作業場にとどめおかれてはならない、等々。

すでに見てきたように、労働の期間、限度、休息をこれほど軍隊式に時報にあわせ、画一的に規制している事細かな規則は、けっして議会がこねくりまわしてできたものではない。それは近代の生産様式の自然法として、諸関係のなかから時間をかけて発達してきた。その定式化、公認、国家による宣言は、長期にわたる階級闘争の成果だった。そして次に生じた結果の一つは、成人男性の労働日にも実際上、同じ制限が設けられるにいたったことだ。というのも、ほとんどの生産過程で子供、青少年、女性の協力が不可欠だったからだ。それゆえ一八四四年から一八四七年にかけての期間は、全体として、工場法のもとにおかれたすべての工業部門で一二時間労働日が広く、統一的に守られた時代だった。

しかし工場主たちはこの「進歩」を、それを穴埋めする「退歩」なしに容認したわけではなかった。工場主たちの要求に応じて、下院は働く子供たちの最低年齢を九歳から八歳に引き下げた。神と正義にもとづいて資本に借りを返すために「工場少年の追加的供給」を保証するのがその目的だった。(141)

(141)「労働時間の短縮によってそれだけ多くの」(児童が)「雇用されることになると思われたため、八歳から九歳までの児童を追加的に補給すれば、この増大した需要をまかなえるだろうと考えられた」(『工場監督官報告書、一八四四年九月三〇日』、一三ページ)。

一八四六―一八四七年は、イギリス経済史の一大転換点だった。穀物法が撤廃され、綿花その他の原料に対する輸入関税が廃止された。自由貿易こそは立法の導きの星であると宣言された! 要するに千年王国が始まったのだ。その一方で、この同じ何年かの間に、チャーティスト運動と十時間労働運動がその頂点に達した。これらの運動は復讐心に燃えるトーリー党のなかに同盟者を見いだした。これに対して、ブライトとコブデンを指導者とする自由貿易軍団は前言を翻し、狂信的な抵抗を試みた。にもかかわらず、長年切望されてきた十時間労働法は議会を通過した。

一八四七年六月八日の新工場法は、一八四七年七月一日から「青少年」(一三歳から一八歳まで)とすべての女性労働者の労働日をさしあたり一一時間に短縮し、一八四八年五月一日からは最終的に一〇時間に制限することを定めていた。その他の点では、この法律は一八三三年と一八四四年の法律の修正的追加にすぎなかった。

この法律が一八四八年五月一日から完全実施されるのを妨害するために、資本は一つの前哨戦をくわだてた。しかも、彼らの言い分によれば経験によって知恵をつけた労働者自身が、自分たちの作った作品をふたたび壊す手伝いをするはずだった。タイミングの選択は絶妙だった。

「想起すべきは、一八四六年、一八四七年のすさまじい恐慌のために多くの工場が操業短縮や操業停止に追いこまれ、工場労働者たちに大きな苦しみが降りかかったことだ。その結果、多数の労働者がきわめて悲惨な状況に陥り、多くが借金を背負った。彼らは、過去の損失を取り戻し、借金があれば返済し、家具を質屋から引きだし、売り払った持ち物を補充し、自分や家族のために新しい衣類を新調する必要があった。そのために労働者たちがより長い労働時間を望むであろうことは、かなり確実に予測することができた(142)」。

工場主諸氏はこうした状況が及ぼす当然の作用を、一〇%の一律賃金カットによってさらに高めようとした。それは新しい自由貿易時代のいわば除幕式としておこなわれた。ついで、労働日が一一時間に短縮されると、ただちに八%一/三の賃金カットが実施され、労働日が最終的に一〇時間に短縮されると、さらにその二倍がカットされた。つまりは、状況がなんとかそれを許したところでは、少なくとも二五%の賃金カットが実施されたということだ(143)。このように好都合に準備されたチャンスに乗じて、一八四七年の法律撤廃にむけての煽動が労働者を相手に開始された。詐欺、誘惑、脅迫などあらゆる手段が使われたが、すべては無駄だった。労働者が「この法律による圧迫」を訴えさせられた反ダースの請願書については、口頭審問のさいに、請願者自身が、署名は強制されたものだと宣言した。「彼らは圧迫を受けているとのことだが、ただしそれは工場法以外の何者かによる圧迫だ」(144)。工場主たちは、労働者に自分たちの思惑どおりの発言をさせることに失敗すると、ますます大声で新聞や議会でわめきちらした。しかも彼らは労働者の名においてそれをおこなった。工場主たちは、工場監督官をフランス革命委員会のようなものだと誹謗した。工場監督官は世界改良の妄想のために、不幸な労働者たちを容赦なく犠牲にしている、と。しかし、この作戦も失敗した。工場監督官レナード・ホーナーは自分自身で、そしてまた部下の監督官たちを通じて、ランカシャーの工場で数多くの証人訊問をおこなった。訊問された労働者の約七〇%が一〇時間労働を支持し、一一時間労働に賛成したのはそれよりずっと少数だった。かつての一二時間労働に賛成したのはまったくとるに足りない少数派だった(145)。

(142)『工場監督官報告書、一八四八年一〇月三一日』、一六ページ。

(143)「週に一〇シリング受けとっていた人々は一〇パーセントの一律の賃金カットによって一シリング、さらに時間短縮によって一シリング六ペンス、合計二シリング六ペンスを引かれることになったが、わたしが見たところ、これらすべてにもかかわらず大多数は十時間労働法に固執していた」(同前)。

(144) 「わたしは請願書に署名した時、同時に自分のしていることは悪いことだとはっきり言いました。――ではなぜ君は署名したのかね？ ――断れば、首になるだろうと思ったからです。――実際、請願者は「圧力をかけられている」と感じていた。しかし、それは工場法によってではなかった」（同前、一〇二ページ）。

(145) 同前、一七ページ。ホーナー氏の地区ではこうして一八一の工場で一万〇二七〇人の成人男性労働者に対して訊問がおこなわれた。その証言は一八四八年一〇月までの上半期の工場報告書の付録に収録されている。この証人訊問は他の点でも貴重な資料を提供している。

もう一つ別の「穏便な」作戦は、成人男性労働者に一二時間から一五時間の労働をさせておいて、この事実をプロレタリアの切なる希望を最大限聞きいれた結果だと公言することだった。しかし「容赦ない」工場監督官レナード・ホーナーはふたたび現場に飛んだ。ほとんどの「時間外労働者」たちはこう証言した。

「自分たちにとっては、労賃が減っても一〇時間労働のほうがはるかに好ましいだろう。でも自分たちには選択の余地がない。仲間には失業者が多く、紡績工のなかには単なる糸繋ぎ工として働かねばならない者も大勢いる。だからもし自分が超過労働時間を拒否すれば、すぐさま別の者が自分の職を占めてしまうだろう。だから自分たちに突きつけられているのは、超過労働を受け入れるか、路上に放りだされるか、という二者択一なのだ」(146)。

(146) 『工場監督官報告書、一八四八年一〇月三一日』付録に収録されたレナード・ホーナー自身によって集められた陳述、六九、七〇、七一、七二、九二、九三号。ならびに副監督官Aが集めた陳述、五一、五二、五八、五九、六二、七〇号を参照。一人の工場主は自分からありのままを語っている。同書、一四、二六五号を参照。

資本の前哨戦は不首尾に終わった。そして十時間労働法は一八四八年五月一日に発効した。しかし、その間にチャーティスト党では党首が投獄され、組織が壊滅した。それからまもなく、パリの六月暴動と、その息の根を止めた血なまぐさい鎮圧を契機に、ヨーロッパ大陸でもイギリスでも、支配階級の全分派が大同団結へとむかった。地主と資本家が、相場師と小売商人が、保護貿易論者と自由貿易論者が、政府と野党が、聖職者と無神論者が、若い売春婦と年寄りの修道女が、声をあわせて私有財産を救え、宗教を救え、家族を救え、社会を救え！と叫んだ。労働者階級はあらゆるところで法の保護を奪われ、宗門から追放され、「容疑者法」によって取り締まられた。こうなれば、工場主たちも遠慮は無用だった。彼らは公然と反旗を翻し、十時間労働法のみならず、一八三三年以来、労働力の「自由な」搾取をある程度抑制しようとしてきたすべての立法措置に反抗した。それは、奴隷制を擁護する反乱のミニチュア版であり、二年以上にわたって冷血な残忍さとテロリスト的精力をもって続行された。しかし、残忍さであれ、精力であれ、反乱をくわだてた資本家にとっては安い買い物だった。いずれ労働者の皮膚以外に、彼らはなにも失う危険がなかったからだ。
以下に述べることを理解するには、次のことを思いだしておく必要がある。第一に、一八三三年、一八四四年、一八四七年の各工場法は、一つの法律が他を修正しないかぎり、三つとも法的効力を保持していたこと。第二に、いずれの法律も一八歳以上の男性労働者の労働日は制限していなかったこと。第三に、一八三三年以来一貫して、朝五時半から夜八時半までの一五時間が法定上の「日」とされてきたこと、そしてその範囲内で青少年および女性の労働が、当初は一二時間、後に一〇時間という規定のもとでおこなわれるべきものとされたこと。

工場主たちは、雇用していた青少年および女性労働者の一部、時には半数をあちこちで解雇しはじめた。その一方で、ほとんど廃止されていた成人男性労働者の夜間労働を復活させた。工場主たちは叫んだ。十時間労働法のもとでは、自分たちに他の選択肢はない！と。(147)

(147)『工場監督官報告書、一八四八年一〇月三一日』、一三三、一三四ページ。

第二弾は、法定の食事休憩時間に関するものだった。工場監督官の声に耳を傾けてみよう。

「労働時間を一〇時間に制限して以来、工場主たちは、現実にはまだその意見を最後まで実行できてはいないものの、こう主張している。たとえば朝の九時から夜の七時まで労働がおこなわれるとすれば、朝の九時以前に一時間、夜の七時以後に三〇分、つまり合計一時間半を食事時間として与えれば、法律の規定を満たしていることになる、と。現在でも工場主たちが三〇分あるいは一時間の昼食休憩を認めているケースはいくつかあるが、同時に彼らは、一時間半の休憩時間のほんの一部でも一〇時間の労働日のなかから捻出する義務はまったくないと強固に主張している(148)。

つまり工場主諸氏の主張によれば、一八四四年の工場法が食事時間について定めている事細かな規則は、労働者が工場に入る前と工場からでたあとで、つまりは自宅で飲み食いすることを許しているにすぎないというのだ！　労働者が朝の九時前に昼食をとってなにがいけないのか？　というわけだ。しかし刑事裁判官たちは次のような判決を下した。すなわち規定の食事時間については、

「実際の労働日が継続しているあいだの休憩時間中に与えられなければならず、かつ朝九時から夜七時まで中断なしに一〇時間連続して労働を課すことは法に違反する(149)」。

(148)『工場監督官報告書、一八四八年四月三〇日』、四七ページ。

(149)『工場監督官報告書、一八四八年一〇月三一日』、一三〇ページ。

資本は、こうした心地よいデモンストレーションをおこなったあとで、さらなる反乱を開始した。次に踏みだしたのは、一八四四年の法律の字面にあわせた、つまりは合法的な一歩だった。

一八四四年の法律は、午前に働かせた八歳から一三歳までの児童を午後一時以降に再度働かせることを禁じていた。ところが、正午あるいはそれ以後に労働を開始した子供たちの六時間半労働については規定がまったくなかった！　したがって八歳の子供を正午から使用しはじめ、午後一時まで一時間、午後二時から四時まで二時間、午後五時から夜八時半まで三時間半という具合に働かせることが可能だった。それらを合計して法定の六時間半というわけだ！　あるいはもっとうまいやり方もあった。夜八時半までの成人男性労働者の労働にあわせて子供を使いたければ、工場主は午後二時まで子供に何の仕事も与えなければよかった。そうすれば子供を夜の八時半まで中断なく工場にひきとめておくことができた！

「近頃は、機械装置を一〇時間以上稼働したいという工場主の貪欲のために、次のような慣行がイギリスでひそかに広まっているのが明瞭に認められる。すなわち青少年や女性をすべて工場から立ち去らせたあとで、八歳から一三歳までの男女児童を夜の八時半まで成人男性とだけいっしょに働かせるという慣行だ」(150)。労働者と工場監督官は衛生上および道徳上の理由からこれに抗議した。しかし資本の答えはこうだった。

「自分のしたことの泥は自分でかぶる！　わたしは法律を、証文どおりの借金のかたを要求します」〔シェイクスピア『ヴェニスの商人』小田島雄志訳、シェイクスピア全集、白水社、一三九ページ〕。

(150)『工場監督官報告書、一八四八年一〇月三一日』、一四二ページ。

事実、下院に提出された一八五〇年七月二六日の統計資料によれば、あらゆる抗議にもかかわらず、一八五〇年七月一五日には二五七の工場で三七四二人の子供がこの「慣行」に従わされていた。(151) それでもまだ十分ではなかった！　資本は実にめざとく、もう一つの発見をした。一八四四年の法律は、午前中に五時間労働を課す場合には最低限三〇分の休憩時間をとることを義務づけていたが、同じことは午後の労働については規定されていないという発見を。そこで資本は八歳の就労児童を午後二時から夜の八時半まで間断なく酷使するだけでなく、腹ぺこにしておくという楽しみを要求し、また勝ち取ったのだ！「そう、その胸だ。証文にそう書いてある」(152)〔同前、一四二ページ〕。

(151)『工場監督官報告書、一八五〇年一〇月三一日』、五、六ページ。

(152) 資本が未発達の形態にあっても、発達した形態にあっても、資本の本質に変わりはない。アメリカ南北戦争の勃発直前に、奴隷所有者たちがニューメキシコ準州に押しつけた法律には、こう書かれていた。資本家が労働力を購入した以上、労働者は「彼（資本家）の貨幣だ」（"The labourer is his (the capitalist's) money."）と。同じ見解は古代ローマのパトリキ〔貴族〕の間でも通用していた。パトリキがプレブス〔平民〕の債務者に前貸しした貨幣は債務者の生活手段を介して債務者の血肉に変容した。だからこの「肉」と「血」は、彼らパトリキの「貨幣」だという。こうしてシャイロック的な十銅表の法律ができあがるのだ！(*) とはいえ、パトリキの債権者がテイベル川の対岸で時おり債務者の人肉を煮て饗宴を催したというランゲの仮説は、キリスト教の聖晩餐についてのダウマーの仮説と同じく、真偽のほどは分からない。(***)

(*) 十銅表は、ローマ奴隷制国家最古の立法的記念碑である「十二表法」のもととなった異本。この法律は私有財産を保護し、支払不能となった債務者に対する自由剝奪、奴隷化、五体切断を規定していた。これがローマ私法の出発点となった〔編者巻末註91〕。

(**) フランスの歴史家ランゲは『民法理論、社会の基本原理』ロンドン、一七六七年、第二巻、第五篇、二〇章でこの仮説を述べている〔編者巻末註92〕。

(***) ダウマーは『キリスト教古代の秘密』で初期のキリスト教信者が聖晩餐に人肉を用いたという仮説を主張した〔編者巻末註93〕。

このように資本は、こと児童労働の規制に関しては、一八四四年の法律の一字一句にシャイロック的なこだわりを見せた。ところがそれは「青少年および女性」労働の規制に関して、この同じ法律に公然と反旗を翻すためのこだわりでしかなかった。この法律の主たる目的と内容が「不正なリレー制度」の撤廃にあったことを思いだしてみればよい。工場主たちは彼らの反乱を開始するにあたって、次のような簡単な声明を発した。一八四四年の工場法には、一五時間の工場日を任意に細分化して青少年と女性を任意に使用することを禁じた条項がある。この条項は、「労働時間が一二時間に制限されていたあいだは比較的無害だった。しかしこれは、十時間労働法のもとでは耐えがたい横暴と化す[153]」。

それゆえ彼らは、この法律の字句にはこだわらず、自力で元の制度を復活させるだろうと、そっけない調子で工場監督官に通告した[154]。しかも、それは悪い入れ知恵をされている労働者の利益のために、つまり、「労働者にもっと高い賃金を支払えるようにするために」おこなわれるという。

「十時間労働法のもとでグレートブリテンの工業覇権を維持しようとするなら、これが唯一の可能な案だ[155]」。

「たしかにリレー制度のもとでは、違反行為が発見しにくいかもしれない。しかし、それがどうだというのか。工場監督官や副監督官の労力をほんのわずか節約するために、この国の工場の多大な利益を二の次のものとして扱ってよいものだろうか[156]？」

(153) 『工場監督官報告書、一八四八年一〇月三一日』、一三三ページ。

(154) なかでもレナード・ホーナーにあててクエーカー風の不快な書簡を送った慈善家アッシュワースがその典型だ（『工場監督官報告書、一八四九年四月三〇日』、四ページ）。

(155) 『工場監督官報告書、一八四八年一〇月三一日』、一三八ページ。

(156) 同前、一四〇ページ。

もちろん、こんなごまかしはすべて何の役にも立たなかった。工場監督官たちは裁判に訴えた。しかし、ほどなくして内務大臣サー・ジョージ・グレイのもとには、工場主の陳情書が砂塵のごとく降りかかってきた。そのためグレイは、一八四八年八月五日の通達で工場監督官たちに次のような訓令を与えるにいたった。「青少年および女性労働者を一〇時間以上働かせるために、リレー制度が明白に濫用されている場合を除き、この法律の字句に違反しているという理由で告発することは、おおむね控えること」。

これをうけて工場監督官J・ステュアートは、スコットランド全域で一五時間の工場日の範囲内でのいわゆる交替制を許容し、まもなくそれがかつてのやり方で盛んにおこなわれるようになった。これとは対照的にイングランドの工場監督官は、たとえ大臣といえども法を停止する独裁権力は保持していないと宣言し、奴隷制を擁護する反乱者に対する訴訟を続行した。

しかし、いくら法廷に召喚してみたところで、裁判所すなわち州治安判事(157)が無罪判決を下せば何の役に立つだろうか？ こうした裁判所では、工場主たちが自分自身を裁いていた。一例をあげよう。カーショー・リーズ社の紡績業者エスクリッグという男は地区の工場監督官に自分の工場用に定めたリレー制度のながれ図を提出した。不許可の回答を知らされたエスクリッグは、当初は控えめな態度をとっていた。数カ月後、同じく紡績業を営むロビンソンという男がストックポートの市治安判事に呼びだされた。このロビンソンは、従僕のフライデー〔ロビンソン・クルーソーの忠実な従僕〕とまではいかなかったが、少なくともエスクリッグの親戚筋だった。召喚理由は、エスクリッグが考案したのとまったく同じリレー案を採用したことだった。判事は合計四人、そのうち三人が紡績業者で、その首席を務めたのが、ほかでもないエスクリッグその人だった。エスクリッグはロビンソンに無罪を言いわたした。そしてロビンソンに関して正当なものは、エスクリッグにも認められると宣言した。法的拘束力をもつ彼自身の決定を根拠に、エスクリッグはただちにこの制度を自分の工場に導入した。[158] もちろん、法廷のこの判事構成からして、すでに公然たる法律違反だった。[159]

工場監督官のハウエルは厳しくこれを糾弾している。「この種の法廷茶番劇は切実に治療薬を必要としている。……こうしたケースではすべて……法律をこれらの判決にあわせるのか、それとももっと過誤の少ない法廷に任せて判決を法律にあわせるのかのどちらかだ。有給の判事がいかに切望されることか！」[160]

(157) W・コベットが「偉大なる無給者」と呼んだこうした「州治安判事」(county magistrates) は諸州の有力者からなる一種の無給治安判事だ。彼らは事実上、支配者階級の領主裁判所を構成している。

(158) 『工場監督官報告書、一八四九年四月三〇日』、二一、二二ページ。類似の例については、同書四、五ページ参照。

(159) サー・ジョン・ホブハウスの工場法として知られているウィリアム四世〔在位一八三〇―三七〕治世第一年および第二年の法律、第二九章第一〇節は、綿紡績工場または織物工場の所有者、あるいは所有者の父、息子、兄弟が、工場法に関連する問題において治安判事の職務を果たすことを禁じている。

(160)『工場監督官報告書、一八四九年四月三〇日』[二二ページ]。

刑事裁判官たちは一八四八年の法律の工場主的解釈をばかげたものだと明言していたが、社会救済者たちは動じなかった。レナード・ホーナーは報告している。「わたしは七つの異なる裁判所管区で計一〇回の告発をおこない、法律を守らせるよう試みたが、治安判事の支持を受けたのはわずか一回だけだった。……それ以来、わたしはこの法律への違反を根拠にこれ以上の告発をおこなっても無駄だと考えている。この法律のうち労働時間の統一基準を作るために起草された部分は……ランカシャーではもはや存在しないも同然だ。しかもわたしは部下たちと同様、いわゆるリレー制度を採用している工場で青少年や女性が一〇時間以上働かされていないかどうかを確実に検証する手段を持っていない。……一八四九年四月末の段階で、わたしの管区ではすでに一一四の工場がこの方法を採用しており、その数は近年激増している。一般にこれらの工場では朝六時から夜七時半までの一三時間半労働がおこなわれており、いくつかのケースでは朝五時半から夜八時半までの一五時間労働がおこなわれている」(161)。一八四八年一二月の段階ですでに、レナード・ホーナーの手もとには、六五人の工場主と二九人の工場監督官のリストがあった。その全員が異口同音に、このリレー制度のもとではいかなる監督システムも極端な過度労働を阻止できないと明言していた[162]。同じ子供や青少年が、ある時には紡績室から織物室などへ、ある時には一五時間のあいだに一つの工場から他の工場へと移動させられた[163]。

「この制度は、交替という言葉を濫用し、工員たちをトランプのようにかぎりなく多種多様に混ぜあわせる。そしていろいろな個人の労働と休息の時間を毎日ずらすことによって、工員全員からなる同一[164]の組みあわせがけっして同じ場所、同じ時間に一緒に働くことがないように配置している！」。こんな制度を、いったいどうやって取り締まるというのか。

(161)『工場監督官報告書、一八四九年四月三〇日』、五ページ。
(162)『工場監督官報告書、一八四九年一〇月三一日』、六ページ。
(163)『工場監督官報告書、一八四九年四月三〇日』、二一ページ。
(164)『工場監督官報告書、一八四八年一〇月三一日』、九五ページ。

しかし、現実の過度労働もさることながら、このいわゆるリレー制度なるものは資本のファンタジーが生みだした一産物でもあった。それは、フーリエが「短時間交替」としてユーモラスに描いたファンタジーもかなわないほどだ(*)。フーリエとの違いはといえば、ただ労働の魅力が資本の魅力に変わったことだけだ。工場主たちが考案したこの方式を見てみるとよい。一流新聞がこれを評して「適切な水準の気配りと方法をもってしてはじめてなしとげられるもの」の模範だと持ち上げたほどだ。労働人員は時に一二から一五のカテゴリーに分けられ、その一つひとつがさらにその構成員をたえず取り換える。一五時間の工場日のあいだに資本は労働者をここで三〇分、ここで一時間という具合に引き寄せたかと思えば、ふたたび突き放す。そして新たに彼を工場に引き入れ、また工場から放りだし、ばらばらになった時間の切れ端のなかで、労働者をあちらこちらへと追い立てる。しかも一〇時間労働が完全に終わるまで、労働者の尻尾はしっかりとつかんで放さない。それはちょうど舞台で同じ俳優がいろいろな幕のいろいろな場面に代わるがわる登場しなければならないのと同じだ。芝居の終了時まで俳優が舞台を離れられないように、労働者は、いまや一五時間のあいだずっと工場に帰属している。しかも、工場への行き帰りの時間は一五時間のうちには算入されない。こうして休息時間は強制された怠惰の時間と化し、若い男性労働者を酒場へ、若い女性労働者を売春宿へと追いやることになった。労働人員を増やすことなしに機械装置を一二時間ないし一五時間稼働させておくために、資本家は日々新しい思いつきをひねりだす。その思いつきのたびごとに、労働者はある場合にはこの時間のおこぼれを、ある場合にはあの時間のおこぼれを使って、食事をかきこまなければならなかった。十時間労働法の運動がもりあがった当時、工場主たちは、労働者連中が一〇時間の労働で一二時間分の労賃をせしめることを期待して陳情しているとふれまわっていた。いまや工場主たちは攻守所を変え、一〇時間の労賃で労働力を一二時間から一五時間のあいだ自由に使用していた![165] これが彼らの正体であり、これが十時間労働法の工場主版だった！　この同じ工場主たちが丸一〇年に及ぶ反穀物法運動の期間中は、もったいぶった人類愛にあふれる自由貿易論者として、穀物の輸入自由化が成立すればイギリス工業の資本力なら資本家を富ますのに一〇時間労働で十分足りると、労働者たちに事細かく計算して見せていたのだ。(166)

(165)『工場監督官報告書、一八四九年四月三〇日』、六ページ参照。また『工場監督官報告書、一八四八年一〇月三一日』所収の工場監督官ハウエルとソーンダーズによる「交替制」の詳細な説明を参照。アシュトンとその近隣の聖職者たちが一八四九年春に女王に提出した「交替制」反対請願も参照のこと。

(166) たとえばR・H・グレッグ『工場問題および十時間労働法案』〔ロンドン〕、一八三七年を参照。

(＊) フーリエは一つの未来社会のイメージを描いているが、そこでは人間が一労働日のあいだにさまざまな仕事をこなす。というのも、労働日がいくつかの短時間交替からなっており、そのいずれもが最長で一時間半から二時間しか続けられないことになっているからだ。フーリエの意見によれば、これによって労働の生産性が飛躍的に向上し、どんなに貧しい労働者でも、かつての時代のいかなる資本家よりも、自分の欲求を完全に満たすことができるようになるという〔編者巻末註94〕。

二年間にわたる資本の反乱は、最終的にはイギリスの四つの最高法廷の一つである財務府裁判所（Court of Exchequer）の判決によって、資本側の勝利に終わった。同法廷は提訴された一事件について、一八五〇年二月八日、次のような判決を下した。工場主たちはたしかに一八四四年の法律の趣旨に反する行為をおこなった。しかし、この法律自体が、この法律を無意味にする若干の語句を含んでいる、と。「この判決によって十時間労働法は廃止された」(167)。それまで青少年および女性労働者にリレー制度を適用することをためらっていた多く工場主たちは、いまやわれさきにこの制度に飛びついた(168)。

(167) F・エンゲルス『イギリスの十時間労働法案』(わたしの編集による『新ライン新聞、政治経済評論』一八五〇年四月号、一三ページ所収)。この同じ「上級」裁判所はアメリカの南北戦争中にも、海賊船の武装を禁止する法律のなかに、この法律を正反対にひっくり返すような語句のねじれを発見したことがある。

(168) 『工場監督官報告書、一八五〇年四月三〇日』。

一見これは資本の最終的勝利に見えたが、すぐに一つの急転回が生じた。これまでも労働者たちは屈することなく、日々新たな抵抗を試みてきたが、それはまだ受動的な抵抗にすぎなかった。しかし、いまや彼らはランカシャーとヨークシャーで公然と威嚇的な集会を開き、抗議を開始した。十時間労働法と称するものは単なるペテン、議会のごまかしにすぎず、これまで一度も存在したことはなかった! そう彼らは主張した。工場監督官たちは政府に対して、階級間の敵対関係が信じがたいほどに緊迫していると厳しく警告した。工場主たちの一部までが次のような不満をもらした。「治安判事たちがたがいに矛盾する判決を下したおかげで、きわめて異常な無政府状態が生じている。ヨークシャーでは別の法律が、ランカシャーではまた別の法律が、ランカシャーのある教区ではさらに別の法律が、そのすぐ隣の教区ではこれまた別の法律が通用している。大都市の工場主ならば法律の網をかいくぐることもできるだろうが、田舎の工場主はリレー制度に必要な人手など見つけられず、いわんや労働者を一つの工場から別の工場に移すための人手など、とうてい得られない、等々」。

しかも、労働力を平等に搾取することは、資本にとっての第一の人権なのだ。

こうした状況のもとで工場主と労働者とのあいだに妥協が成立し、それが一八五〇年八月五日の新しい追加工場法として議会で承認された。それによって「青少年および女性」の労働日は最初の五日間については一〇時間から一〇時間半に延長され、土曜日については七時間半に短縮された。労働は朝六時から夕方六時までのあいだにおこなわれなければならず[169]、食事のための一時間半の休憩は全員同時に、また一八四四年の規定にしたがって与えられなければならない、等々。これによってリレー制度には最終的に終止符が打たれた[170]。児童労働については一八四四年の法律が引き続き適用された。

(169) 冬期については朝七時から夜七時までに変わる場合もある。

(170)「（一八五〇年の）「現行法は一つの妥協の産物だった。これによって労働者は労働時間を制約されていた人々の労働開始時刻と終了時刻を統一化するという利益を得た代わりに、十時間労働法の恩恵を放棄した」（『工場監督官報告書、一八五二年四月三〇日』、一四ページ）。

以前と同様、今回もまた、プロレタリア児童に対する特別な領主権を確保した工場主の一部門があった。絹工場主だ。彼らは一八三三年にも「どんな年齢であれ、児童を一日一〇時間働かせる自由をわれわれから奪うというなら、われわれの工場を閉鎖しろというに等しい」とすごんだことがある。一三歳以上の子供を十分な人数買い集めることなど、自分たちには不可能だというのだ。こうして彼らは望みどおりの特権をゆすり取った。後の調査でその口実はまっかな嘘であったことが判明したが、(171)そんなことは彼らの妨げにはならなかった。その後一〇年間にわたって、彼らは日々一〇時間働くために椅子に乗せてもらわねばならぬような幼い児童たちの血から絹を紡ぎだした。(172)たしかに一八四四年の法律は一一歳未満の児童を六時間半以上働かせる「自由」を彼らから奪った。しかしその反面、この法律は一一歳から一三歳までの児童を毎日一〇時間働かせる特権を彼らに保証し、しかも他部門の工場で働く児童たちには課せられていた就学義務をこの部門では免除した。今回の口実はこうだった。「織物のこまやかさを感じるには繊細な指の感覚が必要であり、これは早くから工場に入ることによってしか得られない(173)」。

(171)『工場監督官報告書、一八四四年九月三〇日』、一三ページ。
(172) 同前。
(173) "The delicate texture of the fabric in which they were employed requiring a lightness of

touch, only to be acquired by their early introduction to these factories."（『工場監督官報告書、一八四六年一〇月三一日』、二〇ページ）。

皮と獣脂をとるために南ロシアで有角動物が屠殺されたように、繊細な指のために児童たちが屠殺された。一八五〇年になってようやく、一八四四年に認められた特権は絹撚りと絹巻き取りの二部門に限定された。しかし、これによって「自由」を奪われた資本の損害賠償のために、一一歳から一三歳までの児童の労働時間は一〇時間から一〇時間半に延長された。その口実は、「絹工場の労働は他工場よりも軽く、それほど健康への悪影響もない」[174]というものだった。しかし公的な医学調査は、後にそれが正反対であることを証明した。それによると、

「絹工業地域での平均死亡率は例外的に高く、女性住民についてはランカシャーの綿工業地域よりもさらに高い」[175]。

半年ごとに繰り返された工場監督官たちの抗議にもかかわらず[176]、この不法状態は今日にいたるまで続いている。

(174)『工場監督官報告書、一八六一年一〇月三一日』、二六ページ。

(175) 同前、二七ページ。一般に、工場法の適用を受けた労働者人口は肉体的に非常に改善された。すべての医者の証言はこの点で一致しており、またわたしもいろいろな時期の自分自身の観察からそのことを確信するにいたった。それでもまだ工場地帯の健康状態は、幼年期の異常に高い児

童死亡率は言うに及ばず、「通常の健康状態の農業地帯」に比べても劣っていることが、ドクター・グリーンハウの公式報告から分かる。その証拠としてたとえば彼の一八六一年の報告から次のような表を引用しておこう。

成人男性中の工場従業員百分率	男性一〇万人中の肺病死亡者数	地方名	女性一〇万人中の肺病死亡者数	成人女性中の工場従業員百分率	女性の職業種類
一四・九	五九八	ウィガン	六四四	一八・〇	木綿
四二・六	七〇八	ブラックバーン	七三四	三四・九	木綿
三七・三	五四七	ハリファックス	五六四	二〇・四	羊毛
四一・九	六一一	ブラッドフォード	六〇三	三〇・〇	羊毛
三一・〇	六九一	マクルズフィールド	八〇四	二六・〇	絹
一四・九	五八八	リーク	七〇五	一七・二	絹
三六・六	七二一	ストーク・アポン・トレント	六六五	一九・三	土器
三〇・四	七二六	ウルスタントン	七二七	一三・九	土器
―	三〇五	健康的な農業地区八カ所	三四〇	―	―

(176) イギリスの「自由貿易論者」たちが絹工業のための保護関税を断念することをいかに渋ったかは、周知のとおりだ。フランスからの輸入に対する保護に代わって、いまやイギリスの工場児童の無保護が彼らの役に立っているのだ。

一八五〇年の法律は、「青少年および女性」について朝五時半から夜八時半までの一五時間労働を朝六時から夕方六時までの一二時間労働に変更したにすぎない。つまり児童についての変更はなく、児童たちは総労働時間こそ六時間半に制限されていたものの、あいかわらずこの一二時間が始まる三〇分前から、あるいはそれが終わってから二時間半後まで使用可能とされていた。この法案の審議中に、工場監督官たちは、この不自然な規定がいかに厚顔無恥に濫用されているかを示す一つの統計を議会に提出した。しかし、それも無駄に終わった。その背景にあったのは、好況時になればふたたび児童の手を借りて成人労働者の労働日を一五時間にまでつりあげたいという思惑だった。それに続く三年間の経験は、そんなくわだてが成人男性労働者の抵抗によって挫折せざるをえないことを教えた(177)。こうして一八五三年にようやく「児童を、青少年および女性たちより朝早く、また夜遅く使用することを」禁止する規定が一八五〇年の法律に追加された。それ以後、わずかな例外を除いて、一八五〇年の工場法は、この法の適用を受けた工業部門で働く全労働者の労働日を規定するにいたった(178)。最初の工場法が制定されてから、この時すでに半世紀の時が過ぎていた(179)。

(177) 『工場監督官報告書、一八五三年四月三〇日』、三〇ページ。
(178) イギリス木綿工業の絶頂期となった一八五九年と一八六〇年には、何人かの工場主たちが超過労働時間に対して割増労賃を支払うという餌によって成人男性紡織工などに労働日の延長を認めさせようとした。手動ミュール紡績工たちと自動紡績機見張り工たちは雇用主に請願書を提出することによってこの実験をやめさせた。そこにはたとえば次のように書かれていた。「率直に言って、われわれの生活はわれわれには重荷となっている。われわれは他の労働者たちに比べて週にほとんど二日分」(二〇時間)「多く工場に縛りつけられており、自分たちをこの国の奴隷に等しいものと感じている。われわれは、自分たち自身と子孫を肉体的にも道徳的にも害するこうした制度を永続させていることを、みずから不甲斐なく感じている。……それゆえわれわれは、新年以降、一時間半の法定休憩時間を含めて六時から六時まで、週六〇時間以上の労働は一分たりともおこなわないことを、ここに謹んで通告する」(『工場監督官報告書、一八六〇年四月三〇日』、三〇ページ)。

(179) 法の網をくぐるためにこの法律の言い回しを利用するもろもろの手段については、議会報告『工場取締法』(一八五九年八月九日)、およびそのなかのレナード・ホーナーの「現在さかんにおこなわれている違法作業を工場監督官が防止できるようにするための工場法改正提案」を参照のこと。

立法が元来の守備範囲を超えて規制に乗りだしたのは、一八四五年の「捺染《なっせん》工場法」が最初だった。この新たな「大盤ぶるまい」を、資本がいかにいやいや受け入れたかは、条文のあらゆる行からみてとれる! この法律は八歳から一三歳の児童および女性の労働日を朝六時から夜十時までの一六時間に制限し、しかも、食事のための法定休憩時間はいっさい規定していなかった。一三歳以上の男性労働者については昼夜を問わず、自由に使用することを許していた。[180] この法律は議会が産みおとした未熟児だった。[181]

(180)「わたしの担当地区では、ここ半年間」(一八五七年)「八歳以上の子供たちが実際に朝六時から夜九時まで働かされていた」(『工場監督官報告書、一八五七年一〇月三一日』、三九ページ)。

(181)「捺染工場法は教育条項から見ても保護条項から見ても、一つの失敗作と認めざるをえない」(『工場監督官報告書、一八六二年一〇月三一日』、五二ページ)。

それにもかかわらず、原則はすでに勝利を収めていた。それは近代的生産様式に最も固有の産物である大工業部門での勝利によるものだった。大工業が一八五三年から一八六〇年にかけて、工場労働者の肉体的道徳的復活と手を携えて驚くべき発達をとげたことは、だれの目にも明らかだった。工場主たちは、半世紀にわたる内乱を通じて一歩ずつ、労働日の法的制限や規制を受諾させられた。その工場主自身が自慢げに、いまだに「自由な」搾取を続けている部門と自分たちとの違いを指摘するようになった。[182] いまや「経済学」のパリサイ人《びと》たちは、労働日の法的規制が必要なことを洞察したのは、自分たちの「科学」の典型的な新成果だとふれまわった。[183] 容易に理解できるように、大工業家たちが不可避な運命に身を任せ、それと和解してからは、資本の抵抗力が次第に低下した。それと同時に、労働者階級の攻撃力は成長をとげ、直接には利害関係のない社会階層にも連帯者の輪が広がっていった。こうして一八六〇年以降の比較的すばやい進歩につながった。

(182) たとえば、一八六三年三月二四日の『タイムズ』紙宛てのE・ポッターの書簡を参照。『タイムズ』紙は十時間労働法への工場主たちの反乱を彼に回想させている。

(183) たとえばトゥックの『物価史』の協力者であり編集者であったW・ニューマーチ氏などがその一例だ。世論にいくじのない譲歩をするのが、科学の進歩だというのか?

染色工場と漂白工場[184]は一八六〇年から、レース工場と靴下工場は一八六一年から、それぞれ一八五〇年の工場法の適用を受けた。「児童労働調査委員会」の第一次報告書(一八六三年)を受けて、これと運命をともにしたものには、(製陶工場のみならず)あらゆる種類の土器製造所、マッチ工場、雷管工場、弾薬筒工場、壁紙工場、綿ビロード工場、そして「仕上げ」という表現で一括される数多くの工程などがあった。一八六三年には「屋外漂白業」[185]と製パン業が、特別に定められた法律の監視下におかれ、前者についてはとくに児童、青少年、女性の夜間労働(夜八時から朝六時まで)が、後者については一八歳未満のパン職人の夜九時から朝五時までの使用がそれぞれ禁止された。この同じ委員会は後に提案をおこない、農業、鉱山業、運輸業を除くすべてのイギリスの重要な産業部門から例の「自由」を取り上げるように迫った。この提案については後にあらためて取り上げる。[185a]

(184) 一八六〇年制定の漂白業と染色業に関する法律は、一八六一年八月一日より労働日を暫定的に一二時間に、一八六二年八月一日以降は最終的に一〇時間に、すなわち週日一〇時間半、土曜日七時間半に短縮するよう定めていた。ところがあの厄災の年(綿花飢饉)、一八六二年が始まると、ふたたび昔の茶番劇が繰り返された。工場主諸氏は議会に対してもう一年だけ青少年と女性たちの一二時間労働を黙認してほしいと請願した。……「目下の事業状態」（綿花飢饉時代）「にあっては、労働者に一日一二時間労働を許可し、彼らができるだけ多くの賃金を受けとれるようにすることは労働者にとって大きな利益になる、というのがその言い分だった。……この趣旨の法案を下院に提出するところまでは、すでに首尾よく進んでいた。それが失敗したのはスコットランドの漂白業労働者たちの運動による」（『工場監督官報告書、一八六二年一〇月三一日』、一四、一五ページ）。まるで労働者になり代わって語っているといわんばかりの資本は、こうして当の労働者自身に敗北を喫した。それでも資本はここで、法律家の眼鏡の助けを借りて一つのことを発見した。すなわち一八六〇年の法律は、「労働保護」のための法律がすべてそうであるように、意味の紛らわしいひねった言いまわしで書かれていることを。そして「つやだし工」や「仕上げ工」を、この法律の適用範囲から除外する口実を提供してくれていることを。つねに資本の忠実な奴隷であるイギリスの司法権は「民訴裁判所」（the Court of Common Pleas）を通じてこの三百代言的な詭弁を承認した。「それは労働者のあいだに大きな不満を引き起こした。不完全な用語の定義を口実にして、立法の明白な意図が台無しにされることは、きわめて遺憾なことだ」（同前、一八ページ）。

(185)「屋外漂白業者」は、夜間に女性を労働させていないという虚偽の申し立てによって、一八六〇年の「漂白業」に関する法律から除外されていた。この虚偽は工場監督官たちによって発見され、労働者の請願を受けた議会もまた、「屋外漂白業」といえば草原の涼しい空気のなかでの仕事だなどというイメージを持てなくなった。この屋外漂白業では、摂氏三二度から三七度の乾燥室が使用され、そこでは主に少女たちが働いている。「涼み（cooling）」というのはこの乾燥室から時々屋外にぬけだすことを表現する業界用語だ。「一五人の少女が各乾燥室にいる。亜麻布の場合には摂氏二六度から三二度、精製亜麻布の場合には三七度、あるいはそれ以上の温度になる。中央に密閉したストーブが置かれた一〇フィート平方の小部屋で一二人の少女がアイロンをかけ、布（亜麻布等）を広げる。少女たちはストーブのまわりに輪になって立っている。ストーブからは猛烈な熱気が発し、アイロン女工たちのために精製亜麻布をすばやく乾かす。これらの女工たちの労働時間には制限がない。忙しい時には彼女たちは夜の九時、あるいは一二時まで何日も連続して働く」（『工場監督官報告書、一八六二年一〇月三一日』、五六ページ）。一人の医者はこう説明している。「涼みのための特別な時間はいっさい認められていない。しかし温度が耐えきれないほどになったり、女工たちの手が汗で汚れたりすると、数分間外にでることを許される。……こうした女工たちの病気を治療した経験から、わたしは彼女たちの健康状態が紡績女工たちの健康状態よりはるかに劣っていると断言せざるをえない」（ところが資本は、議会への陳情書のなかで、彼女たちをルーベンスの手法で、はちきれんばかりの健康体として描いていた！）。「彼女たちに最も顕著に見られる病気は肺結核、気管支炎、子宮疾患、きわめてやっかいな形のヒステリー、そしてリウマチだ。これらすべては、私見によれば、直接、間接に仕事部屋の過熱した空気によって、そして冬期に帰宅するさいに冷湿な空気から彼女たちを守る快適な衣類の欠如によって生じている」（同前、五六、五七ページ）。一八六三年には、浮かれ気分の「屋外漂白業者」たちの抵抗をおしきって遅ればせながら法律が制定されたが、これについて工場監督官たちは、こんなふうに語っている。「この法律は、一見それが与えているように見える保護を労働者に与えることに失敗しただけではない……この法律は、夜八時以降に児童や女性が仕事をしている現場を取り押えた時にのみ、彼らに保護が与えられるように定めており、しかもその場合でさえ、定められた証明方法にさまざまな条件がつけられているため、処罰はほとんど不可能だ」（同前、五二ページ）。「人道的教育的目的をもつ法律としては、この法律は完全に失敗だった。というのも、女性や子供を日々一四時間、あるいはそれ以上の時間にわたって働かせ、しかも食事はその時の都合次第などという状態を許すこと、あるいは同じことになるが、強いることは、とても人道的とはいえないからだ。しかも、そこには年齢制限もなく、男女の性別もなく、漂白工場が立地している近隣家族の社会習慣に対する配慮も見られない」（『工場監督官報告書、一八六三年四月三〇日』、四〇ページ）。

（185a）第二版への註。わたしがこの本文を書いた一八六六年以降、ふたたび一つの反動が始まった。

第七節　標準労働日のための闘争　イギリス工場立法が他国に与えたインパクト

読者は、剰余価値の生産あるいは剰余労働の抽出こそが資本主義的生産に特有な内容であり、目的であることを覚えているだろう。ただし、労働が資本に隷属することから生じる生産様式そのものの個々の変化は、また別だ。読者の記憶にあるように、これまで展開してきた想定に従えば、自立した、それゆえ法律上成年に達した労働者だけが商品販売者として資本家と契約を結ぶ。したがって、われわれの歴史的スケッチのなかで、一方の主役を近代産業が、他方の主役を肉体的にも法的にも成年に達していない者たちの労働が演じていたとすれば、それは単に近代産業が労働搾取の特殊な分野であり、未成年労働がとくにその鮮烈な一例だったからにすぎない。後の議論を先取りすることはひかえるが、歴史的事実の連関からだけでも以下のことが引きだせる。

第一点。水力、蒸気力、機械力によって最初に革命的変化が生じた産業、すなわち近代的生産様式の最初の産物である木綿、羊毛、亜麻、絹等の紡績業と織物業で、労働日を際限なく容赦なく延長しようとする資本の衝動が最初に満たされた。物質的な生産様式が変化し、それに応じて生産者の社会的諸関係が変化すると、[186]それによって当初は、節度のない無法行為が発生した。しかし、このことが逆に、休息時間を含めた労働日を法的に制限し、規制し、統一しようとする社会的規制を呼び起こすことになる。したがってこうした規制は、一九世紀前半にはまだ例外的立法としてあらわれたにすぎない。[187]ところがこの規制が新しい生産様式の原領域をようやく征服したと思うまもなく、すでに他の多くの生産部門が本来の工場体制へと移行していることが判明した。それだけではない。製陶業やガラス工業などのように、多かれ少なかれ時代遅れの経営方式をとるマニュファクチュア、製パン業のような古色蒼然とした職人業、さらには製釘業等のような分散的ないわゆる家内労働でさえも、[188]すでに久しく、工場と変わるところのない資本主義的搾取にさらされていた。それゆえ立法は、次第にその例外的性格を脱ぎすてざるをえなくなった。さもなければ、立法がローマ法的な決議論をとるイギリスに見られるように、なかでだれかが働い

ている家があれば、任意にそれを工場だと解釈するほかなくなった。(189)

(186)「これらの階級のそれぞれ」(資本家および労働者)「の行動は彼らがおかれたその時々の状況の産物だ」(『工場監督官報告書、一八四八年一〇月三一日』、一一三ページ)。

(187)「労働日制限を受けたのは、蒸気力または水力の助けを借りた繊維製品の生産と結びついた業種だった。ある事業が工場監督の保護下に置かれるためには二つの条件が満たされている必要があった。一つは蒸気または水力の使用、もう一つは特定の繊維素材の加工だ」(『工場監督官報告書、一八六四年一〇月三一日』、八ページ)。

(188) これらのいわゆる家内工業の状態ついては、「児童労働調査委員会」の最近のいくつかの報告書にきわめて豊富な資料が含まれている。

(189)「前回の議会」(一八六四年)「で成立した法律は……きわめて多様な慣行がいきわたったさまざまな業種を包括しており、装置の動力源として機械力を使用していることは、かつてのように、事業所が法律上、工場とみなされるための必要条件ではもはやなくなった」(『工場監督官報告書、一八六四年一〇月三一日』、八ページ)。

第二点。いくつかの生産様式に見られる労働日規制の歴史、あるいは他の生産様式でいまも続いている規制をめぐる闘争は、はっきりと一つのことを立証している。それは、資本主義的生産が一定の成熟度に達すると、個別労働者、つまり自分の労働力の「自由な」売り手としての労働者は、抵抗するすべもなく敗北するということだ。それゆえ標準労働日の創設は、資本家階級と労働者階級との長きにわたる、多かれ少なかれ水面下でおこなわれてきた内乱の産物だ。この闘争は近代産業の圏内で開始されるため、その最初の舞台となったのは近代産業の故国イギリスだった。(190)イギリスの工場労働者はイギリスの労働者階級だけでなく、近代の労働者階級一般の代表選手だったが、彼らの理論家もまた資本の理論への最初の挑戦者だった。(191)それゆえ工場哲学者ユアは、資本がせっかく「労働の完全な自由」を求めて雄々しく戦ったのに、イギリス労働者階級が「工場法という奴隷制度」を掲げてその資本に抵抗したのは、彼らの拭いがたい恥辱だったと非難した。(192)

(190) 大陸的自由主義の楽園ベルギーにも、この運動の痕跡はまったく見あたらない。同国では炭鉱や金属鉱山においてさえ、労働継続時間や開始終了時刻についての完全な「自由」が認められており、あらゆる年齢層の男女の労働者がその条件下で消費されている。そこで雇われている人員一〇〇〇人あたりの内訳は、男性七三三人、女性八八人、一六歳未満の少年一三五人、少女四四人となっている。熔鉱炉などでは一〇〇〇人あたり、男性六六八人、女性一四九人、一六歳未満の少年九八人、少女八五人となる。しかもそのうえに、熟練、非熟練を問わず、労働力の途方もない搾取に比して賃金が低く抑えられている。たとえば男性は週平均二シリング八ペンス、女性は一シリング八ペンス、少年は一シリング二ペンス半という低賃金だ。その代わりにベルギーは、一八六三年には石炭、鉄等の輸出量と輸出額を一八五〇年当時のほぼ二倍にした。

(191) ロバート・オーウェンは一九世紀の最初の一〇年が過ぎて間もないころ労働日を制限する必要性を理論的に主張しただけではなく、実際に彼のニュー・ラナークの工場で一〇時間労働を導入した。当時、この試みは共産主義的ユートピアとして冷笑された。それは、「生産労働と児童教育との結合」という彼の試みや、彼によって開始された労働者の協同組合事業が冷笑されたのと同様だった。しかし今日、第一のユートピアは工場法となり、第二のユートピアはあらゆる「工場法」にもりこまれた公式の常套句となり、第三のユートピアは反動的な欺瞞の隠れ蓑としてさえ利用されている。

(192) ユア(フランス語訳)『マニュファクチュアの哲学』パリ、一八三六年、第二巻、三九、四〇、六七、七七ページ等。

フランスは、足を引きずりながら、のろのろとイギリスのあとを追った。十二時間労働法が成立[193]するためには二月革命を待たねばならなかった。しかもイギリスのオリジナルと比べると、はるかに欠陥の多いものだった。にもかかわらず、フランスの革命的手法もまた独自の長所を持っていた。フランスでは一気にすべての作業場と工場に対して無差別に同一の労働日制限を命じた。これに比べるとイギリスの立法は、ここではこの点で、別のところではあの点で、という具合に状況の圧力に不承不承屈するもので、次から次へと新たな裁判沙汰を生みだすには格好のものだった。[194] また、イギリスでは児童、未成年者、女性の名においてなんとか勝ち取られ、最近になってようやく一般的権利として要求されるようになったものが、他方のフランスの法律では原則として宣言された。[195]

(193) 『パリ国際統計会議、一八五五年』の報告には、たとえば次のように書かれている。「工場や作業場での一日の労働の長さを一二時間に制限しているフランスの法律は、この労働を一定の固定した時間」(時間帯)「の範囲内に制限することはしていない。ただ児童労働についてのみ朝五時から夜九時までの時間帯に制限しているにすぎない。それゆえ一部の工場主たちは、この悪影響の多い沈黙から生じる権利を利用して、おそらく日曜だけを除いて、毎日中断することなく労働を課している。工場主たちはそのために労働者を二組に分けて使用する。どちらも作業場で一二時間以上すごすことはないが、工場の作業そのものは昼夜をとおして継続される。法律は守られているが、人道も同じく守られていると言えるだろうか?」そこでは「夜間労働が人間の生体に及ぼす破壊的な影響」のほかにも、「薄暗い照明しかない同じ作業場で男女が夜間に共同作業をすることの悪影響」も強調されている。

(194)「たとえばわたしの管区では、同じ工場の建物のなかにいる同じ工場主が「漂白工場・染色工場法」のもとでは漂白業者、染色業者となり、「捺染工場法」のもとでは捺染業者となり、「工場法」のもとでは仕上げ業者となる。……」(『工場監督官報告書、一八六一年一〇月三一日』、二〇ページのベイカー氏の報告)。これらの法律の種々の諸規定と、そこから生じる混乱を列挙したのちに、ベイカー氏はこう述べている。「工場所有者が法律の網をかいくぐりたいと思えば、これら三つの法律の執行を保証することがいかに困難なものにならざるをえないかが分かるだろう」(同前、二一ページ)。しかし、これによって法律家諸氏には訴訟事件が保証されている。

(195)こうしてついには、工場監督官たちがあえて次のように言うようになる。「こうした」(労働時間の法的制限に対する資本家たちの)「異議は、労働の権利という大原則の前に屈しなければならない。……労働者に労働を要求する雇い主の権利が終わる一時点というものがある。その時点を超えれば、労働者がたとえまだ疲労困憊していなくても、労働者はみずから時間を自由に使用することができる」(『工場監督官報告書、一八六二年一〇月三一日』、五四ページ)。

北アメリカ合衆国では奴隷制度が共和国の一部に機能不全をもたらしていたため、その間は自立的な労働者運動がすべて麻痺していた。黒い肌の労働に烙印が押されている場所で、白い肌の労働が解放をなしとげることはありえない。しかし、奴隷制度の死からは、すぐに新しい若い生命が芽吹いた。南北戦争がもたらした最初の果実は八時間労働運動だった。この運動は蒸気機関車という七マイル靴〔シャミッソーの『影をなくした男』などで広く知られていた、一またぎで七マイル進む靴〕に乗って大西洋岸から太平洋岸へ、ニュー・イングランドからカリフォルニアへと広がっていった。ボルティモアで開かれた全国労働者大会(一八六六年八月)はこう宣言した。「この国の労働を資本主義的奴隷制度から解放するために現在なすべき第一の急務は、アメリカ連邦のすべての州において標準労働日を八時間に定める法律の制定である。このはえある成果を達成するまで、われわれはこれに全力をそそぐことを決意した[196]」。

(196)「われわれダンカークの労働者は宣言する。現在の制度下で要求される労働時間の長さは過大であり、労働者に休養と向上のための時間を与えず、むしろ労働者をほとんど奴隷制度と変わらぬ隷属状態に落としめるものだ。それゆえ一労働日は八時間で十分であり、また法的に十分だと認められるべきであること、われわれは強力な梃子《てこ》である新聞にわれわれへの支援を呼びかけること……そしてこの支援を拒むすべての者を労働改革および労働者の権利の敵とみなすことを決議した」(ニューヨーク州ダンカークの労働者決議、一八六六年)。

時を同じくして（一八六六年九月初頭）、ジュネーヴの「国際労働者大会」〔第一インターナショナルの第一回大会〕はロンドンの総評議会の提案にもとづいて次のように決議した。「労働日の制限は、それなしには他のあらゆる解放努力が挫折せざるをえない予備条件であることを、われわれはここに宣言する。……われわれは八時間労働を労働日の法定限度として提案する」。

大西洋の両側で生産関係自体のなかから本能的に育ってきた労働者運動は、こうしてイギリスの工場監督官R・J・ソーンダーズの次の陳述の正しさを裏づけた。「まずは労働日を制限し、規定の制限時間を厳格に守らせるよう強制しないかぎり、社会改革へのさらなる歩みが成功する見こみはけっしてない(197)」。

(197)『工場監督官報告書、一八四八年一〇月三一日』、一一二ページ。

だれもが認めなければならないのは、われわれの労働者が、生産過程に入っていった時とは違う様子で生産過程からでてくるということだ。市場では、労働者は「労働力」という商品の所有者として、他の商品所有者と向かいあっていた。これは商品所有者と商品所有者との関係だ。労働者が資本家に自分の労働力を売るさいの契約もまた、労働者が自分自身を自由に処分できることを明瞭に証明していた。ところがその取引が終わると、労働者は自分が「自由な契約当事者ではなかった」ことを発見する。労働力を売ることが彼の裁量にゆだねられている時間とは、実のところ、彼が労働力を売ることを強制されている時間であったこと[198]、そして実際には、「搾取できる一筋の筋肉、一つの腱、一滴の血でも残っている限り[199]」、この吸血鬼は彼を手放すことはないことを、彼は発見する。だから労働者は、みずからを苦しめる蛇から「身を守る」ために、たがいに結束しなければならない。労働者自身が資本との自発的契約によって自分と仲間を死と奴隷状態に売りわたすことのないように、それを妨げるための強力な社会的障害物を、すなわち一つの国法を、労働者は階級として奪い取らねばならない[200]。「売りわたすことのできない人権」を謳った派手なカタログに代わって、法的に制限された労働日を定める地味なマグナ・カルタが作られる。そしてそれが「ついには、労働者が売りわたす時間がいつ終わり、彼自身に属する時間がいつ始まるのかを明らかにする[201]」。なんという大きな変化であろうか！

(198)「その上、こうしたやり口」(たとえば一八四八―一八五〇年における資本の策謀)「は、これまでさかんに持ちだされてきた主張がいかに間違っていたかを反論の余地なく立証した。その主張とはすなわち、労働者には保護など必要なく、労働者は自分たちの唯一の財産である両手の仕事と額《ひたい》の汗を自由に処分できる所有者とみなすべきだという主張だ」(『工場監督官報告書、一八五〇年四月三〇日』、四五ページ)。「自由な労働という呼び方をしたければしてもよいが、自由な国においてさえ自由な労働はそれを保護する法律の強力な腕を必要としている」(『工場監督官報告書、一八六四年一〇月三一日』、三四ページ)。「食事をとったり、とらなかったりといった状態で毎日一四時間働くこと……を容認するということは、それを強制するのと同じことだ……」

(『工場監督官報告書、一八六三年四月三〇日』、四〇ページ)。

(199) フリードリヒ・エンゲルス『イギリスの十時間労働法案』、『新ライン新聞。政治経済評論』一八五〇年四月号、五ページ。

(200) 十時間労働法案はそれが適用された産業部門において「労働者を全面的な退化から救い、彼らの身体的状態を保護した」(『工場監督官報告書、一八五九年一〇月三一日』、四七ページ)。(工場における)「資本が制限時間を超えて機械装置を稼働させれば、必ずや就業している労働者の健康と道徳を害することになる。しかも労働者たちは自分自身を守ることができない」(同前、八ページ)。

(201) 「それ以上に大きな利点は、労働者自身の時間と、彼の雇い主の時間とのあいだにようやく明確な区別がなされるにいたったことだ。いまや労働者は自分が売りわたした時間がいつ終わり、自分自身の時間がいつ始まるのかを知っている。そしてあらかじめそれを正確に知っていることによって、彼は自分の時間を自分自身の目的のために前もって確保することができる」(同前、五二ページ)。「それら」(一連の工場法)「は労働者を彼ら自身の時間の主人となし、それによって労働者たちに道徳的なエネルギーを与え、さらにそのエネルギーは、場合によっては政治権力の掌握へと彼らを導くだろう」(同前、四七ページ)。資本家たちには単なる資本の化身として自然に身につけた残虐性が宿っている。包み隠した皮肉ときわめて慎重な表現を用いてはいるが、工場監督官たちは、現在の十時間労働法が資本家たちをも、その残虐性からある程度は解放し、彼らになにがしかの「教養」のための時間を与えたとほのめかしている。それ以前は、「雇い主には金儲けのための時間しかなく、労働者には労働のための時間しかなかった」(同前、四八ページ)。

第九章　剰余価値率と剰余価値量

これまでと同様に、この章でも労働力の価値、すなわち労働日のうち、労働力の再生産または維持のために必要な部分については、それを所与の不変量だと仮定しよう。

これを前提とすれば、剰余価値率をもとに各労働者が一定時間内に資本家に提供している剰余価値量も同時に確定できる。たとえば必要労働が一日六時間、金量で表現すれば三シリング＝一ターラーだとすれば、一ターラーは一労働力の日価値、あるいは一労働力を購入するさいに前貸しされた資本価値にあたる。さらに剰余価値率を一〇〇％とすれば、この一ターラーの可変資本は一ターラーの剰余価値を生みだす。言い換えれば、労働者は一日につき六時間の剰余労働を提供する。

しかし、可変資本は資本家が同時に使用するあらゆる労働力の総価値を貨幣で表現したものだ。つまりその価値は、一労働力の平均価値と使用された労働力の数を掛けあわせたものに等しい。したがって労働力の価値が与えられていれば、可変資本の大きさは、同時に使用されている労働者数に正比例する。一労働力の日価値が一ターラーであれば、日々一〇〇労働力を搾取するには一〇〇ターラーの、n労働力を搾取するにはnターラーの資本を前貸ししなければならない。

同様にして、一労働力の日価値である一ターラーの可変資本が、日々一ターラーの剰余価値を生産するとすれば、一〇〇ターラーの可変資本は日々一〇〇ターラーの、nターラーの可変資本はnターラーの剰余価値を生産する。したがって生産される剰余価値の量は、各労働者の労働日が提供する剰余価値に、使用された労働者数を掛けあわせたものに等しい。しかし、各労働者が生産する剰余価値量は、労働力の価値が与えられているなら、剰余価値率によって決まる、ここから、次の第一法則が導かれる。生産される剰余価値量は前貸しされた可変資本の大きさに剰余価値率を掛けあわせたものに等しい。言い換えれば、同一の資本家に同時に搾取される労働力の総数と、各労働力の搾取度の複比によって決まる。(*)

(*) マルクス自身の校閲を経たフランス語版では、後半部分は次のようにフランス語に訳されている。「あるいは一労働力の価値に搾取度を掛けたものに、再度、同時に搾取される労働力の総数を掛けたものに等しい」。

そこで剰余価値量をM、各労働者によって提供される剰余価値の一日平均をm、各労働力の購入のために日々前貸しされる可変資本をv、可変資本の総額をV、平均労働力の価値をk、労働力の搾取度をa′(剰余価値)/a(必要労働)、使用された労働者数をnとおくと、次の関係式が得られる。

$$M = \frac{m}{v} \times V$$

$$M = k \times \frac{a'}{a} \times n$$

ここでは、平均労働力の価値が一定であることのみならず、一人の資本家によって使用される労働者が平均労働者に還元されることも、引き続き想定されている。生産される剰余価値が搾取される労働者数に必ずしも比例して増えない例外的事例は存在するが、その場合には労働力の価値も一定を保ってはいない。

したがって一定量の剰余価値を生産する場合、ある一つの要素が減少しても、それを別の要素の増加によって埋めあわせることができる。可変資本が減少しても、同時に同じ割合で剰余価値率が増加すれば、生産される剰余価値量は変わらない。先の仮定では資本家が日々一〇〇人の労働者を搾取するためには一〇〇ターラーを前貸ししなければならなかった。その時、剰余価値率が五〇％であれば、この一〇〇ターラーの可変資本は五〇ターラーの剰余価値、言い換えれば、一〇〇×三労働時間の剰余価値を生みだす。剰余価値率がその倍になり、労働日の長さが六時間から九時間ではなく、六時間から一二時間に延長されたとすれば、半分に減った五〇ターラーの可変資本でも、同じく五〇ターラーの剰余価値、言い換えれば、五〇×六労働時間の剰余価値を生みだす。つまり可変資本が減少しても、それに比例して労働力の搾取度を高めれば、あるいは就業労働者数が減っても、それに比例して労働日を延長すれば、埋めあわせは可能だということだ。したがって一定の限度内では、資本によって絞りとることのできる労働の供給量は、労働者の供給量には依存しなくなる。(202) 逆に剰余価値率が減少しても、それに比例して可変資本の大きさ、あるいは就業労働者の数が増えれば、生産される剰余価値量は変化しない。

(202) この基本法則は俗流経済学の諸氏には知られていないようだ。彼ら逆立ちしたアルキメデスたちは、労働の市場価格が需要と供給によって決まるというところに、世界を動かすための支点ではなく、世界を静止させるための支点を発見したと思いこんでいる〔アルキメデスは「私に支点を与えよ、そうすれば地球を動かしてみせよう」と語ったとされる〕。

とはいえ労働者数や可変資本の大きさを剰余価値率の引き上げや労働日の時間延長によって埋めあわせることには、おのずと超えがたい限度がある。労働力の価値がどれだけであろうと、つまり労働者の維持のために必要な労働時間が二時間であろうと一〇時間であろうと、一人の労働者が日々生産できる総価値は、二四時間の労働時間が対象化する価値よりもつねに小さい。二四時間の対象化された労働時間の貨幣表現が一二シリング、あるいは四ターラーだとすれば、この額よりもつねに小さい。先にわれわれは、労働力が自分自身を再生産するために、あるいは労働力購入のために前貸しされた資本価値を埋めあわせるために、毎日六時間の労働時間が必要とされると仮定した。この仮定のもとでは、五〇〇人の労働者を一〇〇%の剰余価値率、すなわち一二時間労働日で使用している五〇〇ターラーの可変資本は、毎日五〇〇ターラーの、あるいは六×五〇〇労働時間の剰余価値を生産している。一〇〇人の労働者を二〇〇%の剰余価値率、すなわち一八時間労働日で使用している一〇〇ターラーの資本は、二〇〇ターラーの、あるいは一二×一〇〇労働時間の剰余価値量しか生産しない。そしてその総価値生産、すなわち前貸し可変資本の等価と剰余価値の和は、けっして毎日四〇〇ターラー、あるいは二四×一〇〇労働時間という額には達しない。当然の理として、平均労働日には二四時間以下という絶対的限界がある。これが、可変資本の減少を剰余価値率の引き上げによって埋めあわせることの絶対的限界を、あるいは搾取される労働者数の減少を労働力の搾取度の引き上げによって埋めあわせることの絶対的限界をなす。この分かりやすい第二法則は、後にとりあげる資本の傾向から生じる多くの現象を説明するために重要だ。それは、資本が自分の使用する労働者数を、あるいは労働力に変換する可変部分をできるだけ縮小しようとする傾向だ。これは資本のもう一つの傾向、すなわち、できるだけ多くの剰余価値を生産しようとする傾向とは矛盾している。しかし、ことは逆であり、使用される労働力の量、あるいは可変資本の量が増えても、それが剰余価値率の低下を比率として補うに足るものでなければ、生産される剰余価値の量は減少する。

第三の法則は、生産された剰余価値量が二つの要因、すなわち剰余価値率と前貸しされた可変資本の大きさによって決まることから生じる。剰余価値率または労働力の搾取度が決まっており、労働力の価値または必要労働時間の大きさが決まっていれば、可変資本が大きければ大きいほど、生産される価値および剰余価値の量が大きくなるのは自明だ。労働日の限界と労働日の必要部分の限界とが決まっていれば、個々の資本家が生産する価値および剰余価値の量は、明らかに資本家が動員する労働量によってのみ決まる。しかし、この労働量は、与えられた仮定のもとでは、労働力の量と資本家が搾取する労働者数によって決まり、労働者数はさらに資本家によって前貸しされた可変資本の大きさによって決まる。つまり、剰余価値率と労働力の価値が与えられていれば、生産される剰余価値量は前貸しされた可変資本の大きさに正比例する。ところで周知のように、資本家は彼の資本を二つの部分に分割する。一部を彼は生産手段に投じる。これは彼の資本の不変部分だ。もう一部を彼は生きた労働力に変換する。この部分が彼の可変資本をなす。同じ生産様式を基盤にしていても、生産部門が異なれば、不変部分と可変部分への資本分割もまた異なる。同じ生産部門内でも、生産過程の技術的基盤や社会的結合が変化すれば、それに応じて両者の割合も変化する。しかし、与えられた資本がどんなふうに不変部分と可変部分に分かれようが、すなわち可変部分と不変部分の比率が一対二であろうが一対一〇であろうが、あるいは一対xであろうが、ここで立てられた法則自体はその影響を受けない。なぜなら、先の分析によれば、不変資本の価値は生産価値のなかに再現することはあっても、新しく作られた価値生産物のなかに入りこむことはないからだ。一〇〇〇人の紡績工を使用するためには、もちろん一〇〇人の紡績工を使用するより多くの原料や紡錘などが必要となる。しかし、この追加されるべき生産手段の価値は、それが上がろうが下がろうが一定であろうが、大きかろうが小さかろうが、生産手段を動かしている労働力の価値増殖過程にはなんの影響も及ぼさない。それゆえここで確認された法則は次のような形となる。労働力の価値が決まっており、その搾取度が同じであれば、さまざまな資本によって生産される価値および剰余価値の量は、それらの資本の可変部分の大きさ、すなわち生きた労働力に転換される部分の大きさに正比例する。

この法則は外見にもとづくあらゆる経験と明らかに矛盾している。だれでも知っているように、紡績業者は、投下総資本の構成百分率を計算すれば、相対的に多くの不変資本と少ない可変資本を投じている。しかし、だからといって相対的に多くの可変資本と少ない不変資本を運用している製パン業者よりも、紡績業者のほうが利得や剰余価値が少ないということはない。この外見上の矛盾を解決するためには、もっと多くの中間項が必要とされる。0／0が実数を表現しうることを初等代数の立場から理解しようとすれば多くの中間項が必要になるのと同じだ。古典派経済学はこの法則を一度も定式化したことはないが、にもかかわらず本能的にこの法則に固執している。それは、これが価値法則一般の必然的な帰結だからだ。古典派経済学は強引な抽象を通じて、この法則を現象の諸矛盾から救いだそうとしている。リカード派がこのつまずきの石にいかに足を取られたかは、後に見ることになるだろう。(203) 俗流経済学は「本当に何一つ学んでこなかった(*)」が、ここでもいつもどおり、現象の法則に背を向け、その仮象に固執している。スピノザとは逆に、俗流経済学は「無知は十分な根拠となる(**)」と信じているのだ。

(203) これについての詳細は『第四巻』〔後の『剰余価値学説史』〕を参照。

(*) ブルボン王政復活後にフランスに帰国した亡命貴族たちについて語ったタレーランの言葉。彼らは、自分の領地を取り戻して、農民にふたたび封建的義務の負担を強制しようとした〔編者巻末註100〕。

(**) スピノザは『倫理学』第一部の付録のなかで、「無知はけっして十分な根拠とはならない」と主張している。

一つの社会の総資本によって日々動員されている労働は、全体として一つの労働日とみなすことができる。たとえば労働者数が一〇〇万人で、一人の労働者の平均的労働日が一〇時間だとすれば、社会的労働日は一〇〇〇万時間からなっている。この労働日の長さが、肉体的な限界によってであれ、社会的な限界によってであれ、あらかじめ決まっていれば、剰余価値量は労働者数、つまり労働者人口を増やすことによってしか増大しない。ここでは人口増加が、社会的総資本による剰余価値生産の数学的な限界をなしている。逆に、人口の大きさが決まっていれば、可能な範囲で労働日を延長することによって、その限界が定められる。[204] ただし次章で見るように、この法則はこれまで扱ってきた形態の剰余価値にしか当てはまらない。

（204）「一つの社会の労働、言い換えれば経済に投じられる時間は、たとえば一〇〇万人の人間が日々一〇時間を投じれば一〇〇〇万時間となるといったように、ある決まった値をとる。……資本の成長には限界がある。いかなる時期をとっても、この限界は経済に投じられた時間の現実の長さによって決まる」（『諸国民の経済学に関する一論』ロンドン、一八二一年、四七、四九ページ）。

剰余価値生産についてのこれまでの考察から分かるように、どんな任意の貨幣額や価値量でも資本に変容しうるわけではない。この変容のためには、ある一定の最小限の貨幣あるいは交換価値が、個々の貨幣所有者、商品所有者の手元にあることが前提となる。可変資本の最低限度は、一年を通じて日々剰余価値の獲得のために使い果たされる個々の労働力の費用価格だ。かりに、この労働者が自分自身の生産手段を所有しており、労働者として生きることに満足するならば、自分の生活手段の再生産に必要な労働時間、たとえば一日八時間の労働時間で彼には十分だろう。したがって、必要な生産手段もまた八時間の労働時間に間にあう分だけでよい。これとは対照的に、この八時間に加えて、たとえば四時間の剰余労働を彼にさせる資本家は、この追加的な生産手段を調達するために追加的な貨幣額を必要とする。しかし、われわれの仮定に立てば、資本家が日々取得する剰余価値によって労働者と同じように生活しようと思えば、つまり自分の不可欠な欲求を満足させようと思えば、それだけでもすでに二人の労働者を使用しなければならないだろう。その場合、彼の生産の目的は単なる生活の維持にすぎず、富の増殖ではないだろう。ところが富の増殖こそは、資本主義的生産の前提をなす。資本家が普通の労働者よりも二倍だけ豊かな生活をし、生産された剰余価値の半分を資本に再変容させようとすれば、それだけでも、労働者数と前貸しされる資本の最小額を八倍に増やす必要があるだろう。もちろん、資本家自身が労働者と同じように生産過程に直接関与することはできる。しかし、そうなれば彼は資本家と労働者の単なる中間物、「小親方」にすぎない。資本主義的生産がある一定水準にまで発展すると、必然的に資本家が資本家として、すなわち人間の姿をした資本としてふるまう全時間を、他者労働の取得のために、したがってその監督のために、また労働生産物の販売のために使用できるようになる。(205) 中世のギルド制度は、個々の親方が雇える労働者の最大数をきわめて少数に制限することによって、手工業親方たちが資本家に変容することを強圧的に阻止しようとした。貨幣または商品の所有者は、生産のために前貸しされる最小額が中世の最高額をはるかに超えた時に、はじめて本当の意味での資本家に変容する。ここでも自然科学におけると同様、ヘーゲルが『論理学』で発見した法則の正しさが、すなわち単なる量的な変化がある点に達すると質的な差異に一変するという法則の正しさが立証される。(205a)

(205)「借地農業者は自分自身の労働に頼ってはならない。それをすれば損失をこうむるだろうというのがわたしの意見だ。借地農業者の活動の中心は全体の監視に置かれるべきだ。彼は脱穀人夫を監視しなければならない。さもなければ、やがて脱穀されていない穀物のために賃金を捨てることになるだろう。同じように刈り取り人夫や草刈り人夫その他も監視しなければならない。彼はたえず自分の柵《さく》を見張っていなければならない。彼はどんなこともなおざりにされないよう気を配っていなければならない。一箇所に注意を限定していると、なにかにつけなおざりになってしまうだろう」(〔J・アーバスノット〕『食糧の価格と農場規模の関連についての研究。一借地農業者による』ロンドン、一七七三年、一二ページ)。この著作は非常におもしろい。われわれはそこに「資本家的借地農業者」あるいは「商人的借地農業者」と明確に呼びうるものの起源をさぐることができる。またそこには、生計を立てるのが精一杯の「小規模借地農業者」を低く見る著者の自己賛美も聞きとれる。「資本家階級は、最初は部分的に、そして最後には完全に、肉体作業の必要性から解放される」(リチャード・ジョーンズ『諸国民の経済学に関する講義教本』ハートフォード、一八五二年、第三講、三九ページ)。

(205a) ローランとジェラールとによってはじめて科学的に考案され、近代化学に応用された分子理論も、まさにこの法則に立脚している。〔第三版への追補〕――化学の門外漢にはかなり分かりにくいこの註を説明するために、以下のことを付言しておく。著者がここで述べているのは一八四三年にCh・ジェラールによって最初に命名された炭水素化合物の「同族列」のことで、そこに属する化合物はすべて特有の代数的構造式を持っている。たとえばパラフィン列はC_nH_{2n+2}、標準ア

ルコール列は $C_nH_{2n+2}O$、標準脂肪酸列は $C_nH_{2n}O_2$ 等だ。これらの例では分子式に CH_2 を単純に加算することによって、そのつど質的に異なる物質が形成される。この重要な事実の確定に果たしたローランとジェラールの役割をマルクスは過大評価しているが、これについては以下を参照のこと。コップ『化学の発達』ミュンヘン、一八七三年、七〇九、七一六ページ、およびショアレマー『有機化学の成立と発達』ロンドン、一八七九年、五四ページ。――F・エンゲルス

個々の貨幣所有者または商品所有者が資本家へと脱皮するためには、最低限どの程度の価値総額を自由に使用できなければならないかは、資本主義的生産のさまざまな発展段階に応じて変化する。また同じ発展段階でも、さまざまな生産部門によって、また各部門に特有な技術的条件によって変わってくる。ある生産部門では資本主義的生産の初期段階においてすでに、個別の個人では調達しえない規模の最小限資本が要求される。このことは、コルベール時代のフランスや、近年にいたるまでのドイツ諸邦に見られたように、こうした私人に対する国家補助金の誘引となる場合もあれば、ある種の産業部門や商業部門の経営について法律上の独占権をもつ会社(206)――近代的株式会社の先駆――の形成を促すこともある。

(206) この種の組織をマルティン・ルターは「独占会社」と呼んでいる。

生産過程が進展するなかで、資本家と賃金労働者との関係がどのような変化をこうむってきたのかについては、これ以上詳しくは取り上げない。したがって資本そのものの規定をさらに掘り下げることも省略し、ここではごくわずかな要点を強調するにとどめたい。

生産過程の内部では、資本が労働に対する指揮権にまで発展した。それは活動する労働力、言い換えれば、労働者自身に対する指揮権にほかならない。人間の姿と化した資本、すなわち資本家は、労働者が自分の仕事を秩序正しく、また適切な密度でこなしているかを監督する。

資本はさらに一つの強制関係にまで発展した。これによって労働者階級は、狭い範囲での自分の生活欲求を満たすために要する労働よりも多くの労働を強要されるにいたった。他人の勤勉を生みだす生産者として、剰余労働の吸収者として、労働力の搾取者として、資本が発揮するエネルギー、無軌道さ、効率性は、直接的強制労働の上に立つ過去のいかなる生産システムをも凌駕している。

資本はさしあたり、歴史的に与えられた技術的条件のもとで労働を支配する。それゆえ資本が直接、生産様式を変化させることはない。だからこそ、これまで見てきた形態、つまり労働日の単純な延長による剰余価値の生産は、生産様式自体のいかなる変化とも無関係に出現した。それは古風な製パン業においても、近代的な紡績業に劣らず効果的だった。

生産過程を労働過程の観点から観察するならば、労働者にとっての生産手段は資本として存在しているわけではなく、あくまで目的にあわせた自分の生産活動の手段や素材として存在しているにすぎない。たとえば製革業であれば、労働者は獣皮を自分の単なる労働対象として扱う。彼がその革をなめすのは資本家のためではない。しかし、生産過程を価値増殖過程の観点から観察するならば、事情はたちまちにして一変する。生産手段はただちに他人の労働を吸いとる手段へと変容する。もはや労働者が生産手段を使用するのではなく、生産手段が労働者を使用する。労働者が生産手段を自分の生産活動の素材的要素として消費するのではなく、生産手段のほうが労働者を自分の生命過程のための酵素として消費する。そして、資本の生命過程とは、自己増殖する価値としての運動にほかならない。夜間に操業を停止し、生きた労働を吸収しないような熔鉱炉や作業用建物は、資本家にとっては「純粋な損失」でしかない。だからこそ熔鉱炉や作業用建物は、労働力に「夜間労働をさせる請求権」を構成する。貨幣が生産過程の対象的要因、すなわち生産手段に変容したという、ただそれだけのことが、生産手段を、他人の労働および剰余労働に対する法的請求権と強制権へと変容させる。死んだ労働と生きた労働との関係が、価値と価値創造力との関係がこのように反転し転倒することこそは、資本主義的生産を特徴づける独特の性格なのだ。この転倒がいかに資本家の頭のなかで意識に映しだされるかを、最後に一つの例によって見ておこう。それは一八四八—一八五〇年、イギリスの工場主たちが反乱を起こした時期のことだ。

「一七五二年の創業以来、代々同じ家族によって経営されてきた西スコットランドで最も古く名声のある商会の一つであるペイズリー所在の亜麻・木綿紡績業カーライル同族会社の社長」、このきわめて知的なジェントルマンは、一八四九年四月二五日の『グラスゴー・デイリー・メイル』紙に、「リレー制度」というタイトルで書簡を寄せた。[207] そこには、次のようなグロテスクなまでに無知な箇所が紛れこんでいる。

「さてここで労働時間を一二時間から一〇時間に短縮した場合に生じる害悪を見ていきたい……この害悪は工場主の展望と財産にきわめて深刻な損失を与える「計算」となる。工場主が」（つまり、彼の「工員たち」が）「一二時間働いているところを一〇時間に制限すれば、会社の一二台分の機械あるいは紡錘が一〇台分に縮減することになる。だから自分の工場を売却したいと思っても一〇台分の価値としてしか評価されず、国中のあらゆる工場の価値の六分の一が失われることになるだろう[208]」。

(207)『工場監督官報告書、一八四九年四月三〇日』、五九ページ。

(208) 同前、六〇ページ。自身スコットランド人で、イングランドの工場監督官たちとは正反対に資本家的発想にとらわれている工場監督官ステュアートは、この手紙を自分の報告書に取り入れ、次のようにはっきりと述べている。この書簡は「リレー制度を導入している工場主がおこなった報告のなかで最も有益なもので、とくにこの制度に対する偏見や疑念を排除することを念頭に置いたものだ」と。

西スコットランドで先祖代々受け継がれてきた、この資本に凝りかたまった頭のなかでは、二つのものの区別がつかなくなっている。一つは紡錘その他の生産手段の価値であり、もう一つは、自分の価値を増殖し、日々、一定量の他者の無償労働を呑みこんでいく資本としての生産手段の性質だ。だからこそカーライル同族会社の社長は実際、こんなふうに妄想している。自分の工場を売却する時には、紡錘の価値だけではなく、それが生みだす価値に対してまで代金が支払われるのだと。あるいは、紡錘のなかに隠れており、同種の紡錘を生産するのに必要な労働に対してだけではなく、ペイズリー在住のけなげな西スコットランド人たちから紡錘の助けを借りて吸いあげる剰余労働に対してまでも、代金が支払われるのだと。だからこそ彼は労働時間を二時間短縮すると、一二台の紡績機械の販売価格が一〇台分の販売価格にまで下落すると思いこんでいるのだ！

第四篇　相対的剰余価値の生産

第一〇章　相対的剰余価値という概念

一労働日のうち、資本が支払った労働力価値の等価分を生産するだけの部分は、これまでは不変量とみなしてきた。実際それは、生産条件が決まっていれば、その時々の社会の経済的発展段階のもとでは一定不変となる。ところが労働者はこの必要労働時間よりも、二時間、三時間、四時間、六時間等々、余分に働くことができた。そして、この延長部分の長さによって剰余価値率と労働日の大きさが決まっていた。必要労働時間が不変だったのに対して、一労働日全体の長さは可変的だった。いまかりに、一労働日の大きさが決まっており、必要労働と剰余労働の分割比も与えられているとしよう。線分ａｃ、すなわち

a――――――――b――――c

は、一二時間労働日をあらわし、線分ａｂは一〇時間の必要労働を、線分ｂｃは二時間の剰余労働をあらわすものとする。さてこの時、労働日を延長することなく、あるいは線分ａｃのさらなる延長とは無関係に、剰余価値の生産を増やすに

は、すなわち剰余労働を延長するには、どうすればよいだろうか?

労働日acの上限が決まっていても、次のようにすればbcを延長することは可能であるように見える。それは、労働日acの終点でもあるcを超えて労働日を延長するのではなく、剰余労働の始点であるbを逆にaの方向に移動するやり方だ。たとえば、a――――b′―b――――cにおいてb′―bを線分bcの半分の長さ、つまり一労働時間としよう。ここで、一二時間労働日acのなかの点bがb′へと移動すると、線分bcはb′cへと延長される。そうなれば労働日は依然として一二時間のままであるにもかかわらず、剰余労働は二時間から三時間へと五〇パーセント増える。しかし、剰余労働分をbcからb′cに、つまり二時間から三時間に延長するには、明らかに必要労働時間abをab′に、つまり一〇時間から九時間に短縮しなければならない。すなわち剰余労働の延長に応じて、必要労働が短縮するということだ。言い換えれば、労働者が事実上、自分のために消費していた労働時間の一部が、これによって資本家のための労働時間へと変容する。そこで変化するのは、労働日の長さではなく、労働日を必要労働と剰余労働とに分ける比率だ。

他方で、剰余労働の大きさは、労働日の大きさと労働力の価値が決まっていれば、おのずから決まるだろう。労働力の価値、すなわち労働力を生産するために必要な労働時間は、労働力の価値を再生産するために必要な労働時間を決定する。一労働時間が〇・五シリング、すなわち六ペンスの金量で表示され、労働力の一日の価値が五シリングであるとしよう。その時、労働者は、資本が彼に支払う労働力の日価値、すなわち一日あたりの価値を埋めあわせるためには、言い換えれば、自分に必要な日々の生活手段の価値の等価分を生産するためには、一日一〇時間働かねばならない。この生活手段の価値によって彼の労働力の価値が決まり、(1)彼の労働力の価値によって彼の必要労働時間の大きさが決まる。しかし、剰余労働の大きさは、労働日全体から必要労働時間を差し引くことで得られる。一二時間から一〇時間を差し引くと、残りは二時間だ。だとすればこの条件下で、剰余労働を二時間以上に引き延ばす方策は見あたらない。もちろん、資本家が労働者に五シリングではなく四シリング六ペンスしか、あるいはもっと少額しか支払わないことはありうるだろう。四シリング六ペンスの価値を再生産するだけなら、九時間の労働時間で足りる。そうなれば一二時間の労働日から、二時間ではなく三時間の剰余労働を引きだすことができ、剰余価値自体も一シリングから一シリング六ペンスに増えるだろう。しかし、このような結果は、労働者の賃金を彼の労働力の価値以下に抑えることによってしか得られない。労働者が九時間で生産する四シリング六ペンスでは、労働者の生活手段が一〇分の一減ることになり、彼の労働力の再生産はその分だけ萎縮する。そこでの剰余労働は、剰余労働の正常な限界を踏み越えることによって延長されているにすぎず、剰余労働の領分は、必要労働時間の領分を略奪的に侵害することによって拡張されているにすぎない。たしかに労賃の現実の動きでは、こうした方法が重要な役割を果たしている。にもかかわらず、われわれの議論は、労働力をも含む商品が完全に価値どおりに買われ、売られることを前提としており、この種の方法ははじめから排除されている。われわれの前提に立てば、労働力の生産に、あるいは労働力の価値の再生産に必要な労働時間は、労働者の賃金が彼の労働力の価値を下回ることによって短縮されるのではなく、労働力の価値自体が下がることによってのみ短縮される。労働日の長さが決まっていれば、剰余労働の延長は必要労働時間の短縮から生じなければならず、その逆に、剰余労働の延長から必要労働時間の短縮が生じてはならない。われわれの例でいえば、必要労働時間が一〇分の一短縮され、一〇時間から九時間に減少し、それによって剰余労働が二時間から三時間に延びるためには、労働力の価値が現実に一〇分の一だけ下落しなければならない。

(1) 一日あたりの平均賃金の価値は、労働者が「生活し、労働し、生殖していくために」必要なものによって決められている(ウィリアム・ペティ『アイルランドの政治的解剖』一六七二年、六四ページ)。「労働の価格はつねに生活必需品の価格によって定められている」。「労働者の賃金が、彼らの多くの運命である大家族を、低い身分なりに労働者として養っていくのに十分でない場合には、例外なく」、労働者はふさわしい賃金を受けとっていない(J・ヴァンダーリント『貨幣万能論』、一五ページ)。「両腕と勤勉以外にはなにも持っていない単純労働者は、自分の労働を他人に売ることに成功しないかぎりは、なにももつことはできない。……どんな種類の労働でも、労働者の賃金は、彼が生計を維持するのに必要な最低限のものにならざるをえず、また事実そうなっている」(テュルゴー『富の形成および分配に関する省察』、デール版『全集』第一巻、一〇ページ)。「生活必需品の価格は、事実上、労働の生産費用に等しい」(マルサス『地代の性質および進歩に関する研究』ロンドン、一八一五年、四八ページ註)。

このように労働力の価値が一〇分の一下落するためには、これまで一〇時間で生産されていたのと同量の生活手段が、いまや九時間で生産される必要がある。しかしそれは労働の生産力が上がらなければ不可能だ。たとえば、ある靴屋が一足の長靴を作るのに現在の手段では一二時間からなる一労働日を必要とするとしよう。もし彼が同じ時間内で、長靴を二足作る必要があれば、彼の労働の生産力は二倍にならなければならない。しかし労働の生産力は、労働手段かあるいは労働方法が、またはその両方が変わらないかぎり、二倍にはなりえない。だからそれが実現するためには、彼の労働の生産条件に、つまり彼の生産様式に、それゆえ労働過程自体に革命が生じなければならない。ここで労働の生産力の向上というのは、労働過程に変化が生じ、それによって一つの商品の生産のために社会的に必要とされる労働時間が短縮され、これまでより少ない労働でこれまでより多くの使用価値を生産する能力を手にするということだ(2)。これまで観察してきた形態での剰余価値生産にさいしては、生産方式は変わらないものと仮定してきた。しかし、必要労働を剰余労働に変容させ、それによる剰余価値生産をもくろむのであれば、歴史的に踏襲されてきた労働過程や現行の労働過程を資本が支配し、その存続期間を延長するだけではまったく不十分だ。それゆえ資本は、労働過程の技術的条件と社会的条件を、つまり生産様式自体を革命的に変革しなければならない。それによってはじめて、労働の生産力を上げ、労働力の価値を下げ、労働力価値の再生産に必要な労働日部分を短縮することができる。

（2）「事業が改善されるということは、ある生産物を、これまでより少ない人数で、あるいは（同じことだが）、より短い時間で製造する新たな方法を発見するということにほかならない」（ガリアーニ『貨幣について』、一五八、一五九ページ）。「生産費用の節約とは、生産に投じられた労働量の節約以外の何ものでもない」（シスモンディ『経済学研究』第一巻、二二ページ）。

労働日を延長することによって生産される剰余価値を、わたしは絶対的剰余価値と呼ぶ。それに対して、必要労働時間を短縮し、それに応じて労働日のうちの必要労働と剰余労働との比率を変化させることによって生じる剰余価値を、相対的剰余価値と呼ぶ。

労働力の価値を引き下げるためには、労働力の価値を決めている生産物を生みだす産業部門の生産力を向上させなければならない。それは、習慣的な生活必需品の範囲に属する生産物か、それに代わりうる生産物ということになる。だが、ある商品の価値は、その商品に最終的な形態を与える労働の量だけではなく、生産手段に含まれている労働の量にも左右される。たとえば、一足の長靴の価値は、靴屋の労働だけでなく、革、ワックス、糸の価値によっても決まる。したがって、不変資本の素材的要素、つまり労働手段と労働材料を生活必需品生産のために提供している産業で生産力が向上し、それに応じてそれらの商品が安くなれば、労働力の価値もまた同じように下がっていく。他方、生活必需品も生活必需品の生産に必要な生産手段も提供していない生産部門では、生産力が上がっても労働力の価値に影響を及ぼすことはない。

もちろん、安くなった商品が労働力の価値を下げる度合は、その商品が労働力の再生産に入りこんでいく度合に比例したものでしかない。たとえばシャツは生活必需品ではあるが、あくまで多くの生活必需品の一つにすぎない。シャツの価格が下がっても、下がるのはシャツを買うための労働者の支出だけだ。とはいえ、生活必需品の総体はさまざまな商品からなっており、そのすべてが個別産業の生産物だ。そしてこうした商品一つひとつの価値が労働力の価値の何分の一かを占めている。この労働力の価値は、その再生産に必要な労働時間が短縮するとともに低下し、再生産のための労働時間全体の短縮は、すべての個別産業部門での短縮の総計に等しい。この一般的な結果について、ここではそれがあたかも各個別事例の直接的帰結であり、直接的目的であるかのように論じている。もちろん個々の資本家が労働の生産力を上げ、それによってたとえばシャツの価格を下げたとしても、だからといって彼の念頭に、労働力の価値を下げ、それに応じて必要労働時間を下げようとする目的がつねにあるわけではけっしてない。だが結局のところ、彼はこの帰結を生むのに寄与しており、そうである以上、彼はやはり一般的な剰余価値率を高めるのに貢献している。(3) 資本の普遍的かつ必然的な傾向は、この傾向の種々の現象形態とは区別しなければならない。

(3) 「工場主が機械の改良によって生産物を倍増したとしても……彼が(最終的に)得る利益は、労働者にこれまでより安い衣類を提供できるようになり、……それによって総収入のうちの労働者の取り分が少し減ることによって生みだされるにすぎない」(ラムジー『富の分配に関する一論』、一六八、一六九ページ)。

資本主義的生産に内在するさまざまな法則は、どのような仕方で資本の外的な運動にあらわれるのか。それはどのようにして競争を余儀なくさせる強制法則として貫かれ、それゆえにまた、個々の資本家に彼を動かす動機として意識されるのか。いまはそれを論じる場ではないが、少なくとも次のことだけは最初から明白だ。それは、競争の科学的分析は、資本の内的性質が理解されてはじめて可能になるということだ。それは、天体の見かけ上の運行が、感覚ではとらえられない実際の運動を知る者にのみ理解可能なのと同じだ。とはいえ、相対的剰余価値の生産についての理解を深めるために、これまでに得られた結論にだけもとづいて、以下のことだけは述べておきたい。

一労働時間が六ペンス、すなわち半シリングの金量であらわされるとすれば、一二時間からなる一労働日では、六シリングの価値が生みだされる。また、与えられた労働の生産力をもってすれば、一二時間の労働時間で一二個の商品が作られるとしよう。一個の商品に消費される原料等の生産手段の価値は六ペンスとする。この条件のもとでは、個々の商品は一シリングの値となる。すなわち生産手段の価値として六ペンス、それを加工するさいに付け加えられた価値として六ペンスだ。さてここで、ある資本家が、労働の生産力を二倍にすることに成功したとしよう。それによって一二時間労働日に、この商品種をこれまで一二個しか生産できなかったのが、二四個生産できるようになったとする。生産手段の価値が不変であれば、一個の商品の価値は、いまや九ペンスに下落する。つまり生産手段の価値が六ペンス、そして最後の労働によって付け加えられた価値が三ペンスだ。生産力が二倍になっても、一労働日はこれまでと変わりなく六シリングの価値しか新たに生みだすことはないが、その六シリングがいまや、二倍の数の商品に割り振られることになる。だから、一個の生産物には、これまでのように総価値〔六シリング〕の一二分の一にあたる六ペンスではなく、二四分の一にあたる三ペンスしか割り振られない。あるいは同じことだが、生産手段が生産物に変容するさいに、これまでは、一個あたりで計算すると、生産手段に一時間が付け加えられていたのが、いまや半時間しか付け加えられていない。こうしてこの商品の価値は、その社会的な価値以下に下落することになる。すなわちこの商品には、平均的条件のもとで生産される同種の商品の大群よりも、少ない労働時間しか投じられていない。平均すればこの商品は一個あたり一シリングであり、言い換えれば、二時間の社会的労働をあらわしている。ところが改良された生産方式では、それが九ペンスとなり、言い換えれば、一時間半の労働時間しか含んでいない。しかし、ある商品の現実の価値とは、その個別的価値ではなく、あくまでその社会的価値だ。すなわちその価値は、個別のケースにおいて生産者が実際に投じた労働時間ではなく、その生産のために社会的に必要とされる労働時間によってきまる。したがって、新たな生産方式を用いるこの資本家が、彼の商品を一シリングという社会的価値で売るならば、この商品の個別的な価値よりも三ペンス高く売ることになり、それによって三ペンスの特別剰余価値を得ることになる。他方で、一二時間労働日は、これまでのように一二個の商品ではなく、二四個の商品となって彼の前にあらわれる。それゆえ一労働日あたりの生産物を売り尽くすには、彼は二倍の売り上げを、したがって二倍の大きさの市場を必要とする。ところで他の事情が変わらないとすれば、彼の商品がより大きな市場を征服するのは、その価格を下げた場合だけだろう。したがって彼は、この商品をその個別的価値よりは高く、しかし、その社会的価値よりは安く、たとえば一個一〇ペンスで売ろうとするだろう。それでもなお、彼は一個あたり一ペンスの特別剰余価値を手にすることができる。この剰余価値の増大は、彼の商品が生活必需品の領域に入るかどうかとは無関係に、したがってそれが労働力の一般的価値を決める要因かどうかとは無関係に生じる。あとのほうの事情は度外視したとしても、労働の生産力を高めることによって商品を安くしようという動機は、いずれの資本家にもあるということだ。

とはいえ、この場合でも、剰余価値の増大は、必要労働時間の短縮およびそれに相応する剰余労働の増加によって生じている。[3a] 必要労働時間を一〇時間、すなわち労働力の日価値を五シリングとし、剰余労働を二時間、つまり一日に生みだされる剰余価値を一シリングとしよう。しかし、例の資本家は、いまでは一日に二四個の商品を生産し、それを一個あたり一〇ペンス、総計にして二〇シリングで売る。生産手段の価値は一二シリングなので、〔二四個×一二／二〇に相当する〕一四個二／五の商品は、前貸しされた不変資本分を穴埋めしているにすぎない。そして、一二時間の労働日は、残りの九個三／五の商品に表示される。労働力の価格は五シリングだから、そのうち六個の生産物には必要労働時間が、残りの三個三／五の生産物には剰余労働が表示されている。必要労働と剰余労働の比率は、社会の平均的条件のもとでは五対一〔一〇時間対二時間〕だった。それがいまや、五対三となる。同じ結果は、次のように計算しても得られる。一二時間の労働日が生みだす生産物の価値は二〇シリングであり、そのうち一二シリングは、生産物に再現するにすぎない生産手段の価値に属している。したがって一労働日をあらわす価値の貨幣表現としては八シリングが残る。この貨幣表現は、同種の社会的平均労働の貨幣表現よりも高い。というのも、平均労働の一二時間分は六シリングにすぎないからだ。例外的に高い生産力をもつ労働は、より強化された労働として作用し、同じ時間内に同種の社会的平均労働よりも高い価値を創りだす。ところが、この例に登場する資本家が労働力の日価値として支払うのは、以前とおなじ五シリングにすぎない。それゆえ労働者は、この価値を再生産するのに、以前は一〇時間を要していたのに、いまでは七時間半しか要しない。したがって彼の剰余労働は二時間半増加し、彼が生みだす剰余価値は一シリングから三シリングに増える。それゆえ、改良された生産様式を用いる資本家は、同業の他の資本家よりも、労働日のより多くの部分を剰余労働として自分のものにできる。いわば彼は、相対的剰余価値の産出にあたって資本が全体としておこなっていることを、個別におこなっている。しかしその一方で、この新しい生産様式が一般化すれば、安く作った商品の個別的価値と社会的価値との差が消えさり、それによって彼が得ていた特別剰余価値もすぐに消えていく。新たな方法を導入した資本家は、それによって自分の商品を社会的価値以下で売らねばならなくなる。労働時間が価値を決定するという法則は、こうした形で資本家に感じとられるようになる。ところが、この同じ法則は、彼の競争相手にとってもまた、この新しい生産様式の導入を強いる競争上の強制法則となる。(4) ただし、この全過程を通じて一般的剰余価値率が変化するのは、労働の生産力の向上が生活必需品を生産する部門に広がり、そこでの商品が低廉化した場合に限られる。その種の商品は、生活必需品の範囲に属するがゆえに、労働力の価値を構成する要素となっているからだ。

(3a) 「ある人の利潤を左右するのは、彼が他人の労働の生産物を支配できるかどうかではなく、労働そのものを支配できるかどうかだ。もしも彼が、労働者たちに払う賃金は変えずに、商品をこれまで以上の価格で売ることができれば、当然、彼はそこから利益を得られる。……彼が生産するもののうちで、賃金充当分をもっと小さくしても、その労働をさせるには十分であり、その結果、彼の取り分は増えることになる」(J・ケイズノーヴ)『経済学要論』ロンドン、一八三二年、四九、五〇ページ)。

(4)「もしもわたしの隣人が、わずかな労働で多くのものを生産し、それによって商品を安く売ることができるようになれば、わたしも彼と同じように安く売れるように工夫しなければならない。それゆえ、より少ない人手で、より安く作業できる技術や製法、あるいは機械があらわれるならば、同じ技術、同じ製法、あるいは同じ機械、あるいは類似のものを導入せざるをえないという一種の強制、もしくは競争が生じることになる。こうして結局は、他の人々も皆、同じ立場に立つことになり、だれも隣人より安く売ることができなくなる」(『イギリスにとっての東インド貿易の利益』ロンドン、一七二〇年、六七ページ)。

商品の価値は労働の生産力に反比例する。労働力の価値もさまざまな商品の価値によって決まるため、同じく労働の生産力に反比例する。それとは逆に、相対的剰余価値は労働の生産力に正比例する。相対的剰余価値は生産力が上がるとともに上がり、生産力が下がるとともに下がる。一二時間という社会的な平均労働日は、貨幣価値が変わらないとすれば、つねに六シリングという同じ価値生産物を生産する。そのことは、この六シリングという価値総額がどのような比率で労働力価値の等価物と剰余価値とに分けられようが、変わることはない。ところが生産力の向上により、日常の生活必需品の価値が下がり、それにともない労働力の日価値が五シリングから三シリングに下がれば、剰余価値は一シリングから三シリングに増える。労働力の価値を再生産するために、これまでは一〇労働時間が必要だったのが、いまではもう六労働時間ですむようになる。こうして四労働時間が浮くことになり、それが剰余労働の領分に取りこまれる。だからこそ、労働の生産力を高めて商品を安くし、商品を安くすることで労働者自身をも安くすることが、資本の内的な衝動であり、たえざる傾向なのだ。(5)

(5)「労働者の支出がいかなる比率で切りつめられようとも、産業に対するさまざまな規制が同時に廃止されるならば、それと同じ比率で、彼の賃金もまた切り下げられるだろう」(『穀物輸出奨励金の廃止に関する考察』ロンドン、一七五三年、七ページ)。「産業の利益が要求しているのは、穀物とすべての生活必需品ができるだけ安く抑えられるということだ。それらを高くするものはなんであれ、労働をも高くせざるをえない。……産業がいかなる制限も受けていない国ならばどこでも、生活必需品の価格は労働の価格に影響を与えざるをえない。生活必需品が安くなれば、労働の価格も必然的に切り下げられる」(同前、三ページ)。「生産力が高まる度合に応じて賃金は引き下げられる。機械はたしかに生活必需品を安くはするが、それのみならず、労働者をも安くする」(『競争と協同の功罪比較に関する懸賞論文』ロンドン、一八三四年、二七ページ)。

商品の絶対的価値は、それを生産する資本家にとっては、それ自体としてはどうでもよい。彼の関心を引くのはただ一つ、その商品に潜んでいて、売れた時に現実となりうる剰余価値だけだ。剰余価値の現実化には、当然のことながら、前貸しされた価値の補塡分が含まれている。ところで、相対的剰余価値は労働の生産力の向上に正比例して増大するのに対して、商品の価値は同じ動きに反比例して下落する。つまり、同じ一つのプロセスが、商品を安くするとともに、その商品に含まれている剰余価値を高めるということだ。これによってあの謎が解ける。すなわち、ひたすら交換価値の生産に専念している資本家が、なぜまた、その商品の交換価値をたえず下げようと努力するのか、という謎が。この矛盾は、政治経済学の創設者の一人であるケネーが、論争相手を苦しめるのに使った論点だったが、彼らはそれに答えることができなかった。ケネーは言う。

「皆さんも認めているように、生産に不利にならない形で、工業生産物の製造コストや高価な労働を節約することができればできるほど、この節約は大きな利益を生みだす。なぜなら、それは製品の価格を低下させるからだ。それにもかかわらず皆さんは、工業労働者の労働に由来する富の生産の要は、彼らの製品の交換価値を増やすことにあると思いこんでいる」(6)。

(6) ケネー『商業と手工業者の労働に関する対話』、一八八、一八九ページ。

ここから分かるように、労働の生産力を発展させることによる労働の節約は(7)、資本主義的生産においては、けっして労働日の短縮をめざすものではない。それがめざしているのは、単に特定量の商品を生産するのに必要な労働時間の短縮にすぎない。たとえ労働者が自分の労働の生産力を高めることによって、一時間あたり、これまでの一〇倍の商品を生産するようになっても、言い換えれば、一個の商品にこれまでの一〇分の一の労働時間しか要しなくなっても、だからといって、この労働者をいままでどおり一日一二時間働かせ、この一二時間でこれまでのように一二〇個ではなく、一二〇〇個の商品を生産させることが妨げられるわけではまったくない。それどころか、彼の労働日が同時に延長されて、いまや一四時間に一四〇〇個を生産するなどということも十分ありうる。だからこそ、マカロック、ユア、シーニョアのような程度の経済学者のものを読むと、あるページには、生産力の向上によって必要労働時間が短縮されるのだから、労働者は生産力の向上について資本に感謝しなければならないとある一方で、次のページには、この感謝の気持ちをあらわすために、労働者はこれまでのように一〇時間ではなく、これからは一五時間働かねばならない、などと書かれている。資本主義的生産の枠内では、労働の生産力の発展は、一労働日のなかで労働者が自分自身のために働かねばならぬ部分を短縮し、まさにそれを通じて、資本家のためのただ働きが可能になる部分を拡大することをめざしている。ではこうした結果は、商品を安くしなくても、どの程度達成できるだろうか。これについては、相対的剰余価値を生産する特別な方法を見ることで明らかになるだろう。そこで次に、その考察に話を移そう。

(7)「こうした投機家連中は、彼らが本来支払いをおこなうべき労働者の労働を、できるだけ減らそうとする」(J・N・ビドー『大規模製造機械により工業技術と商業に発生する独占について』

パリ、一八二八年、一三ページ)。「時間と労働力を節約するためなら、企業家はありとあらゆることをするだろう」(デュガルド・ステュアート『経済学講義』、サー・W・ハミルトン編『著作集』第八巻、エディンバラ、一八五五年、三一八ページ)。「彼ら」(資本家たち)「が関心を持っているのは、自分たちが雇う労働者の生産力が少しでも高いことだ。彼らの関心は、この力を高めることに向けられており、しかも、ほとんどそのことにしか向けられていない」(R・ジョーンズ『諸国民の経済学に関する講義教本』第三講)。

第一一章　協　業

すでに見たように、資本主義的生産が現実に開始されるのは、同じ一つの個人資本が、かなり多数の労働者を同時に雇い入れ、したがって労働過程の規模を拡大し、かなり大規模な量の製品を供給するようになってからのことだ。相当数の労働者が同じ時間に同じ空間で（あるいは同じ労働現場で、といってもいいだろうが）、同じ種類の商品を生産するために同じ資本家の指揮のもとで働くというのが、歴史的にみても、概念的にみても、資本主義的生産の出発点となる。生産様式そのものについていえば、たとえば初期のマニュファクチュアはギルド的な手工業とほとんど変わるところがなく、唯一の違いは、同じ資本が同時に雇用する労働者数が多くなることだ。ギルドの親方の仕事場が単に拡張されたにすぎない。

したがって両者の相違は、とりあえずは量的なものでしかない。これまで見てきたように、ある一つの資本が生産する剰余価値の量は、一人の労働者が生みだす剰余価値に、雇われている労働者の数をかけあわせたものに等しい。この労働者の数自体は、剰余価値率や労働力の搾取度になんの変化ももたらさない。また商品価値の生産全般から見れば、労働過程にどのような質的変化が生じようとも、大した問題ではないように見える。これは価値の性質から導かれることだ。一二時間からなる一労働日が六シリングに対象化されるならば、この労働日の一二〇〇日は六シリング×一二〇〇に対象化される。前者の場合においては、一二時間が、後者の場合には一二×一二〇〇時間が生産物に取りこまれる。価値生産にとっては、多数といえども、つねに多数の個の集まりにすぎない。したがって価値生産にとっては、一二〇〇人の労働者が別々に生産しようが、同一資本の指揮下でまとまって生産しようが、なんの違いもない。

とはいえ、ある限度のなかでは、ある種の変化が生じる。価値に対象化される労働は、社会的にみて平均的な質をもつ労働、すなわち平均的な労働力のあらわれだ。しかし平均量とは、つねに数多くの同種の個別量の平均としてのみ存在する。いずれの産業部門でも、ペーター、パウルといった個別労働者は、多かれ少なかれ平均的な労働者とは異なっている。しかし、数学的には「誤差」と呼ばれるこうした個人的な偏差は、ある程度の数の労働者をまとめて考えれば、たがいに相殺され、消えてしまう。有名な詭弁家で、お追従者でもあるエドマンド・バークは、借地農業者としての自分の経験から、こんなことまで言っている。わずか五人の農僕からなる「ごく小さな一組」をとっても、労働の個人差などはすべて消えてしまう。だから、壮年期のイギリスの農僕五人を任意に集めれば、任意に選んだ他のイギリスの農僕五人と、同じ時間内に同じ量の仕事をする、と。(8) その真偽のほどはともかく、同時に雇われている比較的多数の労働者の総労働日を、労働者の数で割ったものが、それ自体、社会的平均労働の一日分であることは明らかだ。たとえば一人の労働者の一労働日を一二時間としよう。その時、同時に雇われている一二人の労働者の一労働日は、一四四時間の一総労働日をなす。この一二人の一人ひとりの労働は、社会的平均労働とは多かれ少なかれ異なっているかもしれず、それゆえ同じ作業に要する時間は人によって、いくぶん多かったり、少なかったりするかもしれない。にもかかわらず、各個人の一労働日は、一四四時間の一総労働日の一二分の一にあたるという社会的平均としての質を持っている。ところが、一二人を雇っている資本家から見れば、労働日はあくまでこの一二人の総労働日として存在している。一人ひとりの労働者の労働日は総労働日の何分の一かとして存在するにすぎない。そのことは、この一二人がたがいに助けあって働いたか、それとも同じ資本家のために働いたこと以外にはつながりを持たなかったか、などということとは無関係に決まる。これに対して、一二人の労働者のうちの二人ずつがそれぞれ一人のギルドの小親方に雇われるとすれば、この六人の親方たちがすべて同じ価値量を生産し、一般的な剰余価値率を実現するかどうかは偶然にまかされる。そこには個人的な偏差が生じるだろう。ある労働者がある商品の生産のために、社会的に必要とされるよりも明確に多くの時間を費やすとすれば、つまり、彼個人として必要な労働時間が、社会的に必要な時間、あるいは平均労働時間と明確に異なれば、彼の労働は平均労働としては通用しなくなり、彼の労働力は平均的労働力とはみなされなくなるだろう。彼の労働力はまったく売れないか、あるいは、労働力の平均的価値以下でしか売れないだろう。つまり、ある最低限度の労働熟練度がそこでは前提とされているということだ。後に見るように、資本主義的生産はこの最低限度を測定する手段を見つけだしている。それでもやはり、最低限度は平均とは異なる。しかも他方では、その最低限度に対しても労働力の平均的価値は支払われねばならない。それゆえ六人の親方たちのうち、ある者は一般的剰余価値率以上のものを収穫できるが、別の者はそれ以下のものしか収穫できない。この不平等は、社会から見ればたがいに相殺しあうだろうが、個々の親方にとっては相殺されない。したがって一般に価値増殖の法則は、個々の生産者が資本家として生産するにいたった時、つまり多くの労働者を同時に使用し、最初から社会的平均労働を動かすにいたった時、はじめて個別生産者にとっても完全な形で実現することになる。(9)

(8) 「当然のことながら、ある人の労働の価値と、別の人の労働の価値とのあいだには、力や熟練や勤勉さの違いによる大きな差異が存在する。しかしわたしが入念な観察の結果として確信するところでは、任意の五人の男性は全体としては、同じ年齢層の別の任意の五人の男性と同じ量の労働をこなす。つまり、こうした五人のうちには、優秀な労働者の特徴をすべて備えた男が一人、質の悪い労働者が一人、それぞれいて、他の三人はその中間にあって、ある者は前者に、ある者は後者に近いということだ。それゆえ、たった五人という小さなグループでさえも、五人の男でできる仕事の全量というものは見てとれるだろう」(E・バーク『穀物不足に関する意見と詳論』、

一五、一六ページ)。平均的個人についてのケトレーの見解も参照のこと。

(9) ロッシャー教授は、教授夫人が一人のお針子を二日間雇った時のほうが、一日に二人のお針子を雇った時よりも多くの仕事がなされることを発見したと言い張っている〔W・ロッシャー『国民経済学の基礎』第三版、シュトゥットガルト、アウグスブルク、一八五八年、八八―八九ページ〕。だが、教授様たるものは、資本主義的生産過程の考察を子供部屋で試みたり、主役である資本家がいない状況のもとで試みたりしないほうがよいだろう。

たとえ労働様式が変わらなくても、比較的多数の労働者を同時に使用すれば、それは労働過程の対象的諸条件に革命をもたらす。多数の労働者が働く建物、原料などを保管する倉庫、多くの労働者が同時にあるいは交替で使用する容器、道具、装置等々、要するに生産手段の一部分が、労働過程のなかでいまや共同で消費される。一方で、商品の交換価値は、したがって生産手段の交換価値もまた、その使用価値をより高度に使いきったからといって、少しも上がることはない。その一方で、共同で使用する生産手段の規模は拡大していく。二〇人の織工が二〇台の織機を使って働く部屋は、一人の自営の織物親方が二人の職人と働く部屋よりも広くなければならない。しかし、二人用の作業場を一〇室作るよりは、二〇人用の作業場を一部屋作るほうが、労働は少なくてすむ。一般的にいって、大規模に集中化され共同で使用される生産手段の価値は、その規模や利用効果に比例してかさむことはない。生産手段が共同で消費されれば、生産手段から個々の生産物に引きわたされる価値成分は相対的に小さくなる。それは、一つには生産手段が引きわたす総価値が、同時により多くの生産物量に分配されるようになるからだ。またもう一つには、ばらばらに使用される生産手段に比べて、共同使用される生産手段は、絶対的にはより大きな価値をたずさえて生産過程に入りこんでいくものの、その作用範囲を考えあわせると、相対的にはより小さな価値をたずさえて生産過程に入りこんでいくからだ。これによって不変資本の一つの価値成分が低下し、この成分の大きさに比例して商品の総価値もまた低下する。これは、あたかも商品の生産手段がこれまでより安く生産されたかのような効果をもつ。生産手段の使用がこのように効率化できるのは、ひとえに多数の労働者が労働過程のなかで共同で生産手段を消費するからだ。こうして、共同化された生産手段は、社会的労働の必要条件、あるいは労働の社会的条件ともいうべき性格を帯びることになる。ここが、それぞれに独立した労働者や親方たちのばらばらで相対的に高価な生産手段とは異なる点だ。しかも、こうした社会的労働の必要条件、あるいは労働の社会的条件としての性格は、たとえ多くの労働者が協力しあうことなく、単に空間的に一緒に働いているにすぎない場合でも、同じように生じる。こうして労働手段の一部は、労働過程自体が社会的性格を得る以前に、すでに社会的性格を獲得することになる。

生産手段の節約は、一般的には二つの観点から見る必要がある。すなわち一方では、この節約が商品を安くし、またそれによって労働力の価値を引き下げるという観点から見る必要がある。そして他方では、この節約が前貸しされた総資本、すなわち資本の不変部分と可変部分との価値総額に対する剰余価値の割合を変化させるという観点から見る必要がある。後の点については、本書第三巻の第一篇ではじめて論じることになるため、ここで扱われるべき問題のいくつかも関連上、そちらに回すことにしたい。分析を進めるためには、このように対象を分割して論じる必要があるが、この分割はまた資本主義的生産の精神に沿うものでもある。というのも、資本主義的生産においては、労働条件は労働者から独立したものとして労働者に相対《あいたい》するのであり、それゆえ労働条件の節約もまた、彼にはなんのかかわりもない一つの特別なオペレーションとして、つまり彼個人の生産性を高める方法とは切り離されたオペレーションとして立ちあらわれてくるからだ。

同じ生産過程のなかで、あるいは同じではないが相互に関連しあう生産過程において、多くの人々が計画的に並行して、また協力して働く場合、その労働の形態は協業(Kooperation)と呼ばれる(10)。

(10)「さまざまな力の協同 Concours de forces」(デステュット・ド・トラシー『意志とその作用についての論考』、八〇ページ)。

騎兵中隊一個の攻撃力、あるいは歩兵連隊一個の防御力は、一人ひとりの騎兵や歩兵が個別に発揮する攻撃力や防御力の総計とは本質的に異なる。同じように、たとえば重量のあるものを持ち上げたり、クランクを回したり、障害物を除去したりしなければならない時に、多くの手がいっしょになって、分割されていない同一の作業に同時に加われば、そこでは社会的な潜在力が発揮されるのであり、それは個々の労働者の力を機械的に合計したものとは本質的に異なる。[11] こうした結合労働の作用は、個別労働ではまったく生みだせないか、生みだせたとしても、はるかに長い時間がかかり、きわめて小規模なものに終わる。ここでは、協業によって個々人の生産力が上昇しているだけではなく、それ自体が集団力でなければならないような一つの生産力が創出されているのだ。[11a]

(11)「いくつかの部分に分解できないような単純な種類の作業であっても、多くの手が一緒に協力しないかぎり果たせないものはたくさんある。たとえば、大きな木の幹を持ち上げて荷車にのせる作業などがそうだ。……要するに、多くの手が、分割されていない同じ仕事にたがいに、同時に協力しないかぎり、なしえないことすべてがそれにあたる」(E・G・ウェイクフィールド『植民の方法についての一見解』ロンドン、一八四九年、一六八ページ)。

(11a)「一人の男では一トンの重荷を持ち上げることはできないし、一〇人でも相当にがんばらないといけないが、一〇〇人でやれば指一本の力でもできる」(ジョン・ベラーズ『産業大学設立の提案』ロンドン、一六九六年、二一ページ)。

多くの力が一つの総力に融合することで生まれる潜在力とは別に、たいていの生産労働では、単なる社会的接触だけでもたがいの競争心をかきたて、野心的意欲(animal spirits)を独特に刺激することで、一人ひとりの個人的能力を高める。したがって一二人の人間が同時に、同じ労働日に合計一四四時間働くほうが、一二人の労働者が別々に一日一二時間ずつ働くよりも、あるいは一人の労働者が続けて一二日間働くよりも、はるかに多くの総生産物を供給することができる。(12) これは、人間がその性質からして、アリストテレスの言う政治的動物ではないとしても、(13) 少なくとも社会的動物であることに由来する。

(12)（同じ数の労働者を、一〇人の借地農業者がそれぞれ三〇エーカーずつの農地に投入するのではなく、一人の借地農業者が三〇〇エーカーの農地に投入するならば）「そこでは、農僕の数に比べて相対的に利益もあがるが、実際に現場を知っている人々でなければ、それにはなかなか気づかない。もちろん、一対四は三対一二に等しいことは誰でも知っている。ところが現場では、このとおりにはいかない。というのも、収穫の時期や、それと同様に急いでやらねばならない多くの仕事の場合には、多数の労働者をまとめて投入したほうが仕事はずっとうまく、かつ早くこなせるからだ。たとえば、収穫時には御者二人、荷積み屋二人、投げ手二人、掻き手二人を配置し、その他をわら積み作業や穀倉に配置すれば、同じ数の人間が別々の農場で別々のグループに分かれて働く場合に比べて、二倍の仕事をなしとげるだろう」（〔J・アーバスノット〕『食糧の価格と農場規模との関連についての研究。一借地農業者による』ロンドン、一七七三年、七、八ページ）。

(13) アリストテレスの定義は本当のところは、人間は元来、ポリスの市民だということだ。この定義は古典古代の特性を示すもので、人間は元来、道具を作る動物だというフランクリンの定義がアメリカ的発想の特徴を示しているのと同じだ。

多くの人々が同じことを、あるいは似たことを同時に協力しておこなう場合でも、一人ひとりの個人労働は総労働の一部として、労働過程の別々の段階を担当するということが起こりうる。そこでは労働対象が協業のおかげでより早く労働過程を通過していく。たとえば、煉瓦積み工が、煉瓦を足場の下からてっぺんまで運び上げるために一列になって手わたしをする場合、一人ひとりは同じことをしていても、個々の作業は全体の作業工程の連続的な諸部分をなしている。つまり、それぞれの工程は、全煉瓦が労働過程のなかで通過しなければならない特別な段階となっている。これによって、たとえば労働者全体の二四本の手は、一人の労働者が足場を登ったり降りたりしながら二本の手で運ぶよりも、すばやく煉瓦を運び上げられる。(14) このケースでは、同一の空間内を労働対象がより短時間で通過していく。その一方で、一つの建物がたとえば異なる側面から同時に建築されていくようなケースもある。そこでは、協業者たちが同じことを、あるいは似たようなことをしているにもかかわらず、労働の結合が生じる。結合された労働者、いわば全体労働者は前にも後ろにも眼と手を持っており、ある程度までは、全現場にいあわせている。それゆえ一四四時間の結合された労働日は、空間内のさまざまな箇所から労働対象にとりかかることができる。その結果、一四四時間の結合された労働日は、程度の差こそあれ、個別に働く労働者の一二時間労働日の一二日分よりもすばやく総生産物を作りだせる。個別労働者は一箇所からしか仕事に着手できないからだ。このケースでは、同一の時間内に、生産物の種々の空間部分が完成していく。

(14)「さらに確認しておかねばならないのは、こうした部分的な分業は、労働者たちが同じ作業に就いている場合にも生じうるということだ。たとえば、煉瓦を手わたしで上の足場まで運び上げる煉瓦積み工たちは、全員同じ仕事をしているが、それでも彼らのあいだには一種の分業がおこなわれている。つまり、彼ら一人ひとりは一定の距離ずつ煉瓦を運んでいるが、全体として見れば、一人ひとりが自分の煉瓦を別々に上の足場まで運ぶよりも、はるかにすばやく所定の場所に煉瓦を運び上げることができる。ここにこの分業の真価がある」(F・スカルベク『社会的富の理論』第二版、パリ、一八三九年、第一巻、九七、九八ページ)。

多数の労働者がたがいに補いあいながら同じ仕事、あるいは似た仕事をすることを、ここでわれわれが強調するのは、共同労働のこの一番単純な形態が、協業の最も進んだ形態においても大きな役割を果たしているからだ。労働過程が複雑になれば、ともに労働する人間が単に増えるだけでも、種々の作業を種々の手に分配し、したがって同時進行で作業を進め、それによって総生産物の生産に必要な労働時間を短縮することが可能になる。(15)

(15)「複雑な作業をおこなうには、さまざまなことを同時になさねばならない。ある人はこれをし、別の人はあれをするといった具合に、全員が、一人では生みだせない成果に寄与するのだ。ある者はオールを漕ぎ、別の者は舵を取り、さらにもう一人は網を投げたり、銛《もり》で魚を突いたりする。こうして漁は、こうした協調行動がなければ不可能であったような成果をあげる」(デステュット・ド・トラシー『意志とその作用についての論考』、七八ページ)。

多くの生産分野には、逃せない時期（kritische Momente）というものがある。すなわち、その期間内にどうしても一定の労働成果を上げねばならないような、労働過程の性質自体によって決められた時期だ。たとえば、一群の羊の毛を刈ったり、何モルゲンかの穀物畑を刈りとって収穫したりする場合、生産物の質と量は、作業がしかるべき時期に開始され、しかるべき時期に終了するかどうかに左右される。労働過程が占めるべき期間は、ニシン漁がそうであるように、あらかじめ定められている。一人が一日のうちから捻出できるのはせいぜいで一労働日、たとえば一二時間にすぎない。しかし、たとえば一〇〇人が協業をおこなうならば、一二時間の労働日が一二〇〇時間の労働日に拡張される。そうなれば労働期間の短さを、決定的な瞬間に生産現場に投入される労働量の大きさによって埋めあわせることができる。時宜を得た成果が得られるかどうかは、多くの結合された労働日を同時に使用できるかどうかにかかっている。また利用効果の大きさは、使用する労働者の数に左右される。それでも、その労働者の数は、かりに労働者がばらばらに働いて、なおかつ同じ期間に同じ効果をあげようとした場合に必要とされる数よりもつねに少なくてすむ[16]。アメリカ合衆国の西部で大量の穀物が毎年無駄にされ、またイギリスの支配によって古来の共同体が破壊された東インドの諸地方において大量の木綿が毎年無駄にされるのは、まさにこの協業が欠如しているからにほかならない[17]。

(16)「決定的な時期にそれ」（農業における労働）「をおこなえば、なおいっそうの成果が得られる」

（〔J・アーバスノット〕『食糧の価格と農業規模との関係についての研究』、七ページ）。「農業には、時期というファクター以上に重要なファクターは存在しない」（リービヒ『農業における理論と実践』一八五六年、二三ページ）。

(17)「次なる弊害は綿花の収穫時に必要な人手が十分に得られないことだ。中国とイギリスを除けば、おそらく世界のどの国よりも多くの労働を輸出しているこの国で、そのようなことがあるとは、にわかには信じがたい。結果として、大量の綿花が摘み取られないままに放置され、他の部分は地面に落ちた後に拾い集められ、当然のことながら変色し、一部は腐っている。ここぞという季節に労働が不足しているために、栽培者たちは、あれほどイギリスが待ちこがれているというのに、綿花の収穫の大きな部分を失うことに甘んじざるをえない」（『ベンガル・フルカル。隔月海外情報摘要』一八六一年七月二二日号）。

協業は、一方では、労働の空間領域を拡大することを許容する。ある種の労働過程にとっては、労働対象の空間関係からしても、協業が必要となる。たとえば、土地の干拓、堤防建設、灌漑、運河や道路や鉄道の建設などがその一例だ。しかし協業は、他方では、生産規模に比して、生産領域の空間を狭く抑えることをも可能にする。労働の作用範囲を拡大しながら、同時に労働空間を狭め、それによって多額の空費（faux frais）が節約される。これは、労働者の密集化、種々の労働過程の一体化、生産手段の集中化から得られる。(18)

(18)「農作業の進歩にともない、昔は五〇〇エーカーの土地に、あるいはさらに広い土地に、分散的に用いられていたすべての資本と労働が、いまや一〇〇エーカーの土地のより徹底した耕作に集中される」。「投入される資本や労働の量に比べると土地面積は相対的に小さくなったが、独立した生産者が一人だけで取得し、耕作していた昔の生産範囲と比べれば、この土地の生産範囲はより拡大されている」（R・ジョーンズ『富の分配に関する一論』、第一部「地代について」ロンドン、一八三一年、一九一ページ）。

個々別々の個人の労働日の総計と、それと等しい時間の結合された労働日とを比べると、後者のほうがはるかに多くの使用価値を生産し、それゆえ、一定の利用効果を生みだすのに必要な労働時間を短縮させる。結合された労働日がそれぞれのケースで生産力を高める理由はいろいろある。それが労働の機械的な潜在力を向上させるという理由もあれば、空間的な作用範囲を拡大するという理由もある。あるいは生産規模に比べて相対的に空間的な生産現場を縮小できるという理由もある。また、ここぞという逃せない瞬間に大量の労働を短時間で動員できるという理由もある。あるいは一人ひとりの競争心を刺激しやる気を起こさせるという理由もあれば、多数の人々がおこなう同種の作業に連続性と多面性を押しつけるという理由もある。あるいはまた、たがいに異なる作業を同時に遂行できるという理由もあれば、生産手段を共同使用することによって生産手段が節約できるという理由もある。あるいは、個人的な労働に社会的な平均労働としての性格を与えるという理由もある。これらいずれの理由によるものであっても、結合された労働日の特殊な生産力は、労働の社会的生産力、あるいは社会的労働の生産力となる。それは協業そのものから生ま

れる。他人との計画的な協業を通じて、労働者は個人としての制約を脱し、類としての能力を発展させる。(19)

(19)「一人ひとりの人間の力はきわめて小さい。しかし、このきわめて小さな力が一体となれば、個々の部分力の総計よりも大きな全体力が生まれる。それゆえ、さまざまな力が単に一体化するだけで、時間を短縮し、その力が及ぶ範囲を拡大することができる」(P・ヴェッリ『経済学に関する考察』、一九六ページへのG・R・カルリの註)。

労働者たちは、同じ場所に一緒にいないかぎり、直接、協業することはできない。したがって、彼らが一定の空間に集まっていることが協業の条件となる。だとすれば、同じ資本、同じ資本家が、賃金労働者を同時に使用しないかぎり、すなわち彼らの労働力を同時に買わないかぎり、彼らが協業することはできない。したがって、これらの労働力の総価値、あるいは一日あたり、一週間あたり等々の労賃の総計は、労働力自体が生産過程のなかでひとまとめにされる以前に、資本家のポケットのなかでひとまとめにされていなければならない。三〇〇人の労働者に一度に賃金を支払うことは、たとえそれが一日分であったとしても、わずかな数の労働者に一年を通じて毎週支払っていくよりも多くの資本支出を必要とする。したがって協業する労働者の数、あるいは協業の規模は、第一に、個々の資本家が労働力を買うために支出できる資本の大きさによって、つまり、それぞれの資本家がどの程度の規模で多数の労働者の生活手段を自由に動かせるかによってきまる。

そしてまた不変資本についても、可変資本の場合と同じことが言える。たとえば三〇〇人の労働者を使用している一人の資本家の原料支出は、一〇人しか使用していない三〇人の資本家一人ひとりの原料支出の三〇倍になる。共同利用する労働手段の価値量や素材量は、使用労働者数と同じ度合で増えることはないが、それでも相当に大きく増加する。したがってかなり大量の生産手段が個々の資本家の手に集中することは、賃金労働者の協業のための物質的条件となる。そして協業の程度、あるいは生産の規模は、この集中の度合によってきまる。

当初、個別資本に最小限の大きさが必要に見えたのは、同時に搾取される労働者数が、したがって生産される剰余価値量が十分な水準に達することで、労働使用者自身を手仕事から解放し、小親方を資本家にし、資本関係を形式的に作りだすためだった。しかしいまや、個別資本の最小限の大きさは、たがいに分散し、独立した多くの個別労働過程を、結合された社会的労働過程へと変容させるための物質的条件となってあらわれてくる。

同様に、労働者に対する資本の指揮も、当初は、労働者が自分自身のために働く代わりに資本家のために、それゆえに資本家のもとで働くことからくる形式的帰結でしかないように見えた。しかし、多くの賃金労働者が協業をおこなうようになると、それによって資本の指揮は労働過程自体の遂行のために必要となり、一つの現実的な生産条件と化す。生産現場での資本家の命令は、いまや、戦場での将軍の命令と同じように不可欠なものとなる。

ある程度の規模をもつ直接に社会的な労働、あるいは共同的な労働はすべて、多かれ少なかれ一つの指揮を必要とする。この指揮は個々人の活動に調和をもたらし、生産組織全体の運動から生まれる一般的な機能を果たす。この全体の運動は、組織内の独立した諸器官の運動とは異なる。単独のヴァイオリン奏者であれば自分で自分を指揮できるが、オーケストラは指揮者を必要とする。指揮、監視、調整といったこの役割は、資本に服する労働が協業をおこなうようになったとたんに資本の役割と化す。資本独自の機能として、この指揮機能は独自の性格を帯びるようになる。

第一に、資本主義的生産過程を動かす動機、およびそれを規定する目標は、資本の自己増殖を最大化すること(20)、すなわち、できるだけ多くの剰余価値を生産し、資本家による労働力の搾取を最大化することにある。同時に使用される労働者の数が増えれば、彼らの抵抗もまた増大し、それとともにこの抵抗を押さえこむための資本の圧力も必然的に増大する。そうなれば資本家の指揮は、単に社会的な労働過程の本来的性質に由来し、またこの過程の一部をなす特別な機能というだけには止まらなくなる。資本家の指揮は、同時に、社会的労働過程を搾取する機能をも帯びることになり、それゆえに搾取者と搾取される原材料〔労働力〕との避けることのできない敵対関係によって必然化される。同様に、賃金労働者から見れば他人の所有物として賃金労働者に対峙する生産手段の規模が大きくなると、それにつれて生産手段の適切な使用を監督する必要性もまた増大する。(21) さらに言えば、賃金労働者の協業は、彼らを同時に使用する資本の作用にすぎなくなる。賃金労働者の諸機能間の関連、そして生産組織全体としての彼らの一体性は、賃金労働者たちの外部に、すなわち彼らを集めひとまとめにしておく資本のなかにある。それゆえ賃金労働者たちの諸労働の連関は、観念的には資本家の計画として、実践的には資本家の権威として、すなわち賃金労働者の活動を自己の目的に服従させようとする他人の意志の権力として、賃金労働者たちに立ち向かってくる。

(20)「利潤こそは、……ビジネスの唯一の目的だ」(J・ヴァンダーリント『貨幣万能論』、一一ページ)。

(21) イギリスの俗物新聞『スペクテーター』の一八六六年五月二六日号が報ずるところでは、「マンチェスター針金製造会社」で資本家と労働者による一種の共同出資制度が導入された後、「その第一の成果は、原料の浪費が突然減ったことだった。労働者たちにとって、自分たちの所有物を資本家のそれよりも無駄に使ってよい理由がなくなったためだ。そして原料の浪費こそは、悪質な債務と並んで、工場における損失の最大の理由かもしれない」。ところがこの同じ新聞が、ロッチデール協同組合の実験の根本的欠陥を発見したとして、こんなことを書いている。(*)「この実験で分かったのは、労働者の組合が商店、工場、およびほとんどすべての形態の産業を成功裡に運営できるということだった。そしてこの実験は人々の生活状態をいちじるしく改善した。しかし! しかし、そこには資本家のための目に見える居場所が残されていなかった」。なんというおそろしいことだ！

（＊）ユートピア社会主義者の思想の影響を受けて、一八四四年、ロッチデール（マンチェスターの北方）の労働者たちは「公正なパイオニアたちの協会」（Society of Equitable Pioneers）を結成した。それは、もともとは消費協同組合だったが、間もなく拡張され、協同組合的な生産施設をも発足させた。ロッチデールのパイオニアたちとともに、イギリスやその他の国々で新しい協同組合運動の時代が始まった［編者巻末註103］。

それゆえ資本家の指揮は、その内容から見れば二重的だ。それは、指揮される生産過程自体が二重性を備えていることによる。すなわち生産過程は、一方では生産物を作りだす社会的労働過程であると同時に、他方では、資本の価値増殖過程でもあるからだ。しかし、資本家の指揮は、その形式から見れば専制的だ。協業がかなり大規模に発展していくと、それにともなって、この専制は固有の形態をとるようになる。資本の大きさが本来の資本主義的生産を開始するのに必要な最小限度にまで達すると、資本家は、まず手仕事から解放される。それと同じように、いまや彼は、個々の労働者や労働者集団を直接かつ継続的に監督する仕事を、ある特別な種類の賃金労働者に譲りわたすようになる。軍隊が士官と下士官を必要とするように、同じ資本の指揮下で協業する労働者集団は、労働過程中に資本の名において指揮をとる産業士官（支配人、マネージャー）と産業下士官（職工長、foremen, overlookers, contre-maîtres）を必要とする。やがて監督という仕事は、彼らの独占的機能へと固定化されていく。経済学者は、独立農民や独立手工業者の生産様式を奴隷制に依拠する植民地農場経営と比較するさいには、この監督という仕事を生産上の空費(faux frais de production)に算入する。[21a] ところがそれとは対照的に、資本主義的生産様式を考察するさいには、共同的な労働過程の本来の性質に由来する指揮の機能を、この労働過程の資本主義的性格、すなわち敵対的な性格から必然的に生じる機能と同一視する。[22] 資本家は、彼が産業上の指揮官であるがゆえに資本家なのではない。彼が資本家であるがゆえに、産業上の司令官となるのだ。産業上の最高司令権は資本の属性であり、それは封建時代に戦争や法廷での最高司令権が大土地所有の属性だったのと同じことだ。[22a]

(21a) ケアンズ教授は、「労働の監督」を北アメリカ南部諸州における奴隷制生産の主たる特性として描いたあと、次のように述べている。北部の「農民土地所有者は自分の土地の生産物をすべて自分のものにできるため、努力を促す他の刺激を必要としない。ここでは監督はまったく無用だ」(ケアンズ『奴隷の力』、四八、四九ページ)。[*]

(*) ケアンズの原文では、「自分の労働の生産物」となっている。

(22) さまざまな生産様式の社会的性格の相違にすぐれた嗅覚をもつサー・ジェイムズ・ステュアートは、こう述べている。「大マニュファクチュア企業が家内工業を没落させるのは、大企業が奴隷労働の単純さに近づいていくからであり、それ以外の理由などあるだろうか?」(『経済学原理』ロンドン、一七六七年、第一巻、一六七、一六八ページ)。

(22a) それゆえ、資本家が永遠に必要とされることを証明したオーギュスト・コントとその学派は、その気になれば同じやり方で、封建領主が永遠に必要なことも証明できたことだろう。

労働者は、労働力の売り手として資本家と取引しているあいだは、自分の労働力の所有者だ。ただし彼は、自分が所有しているものしか、つまり、彼個人の、単独の労働力しか売ることはできない。この関係は、資本家が一つの労働力ではなく、一〇〇の労働力を買おうとも、あるいはひとりの労働者とではなく一〇〇人の独立した労働者と契約を結ぼうとも、まったく変化することはない。資本家は一〇〇人の労働者を、協業させない形で使用することもできる。だからこそ資本家は、一〇〇の独立した労働力の価値を支払う。しかし彼は、一〇〇の結合された労働の代価を払っているわけではない。独立した人格として、労働者たちは個々別々の人間であり、同じ資本と関係を結んではいても、おたがい同士は関係しあっていない。彼らの協業は労働過程においてはじめて開始される。しかし、労働過程のなかでは、彼らはすでに自分自身のものではなくなっている。労働過程に入るとともに、彼らは資本に合体される。協業者として、すなわち活動する有機体の手足として、彼ら自身は資本の一つの特別な存在様式でしかない。それゆえ、労働者が社会的労働者として生みだす生産力は、資本の生産力なのだ。労働の社会的生産力は、労働者たちがある特定の条件下におかれるやいなや、無償で生みだされるようになる。そして資本は、労働者をまさにこの特定の条件下におく。労働の社会的生産力は資本にとって何の費用もかからず、また労働者の労働自体が資本に属するまでは、労働者によって発揮されることもない。それゆえ、この社会的生産力は、あたかも資本がその本来の性質として持っている生産力として、すなわち資本に内在する生産力として姿をあらわす。

単純な協業の効果は、古代のアジア人、エジプト人、エトルリア人などの巨大建造物にみごとにあらわれている。

「その昔、これらのアジア諸国は、民政費や軍事費を支出したあとにもなお、食糧生産物の余剰分を所有しており、それを豪華な、あるいは有用な建造物の建設に支出することができた。ほとんどすべての非農業人口の手と腕に対する国家の命令権と、王族や神官たちが独占した余剰分についての処分権が、国を満たす巨大モニュメントを建造する手段を彼らに与えた。……巨大な立像や大量の物資を運搬しえたことには驚嘆を禁じえないが、そこではほとんど人間の力だけが惜しげもなく投入された。労働者の数と彼らの労苦の集中だけで十分だった。こうしてわれわれは、一つひとつの沈積物は小さく、弱く、とるに足りないものであっても、海の底から巨大なサンゴ礁が隆起して、島となり、陸地となるのを目のあたりにする。アジアの君主国の非農業労働者たちは、彼ら個人の身体的労苦以外には、工事に寄与できるものをほとんど持っていなかった。しかし、彼らの数こそが彼らの力であり、この大群を指揮する権力こそが、かの巨大建造物を生みだした原動力だった。こうした事業を可能にしたのは、労働者たちが生きていくための収入が、一人または少数の手に集中していたことだった」(23)。

（23） R・ジョーンズ『諸国民の経済学に関する講義教本』、七七、七八ページ。ロンドンや、その他のヨーロッパの主要都市にある古代アッシリアやエジプトなどのコレクションを訪れれば、こうした協業的労働過程を目の当たりにすることができる。

アジアやエジプトの王権、あるいはエトルリアの神権政体の神官権力などは、近代社会では資本家の手に移っている。それは、資本家が単独の資本家として登場しようが、株式会社のように結合された資本家として登場しようが、変わることはない。

人類文化の初期段階、すなわち狩猟民族に見られたような[23a]、あるいはインドの共同体農業で広く見られたような労働過程での協業は、一方では、生産条件の共有を土台にしたものだったが、他方では、ミツバチの個体が巣から離れられないように、一人ひとりの個人が部族や共同体の臍帯《さいたい》からまだ切り離されていないことを土台にしたものだった。この二つの点が、これらの協業と資本主義的な協業との違いをなしている。大規模な協業を利用することは、古代世界、中世、そして近代の植民地にも散発的に見られた。しかし、その協業は直接的な支配隷属関係に、そしてその多くは奴隷制にもとづくものだった。それに対して、資本主義的形態は、自分の労働力を資本に売る自由な賃金労働者を最初から前提としている。ただし歴史的に見れば、この資本主義的形態は農民経営に対抗する形で、そしてまた、ギルド的形態をとっているかどうかとはかかわりなく、独立手工業経営に対抗する形で発展してきた[24]。農民経営や独立手工業経営に対しては、資本主義的協業が協業の一つの特別な歴史的形態としてあらわれるのではなく、逆に協業それ自体が、資本主義的生産過程に特有な、そしてこの生産過程を独自のものとして他から区別する歴史的形態としてあらわれる。

(23a) ランゲがその『民法理論』のなかで、狩猟を協業の最初の形態とみなし、人間狩り（戦争）を最初の狩猟形態の一つとみなしているのは、あながち不当とはいえないだろう。

(24) 小農民経営および独立手工業経営は、部分的には、封建的生産様式の基礎をなすとともに、部分的には、封建的生産様式の解体後に資本主義的経営と並んで出現した。しかし、この二つの経営形態は、もともとオリエント的であった共同所有制が解体した後の、しかしまだ奴隷制が真に生産を支配する前の、最盛期の古典的共同体の経済的基盤をなしていた。

協業によって発展してきた労働の社会的生産力は、資本の生産力としてあらわれた。それと同じように、協業そのものもまた、個別の独立労働者や小親方の生産過程と対立する資本主義的生産過程に特有の形態としてあらわれる。これは、現実の労働過程が資本に従属することによって生じた最初の変化だ。この変化は自然発生的に生じる。この変化の前提は、かなり多数の賃金労働者を同一の労働過程で同時に使用することであり、これこそが資本主義的生産過程の出発点となる。この出発点は資本そのものの出現と一致する。それゆえ資本主義的生産様式は、一方では、労働過程が社会的過程へと変容する歴史的必然性を体現しているが、他方では、労働過程のこの社会的形態は、生産力の拡大を通じて労働過程をより有利に搾取するために資本が用いる一つの方法であることも明らかになる。

これまで観察してきた単純な形での協業は、かなり大規模な生産と同時に始まるが、それでもまだ、資本主義的生産様式のある特別な発展期を特徴づける確固たる形態をとるにはいたっていない。協業といっても、せいぜいのところ、まだ手工業的だったマニュファクチュアの初期段階に、(25)あるいはまた、マニュファクチュア時代に対応するさまざまな種類の大規模農業に近似的にあらわれたものにすぎない。こうした大規模農業と農民経営との違いは、本質的にはまだ、同時に使用される労働者数と集積された生産手段の量でしかない。資本が大規模に操業していても、まだ分業や機械が特別な役割を果たすにはいたっていない生産部門では、単純な協業がまだつねに主要な形態となる。

(25)「多くの人々の熟練、勤勉、競争心を同じ作業に一体化させることこそが、その作業を推進する道なのではなかろうか? もしそうでなければ、イギリスがその羊毛工業をこれほどの完成度にまでもたらすことができたであろうか?」(バークリー『質問者』ロンドン、一七五〇年、五六ページ、五二一節)。

協業の単純な形態自体は、より発達をとげた諸形態と並ぶ特別な形態にすぎないように見えるが、それでも協業が資本主義的生産様式の基本形態であることには、変わりはない。

第一二章　分業とマニュファクチュア

第一節　マニュファクチュアの二重の起源

分業にもとづく協業は、マニュファクチュアにおいて、その古典的な姿をとることになる。それが資本主義的生産過程の特徴的な形態として優勢になるのは、大まかにいえば、一六世紀なかばから一八世紀の最後の三分の一まで続く本来のマニュファクチュア時代のことだった。

マニュファクチュアは二重の仕方で発生した。

一つは、ある生産物が完成するまでに、さまざまな種類の独立手工業者の手を経なければならないため、これらの労働者が同じ資本家の指揮下にある作業場に統合されるケースだ。たとえば馬車は、車大工職人、馬具職人、仕立職人、鍛冶職人、金属加工職人、旋盤職人、飾り職人、ガラス職人、塗装職人、磨き職人、メッキ職人等、多数の独立手工業者の労働による総合生産物だった。馬車製造マニュファクチュアは、こうしたさまざまな職人を全員一つの作業家屋に集め、そこで彼らはたがいに協力しながら同時に働く。たしかに一台の馬車に金メッキをほどこすには、それがまず完成していなければならない。しかし、多くの馬車が同時に作られていれば、いくつかの馬車がまだ生産過程の初期段階を通っているあいだに、別の馬車にたえず金メッキを施すことができる。ただし、これはまだ既存の人間と物を材料とする単純な協業の域を脱していない。ところがまもなく、本質的な変化が訪れる。仕立職人、鍛冶職人、金属加工職人などが馬車作りに専念するようになると、かつての自分の職人技をすべての領域にわたって発揮する習慣を、そして同時に能力をも、しだいに失っていく。そして他方では、この一面化した彼の行為は、狭められた活動領域の目的に最もかなった形態となっていく。もともと馬車製造マニュファクチュアは、それぞれに独立した職人仕事の結合としてあらわれた。しかし、このマニュファクチュアは、しだいに馬車生産を種々の特殊作業へと分割していく。そして、その一つひとつの特殊作業が一人の労働者の専属機能へと結晶し、作業全体はこうした個別労働者の結合体によっておこなわれるようになる。同じように、製布マニュファクチュアも、他の一連のマニュファクチュアも、同一の資本の指揮下で、さまざまな手工業をたがいに結合することから生まれてきた(26)。

(26) こうしたマニュファクチュアの作られかたのもう少し現代的な例をあげるために次の文章を引いておこう。リヨンやニームの絹紡績業や絹織物業は「まったく家父長的だ。これらの産業は多くの女性と子供を雇っているが、彼らに過労をしいたり、身体をこわすまで酷使したりすることはなく、彼らをドゥローム、ヴァール、イゼール、ヴォクリューズの美しい谷に住まわせたまま、蚕を飼わせ、繭から糸を紡がせる。こうした産業はけっして本当の意味での工場経営にはならない。にもかかわらず、ここでは分業の原理がある特別な様式をとることで、分業の原理がきわめて高度に利用されている。そこには糸操《く》り工も、糸撚《よ》り工も、染色工も、糊づけ工も、さらには織工もいる。しかし彼らは、同じ作業場に集められているわけでもなく、同じ職長に従属しているわけでもない。彼らはみな独立している」（A・ブランキ『産業経済学講義』A・ブレーズ編、パリ、一八三八―一八三九年、七九ページ）。ブランキがこれを書いたあと、独立した種々の職工が部分的には工場に集められるようになった。〔第四版への追補。そしてマルクスがこの文章を書いたあと、これらの工場に力織機が導入され、急速に手織機を駆逐した。クレーフェルトの絹織物工業も同じ憂き目にあっている。――F・エンゲルス〕

しかし、マニュファクチュアは、これとは反対の道をたどって発生することもある。そこでは、同じこと、ないし似たことをおこなう多くの職人たち、たとえば紙なら紙、活字なら活字、針なら針を作る職人たちが、同一の資本によって、同時に同じ作業場で使用される。これは最も単純な形態の協業だ。こうした職人はそれぞれが（おそらく一人、もしくは二人の徒弟とともに）完成商品を作る。したがって、その製造のために必要なさまざまな作業を順番にこなしていく。彼は昔ながらの職人仕事の手法で仕事を続ける。それでもやがて外的状況に促されて、同じ場所に労働者たちが集まっていることや、彼らが同時に仕事をしていることを別の形で利用するようになる。たとえば、ある決まった時期までに、かなり大量の完成商品を納入する必要が生じる。すると労働が分割される。同じ職人がさまざまな作業工程を時間をずらして順にこなしていく代わりに、作業がたがいに切り離され、自立化され、同一空間で同時並行的に進められるようになる。一つひとつの作業がそれぞれ別の職人に割り当てられ、すべての作業が協業者たちによって同時におこなわれる。こうした偶然による労働分割が繰り返され、その独特の利点が明らかになると、徐々に体系的な分業体制が固まっていく。それまでは、さまざまなことをおこなう独立手工業者の個人的生産物であった商品が、いまや、手工業者の結合体が生みだす社会的生産物へと変容する。そこでは一人ひとりの職人がたえず、ただ一つの同じ部分作業のみを繰り返す。ドイツのギルド的製紙業者では、相互にからみあう作業が時系列にそって進められていた。その同じ作業が、オランダの製紙マニュファクチュアでは部分作業へと独立化していき、それを多数の協業労働者が同時並行的におこなうようになった。たしかにニュルンベルクのギルド的な製針業者は、イギリスの製針マニュファクチュアを構成する基本要素となっている。しかし、ニュルンベルクの業者は、作業工程がかりに二〇あるとすれば、それを一人で順番に片づけていた。それに対して、イギリスのマニュファクチュアでは、二〇人の針製造工が、ほどなく二〇の作業のうちの一つだけを受け持ち、それを同時並行的におこなうようになった。しかもこの二〇の作業工程は、経験を重ねた結果、さらに細分化され、他から切り離され、各労働者の専属機能として独立していった。

このように、マニュファクチュアの発生様式、すなわち手工業からマニュファクチュアができあがっていく様式には、二つの種類がある。第一に、マニュファクチュアは異なる種類の独立した手工業が結びあわされることから発生する。そうした手工業は次第に独立性を失い、一面化され、ついには同一商品の生産工程内で補足しあう部分作業でしかなくなる。第二に、マニュファクチュアは同じ種類の手工業者たちの協業から出発し、同じ個人的な職人仕事をさまざまな特別な作業に分解していく。そしてこの特別な作業を他から切り離し、自立化させ、ついにはその作業のそれぞれが特別な労働者の専属機能と化していく。それゆえマニュファクチュアは、一方では、生産過程のなかに分業を導入し、分業を推進していくが、他方では、かつて分離していた手工業を一つに結びつける。しかし、その個別の出発点がどちらであろうとも、最終形態は同じものに、つまり人間を諸器官とする一つの生産機構にいきつく。

マニュファクチュアでの分業を正しく理解するためには、次の諸点を確認しておく必要がある。まずは、生産過程を分析して、それを個々の特定の段階に分解することは、ここでは、一つの職人仕事をさまざまな部分作業に分解するのとまったく同じことだという点だ。複合的な作業であろうと単純な作業であろうと、作業そのものは職人的なものであり、その成果は個々の労働者が道具を使う時の力、熟練、早さ、確実さにかかっている。基礎をなしているのはあくまで職人仕事だ。この狭い技術的基礎は、生産過程を真に科学的に分解することを許さない。というのも、生産物が完成するまでに通過していく部分過程は、いずれも職人仕事的な部分労働としてこなしうるものでなければならないからだ。こうして、職人的な熟練は生産過程の基盤であり続ける。まさにそれゆえに、各労働者は、ただ一つの部分機能にのみ適合させられ、彼の労働力はこの部分機能を果たすための終生変わらぬ器官に変えられていく。最後に言えば、この分業は協業の一つの特別な形態ではあるが、その利点の多くは、あくまで協業の一般的本質に由来するものであり、その特別な形態に由来するものではない。

第二節　部分労働者とその道具

さらに詳しく見てみよう。まず明らかなことは、生涯にわたって同じ一つの単純な作業に従事する労働者は、自分の身体全体を、その作業に自動的に反応する一面的な器官に変容させており、それゆえ、数多くの作業を代わるがわるにこなしていく職人に比べると、作業に消費する時間が少ないということだ。ところが、マニュファクチュアの生きたメカニズムを構成する結合された全体労働者は、純粋にこうした一面的な部分労働者からなっている。だからこそそこでは、独立した手工業に比べると、より多くのものがより少ない時間で生産され、言い換えれば、労働者の生産力が高められる。(27) また、いったん部分労働が一人の人間の専属機能へと自立してしまえば、部分労働の方法も、より完成されたものになっていく。限定された同じ仕事をたえず反復し、その仕事にだけ注意を集中していれば、やがてめざす効果を最小限の力の支出で達成する術《すべ》を経験が教えてくれる。さらに言えば、そこではつねにいろいろな世代の労働者が同時に共同生活を送り、同じマニュファクチュアで一緒に働いているため、こうして獲得された技術的な熟練は、まもなく固定化され、堆積され、伝達されていく。(28)

(27)「大きな多様性をもつ一つの労働が多くの部分に分岐し、それが、さまざまな部分労働者に割り当てられていけばいくほど、その仕事は必然的に、より良く、またより早くおこなわれるようになり、時間と労働のロスが少なくなるはずだ」(『東インド貿易の利益』ロンドン、一七二〇年、七一ページ)。

(28)「容易になしうる労働とは伝承された熟練にほかならない」(Th・ホジスキン『民衆の経済学』、四八ページ)。

事実、マニュファクチュアは、専門化された労働者さながらの匠《たくみ》の技を生みだす。ただしそれは、すでに社会のなかで見られた職業の自然発生的分化を、作業場の内部で再生産し、体系的に極限化することによって得られたものだ。他方で、部分労働を一人の人間の終生の職業に変えてしまうというのは、かつての社会が職業を世襲化し、カースト制度に固定化してきたのと同じ傾向を反映したものだ。歴史的な諸条件によって、個人の可変性がカースト制度からはみだすようになると、カーストに代わってそれをギルドに固定してきた。カーストもギルドも、植物や動物を個々の種や亜種に分化させるのと同じ自然法則に由来している。違いはただ、一定の発展段階に達すると、カーストの世襲制やギルドの排他制が社会的な法として布告される点にある(29)。

(29) 「技術も……エジプトでは相当な完成度に達していた。というのも、この国だけは、職人が他の市民階級の仕事に手をだすことを許しておらず、職人たちは法律によって自分たちの部族の世襲とされていた職業にしかつけなかったからだ。……他の諸民族では、産業従事者たちがあまりに多くの対象に関心を拡げていた。……彼らは時には耕作を試み、時には商業に手をだし、時には二つ三つの技芸に同時に従事した。自由国家であれば、彼らはたいてい人民集会に馳せ参じる。……それとは対照的に、エジプトでは、職人が国事に介入したり、あるいは一度にいくつかの技芸に従事したりしようものなら、重罪に処せられた。それゆえ、彼らの職業上の勤勉を妨げるものはなに一つなかった。……さらにまた、彼らは自分の先祖から多くの規則を受けついでいるため、少しでも新たな利益を得るべく一生懸命に努める」(ディオドロス・シクルス『歴史文庫』第一巻、第七四章)。

「ダッカのモスリンは、その繊細さにおいて、またコロマンデルの更紗やその他の織物は、その色の華麗さと耐久性において、他に並ぶものがない。それでもそれらの生産には、資本も、機械装置も、分業も、あるいはまた、ヨーロッパの製造業に多くの利益をもたらしているその他の手段も用いられていない。織物匠は顧客の注文に応じて織物を作る単独の個人であり、用いている織機はきわめて簡単な作りで、時には木の棒を雑に組みあわせただけのものだ。彼は糸巻き装置すら持っていないため、織機は長さいっぱいに拡げておかねばならず、生産者の小屋に入りきらないほど不格好で長くなる。それゆえ彼は屋外で仕事をしなければならず、天気が変わるたびに仕事が中断される」[30]。

(30)『英領インドの歴史と現状の説明』ヒュー・マリー、ジェイムズ・ウィルソン等著、エディンバラ、一八三二年、第二巻、四四九、四五〇ページ。インドの織機は直立式で、縦糸が垂直に張られている。

この蜘蛛のような巧みさをヒンドゥーに与えているものは、世代から世代へと積み重ねられ、父から子へと伝承されてきた特別な熟練以外のなにものでもない。それでも、こうしたインドの織物匠は、大多数のマニュファクチュア労働者と比べれば、はるかに複雑な仕事をこなしている。

一つの製品を生産するさいに、生産のさまざまな部分過程を順次こなしていく職人は、時には場所を移動し、時には道具を取り替えねばならない。一つの作業から別の作業への移行は、彼の労働の流れを中断させ、いわば彼の労働日のなかにすき間を生みだす。もしこの職人が一日中、同じ一つの作業を連続しておこなうならば、このすき間は圧縮される。あるいは作業の転換が少なくなれば、それに応じてすき間は消えていく。そこで向上した生産性は、所定時間内に支出される労働力の増大によって、つまり労働密度の高度化によって得られているか、あるいは、労働力の非生産的消耗を減らすことによって得られている。静止状態から運動状態に移行すれば、そのたびに余計な力を浪費することになるが、いったん到達した普通の速度を比較的長く継続すれば、こうした浪費を穴埋めできる。しかし他方では、同じ仕事を連続しておこなうと、緊張感や高揚感が失われ、活力が削がれていく。こうした活力は、活動が変わること自体によって回復され、刺激されるものだ。

労働の生産性は労働者の技量に依存しているだけではない。それはまた、彼らの用いる道具の完成度にも依存している。切る道具、穴を開ける道具、圧をかける道具、打つ道具などの道具が、さまざまな労働過程のなかで使用される。また同じ労働過程のなかで同じ道具がいろいろな作業に役立てられる。しかしやがて、一つの労働過程のさまざまな作業はたがいに切り離されていき、その一つひとつの部分作業が部分労働者の手のなかで、できるだけ適合的な、それゆえ専属的な形態を帯びるようになる。そうなると、それまでは種々の目的に用いられてきた道具にも変化が必要となる。こうした道具の形態がどのような方向に変化するかは、形態を変えずにおくとどんな特別な厄介さが生じるかを経験することによってきまる。労働用具の細分化によって、同種の道具が特定の用途に応じた特定の固定的形態をとるようになる。また道具の専門化によって、一つひとつの特殊用具は、それぞれ専門の部分労働者の手のなかでのみ、その能力を十全に発揮するようになる。用具のこうした細分化と専門化はまさにマニュファクチュアの特徴をなすものだ。バーミンガムだけでも、およそ五〇〇種類の形態のハンマーが生産されている。その一つひとつは、特定の生産過程にあわせて作られているだけではない。そのなかにも種々のヴァリエーションがあり、それぞれが同じ生産過程のなかの異なる作業にしか役立たない。マニュファクチュアの時代は、労働用具を部分労働者の特殊な専属機能に適合させることによって、その用具を単純化し、改良し、多様化する。(31)それと同時に、この時代は、単純な道具の結合からなる機械装置のための物質的条件を作りだす。

(31) ダーウィンはその画期的な著作『種の起源』で、動植物が自然に備えている諸器官について次のように述べている。「一つの器官がさまざまな仕事をしなければならないあいだ、こうした器官が可変的である一つの理由は次のことにあるかもしれない。すなわち、自然選択はこうした器官については、同じ器官が一つの特定の目的にのみ役立っている場合と比べると、形態の小さな変異をそれほど念入りに保存したり、抑止したりしないということに。いろいろなものを切るためのナイフは、全体としてほぼ同じような形をしていてもよいだろうが、ある一つの用途だけに定められた道具は、別の用途に使う場合には、また別の形を持たねばならない」。

細部労働者とその道具は、マニュファクチュアを構成する単純な要素をなしている。そこでわれわれは、その全様態に眼を向けることにしよう。

第三節　マニュファクチュアの二つの基本形態
——異種的マニュファクチュアと有機的マニュファクチュア

マニュファクチュアは二つの基本形態から構成されている。この二つは、時にはからみあっていることもあるが、本質的に異なる種類のものであり、のちにマニュファクチュアが機械によって営まれる大工業に変容するさいにも、まったく違う役割を果たす。この二重性格は、製品そのものの性質に由来している。製品は、独立した部分生産物を単に機械的に組み立てることによって作られるか、そうでなければ、相互につながりのある一連の工程と操作によって完成形に達するかのどちらかだ。

たとえば蒸気機関車は、五〇〇〇以上の独立した部品からなっている。とはいえ、蒸気機関車はあくまで大工業の産物であり、本来のマニュファクチュアの第一形態の例とはみなしえない。しかし、時計は第一形態のよい例だろう。ウィリアム・ペティも時計を例にとってマニュファクチュア的な分業を説明している。時計は、ニュルンベルクの一職人の個人的製作物であったものが、無数の部分労働者の社会的生産物へと変容していった。たとえば地板製造工、ゼンマイ製造工、文字盤製造工、ひげバネ製造工、穴石・ルビー爪石製造工、指針製造工、側《がわ》製造工、ネジ製造工、メッキ工、さらにはその下位部門に位置する多数の仕事、たとえば歯車製造工（それがさらに真鍮製と鋼鉄製とに分かれる）、カナ製造工、指針装置工、カナ仕上げ工（歯車をカナの上に固定し、切子を磨く等）、尖軸製造工、仕上げ工（歯車やカナを装置に組みこむ）、香箱仕上げ工（歯を刻み、穴を適切な大きさにし、調整輪や制逆輪を固める）、制動装置製造工、シリンダー制動の場合には、さらにシリンダー製造工、制動輪製造工、平衡輪製造工、緩急装置（時計の針を調整する装置）、エスケープメント製造工（本来の制動装置製造工）、香箱製造工（ゼンマイ箱と調整輪を仕上げる）、鋼研磨工、歯車研磨工、ネジ研磨工、数字書きこみ工、文字盤製造工（銅にエナメルをかける）、止め金製造工（時計の側の止め金だけを作る）、蝶番《ちょうつがい》工（側の蝶番に真鍮軸を入れる等）、蓋バネ製造工（側の蓋を開けるバネを作る）、彫り物工、彫金工、側磨き工、等々。そして最後に、時計全体を組み立て、動くようにして引きわたす仕上げ工。時計部品には、さまざまな手を経てできあがるものはほとんどなく、こうしたばらばらの各部品は、最後にそれを一つの機械に組み立てる手のなかで、はじめて一体となる。ここでは、完成品とそのさまざまな部品との関係は外的な関係であり、それゆえ類似製品の場合と同様に、部分労働者同士の結びつきもまた、彼らが同じ職場にいたとしても偶然的なものにとどまる。したがって、こうした部分労働は、［スイスの］ヴォー州とヌーシャテル州に見られるように、たがいに独立した手工業として営まれる可能性すらある。しかしその一方で、たとえばジュネーヴには大きな時計マニュファクチュアがいくつか存在しており、そこでは一つの資本の指揮下で部分労働者たちが直接的な協業をおこなっている。ただしその場合でも、文字盤、ゼンマイ、側《がわ》などが、こうしたマニュファクチュア自体で製作されることはめったにない。ここでは、部分を結びつけるマニュファクチュア的経営をおこなったとしても、利潤を生みだすのはあくまで例外的ケースにとどまる。なぜなら、自宅で仕事をしたがる労働者のあいだでこそ、競争は最も熾烈になるからだ。そもそも、そこでは生産過程がたがいに異質な数多くの過程に分解しているため、共同の労働手段を使うことがほとんどない。しかも資本家もまた、分散型製造ならば作業用建物などへの支出を節約できる(32)。とはいえ、こうした細部労働者たちは、自宅で働いているといっても、あくまで資本家(工場主、企業家)のために働いており(33)、彼らの立場は、自分自身の顧客のために働いている独立手工業者の立場とはまったく異なる。

(32) ジュネーヴでは、一八五四年に八万個の時計が生産されたが、それはヌーシャテル州の生産の五分の一にも及ばなかった。ヌーシャテルで唯一の時計マニュファクチュアと言えるショー・ド・フォンだけでも、毎年、ジュネーヴの二倍の時計を供給している。ちなみに一八五〇年から一八六一年までに、ジュネーヴは七二万個の時計を供給した。『商工業に関するイギリス大使館書記官報告』六号、一八六三年のなかの「時計業に関するジュネーヴよりの報告」を参照のこと。組み立てられるだけの製品の生産がいくつもの過程に分かたれ、しかもそれらのあいだに関連がないという事態は、それだけでも、こうしたマニュファクチュアが大工業の機械経営に転じることを非常に困難にしている。しかも時計の場合には、さらに二つのハードルが加わる。一つは個々の部品が微小で繊細なことであり、もう一つは贅沢品としての性格があるため多種多様であることだ。それゆえロンドンの最高の時計製作所でも、似たような時計は一年間に一ダースも作られていない。機械装置の投入に成功したヴァシェロン・エ・コンスタンタン時計工場では、大きさと形については、せいぜい三種類から四種類のヴァリエーションをつけたものしか供給していない。

(33) 時計製造は、こうした異種的マニュファクチュアの典型例であり、既に述べた職人仕事の分解から生じる労働用具の分化と専門化をきわめて詳細にたどることができる。

次にマニュファクチュアの第二の種類を見てみよう。その完成形態のもとで生産される製品は、相互に関連しあったいくつもの発展段階を、つまり一連の段階的な過程を通過していく。たとえば縫針マニュファクチュアでは、一本の針金が七二種類から、果ては九二種類にまでいたる特殊な部分労働者の手を通過していく。

こうしたマニュファクチュアが、もともとは空間的に切り離されていた手工業を結びつけると、それは製品の特別な生産段階を隔てていた空間的距離を縮小する。それによって、ある段階から次の段階へと移行する時間が短縮され、この移行を仲介する労働も短縮される。(34) こうして手工業に比べて生産力が増大する。しかもこの増大は、マニュファクチュアがもつ一般的な協業的性格から生じている。しかし他方で、マニュファクチュア特有の分業原則は、異なる生産段階の分離を必然的に生みだす。こうして分離された諸段階は、同じように多くの職人的な部分労働として相互に独立していく。こうして分離されたさまざまな機能のあいだに連関を確立し維持するためには、製品をたえず一つの手から別の手に、一つの過程から別の過程へと運搬しなければならない。大工業の観点から見ると、これはマニュファクチュアに内在する、コスト高の要因をなす典型的な限界としてあらわれてくる。(35)

(34)「人間たちがこれほど密集して働いていれば、物の運搬は必然的に少なくなるにちがいない」(『東インド貿易の利益』、一〇六ページ)。

(35)「マニュファクチュアにおけるさまざまな生産段階の分離は、手仕事の使用に由来するものだが、生産コストのとてつもない上昇をもたらす。この損失は、主として一つの労働過程からもう一つの労働過程へと物を単に運搬することから生じている」(『諸国民の産業』ロンドン、一八五五年、第二部、二〇〇ページ)。

一定量の原料、たとえば製紙マニュファクチュアにおけるぼろ、あるいは製針マニュファクチュアにおける針金などに着目すれば、その原料はさまざまな部分労働者の手のなかで、さまざまな生産段階の時間的順序を通過して最終形態にまで達する。ところが逆に、作業場を一つの全体機構として見れば、原料はすべての生産段階に同時に存在している。そこでは、細部労働者の結合からなる全体労働者が、道具を装備した多数の手の一部を使って原料を針金状にし、同時に別の手と道具を使って、それをまっすぐに伸ばし、さらに別の手を使って切ったり尖らせたりする。時間的順序で並んでいたさまざまな段階的過程が、そこでは空間的な並列へと変容させられている。だからこそ同じ時間内により多くの完成商品が供給される。(36) こうした同時性は、全過程が一般的な協業形態をとったことから生まれている。しかし、マニュファクチュアはこうした協業の条件を単に発見しただけではない。マニュファクチュアは、かつての職人仕事を分解することで、はじめてこうした条件を一部みずから作りだしてもいる。その一方で、労働過程のこうした社会的組織化は、ひとえに同じ労働者を同じ細部作業に釘づけにすることによってのみ達成される。

(36)「分業は、労働をさまざまな部門に分解し、そのすべてが同時に遂行できるようにすることで、時間の節約をも可能にする。……個人であれば、それぞれ別々になさざるをえなかったはずの労働過程を同時に遂行することによって、たとえば一本の針しか切ったり、尖らせたりできなかった時間で、大量の針を完成することが可能になる」(デュガルド・ステュアート『経済学講義』、サー・W・ハミルトン編『著作集』第八巻、エディンバラ、一八五五年、三一九ページ)。

個々の部分労働者が作る部分製品は同時に、同じ製品のある特定の発展段階でしかない。それゆえ、一人の労働者は別の労働者に、あるいは一つの労働者グループは別の労働者グループに、その原料を供給している。こうして一人の労働者の労働成果は別の労働者の労働の出発点となる。それゆえここでは一人の労働者が別の労働者に直接仕事を与えている。そのさい、それぞれの部分過程で所期の効果を上げるために、どれだけの労働時間が必要かは、経験を通じて決まっていく。そしてマニュファクチュアの全体機構は、ある一定の労働時間内にある一定の成果が得られるという前提にもとづいて組まれている。この前提のもとでのみ、たがいに補完しあうさまざまな労働過程は、途切れることなく、同時的に、そして空間的に並列して進行しうる。労働と労働とのあいだには、したがってまた労働者と労働者とのあいだには直接的な依存関係があり、この依存関係があるがゆえに、それぞれの労働者は明らかに、自分の機能を果たすために必要以上の時間を費やさないように強制される。こうして、独立手工業の場合はもちろん、単純な協業の場合ともまったく異なる労働の連続性、単調性、規則性、秩序[37]、そしてとりわけ労働の密度が生みだされる。一つの商品に、その製造のために社会的に必要な労働時間だけが投じられるということは、商品生産全体として見れば、競争がもたらす外的強制であるように見える。というのも、表面的に言えば、生産者ならだれしも商品をその市場価格で売らねばならないからだ。それに対してマニュファクチュアでは[38]、所定の労働時間内に所定の生産量を供給することが生産過程そのものの技術的法則となる。

(37)「どのマニュファクチュアでも専門労働者の種類が多ければ多いほど、各仕事はいっそう秩序正しく、規則的になっていく。必然的に、同じ仕事をより短時間で果たさねばならなくなり、労働は減らざるをえなくなる」(『東インド貿易の利益』、六八ページ)。

(38) とはいえ、マニュファクチュア経営が達成した成果は、多くの部門でまだ不十分なものにとどまっている。というのも、マニュファクチュア経営は、生産過程の一般的な化学的、物理的条件をまだ確実に制御できていないからだ。

ところが、さまざまな作業はそれぞれに異なる時間を要するため、同じ時間内に供給する部分生産物の量もまたそれぞれに異なる。したがって同じ労働者が毎日つねに同じ作業だけをおこなうものとすれば、さまざまな作業には異なる比率の労働者数が配置されねばならない。たとえば、ある活字製造マニュファクチュアで、一時間に鋳造工が二〇〇〇個の活字を鋳造し、分切工が四〇〇〇個をカットし、磨き工が八〇〇〇個を磨き上げるとすれば、一人の磨き工あたり、四人の鋳造工と二人の分切工が必要となる。ここには確かに、同種のことをおこなう多人数の同時雇用という、最も単純な形態での協業の原理が再現している。しかしそれは、いまや一つの有機的関係の表現として再現する。つまり、マニュファクチュア的分業は、社会的な全体労働者を構成する質の異なる各器官を単に単純化し多様化するだけではなく、こうした器官の量的規模を示す数学的に確定された比率をも作りだすということだ。それによって、それぞれの特殊機能を担当する相対的な労働者数や労働者グループの相対的な大きさも決まってくる。こうして分業は、社会的労働過程の質的な分節化をおし進めるだけではなく、その量的規則と比例関係をも作りだしていく。

一定の生産規模に対して、部分労働者の種々のグループをどのような割合で配置するのが最も適切なのかが経験的に確定されていれば、生産規模の拡大は、そうした特別な労働者グループのいずれをも何倍かに増やすことによってのみ可能となる。(39) さらに加えて、ある種の労働では、同じ個人が、扱う対象の規模が大きくても小さくても、同じように仕事をうまくこなすことができる。たとえば、監督の仕事や、部分生産物をある生産段階から次の生産段階に運ぶ仕事などがそれにあたる。こうした機能を独立させたり、それを特定の労働者に割りあてたりすることで利益が増やせるのは、雇用労働者数が増加した場合に限られる。しかし、その増加は、ただちに同じ比率で全グループへと波及せざるをえない。

(39)「各マニュファクチュアの生産物の特性に応じて、製造過程を部分作業に分割する最も有利な方法と、各部分作業に必要な労働者数が経験から分かっているならば、その数の正確な倍数を適用しない生産施設は、より高いコストで製造することになるだろう。……これは工業施設が非常に巨大化する原因の一つとなっている」(C・バベッジ『機械とマニュファクチュアの経済論』ロンドン、一八三二年、第二一章、一七二、一七三ページ)。

同じ部分機能を果たしている一定数の労働者からなる個々のグループは、同質的な要素からなりたっており、全体機構の一つの特殊器官となっている。とはいえ、さまざまなマニュファクチュアでは、こうしたグループ自体が有機的に構成された一つの労働体であり、全体機構は、この生産上の基本有機体の反復と倍加によって作られている。たとえばガラス瓶のマニュファクチュアを例にとろう。このマニュファクチュアは、本質的に異なる三つの生産段階に分かれている。第一は準備段階であり、ガラス組成物の準備、砂や石灰などの混合、この混合物の流動状ガラス塊への融解だ(40)。この第一段階には、種々の部分労働者が使用されているが、それは、ガラスを乾燥炉から取りだし、分類し、梱包する最終段階でも同じだ。この二つの段階の中間に、本来のガラス製造が、つまり、流動状ガラス塊の加工段階がおかれている。ガラス炉の同じ出口で、一つのグループが作業をする。このグループはイギリスでは「穴」(hole)と呼ばれている。その構成は、瓶製造工ないし仕上げ工が一人、吹き工が一人、集め工が一人、積み工ないし磨き工が一人、運搬工が一人となっている。この五人の部分労働者は、一つの労働体を構成する五つの特殊器官であり、この労働体は一体としてのみ、つまり、五人の直接的協業を通じてのみ仕事をすることができる。五つの部分からなるこの労働体から一肢でも欠ければ、この労働体は麻痺してしまう。ところで、一つのガラス炉には、いくつかの開口部があり、たとえばイギリスのガラス炉には四個から六個の口がある。そのいずれにも、流動状のガラスを入れた土製の坩《る》堝《つぼ》が収められており、それぞれの口で同じ五人構成の専属労働者グループが働いている。個々のグループの内部編成は、ここでは直接に分業にもとづいている。それに対して、同様の編成をとるいくつかのグループ相互の紐帯《ちゅうたい》は単純な協業であり、生産手段の一つであるガラス炉を共同消費することで、より経済的に利用しているにすぎない。四つから六つのグループを働かせるこうしたガラス炉一つが一つのガラス製作場をなしており、ガラス・マニュファクチュアは、多数のこうした製作場とともに、準備段階および最終段階のための設備と労働者をもかかえている。

(40) イギリスでは、融解炉はガラス加工をおこなうガラス炉とは切り離されているが、たとえばベルギーでは、両方の過程に同じ炉が利用されている。

最後に付け加えるならば、一部はさまざまな手工業の結合から発生するマニュファクチュア自身もまた、さまざまなマニュファクチュアの結合体へと発展することがある。たとえばイギリスの大手ガラス工場は、自分たちが使う土製坩堝を自前で生産している。というのも、この坩堝の品質が製品のよしあしに重大な影響を及ぼすからだ。ここでは、生産手段のマニュファクチュアが生産物のマニュファクチュアと結びついている。また逆に、生産物のマニュファクチュアが、この生産物そのものをふたたび原料として用いるマニュファクチュアと、あるいは、この生産物を自前の生産物と組みあわせるようなマニュファクチュアと結びつくこともある。こうしてたとえば、鉛ガラスのマニュファクチュアがガラス研磨業と、あるいは、さまざまなガラス製品に金属を嵌めこむための黄銅鋳造業と結びついている例がある。このようにして結びあわされた種々のマニュファクチュアは、一つの全体マニュファクチュアを構成する諸部門をなしており、各部門は、多かれ少なかれ、空間的に切り離されていると同時に、独自の分業体制をとる独立した生産過程をなしている。結合されたマニュファクチュアは、それなりの利点を持っているが、みずからの基盤の上で、本当の意味での技術的統一性を獲得することはない。技術的統一性は、マニュファクチュアが機械経営に変容してはじめて実現する。

マニュファクチュア時代は、商品生産に必要な労働時間の減少をやがて意識的な原則として表明するにいたり(41)、機械の使用も散発的に開始する。とくに入り口部分にあたるある種の単純な生産過程には、大量に大きな力を投じる必要があるため、機械の導入が進んでいく。たとえば製紙マニュファクチュアでは、ぼろの圧砕のために、やがて製紙用圧砕機が使われるようになり、冶金業では、鉱石の粉砕のために砕鉱機が用いられるようになる(42)。あらゆる機械装置の原初的形態として、ローマ帝国からは水車が伝わっている(43)。また手工業時代は羅針盤、火薬、印刷術、そして自動時計という偉大な発明を残してくれた。しかし、全体として見れば、機械装置はまだ、アダム・スミスが機械に割りふっていたように、分業の脇役を演じていたにすぎない(44)。一七世紀に見られた機械装置の散発的使用がきわめて重要なものになったのは、それが当時の偉大な数学者たちに、近代力学を創出するための実際的な手がかりと刺激を与えたからだった。

(41) これはとくにW・ペティ、ジョン・ベラーズ、アンドルー・ヤラントン、『東インド貿易の利益』〔匿名〕、J・ヴァンダーリントなどの所論に見ることができる。

(42) 一六世紀末のフランスでも、砕鉱と洗鉱には、まだ臼とふるいが用いられていた。

(43) 機械装置の全発展史は、製粉用水車の歴史によってたどることができる。工場はイギリスでは、いまなおmill〔水車〕と呼ばれている。一九世紀の最初の数十年間に書かれたドイツの技術文献では、自然力によって駆動される機械だけでなく、機械に類する装置を使用するすべてのマニュファクチュアについても、Mühle〔水車〕という表現が使われている。

(44) 本書の第四巻でさらに詳しく論じるが、アダム・スミスは分業については、ただの一つも新しい命題を立ててはいない。しかし、マニュファクチュア時代を包括的に捉えた経済学者としての彼の特徴は、分業を強調した点にある。スミスは機械装置に副次的な役割しか与えなかったために、大工業の始まりの時期にはローダデールの反論を、そしてさらに進んだ時期には、ユアの反論を引き起こすことになる。アダム・スミスはまた、マニュファクチュアの部分労働者自身が大いに貢献した用具の細分化と機械の発明とを混同していた。機械の発明において重要な役を演じたのは、マニュファクチュアの労働者ではなく、学者、手工業者などであり、そこには農民(たとえばブリンドリー)さえ含まれていた。

マニュファクチュア時代に特有の機械装置といえば、やはり、多くの部分労働者が結合している全体労働者そのものということになる。一つの商品の生産者が次々にこなしていくさまざまな作業は、彼の労働過程全体のなかで複雑にからみあっており、彼にさまざまなことを要求する。ある作業ではより多くの力を、別の作業ではより多くの熟練を、また第三の作業ではより多くの精神的集中力を発揮しなければならない。ところがこうした特性は、同じ個人が同じ程度に持っているわけではない。そこで、さまざまな作業を切り分け、独立させ、切り離した後に、労働者たちが彼らの主要な特性に応じて区分され、分類され、グループ化される。彼らの特別な天性が分業を接《つ》ぎ木するための基盤となっている以上、マニュファクチュアは、ひとたび導入されると、最初から偏った特別な機能にしか役立たないような労働力を育て上げることになる。こうして全体労働者は、いまや生産に必要なあらゆる特性を同じように高い熟練度で備えるにいたる。そして、特別な労働者ないし労働者グループに個別化された全体労働者の全器官を、それぞれの特殊機能にだけ用いることによって、すべての特性を最も経済的に支出する。(45) 部分労働者の一面性が、あるいはその不完全性さえもが、全体労働者の一肢としての完全性に転じる。(46) いったんその一面的な機能に慣れると、部分労働者は本能的にこの機能を確実に果たす器官へと変容していく。その一方で、全体機構の連関は、彼に機械部品のような規則性をもって作業するように強制する。(47)

(45) 「仕事を、それぞれに異なる熟練度や力を必要とするいくつかの作業に分けると、工場主は各作業に適合した量の力や熟練度を正確に調達できる。反対に、仕事全体を一人の労働者が果たさねばならないとすれば、同じ一人の個人が、きわめて繊細な仕事に足る熟練度と、きわめてきつい仕事に足る力の両方を持っていなければならないだろう」(Ch・バベッジ『機械とマニュファクチュアの経済論』第一九章)。

(46) たとえば筋肉の偏った発達や、骨の彎曲《わんきよく》など。

(47) 従業少年たちの勤勉はどのようにして維持するのか、という調査委員の質問に対して、あるガラス・マニュファクチュアの総支配人ウィリアム・マーシャル氏は、次のように答えているが、これはまったく正しい。「彼らが仕事をさぼることなど、不可能です。いったん作業を始めれば、ずっと作業し続けないわけにはいきません。彼らはまったく機械の一部のようなものです」(『児童労働調査委員会、第四次報告書』一八六五年、二四七ページ)。

全体労働者の種々の機能には、より簡単なものもあれば、複雑なものもあり、また低級なものもあれば高級なものもある。したがってその器官である個別の労働力はきわめて異なる教育程度を必要とし、それゆえきわめて異なる価値を持っている。こうしてマニュファクチュアは労働力のヒエラルキーを作りだし、これには労働賃金の等級が対応する。一方では、個別労働者が一面的な機能にとりこまれ、生涯にわたってそれに縛りつけられる。しかし他方ではまた、さまざまな作業が、先天的後天的技量のこのヒエラルキーに適合させられる。(48) とはいえ、誰にでもできるある種の単純な作業は、どんな生産過程にも欠かせない。しかしいまやこうした作業すら、内容豊かな種々の活動契機との円滑な関係から切り離され、その専属機能へと硬直化させられる。

(48) 大工業を礼賛するドクター・ユアは、マニュファクチュアに特有な性格を、かつての経済学者たちよりも、あるはバベッジのような同時代の学者に比べても、より鋭く感じとっている。この問題について論争をしかけることに、かつての経済学者たちはユアほど関心を持っていなかった。

またバベッジは、数学者や機械学者としてはユアよりもすぐれていたが、大工業をマニュファクチュアの立場からしか捉えていなかった。ユアはこう書いている。「労働者をそれぞれの特殊作業にとりこむことが分業の本質をなしている」。他方で彼は、この分業を「労働をさまざまな個人的能力に適合させること」と説明し、最後には、マニュファクチュア制全体を「技量の等級に応じた階梯システム」、「熟練度の違いに応じた労働の分割」などという表現で特徴づけている(ユア『マニュファクチュアの哲学』、一九―二三ページの各所)。

それゆえマニュファクチュアが手工業を呑みこんでいくところではどこでも、手工業経営が厳格に排除してきた、いわゆる非熟練労働者の一階級が生みだされる。マニュファクチュアは、全体としての労働能力を犠牲にして、徹底的に一面化された専門業務を特技の域にまで向上させる。ところがその時、マニュファクチュアは、いかなる向上の余地もない状態をも、すでに専門化しはじめている。ヒエラルキー的な段階づけと並んで、熟練労働者と非熟練労働者という労働者の単純な区分が生じる。これによって非熟練工の訓練コストが完全に不要となり、熟練工の訓練コストは、その機能の単純化によって、職人の場合と比べると低下する。どちらの場合にも、労働力の価値は低下する。(49)例外となるのは、労働過程が分解することによって、手工業経営には存在しなかった、あるいは少なくとも同じ程度では存在しなかった新たな包括的機能が生みだされた場合だ。訓練コストの消失もしくは低下によって生じる労働力の相対的価値低下は、そのまま直接、資本のより高度な価値増殖をもたらす。というのも、労働力の再生産に必要な時間を減らすものはすべて、剰余労働の領分を拡大するからだ。

(49)「一つの個別的作業を繰り返すことで自分を完成していくことが可能になった職人は、いずれもそれによって……より安い労働者になった」(ユア『マニュファクチュアの哲学』、一九ページ)。

第四節　マニュファクチュア内の分業と社会内の分業

われわれはまずマニュファクチュアの起源について、次にその単純な要素である部分労働者とその道具について、そして最後にマニュファクチュアの全体機構について考察してきた。この節では、マニュファクチュア的分業と、あらゆる商品生産の一般的基盤である社会的分業との関係に短く触れておきたい。

労働だけに目を向けるならば、社会的生産が農業、工業といった大部門に分割されることを一般的分業、これらの生産部門がさらに下位の種や亜種に分割されることを特殊的分業、そして一つの作業場内で労働が分割されることを個別的分業と呼ぶことができる。(50)

(50)「分業には、ありとあらゆる種類の職業の分割を手始めとして、果てはマニュファクチュアのように、多くの労働者が同一製品の製造を分担するような分業まである」(シュトルヒ『経済学教程』パリ版、第一巻、一七三ページ)。「文明がある程度の段階に達した諸民族のもとでは、三種類の分業が見られる。第一の分業は一般的分業とわれわれが呼ぶもので、生産者を農民と自営工業者と商人とに分ける。この分業は、国民的労働の三つの主要部門に対応している。第二の分業は特殊的分業と呼びうるもので、各労働部門をさまざまな種に分ける。第三の分業は労働作業の分割、つまり本来の意味での分業と呼びうるもので、個々の手工業もしくは職業のなかで生みだされる。……そしてこの分業は、大部分のマニュファクチュアや作業場で定着している」（スカルベク『社会的富の理論』、八四、八五ページ）。

社会内の分業、およびそれに対応する特定職業部門への個人の限定は、マニュファクチュア内の分業と同じように、正反対の出発点から発展する。一方では、家族の内部、(50a) さらに発展すれば部族の内部で、性と年齢の違いから、つまり純粋に生理的基盤の上に立って自然発生的な分業が生じる。それはやがて、共同体の拡大、人口の増大、そしてなによりも種々の部族間の抗争、一部族による他部族の征服などを通じて、分業の素材を増やしていく。しかし他方では、前に述べたように、異なる家族、部族、共同体が接触する地点で、生産物の交換が発生する。文化の黎明《れいめい》期に独立した存在として接触しあうのは、私的個人ではなく、家族、部族などだからだ。共同体が違えば、それぞれの自然環境のうちにある生産手段や生活手段も違う。したがって生産様式、生活様式、生産物もそれぞれに異なる。こうした自然発生的な相違こそが、共同体が接触する時に、たがいの生産物の交換を呼び起こし、それによってこれらの生産物を次第に商品へと変容させていく。したがって交換が生産部門の相違を生みだしているわけではない。むしろ逆に、交換は異なる生産部門をたがいに関連づけ、それらを多かれ少なかれ相互に依存しあう社会的総生産の諸分野へと変容させる。ここでは、もともと異なる相互に独立した生産部門のあいだで交換がおこなわれることによって社会的分業が生じている。第一のケース、すなわち生理学的基盤の上に立つ分業が出発点になっているところでは、もともと直接に結ばれていた全体の特殊器官がたがいに分離し分解していく。その分解過程の中心的なきっかけとなるのは他の共同体との商品交換だ。やがてそれらの器官は独立性を強め、ついには種々の労働の関係が、商品としての生産物交換によって媒介されるにいたる。つまり第二のケースでは、もともと独立していたものが独立性を失っていき、第一のケースでは、もともとは独立していなかったものが独立性を獲得していく。

(50a) 〔第三版への註――後に著者は、人類の原始状態について徹底的に研究した結果、次の結論に達した。すなわち、もともとは家族が発達して部族となったのではなく、逆に部族こそが、血縁関係にもとづく人類社会形成の自然発生的な形態だったのであり、したがって部族の紐帯が緩みだしてからはじめて、さまざまな家族形態が発展したということだ。――F・エンゲルス〕

商品交換に媒介されて発展をとげたすべての分業は、都市と農村の分離を基盤とする。(51) 社会の全経済史が、都市と農村のこの対立運動に要約されていると言っても過言ではないが、これについてはここでは立ち入らないことにしよう。

(51) この点については、サー・ジェイムズ・ステュアートが最もうまく論じている。『国富論』の一〇年前にでた彼の著作が、今日いかに知られていないかは、次の事実をもってしても分かる。マルサスは『人口論』の初版で、仰々しい演説風の部分を別とすれば、ウォレスやタウンゼンドといった坊主たちとならんで、ほとんどステュアートをただ書き写しているにすぎない。ところがそのことを、マルサスの崇拝者たちですら、知らないのだ。

マニュファクチュア内の分業では、同時に使用する労働者数が一定数に達していることが物質的な前提となるが、それと同様に、社会内の分業では人口や人口密度が物質的な前提となる。人口密度は、マニュファクチュアでいえば同じ作業場での労働者の密集度にあたる。(52) とはいえ、こうした密度は相対的なものだ。比較的人口が少なくても運輸通信手段が発達している国は、人口が多くても運輸通信手段が未発達な国より、人口密度が高いことになる。この観点から見れば、たとえばアメリカ合衆国の北部諸州は、インドよりも人口密度が高いと言える。(53)

(52) 「社会的交流のためにも、労働収益を高める諸力を結びつけるためにも、都合のいい一定の人口密度というものがある」(ジェイムズ・ミル『経済学綱要』、五〇ページ)。「労働者の数が増加すると、社会の生産力は、その増加分に分業の効果を掛けあわせたものに比例して増加する」(Th・ホジスキン『民衆の経済学』、一二〇ページ)。

(53) 一八六一年以降、木綿需要が増大した結果、もともと人口の多い東インドのいくつかの地方では米の生産を減らし、木綿生産を拡充した。それによって一部で飢饉が発生したが、その理由は、運輸通信手段が貧弱で、それゆえ物理的な連携が欠けていたため、ある地域で米が不足しても、別の地域からの供給でそれを補うことができなかったことにある。

商品生産と商品循環は資本主義的生産様式の一般的条件であり、それゆえマニュファクチュア的分業が成立するには、社会内の分業が一定の発展段階にまで成熟している必要がある。逆にまた、マニュファクチュア的分業は、そうした社会内の分業を促進し、多様化する。労働用具の分化とともに、こうした用具を生産する産業もますます分化していく。(54) それまで本業としてであれ、副業としてであれ、他の産業と結びつきながら同一の生産者によって営まれていた産業に、いったんマニュファクチュア的経営が導入されれば、ただちに分離と相互独立が進んでいく。ある商品の特定の生産段階にマニュファクチュア的経営が導入されれば、その商品のさまざまな生産段階が、さまざまな独立産業へと変容をとげる。先に述べたように、個々のパーツを機械的に組みあわせるだけの製品では、パーツ生産のための部分労働もまた独自の手工業として独立する可能性がある。マニュファクチュア内の分業をより完全なものにするために、同じ生産部門が、原材料の違いに応じて、あるいは同じ原材料でもそれが取りうる形態の違いに応じて、別々の、時にはまったく新しいマニュファクチュアに分割される。こうして一八世紀前半にはすでに、フランスだけでも一〇〇種類以上の絹織物が織られ、たとえばアヴィニヨンでは「徒弟は、つねに一つの製法にのみ従事すべきであり、何種類もの織物製法を同時に習得してはならない」というのが規則だった。特定の生産部門を特定の地域に縛りつける地域分業は、ありとあらゆる特殊事情を利用し尽くすマニュファクチュア的経営によって新たな刺激を受ける。(55) 社会内の分業のための豊富な材料をマニュファクチュア時代に提供しているのは、世界市場の拡大と植民地体制であり、両者はマニュファクチュア時代が存在するための一般的条件の一部をなす。ここでは、これ以上詳しく論じることはしないが、分業は経済分野のみならず、社会のあらゆる分野を捉え、いたるところで専門制度や専門職の形成と人間の細分化の基盤を作りだしている。その細分化たるや、すでにアダム・スミスの師A・ファーガソンをして「われわれは奴隷からなる国民を作っており、われわれのなかに自由人はいない」と叫ばしめたほどだ。(56)

(54)　こうして織物用の杼《ひ》の製造は、一七世紀にすでにオランダの特別な産業部門の一つとなっていた。

(55)「イギリスの羊毛マニュファクチュアは、特定の地域に定着したいろいろな部分や部門に分かれており、それぞれの地域ではもっぱら、あるいは主として、特定の部分だけが生産されているのではないか。たとえば、細布はサマセットシャーで、粗布はヨークシャーで、広幅物はエクセターで、絹物はサッドベリで、クレープはノリッジで、交織物《まぜおりもの》はケンダルで、毛布はホイットニーで、というように！」(バークリー『質問者』一七五〇年、五二〇節)。

(56)　A・ファーガソン『市民社会史』エディンバラ、一七六七年、第四篇第二章、二八五ページ。

とはいえ、社会内の分業と作業場内の分業には多くの類似点や連関があるにもかかわらず、両者のあいだには単なる程度の違いだけではない本質的な違いがある。両者の類似が最も疑問の余地なく感じられるのは、一つの内的な紐帯がさまざまな業種をつなぎとめている場合だ。たとえば飼畜《しちく》業者は皮を生産し、製革業者は皮を皮革に変え、製靴業者は皮革を長靴に変える。ここではそれぞれの業者が一つの段階生産物を作り、最後の完成形態となるのは彼らの特殊労働の結合生産物だ。これに加えて、飼畜業者、製革業者、製靴業者に生産手段を供給するさまざまな労働部門がある。たしかにアダム・スミスのように、こうした社会的分業とマニュファクチュア的分業との違いは主観的なものにすぎず、観察者にとっての違いでしかないと考えることもできるだろう。すなわち、マニュファクチュアの場合には、いろいろな部分労働を同じ空間内でまとめて一望できるのに対して、社会的分業の場合には、部分労働が広い面積に広がっており、各特殊部門の従業者数も多いため、その関連が観察者から見えにくいだけだというのが、その説明だ(57)。しかし、それならば飼畜業者、製革業者、製靴業者の独立した労働をたがいに関連づけているものは何なのか？　それは彼らの生産物がそれぞれ商品として存在しているということだ。それに対してマニュファクチュア的分業を特徴づけているものは何なのか？　それは、部分労働者が商品を作っていないということだ(58)。そこでは部分労働者たちの共同生産物だけが商品へと姿を変える(58a)。社会内の分業は、さまざまな産業部門の生産物が売買されることを介して実現する。他方、マニュファクチュアでの部分労働間の関連づけは、さまざまな労働力が同じ資本家に売られることを介して実現する。そしてその資本家がこれらの部分労働を結合労働力として使用する。マニュファクチュア的分業は、生産手段が一人の資本家の手に集積していることを前提とし、社会的分業は、生産手段が相互に独立した多くの商品生産者のあいだに分散していることを前提とする。マニュファクチュアでは、比例数ないし比例関係の鉄則にもとづいて一定の労働者数が一定の機能のもとに包摂される。他方、商品生産者とその生産手段が種々の社会的労働部門に配分される場合には、偶然と恣意が複雑に作用する。たしかに種々の生産部門は、たえず二つの経路を通じてたがいの均衡を保とうとする。すなわち一方では、いずれの商品生産者も一つの使用価値を生産しなければならず、言い換えれば、特定の社会的欲求を満たさなければならない。しかし、欲求の規模はそれぞれ量的に異なっているため、こうした種々の欲求量を、一つの内的な紐帯がたがいにつなぎあわせ、自然発生的なシステムを作りあげる。また他方では、商品の価値法則が、この社会が投入できる総労働時間のうちのどれだけを特定の商品種の生産に支出できるかを決めている。しかし、たえず均衡を保とうとする種々の生産部門のこの傾向は、じつのところ、この均衡がたえず失われていくことへの反作用として働いているにすぎない。作業場内の分業ではア・プリオリにかつ計画的に守られている規則が、社会内の分業ではア・ポステオリにのみ作用する。それは、市場価格のバロメーターの変化を通じてのみ読みとれる内的な、無言の自然的必然性として作用する。そしてこの自然的必然性は、商品生産者たちの規則なき恣意を圧倒していく。マニュファクチュア的分業では、人間に対する資本家の絶対的権威が前提とされており、彼らは資本家に属する全体機構の単なる手足にすぎない。他方、社会的分業では、独立した商品生産者たちが相対峙している。彼らは競争という権威以外には、すなわちたがいの利害関係が自分に及ぼす圧力の強制以外には、いかなる権威も認めていない。それは動物世界で、万人の万人に対する闘い (bellum omnium contra omnes)〔ホッブズ〕が、多かれ少なかれ、すべての種の生存条件を維持しているのと同じだ。ブルジョワ的意識はマニュファクチュア的分業を、すなわち労働者を生涯にわたって一つの細部作業に縛りつけ、部分労働者を無制限に資本に服従させることを、生産力を向上させる労働の組織化だとして賛美する。ところがその同じブルジョワ的意識が、こと社会的生産過程の意識的、社会的な統制と規制については、いかなるものであれ、個別資本家の不可侵の所有権、自由、自己決定をおこなう「独創性」に対する介入だとして、先の賛美と同じような大声で非難する。工場システムの熱狂的擁護者たちが社会的労働の全般的組織化に対して嫌悪感を表明するさいに、そんなことをすれば社会全体を一つの工場に変えることになってしまう、という言い方しかできないのは、じつに特徴的なことだ。

(57) アダム・スミスは、本来のマニュファクチュアでは、社会的な分業以上に分業が進んでいると言う。それは「個々の作業部門の従業者が、多くの場合、一つの作業場に集められており、観察者の一望のもとに収めうるからだ。それとは対照的に、大衆の主要欲求を満たすために存在しているあの大きなマニュファクチュア(!)では、どの労働部門にも非常に多くの労働者が雇われているため、彼らを一つの作業場に集めることはできない。……だからここでの分業は、本来のマニュファクチュアと同じように明瞭だとはとても言えない」(アダム・スミス『国富論』第一篇第一章)。ちなみにこの同じ章の「ここで、文明が進み繁栄している国の最も普通の手工業者、または農村の日雇労働者の衣食住がどのようにととのえられているかを観察してみよう」(『国富論』大河内一男監訳、中公文庫I、二一ページ)という文章で始まる一節、そして、そのあとで一人の普通の労働者の欲求を満たすためにいかに多くの産業が協力しているかを描いている箇所は、バーナード・ド・マンデヴィルの『蜂の寓話――私悪すなわち公益』の註をほとんどそのまま書き写したものだ(註なしの初版、一七〇五年、註付き、一七一四年)。

(58)「一人ひとりの労働の自然的賃金と呼べるようなものはもはやいっさい存在しない。どの労働者も全体の一部を作りだすだけであり、各部分はそれ自身としてはいかなる価値も効用も持たない。だから労働者が手にとって、これはわたしが作りだした物で、わたしの手元においておきたい、などと言えるものは何一つ存在しない」(『資本の要求に対する労働の防衛』ロンドン、一八二五年、二五ページ)。この優れた著作の著者は、先に引いたTh・ホジスキンだ。

(58a) 第二版への註。社会的分業とマニュファクチュア的分業とのこの区別は、アメリカ北部諸州では現実に例証された。南北戦争のあいだにワシントンで新たに考えだされた税の一つに、「すべての工業生産物」を対象とする六％の消費税がある。では、工業生産物とは何か？　この質問に立法者はこう答えた。あるものが生産されるのは、それが作られた時だ（when it is made）。それが作られたと言えるのは、それが売れる状態になった時だ、と。多くの事例から一つだけあげておこう。ニューヨークとフィラデルフィアのマニュファクチュアは、以前は雨傘を、すべての付属物といっしょに「作って」いた。ところが雨傘というのは、じつに多種多様なパーツを組みあわせたものであり、それゆえしだいにこれらのパーツは、それぞれ独立に、異なる場所で営業する業種の製品となっていった。やがてこうした部分生産物は独立した商品として雨傘マニュファクチュアに納入され、そこで完成品に組み立てられるだけとなる。アメリカ北部諸州では、こうした商品は組立て商品（assembled articles　ドイツ語で言えば寄せ集め商品）と呼ばれた。そしてこの商品は、その名にふさわしく、税金の集め場所となった。つまり雨傘は、その個々のパーツに対して六％の消費税を集めた上に、さらに雨傘自身の総価格の六％を消費税として「集めた」のだ。

このように、資本主義的生産様式の社会では、社会的分業の無政府状態とマニュファクチュア的分業の専制状態とが、たがいに相手の条件となっている。それに対して、以前のさまざまな社会形態では、産業の個別化は自然発生的に生じ、それがやがて結晶化し、最後には法によって固定化されてきた。そうした社会形態は、一方では、社会的労働を計画と権威に沿って組織化しているようなイメージを与えるが、他方では、作業場内の分業を完全に排除するか、排除しないまでも最小限の規模で散発的偶発的に発展させるにとど

めた。(59)

(59)「次のような一般的法則を立てることができる。社会内の分業に権威が及ぶ余地が少なくなればなるほど、作業場内の分業はより発展し、ますます一人の人間の権威に服するようになる。こうして見ると、作業場内の権威と社会内の権威は、分業に関するかぎり、反比例の関係にある」(カール・マルクス『哲学の貧困』、一三〇、一三一ページ)。

たとえば、現在でも部分的に存続しているインドの古くからある小さな共同体は、土地の共同所有、農業と手工業の直接的な結びつき、固定された分業体制などを基盤としている。この分業体制は、新たな共同体を作るさいにも、既存の計画や設計図として利用される。こうした共同体は自給自足的な生産総体をなしており、その生産地域は一〇〇エーカーから数千エーカーにいたるまでさまざまだ。生産物の主要部分は、あくまで共同体の直接的自己需要を満たすために作られており、商品として生産されているわけではない。それゆえ生産そのものは、商品交換によって媒介されるインド社会全体の分業体制からは独立している。生産物の余剰部分だけが商品に姿を変えるのであり、しかも部分的には国家の手ではじめて商品に姿を変える。国家には、大昔から一定量の生産物が現物地代として流入してくるからだ。インドといっても地方ごとに共同体の形式はさまざまであり、最も単純な形態では、村落共同体が土地を共同で耕作し、生産物を成員のあいだで分配する。それと並んで、各家族は、家内副業として糸を紡いだり布を織ったりする。同種の仕事に従事するこれらの民衆のほかに、裁判官、警察、徴税人を一身に兼ね備えた「長」と呼ばれる者がいる。次には、農耕に関する計算をおこない、それに関するいっさいを査定し記録する記帳係がいる。また、三人目として、犯罪人を追い、よその土地からの旅行者を守り、次の村まで同行する役人がいる。さらには、隣の村との境界線を監視する境界番、共同貯水池の水を農耕のために分配する水番、宗教儀式の役を果たすバラモン、砂地を使って村の子供たちに読み書きを教える教師、占星術者として種まきや収穫の時期を、あるいはあらゆる特別な農耕作業の時期の適否を指示する暦術バラモン、すべての農具を製造し、修理する鍛冶工と大工、村人全員のために容器を作る陶工、床屋、衣服を洗う洗濯人、銀細工師、そして時には詩人がいる。その詩人がある村では銀細工師を兼ね、別の村では教師の役を果たす。このように一ダースほどの人間が共同体全体の費用で食べていけるようになっている。人口が増えれば、未耕作地に新しい村がこれまでと同じパターンで作られるようになっている。共同体のメカニズムは、たしかに計画的な分業の存在を示しているが、そうした分業がマニュファクチュア的分業になることはありえない。鍛冶工、大工その他の市場が変化することはなく、せいぜいで村の大きさによって鍛冶工や陶工が一人ではなく、二人もしくは三人いるといった程度の違いだからだ。(60) 共同体内の分業を律している掟は、ここでは自然法則の揺らぐことなき権威をもって作用している。他方、鍛冶工のような一人ひとりの特殊な手工業者は、伝統にしたがって、しかし独立して、自分の仕事場ではいかなる権威も認めることなく、自分の専門に属するあらゆる作業をこなす。こうした自給自足の共同体は、たえず同じ形態で再生産され、たまたま破壊されることがあっても、同じ場所で、同じ名前で再建される(61)。自給自足的共同体のこの単純な生産組織こそは、アジア社会の不変性の秘密を解く鍵となる。たしかにこのことは、アジア諸国が絶え間なく崩壊し、再建され、ひっきりなしに王朝交替を経験してきたことと著しい対照をなしている。しかし、社会の経済的基本要素の構造は、政治的風雲の世界に吹き荒れる嵐に巻きこまれることはなかった。

(60) 陸軍中佐マーク・ウィルクス『インド南部の歴史的概観』ロンドン、一八一〇—一八一七年、第一巻、一一八—一二〇ページ。インド共同体のさまざまな形態をうまくまとめたものとしては以下のものがある。ジョージ・キャンベル『現代インド』ロンドン、一八五二年。

(61) 「このような単純な形式で……この国の住民たちは、太古の昔から暮らしてきた。村の境界線が変わることは滅多になかった。村々は、戦争、飢饉、疫病にいくどとなく襲われ、荒廃もしたが、それにもかかわらず、同じ名前、同じ境界線、同じ利害が、そして同じ家族さえもが、幾世代にもわたって続いてきた。住民たちは、王国の崩壊や分裂によっても打撃を受けることはなかった。村が分割されないかぎり、それがどんな権力に引きわたされようが、どんな支配者に委ねられようが、知ったことではなかった。村内部の経済は変わることがなかった」(元ジャヴァ副総督Th・スタンフォード・ラッフルズ『ジャヴァ史』ロンドン、一八一七年、第一巻、二八五ページ)。

すでに述べたように、ギルドの規則は、一人の親方が雇える職人の数を極度に制限することによって、親方が資本家になることを計画的に阻止してきた。親方はまた、自分自身が親方をしている手工業でしか職人を雇えなかった。ギルドは、自分に対立する唯一の自由な資本形態である商業資本のあらゆる侵入に懸命に抵抗した。商人はどんな商品でも買うことができたが、労働だけは商品として買えなかった。商人は手工業製品の問屋としてのみ容認されていた。外的な事情で分業の促進が必要になれば、既存のギルドが下位のギルドに分裂するか、あるいはこれまでのギルドと並んで新しいギルドが設けられたが、さまざまな手工業を一つの作業場にまとめるということはなかった。たしかにギルドによる職種の個別化、分離、完成は、マニュファクチュア時代の物質的存在条件ではあったが、それでもギルド組織はマニュファクチュア的な分業を排除していた。総じて、労働者と彼らの生産手段は、カタツムリとその殻のように分かちがたく結びついており、生産手段が資本として労働者に立ち向かい、自立していくという、マニュファクチュアの第一の基盤はまだ欠けていた。

一つの社会全体における分業は、商品交換によって媒介されていようがいまいが、きわめて多種多様な経済的社会編成の構成要素となっている。他方、マニュファクチュア的分業は資本主義的生産様式が生みだしたまったく独自の創造物だ。

第五節　マニュファクチュアの資本主義的性格

かなり多数の労働者が同じ資本の指揮下におかれるということは、協業一般の自然発生的な出発点であるとともに、マニュファクチュアの自然発生的な出発点でもある。また逆に、マニュファクチュア的分業が始まれば、使用労働者数の増大は技術的必然と化していく。個々の資本家が最低限、どれだけの労働者数を使用しなければならないかは、いまや、現におこなわれている分業の度合によってあらかじめ決定される。その一方で、さらなる分業によって利益を得ようとすれば、必然的に労働者数をさらに増やさねばならず、しかもその増加は何倍増の形をとってのみ可能となる。また資本の可変部分が増大すれば、同時に不変部分も増大しなければならない。そのさい、建物や炉といった共同の生産条件の規模拡大と並んで、とくに増やさねばならないのは原料であり、これは労働者数よりもはるかに速く増加する必要がある。与えられた時間内に与えられた労働量によって消費される原料の量は、分業による労働生産性の伸びに比例して増加する。こうして個々の資本家の手にある資本の最小規模が増えていくこと、言い換えれば、社会の生活手段と生産手段がますます多くの資本に変容していくことは、マニュファクチュアの技術的性格から生じる一つの法則なのだ。(62)

(62)「手工業の細分化のために必要な資本」(細分化のために必要な生活手段と生産手段というべきだろう)「が社会のなかに存在しているだけでは十分ではない。さらに必要なのは、企業家が大規模な作業をなしうるように、それに足る十分な量の資本が企業家の手中に蓄積されていることだ。……分業が進めば進むほど、同じ数の労働者に間断なく仕事をさせておくために、道具や原材料の形でますます大きな資本が必要となる」(シュトルヒ『経済学教程』パリ版、第一巻、二五〇、二五一ページ)。「生産手段の集積と分業が不可分であるのは、政治の分野で公権力の集権化と私的利害の分裂とが不可分であるのと同様だ」(カール・マルクス『哲学の貧困』、一三四ページ)。

単純な協業の場合と同様に、マニュファクチュアにおいても、機能している労働組織体は資本の一つの存在形態だ。多くの個別的部分労働者からなる社会的生産機構は、資本家のものとなっている。それゆえ、労働の結合から生じる生産力は、資本の生産力としてあらわれる。本来のマニュファクチュアは、かつて独立していた労働者を資本の指揮と規律に従わせるだけでなく、それに加えて労働者たち自身のあいだにヒエラルキー的編成を作りだす。単純な協業では一人ひとりの労働様式は全体として変化しないが、マニュファクチュアは労働様式を根底から変革し、個人の労働力の根幹に襲いかかる。マニュファクチュアは、労働者の細部的熟練を温室栽培のように育て、それによって労働者を歪め、畸形化する。生産的な意欲や才能に満ちた一つの世界をこのように抑圧するのは、ラプラタ沿岸諸州で毛皮や脂肪をとるために動物をまる一匹屠殺するのと同じ手法だ。特殊な部分労働がそれぞれ別の個人に割り振られるだけでなく、個人そのものが分割され、一つの部分労働だけを担当する自動装置に変容させられる。(63) こうして、一人の人間を自分の身体の単なる断片のように描いたメネニウス・アグリッパのふざけた寓話(*)が現実となる。(64) 元来、労働者が自分の労働力を資本に売るのは、商品生産のための物質的手段が自分にはないからだ。それがいまや、彼の個人的労働力そのものが、資本に売らないかぎり役に立たなくなる。彼の労働力は、それが売られた後にはじめて生まれる連関のなかでしか、すなわち資本家の作業場のなかでしか機能しない。マニュファクチュア労働者は、その自然なありようからして、自立的なことをする能力を奪われている。それゆえ彼らは、もはや資本家の作業場の部品となることによってしか生産的な活動を展開できない。(65) 選ばれた民の額《ひたい》にヤハウェの所有物であることが刻印されていたように、分業はマニュファクチュア労働者に、彼が資本の所有物であることを示す烙印を押す。

(63) デュガルド・スチュアートはマニュファクチュアの労働者のことを「部分労働に使用される……生きた自動装置」と呼んでいる(『経済学講義』、三一八ページ)。

(64) サンゴの場合には、実際に各個体がサンゴ群全体のための胃袋になっている。しかし、あくまで個体は群全体に栄養を供給しているのであり、ローマ貴族のように栄養を取り上げているわけではない。

(65) 「一つの手工業全体に熟達している労働者であれば、どこに行っても働くことができ、生計を立てることができる。ところがそれ以外の者」（すなわちマニュファクチュア労働者）「は、一つの付属品にすぎず、仕事仲間と切り離されれば、いかなる能力も独立性も持ちえない。それゆえ彼にふさわしいものとして課される掟を、そのまま受け入れざるをえない」（シュトルヒ『経済学教程』ペテルスブルク版、一八一五年、第一巻、二〇四ページ）。

（＊）紀元前四九四年に、ローマでは貴族と平民とのあいだに最初の大きな衝突が起きた。言い伝えによれば、貴族のメネニウス・アグリッパは、次のような寓話で平民を懐柔することに成功したという。「平民が反乱を起こすのは、人体の手足が胃に食料を送りこむのを拒むようなものだ。そんなことをすれば結果的に、手足自身もひどくやせ細ることになるだろう。平民が自分たちの義務を果たすことを拒めば、ローマ国家の滅亡を招きよせることになる」［編者巻末註105］。

未開人がありとあらゆる戦争の術を個人的な策略として駆使していたように、自営農民や手工業者もまた、小規模ながら彼らなりの知識と洞察力と意志をつちかってきた。それがいまや、そうした知識、洞察力、意志も作業場全体のために必要とされるにすぎない。それ生産に必要な知的能力は、一面ではその規模を拡大するが、それはまさに、多方面でそうした能力が失われていくからにほかならない。部分労働者が失ったものは、彼らに対抗する形で資本のうちに集積されていく(66)。物質的な生産過程をささえる知的能力は、こうして他者の所有物として、また部分労働者を支配する権力として、部分労働者たちに敵対するようになる。これはまさにマニュファクチュア的分業の一つの産物だ。この分離過程は単純な協業でもすでに始まっており、そこでは資本家が、社会的な労働組織体の一体性と意志を代表して個々の労働者に立ち向かう。その分離過程は、労働者を部分労働者へと不具化するマニュファクチュアでさらに発展をとげ、ついに大工場において完成する。大工場は、科学を独立した生産能力として労働から切り離し、資本に奉仕することを科学に強制する。(67)

(66) ファーガソン『市民社会史』、二八一ページ。「片方が失ったものは、もう片方が手に入れただろう」。

(67) 「知識人と生産労働者とはたがいにまったく切り離された存在となる。そして科学は、労働者の手のなかで労働者自身のために労働者の生産力を増大させるのではなく、ほとんどいたるところで労働者に対立するようになった。……知識は、労働から切り離され、労働に対立しうる一つの道具と化していく」(W・トムソン『富の分配原理の研究』ロンドン、一八二四年、二七四ページ)。

マニュファクチュアにおいて、全体労働者の社会的生産力を、したがって資本の社会的生産力を豊かにするための必要条件は、労働者の個人的生産力を貧しくすることだ。「無知は迷信の母であると同時に、勤労の母でもある。熟慮や想像力は誤りを犯しやすい。しかし、手足を動かす習慣は熟慮にも想像力にも左右されない。だからマニュファクチュアは、人間が最もひどく精神を失い、作業場を一つの機械、人間をその部品とみなしうるような場所で、最も繁栄する」[68]。

(68) ファーガソン『市民社会史』、二八〇ページ。

実際、一八世紀なかばのマニュファクチュアのなかには、工場の秘密に属するある種の単純作業に精神遅滞者を好んで使用していたところもあった[69]。

(69) J・D・タケット『労働人口の過去および現在の状態の歴史』ロンドン、一八四六年、第一巻、一四八ページ。

アダム・スミスは書いている。「おおかたの人間の理解力というものは、彼らが従っている日常の仕事によって必然的に形成される。その全生涯を、少数の単純な作業……に費やす人は、理解力を働かせたり……する機会がない。……かれは……たいていは神の創り給うた人間としてなり下れるかぎり愚かになり、無知になる」〔アダム・スミス『国富論』第五篇第一章、大河内一男監訳、中公文庫Ⅲ、一四三ページ〕。

部分労働者の愚鈍さをこのように描いてから、スミスは次のように続ける。「かれの生活は十年一日のごとく単調だから、自然に勇敢な精神も朽ちてしまい……単調な生活は、かれの肉体的な活力さえも腐らせてしまい、それまで仕こまれてきた仕事以外は、どんな仕事につこうと、元気よく辛抱づよく自分の力を振ることができなくなってしまう。自分自身の特定の職業での手際というのは、こういうふうにして、かれの知的な、社会的な、また軍事的な美徳の犠牲において獲られるもののように思われる。これこそ、進歩した文明社会ではどこでも……労働貧民（the labouring poor）、つまりは国民大衆の必然的に陥らざるをえない状態なのである」[70]〔同前、一四三—一四四ページ〕。

分業によって国民大衆が完全に萎縮するのを防ぐために、アダム・スミスは、ホメオパシーで用いる少量の薬品程度のものだが、国家による国民教育を推奨している。ところが、スミスのフランス語への訳者であり註釈者でもあるG・ガルニエは、このスミスの考え方を徹底的に批判している。ちなみにガルニエは、フランス第一帝政下で当然ながら正体を現し、元老院議員にまでなっている。ガルニエによれば、国民教育は分業の第一法則に反するものであり、それによって「われわれの全社会システムが否定される」という。

(70) アダム・スミス『国富論』第五篇第一章第三節第二項。分業の好ましからぬ帰結を論じていたファーガソンの弟子として、スミスは、この点についてはよく分かっていた。ところが著作の冒頭部分では、自分の役目として分業を称賛しており、分業が社会的不平等の源泉であることは、ごく簡単に示唆されているにすぎない。国家の収入について述べた第五篇にいたって、彼はようやくファーガソンに立ち返っている。わたしは『哲学の貧困』で、分業批判の系譜をなすファーガソン、アダム・スミス、ルモンテ、セーの歴史的関係について必要なことを述べておいた。またそこで、はじめてマニュファクチュア的分業を資本主義的生産様式に特有な形態として描きだした（『哲学の貧困』、一二二ページ以下）。

ガルニエはこう述べている。「他の、すべての分業と同様に、手の労働と頭の労働との分業もまた、[71]社会が豊かになるにつれて、ますます明確になり、ますます決定的になる」（社会という表現を、ガルニエは資本、土地所有、そして両者のための国家という意味で使っているが、的を射ている）。「他のあらゆる分業と同じように、この手仕事と頭脳労働との分業もまた、過去の進歩の結果であり、未来の進歩の原因となる。……それなのに政府がこの分業に抵抗し、その自然な発展を押しとどめてよいものだろうか？ 分割と分離をめざしている二種類の労働を雑然と混ぜあわせる試みに、国家が国庫収入の一部を投じてよいものだろうか？[72]」

(71) ファーガソンは『市民社会史』、二八一ページにすでにこう書いている。「この分業の時代にあっては、考えること自体が、特殊な職業になる可能性がある」。

(72) G・ガルニエによるスミス訳書、第五巻、四―五ページ。

ある種の精神的肉体的不具化でさえ、社会全体の分業とは切っても切れない関係にある。しかし、マニュファクチュア時代こそは、一方で労働諸部門のこうした社会的分裂をかつてないほどにおし進め、他方でその独特の分業によってはじめて個体の生命の根幹を脅かしてきた当のものだ。[73]それゆえ、それはまた、はじめて産業病理学のための材料と動機を提供した時代でもあった。

(73) パドヴァ大学の臨床医学教授ラマッツィーニが一七一三年に出版した『働く人々の病気』は一七七七年にフランス語に訳され、一八四一年には『医学百科事典、第七部、古典著作家篇』に再録された。大工業の時代が始まると、労働者の病気についての彼の目録はもちろん非常に増大した。それについては、ドクターA・L・フォントレ『大都市一般、とくにリヨン市における労働者の肉体的、精神的衛生について』パリ、一八五八年、および〔R・H・ロハッチュ編〕『種々の身分、年齢、性に特有な疾病』全六巻、ウルム、一八四〇年、を参照のこと。一八五四年には、技芸協会(*)が、産業病理に関する調査委員会を任命している。この委員会が集めた資料のリストは「トゥイケナム経済博物館」のカタログ中にある。きわめて重要なものとしては、政府の『公衆衛生報告書』がある。以下も参照のこと。医学博士エドゥアルト・ライヒ『人類の退化について』エアランゲン、一八六八年。

(*) Society of Arts and Trades は、一七五四年に創設された博愛主義的協会で、ブルジョワ的啓蒙主義に近い立場をとっていた。一八五〇年代にはアルバート公が会長を務めた。協会が仰々しく宣伝していた目標は「技芸、手芸、商業の奨励」であり、「貧困者に職を与え、商業を広げ、国の富を増やすことに貢献した人に対する褒賞の授与」だった。イギリスでのストライキ運動の発展を阻止するために、協会は労働者と企業家との調停役を買ってでようとした。マルクスはこの組織を「欺芸協会」Society of Arts and Tricks と嘲笑している〔編者巻末註106〕。

「一人の人間を細切れにするということは、彼が死刑に値する場合には死刑を執行するということであり、それに値しない場合には暗殺するということだ。労働を細切れにすることは国民の暗殺だ(74)」。

(74) D・アーカート『常用語』ロンドン、一八五五年、一一九ページ。ヘーゲルは分業についてきわめて異端的な見解を持っていた。「教養ある人間とは、なによりもまず、他人ができることなら何でもできる人間のことをいう」と彼は『法の哲学』のなかで言っている〔『法の哲学』ベルリン、一八四〇年、一八七節、補遺〕。

分業に依拠した協業、すなわちマニュファクチュアは、最初は自然発生的に生まれた。ところがそれがある程度の安定性と広がりをもつようになると、マニュファクチュアは資本主義的生産様式の意識的、計画的、体系的な形態となる。本来のマニュファクチュアがたどった歴史からは以下のことが見てとれる。マニュファクチュア特有の分業は、最初のうちは経験を通じて、いわば実際に働いている人々の意識の背後で、作業にあわせた形態をとり始める。その分業はやがて、ギルドの手工業と同じように、一度発見された形態を伝統として保持しようと努めるようになる。事実、それが何百年にもわたって保持されるケースもある。些末な変化は別として、その形態が変化するとすれば、それはつねに労働用具の革命の結果だった。近代的マニュファクチュアは――ここでは、機械装置に依拠した大工業には触れない――、たとえば被服マニュファクチュアのように、その成立母体である大都市のなかで、すでにできあがっているばらばらの四肢(*)を見つけだし、それを集めて繋ぎあわせればよい。あるいは、(たとえば製本業のように)手工業的な生産物であれば、いろいろな作業に特別な労働者を専従させることによって、分業の原理は一目瞭然となる。こうしたケースでは、各機能に必要な人員をどういう割合で配置すべきかを見つけ

だすのに、一週間の経験も要しない。(75)

(75) 分業では個々の資本家が経験に先立って発明の才を発揮しているなどと、おめでたくも信じているのは、ロッシャーのようなドイツの教授だけだ。彼は、分業が資本家のジュピター的頭脳から完成品として生まれてくると信じており、それに対する感謝のしるしとして「さまざまに差をつけた労働賃金」を資本家に捧げている。分業の利用度の大小を決めているのは財布の大きさであって、才能の大きさではない。

(＊) disjecta membra poetae（ばらばらになった詩人の四肢）。ホラティウス『諷刺詩』第一巻、諷刺四にある表現［編者巻末註108］。

マニュファクチュア的分業は、手工業的活動の分解、労働用具の専門分化、部分労働者の養成、全体機構のなかでの部分労働者のグループ分けと組みあわせなどを通じて、社会的生産過程の質的編成をおし進め、量的均衡を作りだす。すなわち、社会的労働の一定の組織化をおこない、これによって同時に、労働の新たな社会的生産力を発展させる。社会的生産過程の特殊資本主義的形態としてのマニュファクチュア的分業は、既存の基盤の上では、資本主義的形態をとって発展する以外にはなかった。したがってマニュファクチュア的分業は、相対的剰余価値を生みだすための、あるいは労働者の犠牲の上に立って、社会的富、「諸国民の富」などと呼ばれる資本の自己増殖を強化するための、一つの特殊な方法でしかない。マニュファクチュア的分業は、労働の社会的生産力を労働者のためにではなく、資本家のために発展させる。しかも、個々の労働者を不具にすることによって発展させる。それは労働に対する資本の支配のための新たな条件を生みだす。それゆえマニュファクチュア的分業は、一方では社会の経済的形成過程における歴史的進歩として、また必然的な発展契機としてあらわれるが、他方では、文明化され洗練された搾取の一手段としてあらわれる。

マニュファクチュア時代に、はじめて独自の科学として出現した経済学は、社会的分業一般をマニュファクチュア的分業の観点からしか考察しない(76)。つまり分業を、同じ労働量でより多くの商品を生産する手段、したがって商品を廉価にし、資本の蓄積を加速する手段としか見ていない。量と交換価値を強調するこうした見方とは正反対に、古典古代の著述家たちは、もっぱら質と使用価値に固執した(77)。彼らによれば、社会的生産部門が枝分かれすることによってよりよい商品が作られ、人間のさまざまな欲求や才能が自分にあった活動領域を選ぶようになる(78)。いずれの場所でも、限定することなしに重要なことをなしとげるわけにはいかない(79)。それゆえ生産物と生産者は分業によって改善される。時に生産量の増大について述べられていても、それは使用価値をより豊かにするという関連でのみ問題にされる。交換価値や商品の低価格化などについては、一言も語られていない。使用価値を中心とするこの立場は、分業を身分の社会的区別の基盤として論じたプラトン(80)にも、また、特有の市民的本能で作業場内の分業に目を向けていたクセノポン(81)にもはっきりと見てとれる。プラトンの『国家』では、分業が国家の形成原理として論じられているが、これはエジプトの身分制度をアテナイ風に理想化したものにすぎない。エジプトは、たとえばイソクラテス[82]のようなプラトンの同時代者たちにも産業上の模範国家と思われており、ローマ帝政時代のギリシア人にとってさえ、こうした意義は失われていなかった[83]。

(76) スミスよりもむしろ、ペティや『東インド貿易の利益』の匿名著者など、彼以前の著者たちのほうが、マニュファクチュア的分業の資本主義的性格を確認している。

(77) 一八世紀にも、ベッカリアやジェイムズ・ハリスのように、分業についてほとんど古代人の口真似しかしていない著述家が何人かいるが、彼らは近代人のなかでは例外に属する。ベッカリアはこんなふうに言っている。「手と頭をいつも同じ種類の仕事と生産物に振り向けていれば、一人ひとりが自分に必要なものをすべて自分で作るよりも、より簡単に、より多く、より上手に作れることは、だれでも経験から知っている。……このようにして人間は、社会全体の効用のために、また自分自身の利益のために、さまざまな階級や身分に分かれることになる」（チェーザレ・ベッカリア『公共経済学原論』クストディ編、近代篇、第一一巻、二八ページ）。後のマームズベリー伯で、ペテルスブルク駐在公使時代の日記で有名なジェイムズ・ハリス(*)は『幸福についての対話』ロンドン、一七四一年（後に『三つの論文』第三版、ロンドン、一七七二年に再録）の註のなかで、みずからこう言っている。「社会が自然にできあがったものであること」（つまり「仕事の分割によって」）「についての全証明は、プラトン『国家』第二部からとってきたものだ」。

(*) 『幸福についての対話』は、実際には『日記と通信』の著者である外交官のジェイムズ・ハリスではなく、同姓同名の父の著作。マルクスの引用は『三つの論文』、二九二ページから〔編者巻末註109〕。

(78)『オデュッセイア』第一四章第二二八節には、「なぜなら別の人は、また別の仕事に喜びを見いだすからだ」とあり、またセクストス・エンペイリコスの著作では、アルキロコスが「各人はそれぞれ別の仕事で英気をやしなう」と言っている。

(79)「彼は多くのことができたが、どれもこれも下手だった」。アテナイ人は商品生産者としてはスパルタ人よりも自分たちのほうが優れていると感じていた。というのも、スパルタ人は戦時において人間を自由に操ることができたが、お金を自由に操ることができなかったからだ。たとえば、ペロポネソス戦争にむけてアテナイ人を鼓舞する演説をおこなったペリクレスに、トゥキュディデスは次のように語らせている。「自給自足を営む者たちは、金よりも自分の身体を使って戦争をしようとする」(トゥキュディデス『戦史』第一巻第一四一章)。にもかかわらず、物質的生産においても分業とは反対の自給自足(αὐτάρκεια)こそが、あくまで彼らの理想だった。「というのも、分業のもとにはたしかに豊かさがあるが、自給自足のもとには独立もあるからだ」。同時に、三十人僭主体制〔ペロポネソス戦争後の独裁体制、八カ月で崩壊〕が崩壊した時代でも、土地を所有していないアテナイ人はまだ五〇〇〇人に達していなかったことも念頭に置いておく必要がある。

(80)プラトンは共同体内の分業を、個人の欲求の多様性と素質の一面性から説明している。彼の主な観点は以下のとおりだ。あくまで労働者を仕事にあわせるべきで、仕事を労働者にあわせるべきではない。それなのに、労働者が種々の技芸を同時にこなし、いくつかの技芸を副業としてこなすことになると、仕事を労働者にあわせざるをえなくなる。「しかし、仕事は、仕事をする人の時間が空くまで待ってはくれない。むしろ逆に、労働者のほうが労働にしがみついていなければならない。ただし、いい加減なやり方ではいけない——これは当然のことだ。それゆえ、一人の人が天賦の才に応じて、適切な時に、他の仕事に妨げられることなく、一つのことだけをおこなうならば、より多くのものを、より美しく、また簡単に作ることができるだろう」(『国家』第一部、第二版、バイター、オレリ等編)。似たようなことは先のトゥキュディデス『戦史』第一巻一四二章にも記されている。「航海は他の諸事に劣らぬ一つの技術であり、いわば、いきあたりばったりに副業としてなしうるものではない。いやむしろ、他のいかなることも、航海とならんで副業としておこなうことはできない」。またプラトンは言う。もし仕事が労働者を待たねばならないとすれば、往々にして生産のための決定的な時点を逸することになり、製作物がだめになる。そして「仕事のための適切なタイミングが失われてしまう」と。イギリスの漂白工場主たちは、全労働者に同じ一定の食事時間を与えるように規定した工場法の条項に抗議したが、その抗議文のなかにも、このプラトンと同じ考えが見いだされる。自分たちの仕事は、労働者にあわせられるようなものではない、と彼らは言う。なぜなら、「けば焼き、洗浄、漂白、しわ伸ばし、つやだし、染色といった種々の作業は、いずれをとっても特定の瞬間に中断などすれば、商品を傷める危険があるからだ。……すべての労働者に同じ食事時間を押しつけるなら、労働過程が完了しないことによって、貴重な財貨を危険にさらす可能性がある」。あちこちに顔をだすプラトニズムは、今度はどこに住みつくことだろうか!

(81) クセノポンはこう言っている。ペルシャ王の食卓に招かれるのは名誉なことであるだけでなく、食事自体も他よりずっとおいしい。「そしてそれは少しも不思議ではない。他の技芸でも大都市にいけば完成度がとくに高くなる。それと同様に、王の食事も、それだけが専門的に料理されている。他方、小さな町では同じ人が、ベッド、ドア、鋤、机などを作っている。往々にして、その同じ人が家まで建てている。彼自身、自分の生活を支えるに足るだけの顧客がいれば、それでもう満足なのだ。これほど多くのことに手をだす人が、すべてのことを上手にこなすなどということは、まったくありえない。しかし、大都市ならば、だれでも多くの顧客を見つけることができるため、一つの手工業があれば食べていくには十分だ。それどころか、一つの手工業のすべてに通じている必要すらない場合も多い。一人の職人は男性靴を作り、別の一人は女性靴を作る。所によっては、ある者は靴の革を縫いあわせるだけで、ある者は靴の革を裁《た》つだけで生活できる。ある者は服の生地を裁つだけで、ある者はそれを縫いあわせるだけだ。その時、必然的に生じるのは、最も単純な作業をする人が、必ずやそれを最も上手にこなすということだ。同じことは料理術についても言える」(クセノポン『キュロスの教育』第八部第二章)。クセノポンはここで、使用価値に求められる品質にしか注目していないが、それでも、分業の度合が市場の規模に左右されることをすでに知っていた。

(82)「彼」(ブシリス)「は、すべての人を別々の身分〔カースト〕に分け、同じ人がいつも同じ仕事をするように命じた。というのも、自分の仕事をあれこれ変える人間は、どの仕事にも熟達することがなく、逆に、たゆみなく同じ仕事を続ける人は、それをこのうえなく完璧になしとげることを、彼は知っていたからだ。実際、彼らは、技芸や産業に関しては、名工が拙工にまさる以上に、彼らの競争相手にまさっていた。また、君主制その他の国家制度を維持するための諸制度に関しても、きわめて優れていたため、それについて語ろうとした著名な哲学者たちは、エジプトの国家制度を他国にまさるものとして称賛した」(イソクラテス『ブシリス』第八章)。

(83) ディオドロス・シクルス参照。

本来のマニュファクチュア時代、すなわちマニュファクチュアが資本主義的生産様式の支配的形態となった時代においても、マニュファクチュアに特有の傾向を十全に実現しようとするもくろみは、さまざまな障害に直面した。すでに見たように、マニュファクチュアは労働者のヒエラルキー化とともに、熟練労働者と非熟練労働者との間に単純な区分を作りだす。しかし、熟練労働者の圧倒的な影響のもとで、非熟練労働者の数はまだきわめて限定されていた。マニュファクチュアは、生きた労働器官の成熟、体力、発達の度合にあわせて、それぞれに特殊作業を割り当てるため、女性や子供を生産のための搾取へと追いこむ傾向がある。しかし、この傾向は全体としては、男性労働者たちの習慣と抵抗に阻まれて挫折した。手工業的活動が分解することによって、労働者の養成コストは低下し、それゆえ労働者の価値もまた低下する。それでも相対的に難しい細部労働には引き続きある程度の修業期間が必要であり、こうした修業が不要な場合であっても、労働者たちは執拗にこうした修業期間を守りとおした。たとえばイギリスでは、七年間の修業期間を定めた徒弟法が、マニュファクチュア時代が終わるまで完全に実行されていた。それは大工業によってはじめて葬りさられることになる。手工業的熟練は、あいかわらずマニュファクチュアの基礎をなしており、マニュファクチュアのもとで機能する全体機構は労働者そのものから切り離された客観的骨格とはなっていなかった。それゆえ資本はつねに労働者の不服従と闘わねばならなかった。

おなじみのユアは叫ぶ。「人間の本性はあまりにも弱いため、労働者は熟練すればするほど、わがままで扱いにくくなる[84]。結果として、そのきまぐれな気性のために、全体機構に大きな損害を与える」。

(84) ユア『マニュファクチュアの哲学』、二〇ページ。

それゆえ労働者の規律の欠如を嘆く声は、マニュファクチュア時代の全期間を通じて聞かれた[85]。たとえ当時の著作家たちの証言がなくても、二つの単純な事実が万巻の書に代わって実態を伝えている。第一は、一六世紀から大工業の時代が始まるまで、資本は、マニュファクチュア労働者が自由にできる全労働時間を自分のものにできなかったという事実だ。第二は、マニュファクチュアは短命であり、労働者の流入と流出にともない、一国の本拠地を放棄し、他国でそれを設立するといったことを繰り返してきたという事実だ。これまで何度も引用してきた『貿易および商業についての一論』の著者は、一七七〇年にこう叫んでいる。「どんなやり方でもよい、ともかく秩序が必要だ」。秩序、というこの言葉は、その六六年後にドクター・アンドルー・ユアの口からふたたびこだますることになる。「分業というスコラ的ドグマ」に依拠するマニュファクチュアには「秩序」が欠けていた。そしてようやく「アークライトが秩序を生みだした」と。

(85) ここで述べたことはフランスよりもイギリスによくあてはまり、またオランダよりもフランスによくあてはまる。

同時にマニュファクチュアは、社会的生産を全領域にわたって掌握することも、またそれを根底から変革することもなかった。マニュファクチュアは、都市の手工業、および農村の家内工業という広い土台の上に、経済的な作品としてそびえ立った。マニュファクチュア自身の狭い技術的基礎は、ある発展段階に達すると、みずからが生みだした生産上の欲求と矛盾をきたすようになった。

マニュファクチュアの最も完成した姿の一つは、労働用具自体を生産するための作業場、なかでも、すでに使用されていた複雑な機械装置を生産する作業場だった。

ユアは述べている。「こうした作業場は分業がさまざまに階層化されている様子を明示してくれた。錐《きり》、鑿《のみ》、旋盤《せんばん》には、それぞれ専従の労働者が充てられ、彼らは熟練度によって序列化されていた」。

マニュファクチュア的分業によるこうした生産物は、それ自身がまた次のものを生産することになった——すなわち機械を。機械は、社会的生産の規制原理としての手工業的活動を廃棄する。これによって一方では、労働者を生涯にわたって部分機能に縛りつけておく技術的根拠はとりのぞかれる。しかし他方では、その同じ原理が資本の支配に課してきた制限もまた撤去される。

《訳者略歴》

今村仁司（いまむら・ひとし）
1942-2007 年。岐阜県生まれ。京都大学大学院経済学研究科博士課程修了。元・東京経済大学教授。専門は、社会思想史、社会哲学。著書に、『暴力のオントロギー』（勁草書房）、『排除の構造』（ちくま学芸文庫）、『貨幣とは何だろうか』『マルクス入門』（いずれも、ちくま新書）、『清沢満之と哲学』（岩波書店）など、訳書に、ジャン・ボードリヤール『象徴交換と死』（共訳）、ルイ・アルチュセール『哲学について』（いずれも、ちくま学芸文庫）など。

三島憲一（みしま・けんいち）
1942 年東京生まれ。東京大学人文科学系大学院博士課程中退。専門は、社会哲学、ドイツ思想史。大阪大学名誉教授。著書に、『ニーチェ』『戦後ドイツ』『現代ドイツ』（いずれも、岩波新書）、『ベンヤミン』（岩波現代文庫）、『歴史意識の断層』（岩波書店）など、訳書に、ユルゲン・ハーバーマス『近代の哲学的ディスクルス』（岩波モダンクラシックス）、カール・レーヴィット『ヘーゲルからニーチェへ』（上下、岩波文庫）など。

鈴木直（すずき・ただし）
1949 年東京生まれ。東京大学大学院比較文学比較文化博士課程退学。専門は、ドイツ思想史。東京医科歯科大学教授、東京経済大学教授を歴任。著書に、『輸入学問の功罪』（ちくま新書）、『マルクス思想の核心』（NHK 出版）、『アディクションと金融資本主義の精神』（みすず書房）、訳書に、ゲオルク・ジンメル『ジンメル・コレクション』（ちくま学芸文庫）、ウルリッヒ・ベック『〈私〉だけの神』（岩波書店）、ヴォルフガング・シュトレーク『時間かせぎの資本主義』（みすず書房）など。

本書は、二〇〇五年一月二十日、筑摩書房より『マルクス・コレクション　Ⅳ』として刊行された。文庫化にあたっては、訳文を全面的にあらためた。

社会分業論
エミール・デュルケーム　田原音和訳
人類はなぜ社会を必要としたか。社会はいかにして発展するか。近代社会学の嚆矢をなすデュルケーム畢生の大著を定評ある名訳で送る。（菊谷和宏）

公衆とその諸問題
ジョン・デューイ　阿部齊訳
大衆社会の到来とともに公共性の成立基盤は衰退した。民主主義は再建可能か？ プラグマティズムの代表的思想家がこの難問を考究する。（宇野重規）

旧体制と大革命
A・ド・トクヴィル　小山勉訳
中央集権の確立、パリ一極集中、そして平等を自由に優先させる精神構造――フランス革命の成果は、実は旧体制の時代にすでに用意されていた。

ニーチェ
ジル・ドゥルーズ　湯浅博雄訳
〈力〉とは差異にこそその本質を有している――ニーチェのテキストを再解釈し、尖鋭なポスト構造主義的イメージを提出した、入門的な小論考。

カントの批判哲学
ジル・ドゥルーズ　國分功一郎訳
近代哲学を再構築してきたドゥルーズが、三批判書を追いつつカントの読み直しを図る。ドゥルーズ哲学が形成される契機となった一冊。新訳。

基礎づけるとは何か
ジル・ドゥルーズ　國分功一郎／長門裕介／西川耕平編訳
より幅広い問題に取り組んでいた、初期の未邦訳論考集。思想家ドゥルーズの「企画の種子」群を紹介し、彼の思想の全体像をいま一度描きなおす。

スペクタクルの社会
ギー・ドゥボール　木下誠訳
状況主義――「五月革命」の起爆剤のひとつとなった芸術＝思想運動――の理論的支柱で、最も急進的かつトータルな現代消費社会批判の書。

論理哲学入門
E・トゥーゲントハット／U・ヴォルフ　鈴木崇夫／石川求訳
論理学とは何か。またそれは言語や現実世界とどんな関係にあるのか。哲学史への確かな目配りと強靭な思索をもって解説するドイツの定評ある入門書。

ニーチェの手紙
茂木健一郎編・解説　塚越敏／眞田収一郎訳
哲学の全歴史を一新させた偉人が、思いを寄せる女性に綴った真情溢れる言葉から、手紙に残した名句まで――書簡から哲学者の真の人間像と思想に迫る。

大衆の反逆
オルテガ・イ・ガセット　神吉敬三訳
二〇世紀の初頭、《大衆》という現象の出現とその功罪を論じながら、自ら進んで困難に立ち向かう《真の貴族》という概念を対置した警世の書。

啓蒙主義の哲学（上）
エルンスト・カッシーラー　中野好之訳
理性と科学を「人間の最高の力」とみなし近代を準備した啓蒙主義。「浅薄な過去の思想」との従来評価を覆し、再評価を打ち立てた古典的名著。

啓蒙主義の哲学（下）
エルンスト・カッシーラー　中野好之訳
啓蒙主義を貫く思想原理とは何か。自然観、人間観から宗教、国家、芸術まで、その統一的結びつきを鋭い批判的洞察で解明する。（鷲見洋一）

近代世界の公共宗教
ホセ・カサノヴァ　津城寛文訳
一九八〇年代に顕著となった宗教の〈脱私事化〉。五つの事例をもとに近代における宗教の役割と世俗化の意味を再考する。宗教社会学の一大成果。

死にいたる病
S・キルケゴール　桝田啓三郎訳
死にいたる病とは絶望であり、絶望を深く自覚し神の前に自己をすてる。実存的な思索の深まりをデンマーク語原著から訳出し、詳細な注を付す。

世界制作の方法
ネルソン・グッドマン　菅野盾樹訳
世界は「ある」のではなく、「制作」されるのだ。芸術・科学・日常経験・知覚など、幅広い分野で徹底した思索を行ったアメリカ現代哲学の重要著作。

新編 現代の君主
アントニオ・グラムシ　上村忠男編訳
労働運動を組織しイタリア共産党を指導したグラムシ。獄中で綴られたそのテキストから、いま読み直されるべき重要な29篇を選りすぐり注解する。

孤島
ジャン・グルニエ　井上究一郎訳
「島」とは孤独な人間の謂。透徹した精神のもと、話者の綴る思念と経験が啓示を放つ。カミュが本書との出会いを回想した序文を付す。（松浦寿輝）

ウィトゲンシュタインのパラドックス
ソール・A・クリプキ　黒崎宏訳
規則は行為の仕方を決定できない――このパラドックスの懐疑的解決こそ、『哲学探究』の核心である。異能の哲学者によるウィトゲンシュタイン解釈。

21世紀を生きるための
社会学の教科書
ケン・プラマー
赤川学監訳
パンデミック、経済格差、気候変動など現代世界が直面する諸課題を視野に収めつつ社会学の新しい知見を解説。社会学の可能性を論じた最良の入門書。

世界リスク社会論
ウルリッヒ・ベック
島村賢一訳
迫りくるリスクは我々から何を奪い、何をもたらすのか。『危険社会』の著者が、近代社会の根本原理をくつがえすリスクの本質と可能性に迫る。

民主主義の革命
エルネスト・ラクラウ／シャンタル・ムフ
西永亮／千葉眞訳
グラムシ、デリダらの思想を摂取し、根源的で複数的なデモクラシーへ向けて、新たなヘゲモニー概念を提示した、ポスト・マルクス主義の代表作。

鏡の背面
コンラート・ローレンツ
谷口茂訳
人間の認識システムはどのように進化してきたのか、そしてその特徴とは。ノーベル賞受賞の動物行動学者が試みた抱括的知識による壮大な総合人間哲学。

ミメーシス（上）
E・アウエルバッハ
篠田一士／川村二郎訳
西洋文学史より具体的なテクストを選び、文体美学を分析・批評しながら、現実描写を追求する。全20章の前半のホメーロスよりラ・サールまで。

ミメーシス（下）
E・アウエルバッハ
篠田一士／川村二郎訳
ヨーロッパ文学における現実描写の流れをすばらしい切れ味の文体分析により追求した画期的文学論。全20章の後半、ラブレーよりV・ウルフまで。

人間の条件
ハンナ・アレント
志水速雄訳
人間の活動的生活を《労働》《仕事》《活動》の三側面から考察し、《労働》優位の近代世界を思想史的に批判したアレントの主著。（阿部齊）

革命について
ハンナ・アレント
志水速雄訳
《自由の創設》をキイ概念としてアメリカとヨーロッパの二つの革命を比較・考察し、その最良の精神を二〇世紀の惨状から救い出す。（川崎修）

暗い時代の人々
ハンナ・アレント
阿部齊訳
自由が著しく損なわれた時代を自らの意思に従い行動し、生きた人々。政治・芸術・哲学への鋭い示唆を含み描かれる普遍的人間論。（村井洋）

責任と判断
ハンナ・アレント
ジェローム・コーン編
中山元訳

思想家ハンナ・アレント後期の未刊行論文集。人間の責任の意味と判断の能力を考察し、考える能力の喪失により生まれる〈凡庸な悪〉を明らかにする。

政治の約束
ハンナ・アレント
ジェローム・コーン編
高橋勇夫訳

われわれにとって「自由」とは何であるのか——。政治思想の起源から到達点までを描き、政治的経験の意味に根底から迫った、アレント思想の精髄。

プリズメン
Th・W・アドルノ
渡辺祐邦／三原弟平訳

「アウシュヴィッツ以後、詩を書くことは野蛮である」。果てしなく進行する大衆の従順化と、絶対的物象化の時代における文化批判のあり方を問う。

スタンツェ
ジョルジョ・アガンベン
岡田温司訳

西洋文化の豊饒なイメージの宝庫を自在に横切り、愛・言葉そして喪失の想像力が表象に与えた役割をたどる。21世紀を牽引する哲学者の博覧強記。

事物のしるし
ジョルジョ・アガンベン
岡田温司／岡本源太訳

パラダイム・しるし・哲学的考古学の鍵概念のもと、「しるし」の起源や特権的領域を探求する。私たちを西洋思想史の彼方に誘うユニークかつ重要な一冊。

アタリ文明論講義
ジャック・アタリ
林昌宏訳

歴史を動かすのは先を読む力だ。混迷を深める現代文明の行く末を見通し対処するにはどうすればよいのか。「欧州の知性」が危難の時代を読み解く。

時間の歴史
ジャック・アタリ
蔵持不三也訳

日時計、ゼンマイ、クオーツ等。計時具から見えてくる人間社会の変遷とは？　J・アタリが「時間と暴力」「暦と権力」の共謀関係を大柄に描く大著。

風水
エルネスト・アイテル
中野美代子／中島健訳

中国の伝統的思惟では自然はどのように捉えられているのか。陰陽五行論・理気二元論から説き起こし、風水の世界を整理し体系づける。（三浦國雄）

コンヴィヴィアリティのための道具
イヴァン・イリイチ
渡辺京二／渡辺梨佐訳

破滅に向かう現代文明の大転換はまだ可能だ！　人間本来の自由と創造性が最大限活かされる社会をどう作るか。イリイチが遺した不朽のマニフェスト。

ちくま学芸文庫

資《し》本論《ほんろん》 第一巻《だいいっかん》 上

二〇二四年三月十日 第一刷発行
二〇二四年五月二十日 第二刷発行

著者 カール・マルクス
訳者 今村仁司（いまむら・ひとし）
三島憲一（みしま・けんいち）
鈴木直（すずき・ただし）

発行者 喜入冬子
発行所 株式会社 筑摩書房
東京都台東区蔵前二―五―三 〒一一一―八七五五
電話番号 〇三―五六八七―二六〇一（代表）

装幀者 安野光雅
印刷所 株式会社精興社
製本所 株式会社積信堂

ISBN978-4-480-51190-4 C0133